Transidentität und geschlechtliche Vielfalt im Arbeitsumfeld

David Scholz
Hrsg.

Transidentität und geschlechtliche Vielfalt im Arbeitsumfeld

Ein Praxisbuch für Unternehmen und den öffentlichen Dienst

2., aktualisierte Auflage

Hrsg.
David Scholz
Scheyern, Deutschland

ISBN 978-3-658-46685-5   ISBN 978-3-658-46686-2   (eBook)
https://doi.org/10.1007/978-3-658-46686-2

Die Deutsche Nationalbibliothek verzeichnet diese Publikation in der Deutschen Nationalbibliografie; detaillierte bibliografische Daten sind im Internet über https://portal.dnb.de abrufbar.

© Der/die Herausgeber bzw. der/die Autor(en), exklusiv lizenziert an Springer Fachmedien Wiesbaden GmbH, ein Teil von Springer Nature 2022, 2025

Das Werk einschließlich aller seiner Teile ist urheberrechtlich geschützt. Jede Verwertung, die nicht ausdrücklich vom Urheberrechtsgesetz zugelassen ist, bedarf der vorherigen Zustimmung des Verlags. Das gilt insbesondere für Vervielfältigungen, Bearbeitungen, Übersetzungen, Mikroverfilmungen und die Einspeicherung und Verarbeitung in elektronischen Systemen.
Die Wiedergabe von allgemein beschreibenden Bezeichnungen, Marken, Unternehmensnamen etc. in diesem Werk bedeutet nicht, dass diese frei durch jede Person benutzt werden dürfen. Die Berechtigung zur Benutzung unterliegt, auch ohne gesonderten Hinweis hierzu, den Regeln des Markenrechts. Die Rechte des/der jeweiligen Zeicheninhaber*in sind zu beachten.
Der Verlag, die Autor*innen und die Herausgeber*innen gehen davon aus, dass die Angaben und Informationen in diesem Werk zum Zeitpunkt der Veröffentlichung vollständig und korrekt sind. Weder der Verlag noch die Autor*innen oder die Herausgeber*innen übernehmen, ausdrücklich oder implizit, Gewähr für den Inhalt des Werkes, etwaige Fehler oder Äußerungen. Der Verlag bleibt im Hinblick auf geografische Zuordnungen und Gebietsbezeichnungen in veröffentlichten Karten und Institutionsadressen neutral.

Planung/Lektorat: Catarina Gomes de Almeida
Springer Gabler ist ein Imprint der eingetragenen Gesellschaft Springer Fachmedien Wiesbaden GmbH und ist ein Teil von Springer Nature.
Die Anschrift der Gesellschaft ist: Abraham-Lincoln-Str. 46, 65189 Wiesbaden, Germany

Wenn Sie dieses Produkt entsorgen, geben Sie das Papier bitte zum Recycling.

Vorwort des Herausgebers zur zweiten Auflage

Dieses Buch ist ein Praxisleitfaden für den Umgang mit Transidentität und geschlechtlichen Identitäten jenseits von männlich und weiblich (intergeschlechtliche und nichtbinäre Menschen) in der Arbeitswelt. Es richtet sich an Personalverantwortliche in Unternehmen und im öffentlichen Dienst, aber auch an Personen, die ein transidentes Comingout und einen Wechsel der in allen Lebensbereichen gelebten Geschlechtsrolle vor sich haben.

Neu in diese zweite Auflage aufgenommen, ist das Selbstbestimmungsgesetz, das die Änderung des Geschlechtseintrags und der Vornamen vereinfacht und seit dem 1. November 2024 das Transsexuellengesetz von 1980 endgültig ablöst.

Die Literatur zum Thema Transidentität ist bisher fast ausschließlich wissenschaftlich geprägt und beleuchtet entweder juristische oder medizinisch-psychologische Aspekte. Neben einzelnen Broschüren für den Umgang mit Transidentität und vielfältigen Geschlechtern, die von Unternehmen, Hochschulen oder Beratungsstellen veröffentlicht wurden, gibt es bisher kein ganzheitliches und interdisziplinäres Praxisbuch in Deutschland, das die wichtigsten Rechtsfragen und Herausforderungen im Arbeitsalltag aufgreift und pragmatisch beantwortet. Diese Lücke schließen wir mit diesem Buch. Wir haben insbesondere einen Fokus auf den sozialen und rechtlichen Veränderungsprozess gelegt, da in der Übergangsphase in ein anderes gelebtes Geschlecht die meisten Herausforderungen und auch rechtliche Fragestellungen auftreten.

Neu ist auch Kap. 8, das ausführlich geschlechtergerechte Sprache behandelt und viele Tipps für die praktische Umsetzung im Arbeitsalltag bietet.

Ziel des Buches ist es nach wie vor, ein grundlegendes Verständnis von Transidentität und den vielfältigen geschlechtlichen Identitäten zu vermitteln und auf dieser Basis noch mehr praktische Handreichungen für Unternehmen und staatliche Organisationen zu geben.

Feedback und weitere Veränderungen

Das Feedback zur ersten Auflage des Buches war vielfältig und sehr positiv. Ich freue mich, dass das Buch seinen Weg in zahlreiche Personalabteilungen gefunden hat und offenbar vielen Menschen eine praktische Hilfestellung ist. Ich erhielt jedoch auch konstruktives Feedback zu Verbesserungsmöglichkeiten. So kam zum Beispiel in der ersten Auflage das Themenfeld Intergeschlechtlichkeit noch recht kurz zum Tragen. Dieses Feedback habe ich gerne aufgegriffen und weitere Passagen zur Intergeschlechtlichkeit hinzugefügt – sowie mehrere persönliche Erlebnisberichte von Interpersonen als Gastbeiträge aufnehmen können.

Die wichtigste Änderung der zweiten Auflage betrifft selbstverständlich das neue Selbstbestimmungsgesetz (SBGG) und den Wegfall des Transsexuellengesetzes (TSG). Erstmalig ist eine Vornamens- und Geschlechtseintragsänderung ohne verpflichtende psychologische Gutachten möglich. Das Verfahren vor dem Standesamt ist nur noch ein einfacher Verwaltungsakt mit deutlich geringeren Kosten als im TSG-Verfahren und erheblich kürzer. Wir stellen das SBGG und dessen mögliche Wirkungen im Arbeitsumfeld im Detail vor.

Nicht zuletzt gab es Veränderungen im Autor*innen-Team: Sprachexpertin Sigi Lieb hat das Kapitel geschlechtergerechte Sprache übernommen und einen ganz neuen Beitrag beigesteuert. Beamtenrechtler Michael Else hat einen neuen, umfangreichen Beitrag zum Arbeitsrecht des öffentlichen Dienstes verfasst.

Zum Aufbau und zur Benutzung des Buches

Das Buch liefert zunächst Wissensgrundlagen über geschlechtliche Identitäten und eine Einführung in die verwendeten Begrifflichkeiten. Wir zeigen die Entwicklung der rechtlichen Rahmenbedingungen auf, nach denen Transidentität, Intergeschlechtlichkeit und das sog. dritte Geschlecht in Deutschland behandelt werden. Damit schaffen wir die Grundlage zu dem, um *was* es in diesem Buch geht.

Anschließend beleuchten wir das *Wie*: Wie können sich Transidentität, Intergeschlechtlichkeit und Nichtbinarität sowie Transitionen im Arbeitsumfeld auswirken und was sind die rechtlichen Parameter für den Umgang mit geschlechtsvarianten Identitäten? Wir schauen hierfür nicht nur in arbeits- und dienstrechtliche Regelungen, sondern erfassen auch verschiedene rechtliche Aspekte von Geschlechtsidentität und geschlechtlicher Transition, die dort eine Rolle spielen (können).

Praxisbeispiele aus Unternehmen und Behörden sowie persönliche Erfahrungsberichte von Menschen, die in verschiedenen Branchen und Lebenssituationen ein transidentes oder intergeschlechtliches Comingout und/oder eine geschlechtliche Transition im Arbeitsumfeld erlebt haben, stehen am Ende des theoretischen Teils. Daraus lernen wir, welche Faktoren eine „erfolgreiche" geschlechtliche Transition und einen wertschätzenden Umgang im Arbeitsumfeld ausmachen. Aus den Erfahrungsberichten und unserem eigenen Erleben leiten wir Vorschläge für eine gute Praxis ab.

Das Kapitel Sprache soll ermöglichen, diskriminierungsfrei *über* Geschlechtsvarianz und *mit* geschlechtsvarianten Menschen zu sprechen. Wir ermutigen zu Sprachsensibilität und geben Anregungen für einen wertschätzenden (Sprach-)Alltag im Arbeitsumfeld.

Die Idee zum Buch

Die Idee zu diesem Buch entstand aus meiner persönlichen Erfahrung, sowohl durch meine eigene geschlechtliche Transition in der Arbeitswelt als auch aus meinen Erfahrungen in (Online-)Selbsthilfegruppen und meinem persönlichen Umfeld. Ich erlebe in der „Trans-Community" regelmäßig, dass Beschäftigte, Auszubildende und Arbeitsuchende, die sich in einem Prozess geschlechtlicher Transition befinden, zum Teil große Schwierigkeiten an ihrem Arbeits- oder Ausbildungsplatz erfahren. Während sich die sexuelle Orientierung, etwa eine gleichgeschlechtliche Partnerschaft, am Arbeitsplatz vielleicht noch verbergen lässt, lässt sich ein Wechsel der alle Lebensbereiche betreffenden Geschlechterrolle nicht im Verborgenen vollziehen.

Aufgrund von Unwissenheit über die rechtlichen Rahmenbedingungen entstehen leider oft konfliktbehaftete Situationen oder Diskriminierungen. Zahlreiche Studien belegen, dass transidente, intergeschlechtliche und nicht-binäre Menschen häufig Diskriminierungen im Arbeitsumfeld erfahren. Insbesondere sind sie überdurchschnittlich oft von Arbeitslosigkeit betroffen oder bedroht. Exemplarisch – und als Leseempfehlung – verweise ich hier auf die Studie „Out im Office", die bereits mehrfach neu aufgelegt und um Aspekte von Geschlechtsidentität im Arbeitsumfeld ergänzt wurde (Frohn et al., [1]).

Zudem erleben wir in der Beratung aufseiten von Arbeitgeber*innen zum Teil große Unsicherheit, wie rechtssicher und diskriminierungsfrei mit geschlechtlicher Transition und unterschiedlichen geschlechtlichen Identitäten umgegangen werden kann. Handreichungen für viele Situationen im Arbeitsumfeld richten sich nicht nur an Unternehmen und transidente, intergeschlechtliche oder nicht-binäre Menschen, sondern insbesondere auch an den öffentlichen Dienst als Arbeitgeber. Zum einen ist dieser der größte und ein sehr vielfältiger Arbeitgeber in Deutschland, sodass das Buch sowohl für kleine Kommunen bis hin zu Bundesministerien relevant sein kann, genauso aber auch für ein Stadttheater, ein Jobcenter und die Sozialversicherungen. Zum anderen ergeben sich die Anerkennung und der Schutz des empfundenen Geschlechts aus dem Grundgesetz (Art. 2 Abs. 1 in Verbindung mit Art. 1 Abs. 1 GG), woraus ein verfassungsrechtlicher Anspruch resultiert. Damit geht zugleich eine besondere Vorbildfunktion für den öffentlichen Dienst einher.

Verwendete Sprache

Grundlegende Begriffe finden Sie im Glossar am Ende des Buches. Wir arbeiten vorrangig mit dem Begriff Transidentität und (meistens) nur im medizinischen Sinne mit dem Terminus Transsexualität, unbesehen der vielen Diskussionen, welcher Begriff „richtiger" sein soll. Der Begriff Geschlechtsvarianz darf als Dachbegriff für Transidentität, Intergeschlechtlichkeit und drittes Geschlecht, einschließlich nicht-binärer Geschlechtsidentitäten verstanden werden.

Da dieses Buch die Vielfalt geschlechtlicher Identitäten zum Thema hat, wird weitgehend eine geschlechtsneutrale beziehungsweise geschlechterinklusive Sprache verwendet. Dies mag ungewohnt erscheinen, soll aber eine Anregung sein, sich darüber bewusst zu werden, wie weit der Aspekt der Geschlechtsidentität unsere Sprache und damit unser Denken und Handeln beeinflusst.

Sprache ist zum Glück lebendig und entwickelt sich weiter. Es gibt im Zusammenhang mit geschlechtlichen Identitäten Ausdrücke, die von vielen Menschen zu Recht als unpassend empfunden werden – auch dazu mehr im Glossar. Variable, diskriminierungsfreie Sprache ist auch unser Anliegen, eine Klassifizierung im Sinne von „richtig und falsch" findet zugunsten der Praxisorientierung in diesem Buch nicht statt.

Literatur

[1] Frohn, Dominik, Meinhold, Florian und Schmidt, Christina, Out im Office?! Sexuelle Identität und Geschlechtsidentität, (Anti-)Diskriminierung und Diversity am Arbeitsplatz, Köln, 2017, https://www.diversity-institut.info/downloads/IDA_Out-im-Office_Web_180811.pdf. Zugegriffen: 04. Mai 2021.

Scheyern, Deutschland
November 2024

David Scholz

Geleitwort zur zweiten Auflage

Es ist ein großer Verdienst des Autor*innenteams, schon mit der ersten Auflage dieses Buches eine seit langem bestehende Lücke gefüllt zu haben. Es freut mich deshalb sehr, dass nun eine weitreichend überarbeitete zweite Auflage auf dem Markt erscheint.

Sowohl diejenigen Personen, die sich in Transition befinden oder ihre Transition abgeschlossen haben, als auch die Leitungspersonen und Mitarbeitenden in Unternehmen und Behörden sehen sich vielfältigen Herausforderungen gegenüber, wenn es um Transidentität, Intergeschlechtlichkeit und verschiedene geschlechtliche Identitäten im Arbeitsumfeld geht. Bisher gab es kein Werk, das die damit zusammenhängenden Fragen und Probleme in dieser Art behandelt hat. Es ist den Autor*innen gelungen, die zum Teil komplexen Themen in verständlicher und zugleich differenzierter Weise darzustellen und zu diskutieren. Durch den Einbezug zahlreicher Beispiele aus den verschiedensten Berufsbranchen ist daraus im besten Sinne ein „Praxisbuch für Unternehmen und den öffentlichen Dienst" geworden, wie es im Untertitel dieses Werkes heißt.

Die gute Gliederung der Kapitel und die Hervorhebung besonders wichtiger Sachverhalte erleichtern die Lektüre. Dieses Buch ist gerade deshalb so wichtig, weil nach meiner eigenen über 50-jährigen Erfahrung in Begleitungen transidenter und intergeschlechtlicher Personen die Bedeutung der beruflichen Integration mitunter erheblich unterschätzt wird. Ich stimme deshalb den Autor*innen vollumfänglich zu, wenn sie darauf hinweisen, dass „die Unterstützung des gesamten beruflichen und privaten Umfelds, aber auch die Informiertheit und Unvoreingenommenheit von Führungsgremien und anderen Verantwortlichen aus dem Umfeld der transitionierenden Person" von ausschlaggebender Bedeutung sind.

Die größte Änderung nach dem Erscheinen der ersten Auflage betrifft das seit November 2024 in Deutschland geltende Selbstbestimmungsgesetz. Dadurch ändert sich zwar für die aufgrund ihrer Geschlechtsentwicklung von der Mehrheitsgesellschaft abweichenden Personen viel auf dem Weg der Transition. Im Arbeitskontext bleiben aber die Herausforderungen grundsätzlich die gleichen wie bisher: Es kommt in starkem Maße auf das Wissen und Verstehen auf arbeitgebender Seite an, damit binäre wie nicht-binäre transidente und intergeschlechtliche Menschen die soziale Transition erfolgreich durchlaufen können. In dieser Hinsicht vermittelt auch die zweite Auflage ein differenziertes Bild der Rechte und Pflichten aller daran beteiligten Personen im Arbeitsbereich.

Wesentlich breiter wird in der zweiten Auflage auch die Perspektive intergeschlechtlicher Menschen behandelt. Die Autor*innen haben damit auf Feedback von Leser*innen reagiert und im „Erfahrungsteil" neue Beiträge zu diesem Thema aufgenommen, zwei davon sind von intergeschlechtlichen Menschen verfasst.

War schon die erste Auflage ein ausgesprochen wichtiges, innovatives Werk, so hat es durch die Ergänzungen und die thematischen Erweiterungen der zweiten Auflage nochmals an Bedeutung gewonnen. Dies gilt nicht nur für die Leser*innen in Deutschland, sondern auch für die Rezipient*innen in anderen deutschsprachigen Ländern mit anderer Gesetzgebung. Das, was David Scholz, Michael A. Else, Anna Svea Fischer und Sigi Lieb schildern, lässt sich meines Erachtens ohne Probleme auch auf andere Länder übertragen.

Es ist ein hervorragendes, fachlich fundiertes Buch, das, wie kein anderes Werk bisher, eine Fülle von Informationen liefert, die für den Umgang mit Transidentität und geschlechtlicher Vielfalt im Hinblick auf die wichtigsten Rechtsfragen und Herausforderungen im Arbeitsalltag von großer Bedeutung sind. Ich wünsche auch dieser zweiten Auflage eine weite Verbreitung.

Basel, Schweiz Prof. Dr. Udo Rauchfleisch
November 2024

Anregung und Dank

Anregung

Sie werden in diesem Buch viel über Transidentität, Intergeschlechtlichkeit, nicht-binäre Identitäten und eine gute Praxis im Umgang damit im Arbeitsumfeld erfahren. Bitte erzählen Sie sehr gerne Gelerntes weiter, damit noch mehr Menschen in ihrer selbstbestimmten geschlechtlichen Identität sicher und ohne Diskriminierungen erleiden zu müssen, leben können.

Seien Sie kreativ und mutig im Finden von Lösungen für Herausforderungen im Umgang mit verschiedenen Geschlechtsidentitäten. Bewahren Sie sich dabei aber auch Gelassenheit, Aufgeschlossenheit, Charme und Humor, egal ob als bisher Außenstehende oder „Betroffene".

Gehen Sie mit Hintergrundwissen in potenziell konfliktbehaftete Situationen und treten Sie möglichst unbefangen in einen Dialog. So lassen sich solche Situationen meist gut lösen beziehungsweise Konflikte vermeiden. Wir hoffen, Ihnen mit diesem Buch nicht nur viel Wissen, sondern auch gute Tipps und Anregungen zu geben. Wir freuen uns, wenn diese Tipps Wege in Ihr Team, Ihre Behörde oder Ihr Unternehmen finden und helfen, den Begriff Diversität mit Leben zu füllen und ein gutes Miteinander für Menschen vielfältiger Geschlechtsidentitäten zu ermöglichen.

Dank

Beim Schreiben dieses Buches hatten wir ein sehr vielfältiges Miteinander. Meine Co-Autor*innen Anna Svea Fischer, Michael Else, Sigi Lieb und ich führten ausgiebige und sehr angeregte Online-Diskussionen und konnten in alle Richtungen voneinander viel lernen. Ein ganz großer Dank geht daher zunächst an euch, liebe Anna, liebe Sigi und lieber Michael, für eure Begeisterung, Akribie, euer unermüdliches Mitdenken, aber auch nicht zuletzt für die gute Laune und die guten Gespräche.

Großer Dank gilt auch Catarina Gomes de Almeida vom Verlag für ihre Aufgeschlossenheit und Unterstützung, mit der sie uns als Lektorin jederzeit motivierend und sicher durch das Projekt navigiert hat.

Meiner langjährigen Kollegin Anette Schunder-Hartung danke ich dafür, dass Sie mich mit ihrer Einladung zu einem Beitrag in einem Karrierehandbuch für Jurist*innen Anfang 2020 auf die Idee zu diesem Projekt gebracht hat.

Ich danke allen, die in diesem Buch ihre persönlichen Erfahrungen in der geschlechtlichen Transition im Arbeitsumfeld geteilt haben. Leider kann ich nicht alle namentlich nennen, da sich einige entschieden haben, anonym zu bleiben. Namentlich seien erwähnt: Svenja Loderer, Deana Evers, Sebastian Klee, Johanna Amelie Knödler und Doro* Giesche von Rüden – allen anderen danke ich selbstverständlich kein bisschen weniger!

Für die Beiträge aus Unternehmen und Behörden danke ich insbesondere Dominic Haeusler und Nina Strassner von SAP, Annette Pampel von Coca-Cola, Barbara Thiel und Sibylle May von thyssenkrupp, Ingo Bertram von OTTO und Wolfgang Appenzeller von der Bundespolizei München, sowie selbstverständlich all jenen, die auch an dieser Stelle anonym bleiben – und allen anderen, mit denen ich im Kontakt war, auch wenn kein Beitrag zustande gekommen ist.

Für fachliche Unterstützung „von der juristischen Seitenlinie" aus geht wärmster Dank an die beiden Arbeitsrechtlerinnen Verena Braeckeler-Kogel von der Kanzlei Pusch Wahlig und Syndika Anna-Katharina Röhm-Kuhr, Zivilrechtlerin Yvonne Gebert und Richterin am Amtsgericht Tanja Krüske. Sprachliche Hilfestellung mit juristischem Sachverstand gab uns Andrea Kindermann.

Unterstützung bei der Akquise von Unternehmens- und Behördenbeiträgen kam unter anderem von Tanja Hagensieker, Christian Weerts und Friederike Kossendey, denen dafür ebenfalls ein großes Dankeschön gilt.

Und meiner Frau Sonja danke ich für ihre schier unerschöpfliche Geduld, die sie mit mir insbesondere in der „heißen Phase" der Manuskripterstellung hatte!

David Scholz

Inhaltsverzeichnis

1 Rechtlicher Überblick 1
David Scholz
   1.1 Begriffserklärungen 2
   1.2 Geschlechtliche Vielfalt im Recht 12
       1.2.1 Bedeutung des Geschlechts im deutschen Recht 12
       1.2.2 Entstehung des Geschlechtseintrages „divers" 16
       1.2.3 Ein Rückblick auf das Transsexuellengesetz 18
   1.3 Grundlagen des Schutzes vor Diskriminierung im Arbeitsrecht 20
   1.4 Das Selbstbestimmungsgesetz 27
       1.4.1 Entstehung, Zielsetzung, Ablauf des Verfahrens 27
       1.4.2 Offenbarungsverbot 29
       1.4.3 Hausrecht und Antidiskriminierungsrecht 31
       1.4.4 Quotenregelungen 35
       1.4.5 Mögliche Wirkung des Selbstbestimmungsgesetzes im Arbeitsumfeld 36
   Literatur 40

2 Der Weg zum richtigen Geschlecht 43
David Scholz und Anna Svea Fischer
   2.1 Comingout: Selbsterkenntnis und Bestimmung des eigenen Weges 44
   2.2 Der soziale Weg 49
   2.3 Der rechtliche Weg 54
   2.4 Der medizinische Weg 57
   Literatur 62

3 Transidentität in der Arbeitswelt 63
Anna Svea Fischer
   3.1 Eine betriebswirtschaftliche Perspektive 64
   3.2 Unternehmen und geschlechtsvariante Personen 68
       3.2.1 Tätigkeiten mit außerbetrieblichem Kontakt 68
       3.2.2 Kontakt zu transidenten Personen außerhalb des Unternehmens .. 71

	3.3　Hochschulen als Arbeitsplatz	72
	Literatur	78

4　Handreichungen für die betriebliche Praxis … 81
David Scholz

4.1	Namen und Anrede	82
4.2	Bewerbungsprozess	86
4.3	Arbeitsverträge	89
4.4	Kündigungen	91
4.5	Personalverwaltung	93
4.6	Dienstkleidung und Namensschilder	95
4.7	Toiletten und Umkleiden	97
4.8	Schul-, Ausbildungs- und Arbeitszeugnisse	100
4.9	Fehlzeiten aufgrund von Angleichungsmaßnahmen	103
4.10	Prokura	107
4.11	Konfliktvermeidung und Konfliktlösung	108
	Literatur	110

5　Arbeitsrecht des öffentlichen Dienstes … 113
Michael A. Else

5.1	Einführung: Der öffentliche Dienst als Arbeitgeber		114
	5.1.1	Der öffentliche Dienst	114
	5.1.2	Arbeitsrecht im öffentlichen Dienst	116
	5.1.3	Beamtenrecht	117
5.2	Rechte und Pflichten im Beamtenverhältnis		120
	5.2.1	Dienstpflichten	120
	5.2.2	Sanktionen bei Pflichtverletzungen	122
	5.2.3	Einzelne Pflichtengruppen	123
5.3	Besonderheiten des Beamtenverhältnisses		132
	5.3.1	Bewerbung und Auswahl	132
	5.3.2	Schutz vor Mobbing	135
	5.3.3	Schadensersatzansprüche bei Mobbing	136
5.4	Gesundheitliche Prüfungen im Beamtenverhältnis		138
5.5	Erkrankung und Dienstunfähigkeit		139
	5.5.1	Erkrankung, Arbeitsunfähigkeit und Dienstunfähigkeit	139
	5.5.2	Dauernde Dienstunfähigkeit	140
	5.5.3	Versetzung in den Ruhestand	141
5.6	Tarifangestellte: gesundheitliche Prüfung		142
5.7	Änderung von Urkunden und Personalakten		143
	5.7.1	Personalakte	145
	5.7.2	Ernennungsurkunde	148

5.8	Personalvertretungen	149
	5.8.1 Geltungsbereich des Personalvertretungsrechts	149
	5.8.2 Zusammenarbeit zwischen Personalvertretung und Dienststelle	151
	5.8.3 Relevante Gruppen der Mitbestimmung und Mitwirkung	152
	5.8.4 Mitbestimmung in organisatorischen Angelegenheiten	155
	5.8.5 Anhörung bei Baumaßnahmen von Diensträumen	157
Literatur		157

6 Persönliche Erfahrungen im Arbeitsumfeld 161
David Scholz
- 6.1 Vom Rechtsanwalt zur Rechtsanwältin 162
- 6.2 Nicht-binär in der Verlagsbranche 164
- 6.3 Als Transmann im Sicherheitsdienst 166
- 6.4 Rolle vorwärts, rückwärts und wieder vorwärts 168
- 6.5 Wenn der Chef in die Pubertät kommt 172
- 6.6 Transition mit dem Segen der evangelischen Kirche 174
- 6.7 Die Schule ist (k)ein Haifischbecken 176
- 6.8 Unsichtbar oder sichtbar als nicht-binäre Interperson? 179
- 6.9 „Eine Störung", Erfahrung einer Interperson im Lehramt 182
- 6.10 Zusammenfassung der persönlichen Erfahrungen 185

7 Fallbeispiele und gute Praxis in Unternehmen und Behörden 187
David Scholz
- 7.1 OTTO macht mehr: wie ein Transitionsguide entstand 188
- 7.2 Trainings und Chatbot: Wie SAP transidente Personen unterstützt 191
- 7.3 Das T in Coca-Cola 193
- 7.4 Im Handstreich: Transitionsbegleitung bei thyssenkrupp 196
- 7.5 Praxis ohne Leitfaden: Gehaltsabrechnung im Konzern 198
- 7.6 „Bloß nichts falsch machen", Erfahrung einer Personalerin 199
- 7.7 Öffentlicher Dienst? Fast! 201
- 7.8 Langer Atem in Niedersachsen 203
- 7.9 Die Polizei, Dein Freund und Helfer 205
- 7.10 Wie gute Praxis in Unternehmen und Behörden aussehen kann 207
- Literatur 213

8 Geschlechtergerechte Sprache 215
Sigi Lieb
- 8.1 Geschlechtergerechte Sprache: Rahmen 216
  - 8.1.1 Begriffsklärung Gendern 217
  - 8.1.2 Der Rechtschreibrat und die Amtliche Rechtschreibung 219
  - 8.1.3 Geschlechtergerechte Sprache und rechtliche Fragen 221

	8.2	Techniken und Wege geschlechtergerechter Formulierung	223
		8.2.1 Gendern ohne Sonderzeichen	223
		8.2.2 Genderzeichen sinnvoll einsetzen	227
		8.2.3 Gendern und Barrierefreiheit	229
		8.2.4 Geschlechtergerechte Sprache und Digitalisierung	232
	8.3	Geschlechtergerechte Sprache: Anwendungsfälle	235
		8.3.1 Stellenanzeigen	235
		8.3.2 Formulare und digitale Prozesse	237
		8.3.3 Anrede im schriftlichen und mündlichen Umgang	238
		8.3.4 Die Sache mit den Pronomen	240
		8.3.5 Arbeits- und andere Verträge	242
		8.3.6 Achtsamkeit, Dialog, Offenheit und Pragmatismus	242
	Literatur		244

Glossar 247

Die Autor*innen

Michael A. Else ist Rechtsanwalt und Fachanwalt für Verwaltungsrecht. Nach seinem Studium der Rechtswissenschaften an der Universität Bayreuth absolvierte er sein Rechtsreferendariat in Hessen und schloss die Zweite Juristische Staatsprüfung mit Schwerpunktbereich Staat und Verwaltung erfolgreich ab. Seit 2005 führt er seine eigene Kanzlei in Wiesbaden. Im Jahr 2010 wurde ihm der Titel des Fachanwalts für Verwaltungsrecht verliehen. Der Schwerpunkt seiner Tätigkeit liegt in allen Bereichen des Beamtenrechts, einschließlich des Disziplinar- und Personalvertretungsrechts. Mit seiner langjährigen Erfahrung begleitet er Beamt*innen unterschiedlichster Fachrichtungen in dienstlichen Angelegenheiten und unterstützt Dienstherren bei rechtssicherem Verwaltungshandeln in Personalangelegenheiten. Neben seiner anwaltlichen Tätigkeit ist er als Dozent sowie als Fachautor in verschiedenen Publikationen zum Dienstrecht tätig.

Prof. Dr. Anna Svea Fischer lehrt seit 2004 an der Hochschule München Wirtschaftsinformatik und ist selbstständige Unternehmensberaterin. Sie studierte und promovierte im Bereich Betriebswirtschaftslehre an der Universität Göttingen. Davor arbeitete sie viele Jahre als Controlling-Leiterin in einem internationalen Markenartikelunternehmen und als Management-Consultant bei einer großen IT-Beratung. Zudem unterstützt sie als Unternehmensberaterin Unternehmen bei Veränderungsprozessen, insbesondere zur digitalen Transformation. Sie lebt seit 2020 offen als Frau und engagiert sich im Kontext der Diversität sowohl im beruflichen als auch im studentischen Alltag.

Sigi Lieb berät und begleitet Unternehmen, Organisationen und Kommunen auf dem Weg zu einer Sprache und Kultur, die den unterschiedlichen und manchmal widersprüchlichen Interessen einer vielfältigen Belegschaft konstruktiv begegnet. Sigi Lieb studierte Diplom-Sozialwissenschaften mit interkulturellem Schwerpunkt an der Friedrich-Alexander-Universität Erlangen-Nürnberg und volontierte bei der Deutschen Welle in Köln, Bonn und Berlin. Nach Jahren als Journalistin und PR-Beraterin sowie Erfahrung als Lehrerin für Deutsch als Zielsprache arbeitet sie heute als Beraterin, Trainerin und Autorin. Auf ihrem Blog veröffentlicht sie Beiträge rund um Gender, Diversity, Sprache und demokratische Debattenkultur.

David Scholz Hrsg arbeitet seit seinem Studium der Rechtswissenschaften und des Wirtschaftsrechts in Trier und Köln (Diplom (FH)) sowie einem betriebswirtschaftlichen Masterabschluss (MBA) in den Niederlanden seit über 20 Jahren als Marketingspezialist und Führungskraft in internationalen Wirtschaftskanzleien. Hier engagiert er sich seit 2012 ehrenamtlich in Diversity-Fragen und begann im Jahr 2016 seine Transition von Frau zu Mann. Als Selbstständiger beriet er mehrere Jahre Kanzleien und Unternehmen unter anderem zu Diversity-Themen mit einem besonderen Schwerpunkt auf Transidentität in der Arbeitswelt. Zudem ist er Peer-Berater für transidente Menschen und Mitglied eines kassenärztlich anerkannten, interdisziplinären Qualitätszirkels für Transidentität.

Rechtlicher Überblick

David Scholz

Inhaltsverzeichnis

1.1	Begriffserklärungen	2
1.2	Geschlechtliche Vielfalt im Recht	12
	1.2.1 Bedeutung des Geschlechts im deutschen Recht	12
	1.2.2 Entstehung des Geschlechtseintrages „divers"	16
	1.2.3 Ein Rückblick auf das Transsexuellengesetz	18
1.3	Grundlagen des Schutzes vor Diskriminierung im Arbeitsrecht	20
1.4	Das Selbstbestimmungsgesetz	27
	1.4.1 Entstehung, Zielsetzung, Ablauf des Verfahrens	27
	1.4.2 Offenbarungsverbot	29
	1.4.3 Hausrecht und Antidiskriminierungsrecht	31
	1.4.4 Quotenregelungen	35
	1.4.5 Mögliche Wirkung des Selbstbestimmungsgesetzes im Arbeitsumfeld	36
Literatur		40

Zusammenfassung

Vor dem Einstieg in die juristische und betriebliche Praxis zum Thema Transidentität und sogenanntes drittes Geschlecht schauen wir uns zunächst die Begrifflichkeiten an, um die es geht. Wir werden erklären, was Transidentität ist, welche Dimensionen Geschlechtlichkeit haben kann, was Intergeschlechtlichkeit ist und was nicht und was es mit nicht-binären Geschlechtsidentitäten auf sich hat. Diese Begrifflichkeiten finden sich im gesamten Buch wieder und bilden die Grundlage dessen, worüber wir hier sprechen. Es gibt eine Vielzahl verschiedener Begriffe rund um die Themen Transidentität,

D. Scholz (✉)
Scheyern, Deutschland
e-mail: david@scholz-bdd.com

Intergeschlechtlichkeit und Nichtbinarität. Diese Vielfalt kann sehr verwirrend sein. Es gibt auch eine lebhafte Diskussion über die „Richtigkeit" von Begriffen auf politischer, wissenschaftlicher und individueller Ebene, die hier grundsätzlich nicht berücksichtigt wird. Unser Ziel ist die Praxisorientierung. Zu sprachlichen Besonderheiten im Umgang mit Transidentität, Intergeschlechtlichkeit und dem sogenannten dritten Geschlecht gibt es Anregungen in Kap. 8 Geschlechtergerechte Sprache sowie weitere Informationen in Kap. 9 Glossar.

1.1 Begriffserklärungen

Was ist eigentlich Geschlecht und wie viele Geschlechter gibt es? Eine typisch juristische Antwort wäre: „Es kommt darauf an!". Der Begriff Geschlecht hat nämlich

▶ verschiedene Bedeutungsebenen
- **Körperliches Geschlecht** = biologisches Geschlecht oder Geschlechtskörper (Englisch: *Sex*)
- **Soziales Geschlecht** = geschlechtsspezifische Sozialisation, „gelebtes" Geschlecht (Englisch: *Gender*)
- **Geschlechtsidentität** = das tief im Inneren persönlich empfundene Geschlecht (kann dem Körpergeschlecht entsprechen, davon in Richtung eines anderen Geschlechts abweichen, zwischen Geschlechtern verortet oder fluide sein)
- **Rechtliches Geschlecht** = amtliche Erfassung eines Geschlechtseintrages (als eine von mehreren möglichen Optionen) im Geburten- und Personenstandsregister

Wir wollen uns in diesem Praxisbuch mit den Konstellationen auseinandersetzen, in denen Körpergeschlecht und Geschlechtsidentität nicht kongruent sind (Transidentität und nicht-binäre Identitäten), sowie mit Varianten des Körpergeschlechts jenseits von eindeutig Mann oder eindeutig Frau (Intergeschlechtlichkeit). In diesem Kontext wollen wir vor allem die Herausforderungen betrachten, die sich aus einem Wechsel der nach außen gelebten Geschlechtsrolle ergeben oder aus einer gewollten oder nicht gewollten Nicht-Eindeutigkeit der Geschlechtswahrnehmung Außenstehender ergeben. Wir beleuchten auch, was die Veränderung des rechtlich eingetragenen Geschlechts im Arbeitsumfeld bedeutet sowie die Aspekte, die sich aus der sozialen, rechtlichen und medizinischen Transition in ein anderes als dem bei Geburt festgestellten Körpergeschlecht ergeben.

Trans und cis Die meisten Menschen empfinden keinen Anlass, ihr Geburtsgeschlecht und die damit verbundene Geschlechtsrolle abzulehnen. Diese Konstellation nennt sich cisgeschlechtlich oder cis. Cis ist eine lateinische Vorsilbe und ein Adjektiv und bedeutet „diesseits". Auf das Geschlecht bezogen heißt dies „in Übereinstimmung mit dem bei Geburt festgestellten Geschlecht".

Wer sich nicht oder nicht vollständig mit dem bei Geburt festgestellten Geschlecht identifiziert, wird als transsexuell, transident, transgender oder kurz trans bezeichnet. Trans ist ebenfalls ein lateinischer Begriff (Vorsilbe und Adjektiv) und bedeutet „jenseits" oder „hinüber" im Sinne von „an einem anderen Ort" (so wie in transatlantisch). Trans ist das Gegenteil von cis und wird oft als Dachbegriff für alle geschlechtlichen Identitäten verwendet, die von dem bei Geburt festgestellten Körpergeschlecht abweichen. Trans ist also, was auf der Ebene der Geschlechtsidentität nicht dem Geburtsgeschlecht entspricht.

Transpersonen haben in den meisten Fällen biologisch eindeutig ausgeprägte Körper, doch das durch das Körpergeschlecht definierte Identitätsgeschlecht (männlicher Körper = Mann, weiblicher Körper = Frau) wird aufgrund von *Geschlechtsdysphorie* abgelehnt. Geschlechtsdysphorie beschreibt die tiefe innere Ablehnung des Geschlechtskörpers und die innere Identifikation mit einem anderen als dem Geburtsgeschlecht.

Manchmal landet ein falsches Etikett auf einer Dose (Abb. 1.1). Mit dem Inhalt der Dose ist alles in Ordnung. Nichts ist falsch an dem Etikett. Etikett und Inhalt stimmen nur nicht überein. Übertragen auf geschlechtliche Identität bedeutet dies, dass manchmal die zugewiesene Geschlechtszugehörigkeit (das Etikett) nicht mit dem empfundenen Geschlecht (dem Inhalt der Dose) übereinstimmt.

Abb. 1.1 Falsches Etikett oder falscher Inhalt?

Wie kommen wir überhaupt zu unserem Geschlecht? Wer wir im körpergeschlechtlichen Sinne sind, wird meistens bei Geburt durch einen Blick auf Äußerlichkeiten bestimmt. Hat das Baby einen Penis, wird es „Junge" genannt. Hat es keinen Penis, heißt es „es ist ein Mädchen". Das ist das zugewiesene Etikett und bestimmt zugleich die rechtliche Geschlechtszugehörigkeit und das soziale (das „gelebte") Geschlecht, meistens für das ganze Leben.

Doch die *Geschlechtsidentität*, das tiefe innere Wissen um die eigene, eventuell vom Geschlechtskörper abweichende Identität, wird nicht allein durch Genitalien, innere Geschlechtsorgane, Chromosomen, Keimdrüsen (Gonaden) oder Hormone bestimmt. Geschlechtsidentität findet unabhängig von physischen Körpermerkmalen im Kopf statt, sozusagen zwischen den Ohren. Das ist heute wissenschaftlicher Konsens (vgl. Becker, S. 12 [1]),

Machen Sie einmal den Test und fragen Sie sich, woher Sie wissen, dass Sie ein Mann oder eine Frau sind. Und bitte sagen Sie nicht „wegen meiner Hoden" oder „weil ich Brüste habe". Primäre und sekundäre Geschlechtsmerkmale können untypisch ausgeprägt oder – zum Beispiel aus Krankheitsgründen – verändert sein oder abhandenkommen. Dennoch wird die Geschlechtsidentität sich durch ein Fehlen oder eine Varianz von körperlichen Geschlechtsmerkmalen nicht ändern.

Intergeschlechtlichkeit Es gibt Menschen, die mit nicht eindeutig männlich und weiblich zuordenbaren primären oder sekundären physischen Geschlechtsmerkmalen geboren werden, sei es auf physiognomischer, chromosomaler oder hormoneller Ebene. Diese Konstellationen werden medizinisch unter dem Begriff Intersexualität zusammengefasst. Wir verwenden dazu im Folgenden den Begriff Intergeschlechtlichkeit.

> „Der Begriff Intersexualität bezeichnet in der Medizin Störungen der Geschlechtsdifferenzierung. Sie sind mit 2–3 % beim Menschen relativ häufig. Dabei wird klinisch der sehr seltene echte Hermaphroditismus, bei dem gleichzeitig Hoden- und Eierstockgewebe vorhanden ist, vom (männlichen oder weiblichen) Pseudohermaphroditismus unterschieden. Beim Pseudohermaphroditismus entwickelt sich das äußere Erscheinungsbild (der Phänotyp) im Vergleich zur chromosomalen oder gonadalen Anlage gegengeschlechtlich. Das ist der Fall, wenn ein Mensch mit einem Chromosomensatz von 46,XY einen weiblichen Phänotyp entwickelt." (Holzleithner [2])

Es gibt also biologische Realitäten jenseits von eindeutig männlich und eindeutig weiblich. Und doch ist der Mensch im Grundsatz zweigeschlechtlich. Für die Fortpflanzung werden ein männliches Spermium und eine weibliche Eizelle benötigt. Diese Zellen werden als Gameten bezeichnet. Der Definition nach produzieren männliche Körper kleine Gameten (Spermien) und weibliche Körper große Gameten (Eizellen). Ohne die Kombination dieser beiden grundlegenden Formen von Gameten können sich Säugetiere, zu denen in diesem Sinne auch der Mensch zählt, nicht fortpflanzen. Damit gibt es auf der biologischen Ebene genau zwei Geschlechter.

Das körperliche Geschlecht ist auch nicht veränderbar. Die im Kontext angeblich veränderbarer Körpergeschlechtlichkeit oft zitierten Clownfische sind ebenfalls zweigeschlechtlich, tragen aber Anlagen beider Geschlechter in sich. Zugleich zeigen Beispiele für intergeschlechtliche Ausprägungen, dass es mehr Varianten der Geschlechtsentwicklung gibt als „eindeutig Mann" und „eindeutig Frau".

Beispiele für intergeschlechtliche „Syndrome"

Die Bandbreite dieser sogenannten Syndrome reicht vom häufig beobachteten CAIS (Complete Androgen Insensitivity Syndrome) und dem selteneren PAIS (Partial Androgen Insensitivity Syndrome) über die reine (Swyer Syndrom) und gemischte Gonadendysgenesie, den 5-Alpha-Reduktase-Mangel und 17-Beta-HSD-Mangel bis hin zum äußerst raren „LH-Rezeptordefekt" (Leydigzell-Hypoplasie), dem „Hermaphroditismus verus" und dem CAH (früher AGS). In der Medizin spricht man seit 2005 von DSD (Disorders of sexual development), als „Störung" und die Diagnosen lauten z. B. XY-DSD oder, XX-DSD. Doch selbst zahlreiche Mediziner befürworten heute die passendere Auslegung von DSD als Differences of Sexual Development, als Variante der Geschlechtsentwicklung. (Broschüre des Bundesverbands Intergeschlechtliche Menschen e.V., IMeV [3])

Das Spektrum biologischer Körperausprägungen im Sinne einer DSD, von denen hier nur einige beispielhaft genannt werden, beschreibt jedoch nicht etwa „viele Geschlechter", sondern eine Vielzahl an Kombinationsvariationen der beiden Ausgangsgeschlechter Mann und Frau. Intergeschlechtlichkeit ist also auf der biologischen Ebene kein „neues" Geschlecht, ebenso wenig wie Transgeschlechtlichkeit. Auch Transpersonen (ohne intergeschlechtliche Merkmale) sind vom Körpergeschlecht her entweder männlich oder weiblich und werden dies im biologischen Sinne auch immer bleiben, ungeachtet aller medizinischen Angleichungsmaßnahmen.

Zurück zur Intergeschlechtlichkeit: Manche Menschen wissen um ihre Intergeschlechtlichkeit. Sie wird manchmal schon bei der Geburt, manchmal aber erst viel später im Leben und oft auch nur „zufällig" festgestellt, zum Beispiel, wenn die Pubertät nicht wie erwartet verläuft oder bei einer Operation oder medizinischen Untersuchung eine Variante der Geschlechtsentwicklung entdeckt wird. Manche Menschen wissen es nicht, entweder weil ihnen die Tatsache, dass sie intergeschlechtlich zur Welt kamen, verheimlicht wurde, oder weil es tatsächlich niemand weiß.

Viele Interpersonen leben einem der binären Geschlechter – Mann oder Frau – entsprechend, manchmal gewollt, weil sie sich dem männlichen oder weiblichen Geschlecht zugehörig fühlen, auch wenn ihre Körper biologisch gesehen nicht zu 100 % männlich oder weiblich sind. Manche Interpersonen, die um Ihre Intergeschlechtlichkeit wissen, leben hingegen bewusst „zwischen den Geschlechtern", wie der Begriff Intergeschlechtlichkeit aufgrund der Vorsilbe inter = „dazwischen" signalisiert, weil sie die Geschlechterbinarität für sich nicht als richtig empfinden oder weil sie für sich keine andere Wahlmöglichkeit sehen.

Abb. 1.2 Screenshot von der Plattform „X", vormals Twitter, abgerufen: 26. März 2023

Claire Ainsworth
@ClaireAinsworth

No, not at all. Two sexes, with a continuum of variation in anatomy/physiology.

Tweet übersetzen

13:52 · 21.07.17

Über die Anzahl von Interpersonen in Deutschland gehen die Meinungen und Schätzungen stark auseinander. Der Verein intergeschlechtlicher Menschen in Deutschland spricht selbst von „ca. 200.000 Menschen, die mit körperlichen Geschlechtsmerkmalen geboren wurden, die zwischen den gängigen Kategorien von Mann und Frau liegen oder eine Mischung von beiden sind." Es wird eine Prävalenz von 1:500 bis zu 1:2000 Neugeborenen pro Jahr angenommen, die als intergeschlechtlich eingeordnet werden könnten (IMeV-Broschüre [3]).

Sind nun diese intergeschlechtlichen Varianten der Geschlechtsentwicklung „neue" Geschlechter neben männlich und weiblich? Es gibt darüber in der Öffentlichkeit leider sehr viel Streit. Dabei hat Claire Ainsworth, Autorin des viel beachteten Artikels „Sex redefined" ([4]), in dem sie sich mit Intergeschlechtlichkeit beziehungsweise Varianten der Geschlechtsentwicklung auseinandersetzt und der oft als vermeintlicher Beleg für die Existenz von mehr als zwei biologischen Geschlechtern zitiert wird, auf der Social Media-Plattform „X" (vormals Twitter) sehr deutlich auf die Behauptung, es gebe mehr als zwei (biologische) Geschlechter geantwortet: „Nein, ganz und gar nicht. Zwei biologische Geschlechter (*sexes*), mit einem Kontinuum an Variationen der Anatomie/Physiologie" (eigene Übersetzung aus dem Englischen) (Abb. 1.2).

Nicht-Binarität Nicht-binäre Menschen haben zumeist biologisch eindeutig männliche oder eindeutig weibliche Körper, lehnen aber das bei ihrer Geburt festgestellte Geschlecht ab und verorten sich nicht in der Binarität Mann/Frau, sondern außerhalb dieser Zweigeschlechtlichkeit oder zwischen den Polen Mann/männlich und Frau/weiblich, manchmal in Form einer Fluidität.

Dies bedeutet jedoch nicht, dass alle nicht-binären Menschen in der Darstellung ihres Geschlechtsausdrucks nicht eindeutig auftreten wollen. Manche treten nach außen hin durchaus binär auf und entsprechen den gängigen Vorstellungen dessen, wie „ein Mann auszusehen hat" oder „wie eine Frau aussieht". Für manche nicht-binäre Menschen genügt das eigene Wissen darum, sich keinem der beiden Geschlechter ganz oder überwiegend zuzuordnen.

Wieder andere hingegen streben eine äußerliche Nichteindeutigkeit an oder spielen bewusst mit den Rollen- und Darstellungsklischees der Geschlechter oder wechseln ihre nach außen gerichtete geschlechtliche Ausdrucksweise.

Manche wünschen sich, dass über sie mit nichtmännlichen oder nichtweiblichen Pronomen gesprochen wird und wählen geschlechtsneutrale Vornamen aus (wenn der Geburtsvorname deutlich männlich oder weiblich besetzt ist). Das Selbstverständnis nichtbinärer Personen kann sehr vielfältig sein. Die „typische" nicht-binäre Person gibt es nicht.

Manche nicht-binären Personen streben eine (teilweise oder weitgehend den medizinischen Möglichkeiten entsprechend vollständige) medizinische Angleichung an das männliche oder weibliche Geschlecht an. Jedoch ist Nichtbinarität derzeit noch aus der offiziellen Diagnose von Transidentität (ICD-10 F64.0) ausgeschlossen, sodass für eine medizinische Angleichung keine Kostenübernahme durch gesetzliche Krankenkassen möglich ist. Um dennoch medizinische Maßnahmen mit Kostenübernahme durch eine Krankenkasse durchführen lassen zu können, geben sich einige nicht-binäre Personen in der Diagnostik und medizinischen Behandlung als binäre Transpersonen aus, verschweigen also ihre nicht-binäre Selbstidentifikation. Andere gehen offen mit ihrer nicht-binären Selbstidentifikation um und bezahlen die von ihnen gewünschten medizinischen Behandlungen selbst.

Von der Pathologisierung zur Normvariante Transidentität und Nicht-Binarität, also das Zugehörigkeitsgefühl zu einem anderen als dem bei Geburt festgestellten Geschlecht, ist „nur" eine Normvariante geschlechtlicher Identität. Das geschlechtliche Zugehörigkeitsempfinden kann sich auf die beiden binären Geschlechterkategorien Mann und Frau beziehen, aber auch auf andere als diese beiden Kategorien. In nicht westlich-industrialisierten Kulturen existieren zum Teil vielfältigere soziale Geschlechterordnungen als die, welche auf den beiden biologischen Geschlechtern und dem bei Geburt festgestellten Körpergeschlecht als einem davon fußen:

> „Ethnologische Studien über Gesellschaften, in denen andere Geschlechterordnungen als die Zweigeschlechterordnung von Mann und Frau – beispielsweise in Form von Drei- und Viergeschlechterordnungen oder jenen Geschlechterordnungen, in denen neben den Kategorien Mann und Frau weitere, als alternative Geschlechter bezeichnete Kategorien vorhanden sind – finden sich weltweit: in Nord-, Mittel- und Südamerika, in vielen Teilen Asiens, in Afrika sowie in Polynesien, Melanesien und auch in Teilen Europas. Berichte über alternative Geschlechter finden sich darüber hinaus in den verschiedensten Zeitaltern der Menschheitsgeschichte von der Bronze- bis zur Neuzeit." (LaGata, Balzer [7])

In unserer Gesellschaft gab es lange keine Vielfalt jenseits der binären sozialen und auch nicht der rechtlichen Geschlechter und wer bei Geburt einem bestimmten Geschlecht zugeordnet wurde, lebte meistens damit das ganze Leben lang. Das Empfinden, einem anderen als dem bei der Geburt festgestellten Geschlecht anzugehören, wurde erst ab 1952 beschrieben und erst seit 1966 mit dem (heute als veraltet geltenden) Begriff „Transsexualismus" bezeichnet (vgl. Rauchfleisch, S. 16 [6]).

Der Weg der medizinischen Einordnung von transidenter Selbstidentifikation führte von einer Pathologisierung, also der Annahme eines krankheitswerten Zustandes, zu der heute in medizinischen und psychologischen Fachkreisen verbreiteten Auffassung, dass

Transidentität eine Normvariante sei, die nichts mit psychischer Gesundheit oder Krankheit zu tun habe (vgl. Rauchfleisch [7]). Dennoch ist die Diagnose „Transsexualismus" (ICD-10, F64.0) bis heute und bis zur Umsetzung des ICD-11 (der amtlichen Klassifikation zur Verschlüsselung von Diagnosen) in deutsches Sozialrecht maßgeblich und, wie in Abschn. 2.4 noch erläutert werden wird, Grundlage und „Eintrittskarte" für medizinische Angleichungsschritte, deren Kosten von Krankenkassen übernommen werden.

Bisherige und neue medizinische Diagnose Die bisherige medizinische Diagnose in der internationalen Klassifikation für Krankheiten und verwandter Gesundheitsprobleme (derzeit noch im deutschen Sozialrecht gültig in Form des ICD-10 [8]) lautet:

> „F64.0 Transsexualismus: Der Wunsch, als Angehöriger des anderen Geschlechtes zu leben und anerkannt zu werden. Dieser geht meist mit Unbehagen oder dem Gefühl der Nichtzugehörigkeit zum eigenen anatomischen Geschlecht einher. Es besteht der Wunsch nach chirurgischer und hormoneller Behandlung, um den eigenen Körper dem bevorzugten Geschlecht so weit wie möglich anzugleichen."

Im ICD-11 [9], der 2022 in Kraft trat und bis 2027 in deutsches Sozialrecht adaptiert werden soll, ist folgende neue Diagnose vorgesehen:

> „HA60 Geschlechtsinkongruenz im Jugend- und Erwachsenenalter: Dauerhafte mangelnde Übereinstimmung zwischen der individuellen Geschlechtsidentität und dem aufgrund körperlicher Geschlechtsmerkmale zugewiesenen Geschlecht. Es besteht häufig der Wunsch, durch medizinische Behandlung das Geschlecht zu wechseln."

Der auffälligste Unterschied zwischen diesen beiden Diagnoseformulierungen ist der Aspekt des Wunsches nach medizinischer Angleichung an „das andere" Geschlecht. Wird in ICD-10 noch davon ausgegangen, dass der Wunsch nach (weitestgehender) Angleichung zwingend für die Diagnosestellung sei, wird in der neuen Definition der Wunsch oder der Drang, sich medizinisch angleichen zu lassen (irreführend als „Geschlechtswechsel" bezeichnet), deutlicher als *Option* formuliert und nicht mehr als verpflichtend. Dieser Aspekt lässt sich umschreiben mit „Your body, your choice" – niemand ist verpflichtet, einzelne oder alle medizinischen Transitionsmöglichkeiten durchführen zu lassen. Dazu mehr in Abschn. 2.4.

Geschlechtliches Identitätsempfinden als Spektrum Neben der Varianz von Ausprägungen von Geschlechtskörpern sind auch empfundene Geschlechtsidentitäten – das, was unsere Identität im Kopf bestimmt, also unabhängig von Chromosomen, Gonaden (Keimdrüsen) und Phänotyp – vielfältig (Abb. 1.3). Es gibt nicht nur in sozialen Netzwerken eine Vielzahl an Bezeichnungen des sozialen Geschlechts (Gender). Geschlechtsidentität gilt als Spektrum, an dessen Enden Mann/Frau beziehungsweise männlich/weiblich stehen. Die beiden Enden des Spektrums von männlich zu weiblich gelten als Binarität oder binäre Geschlechtskategorien.

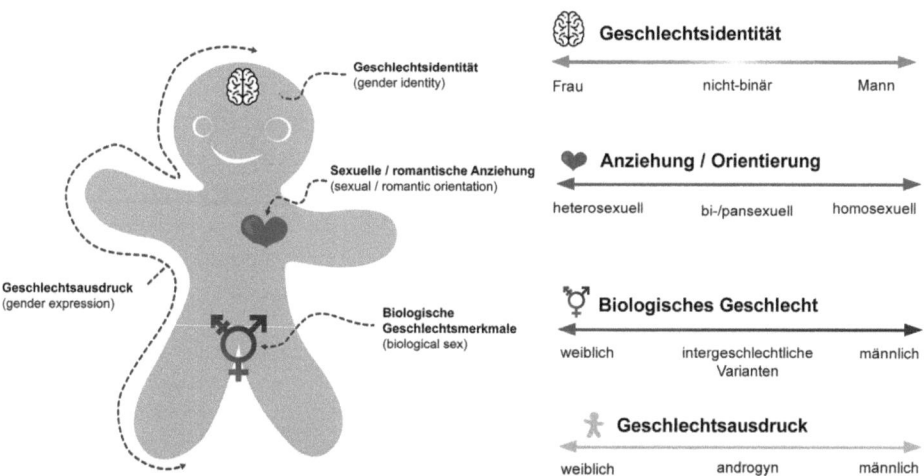

Abb. 1.3 Pfefferkuchen-Person. (Nach Sam Killermann, genderbread.org [10])

Geschlechtsidentität, also das tief empfundene Wissen um das eigene Geschlecht, kann männlich, weiblich oder zwischen den binären Kategorien Mann und Frau verortet sein. Diese Varianz empfinden viele Menschen als bedrohlich und/oder lehnen sie strikt ab. Aus Unverständnis und Ablehnung kann Diskriminierung entstehen, denn:

> „Diesen Gefühlen liegt die *Angst* zugrunde, in der Gewissheit, dass es nur zwei – und nur zwei binäre! – Geschlechter gibt, nämlich Frauen und Männer, erschüttert zu werden. (…) Wann immer diese und andere soziale ‚Selbstverständlichkeiten' erschüttert werden, versucht die Mehrheitsgesellschaft mithilfe von ‚Normalisierungsstrategien' die ‚Normalität' der Zweigeschlechtlichkeit zu schützen und die erlebte Irritation abzuwehren." (Rauchfleisch, S. 204 [6])

Geschlechtsausdruck Ebenfalls ein Spektrum, das grundsätzlich unabhängig von der Geschlechtsidentität existiert, ist der Geschlechtsausdruck, das heißt wie durch Kleidung, Verhalten und äußerlichen Stil eine Zugehörigkeit zu einem Geschlecht unterstrichen wird. Der nach außen gezeigte Geschlechtsausdruck kann mit dem Identitäts- und bei Geburt festgestellten Geschlecht übereinstimmen. Die Zuordnung zu Geschlechtern aufgrund äußerer Stilmerkmale (lange Haare, kurze Haare, maskulin oder feminin konnotierte Kleidung etc.) ist allerdings vorrangig durch tradierte soziale Normen bestimmt, die sich auch immer wieder verändert haben und in vielen modernen Gesellschaften längst aufgebrochen sind: selbstverständlich tragen Frauen heutzutage Hosen und Männer lange Haare. Rocktragende Männer sind dagegen oft weniger sozial akzeptiert. Festzuhalten ist jedenfalls, dass der Geschlechtsausdruck nicht die geschlechtliche Identität bestimmt. Der Ausdruck stimmt allerdings bei den meisten Menschen mit der bei Geburt begründeten Geschlechtszugehörigkeit, der sozial etablierten Geschlechtsrolle und der Selbstwahrnehmung überein.

Sexuelle Orientierung Die gefühlsmäßige beziehungsweise sexuelle Anziehung oder Orientierung bestimmt ebenfalls nicht unsere Geschlechtsidentität. Dies ist ein sehr wichtiger Merksatz, denn oft wird die sexuelle Orientierung (zum Beispiel heterosexuell, homosexuell) mit der Geschlechtsidentität (zum Beispiel Mann oder Frau, cisgeschlechtlich oder transgeschlechtlich) auf eine Stufe gestellt. Diese Einordnung geschieht mutmaßlich häufig aufgrund des Wortbestandteils „sexuell". Die sexuelle beziehungsweise romantische Anziehung hat jedoch mit der Geschlechtsidentität (dem Geschlechtsempfinden im Kopf) nichts zu tun. Transidente und geschlechtsvariante Menschen können heterosexuell, homosexuell, bisexuell oder etwas anderes auf dem Spektrum der romantischen/sexuellen Orientierung sein. Die romantische/sexuelle Orientierung eines Menschen kann sich während einer geschlechtlichen Transition verändern, aber auch unverändert bleiben.

Beispiele, wie sexuelle/romantische Orientierungen mit verschiedenen Geschlechtsidentitäten korrespondieren

- Ein Mann, der sexuell beziehungsweise romantisch hauptsächlich an Frauen interessiert ist, wird als heterosexuell bezeichnet.
- Eine Frau, die sexuell beziehungsweise romantisch vorwiegend an Frauen interessiert ist, wird als homosexuell (lesbisch) bezeichnet.
- Ein transidenter Mann (eine Person, die von Frau zu Mann transitioniert hat) und sowohl vor als auch nach der Transition an Frauen interessiert ist, galt davor als homosexuelle (lesbische) Frau und gilt nachher als heterosexueller Mann.
- Ein transidenter Mann (eine Person, die von Frau zu Mann transitioniert hat) und sowohl vor als auch nach der Transition an Männern interessiert ist, galt vorher als heterosexuelle Frau und gilt nachher als homosexueller (schwuler) Mann. ◄

Das sogenannte dritte Geschlecht Es ist nicht neu, dass es Varianten jenseits von männlich und weiblich, also nicht-binäre Geschlechter gibt. Diese können auf körperlicher Nichteindeutigkeit beruhen (biologische Varianten der Geschlechtsentwicklung) und/oder auf die geschlechtliche Selbstwahrnehmung und dementsprechende Selbstidentifikation zurückgehen (nicht-binäre Geschlechtsidentitäten). Nur fanden diese Geschlechtsvarianzen bislang keine rechtliche Anerkennung.

Neu war aber im Dezember 2018 die Einführung von § 45b im Personenstandsgesetz (PStG) und die damit erfolgte erstmalige juristische Anerkennung eines Geschlechtseintrages „divers", was manchmal umgangssprachlich als drittes Geschlecht bezeichnet wird. Genaugenommen handelt es sich dabei rechtlich (jedenfalls im deutschen Rechtssystem) um einen vierten rechtlichen Geschlechtseintrag. Denn neben den Einträgen „männlich" und „weiblich" im Geburtenregister gab es auch vor der Einführung des Eintrags „divers" die Variante „kein Geschlechtseintrag".

Bis Ende 2018 gab es keine Anerkennung von nichtmännlichen und nichtweiblichen Geschlechtern. Der neu geschaffene Eintrag „divers" ist als *positiver Eintrag* anstelle eines *fehlenden* Geschlechtseintrags zu verstehen, welcher rechtliche Geschlechtslosigkeit bedeutet. Da an die Geschlechtszugehörigkeit beziehungsweise den amtlich registrierten Geschlechtseintrag verschiedene rechtliche Wirkungen geknüpft sind, die unter anderem auch im Arbeitsumfeld von Bedeutung sind, gibt es für Geschlechtsvarianten jenseits von männlich und weiblich nun auch eine rechtliche Anerkennung. Diese wurde in der langjährigen Bestrebung und Diskussion um den neuen Personenstand auch als „dritte Option" bezeichnet, was viele Menschen als passender empfinden als „drittes Geschlecht".

Zusammenfassung

- Transidentität ist das tief empfundene Zugehörigkeitsgefühl zu einem anderen als dem bei Geburt festgestellten Geschlecht, zumeist, aber nicht immer, innerhalb des Zweigeschlechtersystems. Transpersonen haben meistens biologisch eindeutig männliche oder eindeutig weibliche Körper. Sie lehnen das Geschlecht, das bei Geburt festgestellt wurde, ab und empfinden sich dem anderen als dem Geburtsgeschlecht zugehörig. Sehr viele Transpersonen streben medizinische Angleichungsmaßnahmen an. Manche möchten nur einige der möglichen medizinischen Maßnahmen in Anspruch nehmen, manche alle Maßnahmen, andere gar keine. Obgleich der Zugang zu medizinischen Angleichungsmaßnahmen derzeit noch von der Diagnose Transsexualismus (ICD-10 F64.0) abhängt, ist es wissenschaftlicher Konsens, dass ein Geschlechtszugehörigkeitsempfinden, das vom bei Geburt festgestellten Geschlecht abweicht, nichts mit psychischer Gesundheit oder Krankheit zu tun hat. Transidentität ist keine Krankheit, sondern eine Normvariante geschlechtlicher Identitätsvielfalt.
- Intergeschlechtlichkeit ist nicht gleich Transidentität, sondern beschreibt in erster Linie Variationen biologisch nicht eindeutig männlicher oder weiblicher Körper. Manche Interpersonen wurden im Kindesalter mit oder ohne Wissen der Eltern an eines der beiden Geschlechter angeglichen und leben in diesem Geschlecht. Manche Interpersonen wissen um ihre Intergeschlechtlichkeit und leben bewusst zwischen den binären Geschlechterkategorien. Andere streben, wenn sie von ihrer Intergeschlechtlichkeit erfahren, eine Angleichung an das männliche oder weibliche Geschlecht an.
- Intergeschlechtliche oder nicht-binäre Personen wählen nicht alle den Geschlechtseintrag divers. Es gibt auch intergeschlechtliche und nicht-binäre Personen, die den Geschlechtseintrag männlich oder weiblich oder einen leeren Geschlechtseintrag als für sich richtig empfinden.
- Das sogenannte dritte Geschlecht, seit 2018 bezeichnet mit dem Geschlechtseintrag divers, ist die positive rechtliche Anerkennung einer Geschlechtszugehörigkeit außerhalb des binären Geschlechtersystems, sei es aufgrund von Intergeschlechtlichkeit oder aufgrund eines als nicht allein männlich oder weiblich Geschlechtszugehörigkeitsempfindens.

- Nicht-binäre Personen haben meist biologisch eindeutige Körper, lehnen jedoch das Geburtsgeschlecht ab und verordnen sich weder (ausschließlich) im männlichen noch im weiblichen Geschlecht. Manche streben medizinische Angleichungsmaßnahmen an, manche nicht.
- Cis Personen empfinden ihr körperliches Geschlecht und ihre gelebte Geschlechtsidentität im Einklang.

1.2 Geschlechtliche Vielfalt im Recht

1.2.1 Bedeutung des Geschlechts im deutschen Recht

In der Diskussion um die Einführung eines Selbstbestimmungsgesetzes als Nachfolger des Transsexuellengesetzes (TSG) von 1981 hieß es von vielen Seiten „Wozu überhaupt einen Geschlechtseintrag, warum nicht gleich die Geschlechtsangabe im Geburtsregistereintrag ganz abschaffen?".

Das Geschlecht spielt allerdings eine Rolle in nahezu allen Lebensbereichen, auch im Arbeitsleben (Abb. 1.4). Wenn wir Menschen zum ersten Mal begegnen, ihren Namen erfahren, sie ansprechen oder über sie sprechen, verwenden wir geschlechtszuweisende Sprache – zum Beispiel sprechen wir über einen Mann als „er". Wenn sich uns dieser mit „Ich bin Paul Müller" vorstellt, sortieren wir ihn als Mann ein, ohne dass er seine Geburtsurkunde vorgelegt hat oder wir seine Genitalausstattung kennen (die uns auch nichts angeht!). Wenn wir einer Person am Telefon begegnen, die sich mit einem uns unbekannten, nicht eindeutig geschlechtlich zuweisbaren Namen vorstellt, hören wir auf die Stimme, ob diese uns einen Hinweis darauf gibt, ob etwa Phuong Nguyễn ein Mann oder eine Frau ist, wobei Phuong im Vietnamesischen sowohl ein Frauen- als auch ein Männername ist. Wir nehmen meistens Zuordnungen in männlich und weiblich vor, ohne darüber nachzudenken und ohne die Geschlechter, die wir „sehen", in Frage zu stellen.

Das Geschlecht ist aber auch relevant in der staatlichen Registrierung und Identifizierung eines Menschen, und an das eingetragene Geschlecht sind verschiedene Rechtsfolgen geknüpft.

Gleich nach der Geburt wird das Geschlecht in die Geburtsurkunde eingetragen. Auch später im Leben wird das Geschlecht immer wieder von Behörden eingetragen, zum Beispiel bei der Eheschließung im Eheregister und beim Tod im Sterberegister.

Meldebehörden speichern das Geschlecht von Personen, deren gesetzlichen Vertretern und wiederum deren Ehegatten im Melderegister und übermitteln diese Information an andere öffentliche Stellen. Bei einem Flug ins Ausland wird die Geschlechtszugehörigkeit als Teil der Fluggastdaten erfasst, ebenso bei der Ein- und Ausreise. Das Wehrpflichtgesetz verlangt ebenfalls für die Feststellung, ob eine Wehrpflicht besteht, die Angabe der Geschlechtszugehörigkeit. Der Straftatbestand des Exhibitionismus (§ 183 Strafgesetzbuch, StGB) kann bisher per Legaldefinition nur von einem Mann begangen werden; auch hier ist also das rechtliche Geschlecht relevant. Dies ist insbesondere bemerkenswert, da

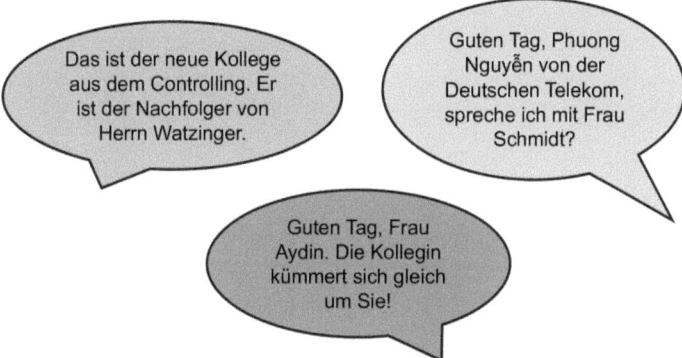

Abb. 1.4 Geschlecht spielt eine Rolle, zum Beispiel im Arbeitsleben

exhibitionistische Handlungen zum Beispiel auch von transweiblichen Personen begangen werden können. Diese wären formal gesehen allerdings derzeit von einer Strafbarkeit aus § 183 StGB ausgenommen, sobald sie eine Änderung ihres Geschlechtseintrages haben vornehmen lassen.

Auch Rechte und Pflichten aus Gesetzen knüpfen an das Geschlecht an. Bislang ist jedoch in nahezu allen Gesetzen ausdrücklich nur das männliche oder weibliche Geschlecht genannt, obwohl es seit 2018 den Geschlechtseintrag divers gibt. Und auch schon vor 2018 gab es die Möglichkeit, den Geschlechtseintrag leer zu lassen, also rein rechtlich gesehen (und nicht biologisch) geschlechtslos zu sein.

Interessanterweise gibt es in der deutschen Rechtsordnung keinerlei Definition, was Geschlecht eigentlich ist und wie das Geschlecht beziehungsweise die rechtliche Geschlechtszugehörigkeit eines Menschen bestimmt wird (Adamietz [11]).

Und dennoch behandelten die deutschen Gesetzgeber lange Zeit – wenig überraschend – die Rechte von Männern und Frauen sehr unterschiedlich und legitimierten damit die Benachteiligung von Frauen im Gesetz. So waren Frauen bis 1918 nicht zu Wahlen zugelassen, durften bis 1962 kein eigenes Bankkonto eröffnen und benötigten bis 1977 für den Abschluss eines Arbeitsvertrages die Zustimmung des Ehemannes, der auch das Arbeitsverhältnis der Ehefrau kündigen konnte.

Mit Einführung des Grundgesetzes im Jahr 1949 wurden Ungleichbehandlungen von Männern und Frauen „aufgrund des Geschlechtes" erstmals verboten, Sanktionierungsmöglichkeiten eingeführt und die Förderung der (rechtlichen) Gleichbehandlung von Männern und Frauen als staatlicher Auftrag formuliert:

Gleichberechtigung zwischen Männern und Frauen im Grundgesetz (GG)
Männer und Frauen sind gleichberechtigt. Der Staat fördert die tatsächliche Durchsetzung der Gleichberechtigung von Frauen und Männern und wirkt auf die Beseitigung bestehender Nachteile hin. (Art. 3 Abs. 2 GG). Zudem untersagte Art. 3 Abs. 3 S. 1 GG eine Benachteiligung aufgrund des Geschlechts.

So ist zwar schon seit 1949 die Diskriminierung „aufgrund des Geschlechts" verboten, zugleich aber gemäß der seit über 30 Jahren gefestigten Rechtsprechung des Bundesverfassungsgerichts (BVerfG) dann gerechtfertigt, wenn sie auf „natürlichen Gründen" beruht:

> „Mit natürlichen Gründen sind biologische gemeint, das heißt, gesellschaftliche Zuschreibungen und Aufgabenzuweisungen sind nach dieser Rechtsprechung keine anerkannten Differenzierungsgründe mehr – sie waren es zuvor jahrzehntelang".

schreibt Laura Adamietz und stellte zugleich bereits 2012 fest, dass das Recht immer seltener an das rechtliche Geschlecht einer Person anknüpft [11].

Dennoch: *grundsätzlich* dürfen Menschen „aufgrund des Geschlechts" in berufsbezogenen Kontexten nicht ungleich behandelt werden, so das Allgemeine Gleichbehandlungsgesetz (AGG) (mehr dazu in Abschn. 1.3). In anderen Gesetzen wird an ebendieses Diskriminierungsverbot angeknüpft, zum Beispiel im Betriebsverfassungsgesetz, im Entgelttransparenzgesetz, im Beamtenstatusgesetz und im Bundesbeamtengesetz, um nur einige Beispiele zu nennen.

Im Hinblick auf Geschlechtszugehörigkeiten jenseits von männlich und weiblich (Einträge divers und „leerer Eintrag") möchte der Gesetzgeber übrigens sämtliche gesetzlichen Regelungen mit einer Geschlechtsdimension als für alle Geschlechtszugehörigkeiten geltend wissen, ohne dass diese im Gesetzestext explizit genannt werden müssen. Das mag für Träger*innen nicht-binärer Geschlechtseinträge unbefriedigend sein, jedoch ist in der scheinbar unendlichen Vielzahl von Gesetzen, die „Männer und Frauen" als Normadressat*innen nennen, einfach noch nicht alles angepasst worden und wird es möglicherweise auf lange Sicht auch nicht werden. Einige gesetzliche Diskriminierungsverbote beziehen sich allerdings tatsächlich bisher allein auf „Männer und Frauen", so § 1 Entgelttransparenzgesetz und § 1 Abs. Nr. 1 Bundesgleichstellungsgesetz.

Als das Bundesverfassungsgericht in seiner richtungweisenden Entscheidung vom Oktober 2017 anordnete, es müsse ein „positiver Geschlechtseintrag" für Menschen mit biologisch nicht eindeutiger Geschlechtszuordnung geschaffen werden, stellte es fest, dass diese Menschen in ihrer geschlechtlichen Identität geschützt sind und dass Art. 3 Abs. 3 S. 1 GG sie vor Diskriminierungen aufgrund ihrer geschlechtlichen Zuordnung (oder Nicht-Zuordnung) schützt (BVerfG, 10. Okt. 2017, Az. 1 BvR 2019/16 [12]). Damit wurden erstmals höchstrichterlich Geschlechtsidentitäten außerhalb der männlich/weiblichen Binarität rechtlich anerkannt und ein positiver Diskriminierungsschutz formuliert, der sowohl in den Grundrechten als auch auf der Ebene von sogenannten Einfachgesetzen besteht (vgl. Dutta, Fornasier [13]).

> **Bedeutung von Geschlecht im Recht**
> - Das Geschlecht hat sowohl rechtliche als auch soziale Relevanz und bestimmt den Umgang von Menschen miteinander – gerade auch im beruflichen Umfeld, denn Wahrnehmung, soziale Einordnung und Adressierung eines Menschen sind in Deutschland geschlechtsorientiert.
> - Das Geschlecht wird in verschiedenen staatlichen Registern vermerkt, in Urkunden aufgenommen und von Behörden erhoben, gespeichert und weitergegeben. Bestimmte Rechtsstellungen werden an das eingetragene Geschlecht geknüpft.
> - Benachteiligungen und Diskriminierungen „aufgrund des Geschlechts", das seit 2018 nicht mehr nur das weibliche und männliche erfasst – sind grund- und einfachgesetzlich gerade auch in der Arbeitswelt explizit verboten.

Geschlechtsidentität als Teil des allgemeinen Persönlichkeitsrechts und der Grundrechte Die geschlechtliche Identität war auch bereits vor dem wegweisenden Urteil des Bundesverfassungsgerichts aus 2017 Teil des allgemeinen Persönlichkeitsrechts aus Art. 2 Abs. 1 in Verbindung mit Art. 1 Abs. 1 GG. Schon 2005 befand das Bundesverfassungsgericht, dass die geschlechtliche Identität „regelmäßig ein konstituierender Aspekt der eigenen Persönlichkeit ist" (siehe BVerfG, 06. Dez. 2005, Az. 1 BvL 3/03 [14]).

▶ **Wichtig: „Die geschlechtliche Identität gehört zum intimsten Teil der Persönlichkeit"** Die geschlechtliche Selbstverortung und die rechtliche geschlechtliche Zugehörigkeit spielen eine Schlüsselrolle dabei, wie eine Person sich wahrnimmt und dementsprechend (im sozialen Kontext) agiert. Die Eigenverortung und rechtliche Geschlechtszugehörigkeit haben aber auch deutlichen Einfluss darauf, wie ein Mensch von anderen wahrgenommen und behandelt wird (vgl. BVerfG, 10. Okt. 2017, Az. 1 BvR 2019/16 [12]). Die geschlechtliche Identität gehört somit zum „intimsten Bereich der Persönlichkeit" (BVerfG, 06. Dez. 2005, Az. 1 BvL 3/03; 27. Mai 2008, Az. 1 BvL 10/05 [14]).

Daher muss der Staat dieses Grundrecht ganz besonders schützen. Eingriffe in dieses Grundrecht dürfen nur mit einer besonderen Rechtfertigung erfolgen. Nur „besonders gewichtige öffentliche Belange können einen Eingriff rechtfertigen" schreibt das BVerfG in seinem Beschluss vom 06. Dezember 2005 (Az. 1 BvL 3/03 [14]). Schon 1973 hält das Bundesverfassungsgericht fest, dass Art. 2 Abs. 1 GG i. V. m. Art. 1 Abs. 1 GG jeder einzelnen Person einen autonomen Bereich privater Lebensgestaltung zusichert, in dem sie ihre Individualität entwickeln und wahren kann. Der Staat ist verpflichtet, den Grundrechten im Rahmen seiner Schutzpflicht Geltung zu verschaffen (siehe BVerfG, 05. Jun. 1973, Az. 1 BvR 536/72 [15]).

Zivilrechtlicher Schutz vor Diskriminierungen Neben dem Schutz durch das allgemeine Persönlichkeitsrecht und die anderen Grundrechte gibt es im Zivilrecht ein allgemeines System von Rechten, mit denen sich ein Individuum gegen eine Verletzung des Persönlichkeitsrechts und anderer persönlicher Rechtsgüter wehren kann. Das allgemeine Persönlichkeitsrecht ist ein sogenanntes „sonstiges Recht" im Sinne von § 823 Abs. 1 BGB, welches die zentrale Vorschrift für den zivilrechtlichen Rechtsschutz ist.

Wird das allgemeine Persönlichkeitsrecht verletzt, zum Beispiel wegen einer Diskriminierung aufgrund des Geschlechts oder der Geschlechtsidentität, können Unterlassungs- sowie Schmerzensgeld- und Schadensersatzansprüche entstehen (aus §§ 823 Abs. 1, 1004 Abs. 1 S. 2 BGB beziehungsweise § 823 Abs. 1 BGB in Verbindung mit Art. 1 und Art. 2 Abs. 1 GG).

Ein weiteres wichtiges Instrument zum Schutz vor Diskriminierungen ist das zuvor erwähnte (und in diesem Buch öfter genannte) Allgemeine Gleichbehandlungsgesetz (AGG). Das AGG verbietet explizit Benachteiligungen und Diskriminierungen aufgrund des Geschlechts in der Arbeitswelt. Es verpflichtet Arbeitgeber*innen, Maßnahmen umzusetzen, mit denen Diskriminierungen verhindert und abgebaut werden. Auf das AGG als eine der Grundlagen des arbeitsrechtlichen Diskriminierungsschutzes gehen wir in Abschn. 1.3 näher ein.

▶ Wichtig
- Die Geschlechtsidentität ist höchstpersönlich. Sie berührt die sogenannte Intimsphäre eines Menschen und steht deshalb unter dem besonderen Schutz des Grundgesetzes.
- Auch in der Privatwirtschaft und im öffentlichen Dienst ist die geschlechtliche Identität zu respektieren. Dies wird durch ein rechtliches Schutzsystem, für das Arbeitsumfeld vor allem durch das AGG, gewährleistet.

1.2.2 Entstehung des Geschlechtseintrages „divers"

Wir haben zuvor aufgezeigt, dass es Menschen gibt, die biologisch, also in Genom, Anatomie oder Hormonphysiologie nicht oder nicht eindeutig dem männlichen oder weiblichen Geschlecht zugeordnet werden können. Dies wird unter dem Oberbegriff Intersexualität zusammengefasst (vgl. Pschyrembel [16]). Veraltete Begriffe sind Zwitter und Hermaphrodit. Wir verwenden hier, wie schon erwähnt, den Begriff Intergeschlechtlichkeit.

Sehr lange Zeit wurden an Babys und Kindern mit körperlichen Varianten der Geschlechtsentwicklung chirurgische Eingriffe und andere medizinische Behandlungen wie Hormontherapien vorgenommen, um die körperlichen Gegebenheiten an die Geschlechterbinarität anzupassen. Erst 2021 trat das Gesetz zum Schutz von Kindern mit Varianten der Geschlechtsentwicklung in Kraft. Es schränkt das Recht der Eltern bei der sogenannten Personensorge ein und will so Kinder vor Eingriffen schützen, mit denen körperliche Gegebenheiten an eine der beiden geschlechtlichen Kategorien Mann oder Frau angepasst werden, die später eventuell der Selbstidentifikation widerspricht.

Bis 2018 war eine positive rechtliche Anerkennung von Intergeschlechtlichkeit im deutschen Rechtssystem nicht vorgesehen. Es bestand lediglich – und das auch erst seit 2013 – neben dem männlichen und weiblichen Geschlechtseintrag die Möglichkeit, „kein Geschlecht" zu wählen. Vorher musste entweder „männlich" oder „weiblich" eingetragen werden.

Das Bundesverfassungsgericht hat diese mangelnde positive Anerkennung für verfassungswidrig erklärt und im Jahr 2017 den Gesetzgeber angewiesen, einen positiven Geschlechtseintrag neben männlich und weiblich zu schaffen und damit ein „drittes Geschlecht" anzuerkennen (BVerfG, 10. Okt. 2017, Az. 1 BvR 2019/16 [12]). Geklagt hatte eine intergeschlechtliche Person, die seit 2013 nur die Möglichkeit hatte, einen Geschlechtseintrag „leer" oder aber einen männlichen oder weiblichen Eintrag zu akzeptieren.

Im Dezember 2018 trat das „Gesetz zur Änderung der in das Geburtenregister einzutragenden Angaben" in Kraft. Damit kann anlässlich der Geburt von Kindern, die weder dem männlichen noch dem weiblichen Geschlecht eindeutig zugeordnet werden können, auch die Geschlechtsangabe „divers" gewählt werden.

Unter § 45b PStG konnten intergeschlechtliche Menschen seit 2018 ihren Geschlechtseintrag und ihre Vornamen selbstbestimmt durch eine Erklärung gegenüber dem Standesamt ändern lassen. Mit der Einführung des Selbstbestimmungsgesetzes besteht diese Möglichkeit nun auch für nicht-intergeschlechtliche Menschen.

Wie bereits gezeigt, ist die Geschlechtseintragsoption „divers" also kein „neues Geschlecht" (und schon gar kein „drittes"). Vielmehr ist mit dieser ursprünglich für intergeschlechtliche Menschen geschaffenen Registerangabe die rechtliche Anerkennung und eine *positive Bezeichnung* (im Gegensatz zu einem leeren Eintrag) einer *rechtlichen Geschlechtszugehörigkeit* jenseits von männlich und weiblich gemeint.

Voraussetzung für eine Vornamens- und Personenstandsänderung nach § 45b PStG war unter anderem die Vorlage eines ärztlichen Attests, das eine „Variante der Geschlechtsentwicklung" bescheinigt. Die Vornamens- und Personenstandsänderung nach § 45b PStG setzte damit gegenüber dem Verfahren nach TSG keine verpflichtende Begutachtung voraus, war nur mit geringen Verwaltungskosten verbunden und erforderte kein monatelanges Gerichtsverfahren. Deshalb wurde diese Möglichkeit auch von transidenten und sich nicht-binär einordnenden Personen genutzt, bei denen keine „biologische Intersexualität" besteht.

Als Behörden davon Kenntnis erlangten, wies das für das Gesetz zuständige Innenministerium (BMI) die Standesämter an, § 45b PStG bei Menschen ohne „biologische Intersexualität" nicht anzuwenden (Rundschreiben des BMI v. 10. Apr. 2019 [17]).

In der Folge beschäftigen sich Gerichte damit, ob § 45b PStG tatsächlich nur auf diese Menschen anwendbar ist oder ob auch transidenten beziehungsweise sich als nicht-binär definierenden Menschen offensteht (so AG Münster, 16. Dez. 2019, Az. 22 III 36/19 [18], vgl. auch Stellungnahmen von Verbänden und ein Rechtsgutachten (Mangold et al. [19])).

Am 22. April 2020 entschied das höchste Zivilgericht in Deutschland, der Bundesgerichtshof, dass § 45b PStG nur Menschen mit „biologischen" Varianten der Geschlechtsentwicklung zugänglich sei. Menschen mit „nur gefühlter Intersexualität", die sich also nicht-binär identifizieren, stehe der Weg über das TSG offen (BGH, 22. Apr. 2020, Az. XII ZB 383/19 [20]). Der Gesetzgeber habe im Rahmen seines Ermessens hinsichtlich der Anwendbarkeit des § 45b PStG eben nur „körperlich nachweisliche" Varianten gemeint. Für alle anderen gelte das TSG direkt oder entsprechend. Dagegen wurde Verfassungsbeschwerde erhoben.

Mit Einführung des Selbstbestimmungsgesetzes gibt es nun keine unterschiedlichen Rechtswege mehr für die Änderung des rechtlichen Geschlechtseintrags. Sowohl binäre Transpersonen als auch nicht-binäre und intergeschlechtliche Menschen können das Selbstbestimmungsgesetz nutzen, um ihre rechtliche Geschlechtszugehörigkeit zu ändern.

1.2.3 Ein Rückblick auf das Transsexuellengesetz

Die Änderung der rechtlichen Geschlechtszugehörigkeit (des Personenstands) und/oder des Vornamens war bis zur Ablösung des TSG durch das Selbstbestimmungsgesetz ein Gerichtsverfahren der freiwilligen Gerichtsbarkeit, durchgeführt unter den Regeln familienrechtlicher Verfahren (FamFG) bei Amtsgerichten.

§ 1 und § 8 TSG (weggefallen)
Die gesetzlichen Voraussetzungen waren in § 1 und § 8 TSG geregelt. Danach musste das Gericht feststellen, dass die antragstellende Person

- „sich auf Grund ihrer transsexuellen Prägung nicht mehr dem in ihrem Geburtseintrag angegebenen Geschlecht, sondern dem anderen Geschlecht als zugehörig empfindet und seit mindestens drei Jahren unter dem Zwang steht, ihren Vorstellungen entsprechend zu leben,
- mit hoher Wahrscheinlichkeit anzunehmen ist, dass sich ihr Zugehörigkeitsempfinden zum anderen Geschlecht nicht mehr ändern wird."

Das Gericht musste für einen Antrag nach § 1 bzw. § 8 in Verbindung mit § 1 TSG Gutachten von zwei Sachverständigen einholen, „die auf Grund ihrer Ausbildung und ihrer beruflichen Erfahrung mit den besonderen Problemen des Transsexualismus ausreichend vertraut sind" um die aus § 1 TSG hervorgehenden Fragestellungen zu beantworten. Diese Fragen lauteten:

1. Empfindet sich die antragstellende Person auf Grund ihrer transsexuellen Prägung nicht mehr dem in ihrem Geburtseintrag angegebenen Geschlecht, sondern dem anderen Geschlecht als zugehörig?

2. Steht die Person seit mindestens drei Jahren unter dem Zwang, ihren Vorstellungen entsprechend zu leben?
3. Ist mit hoher Wahrscheinlichkeit anzunehmen, dass sich ihr Zugehörigkeitsempfinden zum anderen Geschlecht nicht mehr ändern wird?

Die Begutachtung (zumeist durchgeführt von Psychotherapeut*innen oder Psychiater*innen) wurde bisweilen als demütigend und als psychische Belastung empfunden, auch wenn es viele Begutachtende gab, die respektvoll und wertschätzend mit Antragstellenden in dieser besonderen und für die meisten Menschen existenziellen Situation umgingen. In einer Untersuchung des Bundesministeriums für Familie, Senioren, Frauen und Jugend (BMFSFJ, „Regelungs- und Reformbedarf für transgeschlechtliche Menschen", S. 11 f. [21]) hieß es dazu noch 2016:

> „Erwachsene berichten, dass intime Details aus der Kindheit und der sexuellen Vergangenheit abgefragt werden. Nach heute geltenden diagnostischen Kriterien sind aber weder die psychosexuelle Entwicklung in der Kindheit noch die sexuelle Orientierung ausschlaggebend für die Frage, ob aktuell eine transgeschlechtliche Identität besteht. Kleidung, die nicht den Geschlechterstereotypen der zu begutachtenden Geschlechtsidentität entspricht, wird nach den Berichten von transgeschlechtlichen Personen häufig kommentiert, Hobbys und Alltagsgestaltung auf ihre Übereinstimmung mit Geschlechterstereotypen geprüft. (…) Nicht selten müssen körperliche Untersuchungen mit erniedrigendem Charakter geduldet werden."

Das Bundesverfassungsgericht hatte allerdings noch 2017 entschieden, dass die gesetzliche Pflicht, zwei Sachverständigengutachten als prozessrechtliches Mittel des objektiven Nachweises der rechtlichen TSG-Voraussetzungen anzufordern, als noch zumutbar gelte (BVerfG, 17. Oktober 2017, Az. 1 BvR 747/17 [22]).

Da das Geschlecht eine höchstpersönliche Angelegenheit ist (wir erinnern uns: die Geschlechtswahrnehmung findet im Kopf statt) und sowohl im Grundgesetz als auch im Zivilrecht vor Diskriminierung geschützt ist, sollte bei der Begutachtung durch qualifizierte Sachverständige vorrangig die Selbstaussage der antragstellenden Person beachtet und nicht primär auf die Erfüllung von „Rollenklischees" geachtet werden. Nachvollziehbarerweise wurde die Begutachtung als verpflichtendes Beweismittel sowohl wissenschaftlich als auch von Interessensvertretungen schon lange in Frage gestellt.

Der TSG-Weg zur rechtlichen Anerkennung des individuellen Geschlechts konnte für transitionierende Personen aufgrund des schwer durchschaubaren Verfahrens, der Begutachtung und der Kosten eine psychische Belastung sein. Der „Schwebezustand" während des Verfahrens, die Begutachtung durch Außenstehende, fehlende Gestaltungsmöglichkeiten und die nicht absehbare Dauer waren herausfordernde Faktoren.

Arbeitgebende, die die Formalitäten und Charakteristika des TSG-Verfahrens nicht kannten und erwarteten, es sei „von heute auf morgen alles geändert", waren gut beraten zu lernen, dass die rechtliche Anerkennung ein Prozess war, auf dessen Verlauf und Dauer eine transitionierende Person so gut wie keinen Einfluss hatte. Unterstützung, auch nichtformeller Art, zum Beispiel im Finden tragfähiger „Zwischenlösungen" für die Zeit, in der eine beschäftigte Person bereits im Zielgeschlecht lebte, aber das rechtliche Verfahren noch nicht abgeschlossen war, konnten sehr wertvoll und hilfreich sein.

▶ **Grundsätzliches zur rechtlichen Vornamens- und Personenstandsänderung, auch unter dem Selbstbestimmungsgesetz**
- Jede geschlechtsvariante Person kann sich frei entscheiden, ob sie die rechtliche Änderung der Geschlechtszugehörigkeit und/oder des Vornamens vornehmen lassen will oder nicht. Niemand ist gezwungen, diesen Rechtsweg zu gehen.
- Eine Person ist nicht „weniger trans", wenn dies nicht oder erst zu einem späteren Zeitpunkt im persönlichen Angleichungsprozess vollzogen wird. Dieser Aspekt wird, wie wir später zeigen, auch noch einmal wichtig, wenn es um Namen und Anrede transitionierender Personen im Arbeitsumfeld geht.
- Eine Vornamens- und Personenstandsänderung war und ist unabhängig von medizinischen Angleichungsmaßnahmen möglich. Selbst wenn solche medizinischen Maßnahmen angestrebt werden, kann jede*r selbst planen, ob diese vor, nach oder während der amtlichen Namensänderung erfolgen.

1.3 Grundlagen des Schutzes vor Diskriminierung im Arbeitsrecht

Im Zusammenhang mit geschlechtlicher Vielfalt, insbesondere bei einer Transition, gelten besondere Bestimmungen im Arbeitsumfeld. Es ist vor allem erforderlich, dass geschlechtsvariante Menschen vor Diskriminierung im Arbeitskontext geschützt werden. Über die hierfür geltenden Bestimmungen und Grundsätze geben wir nachfolgend einen Überblick.

Die Grundrechte Da das Grundgesetz als Verfassung das höchste Gesetz der Bundesrepublik Deutschland ist und über die Gültigkeit aller anderen Gesetze entscheidet, sind Gesetze, die sich nicht an die Vorgaben des Grundgesetzes halten, verfassungswidrig. Im Arbeitsumfeld ist zu beachten, dass Private (zum Beispiel Arbeitgebende) nicht wie die staatliche Gewalt unmittelbar an Grundrechte gebunden sind und ihre Vertragsverhältnisse grundsätzlich frei gestalten können. Allerdings gibt es Einschränkungen durch die sogenannte Drittwirkung der Grundrechte, die zu einer Wirkung von Grundrechten auch zwischen Bürger*innen untereinander führt und insbesondere im Arbeitsrecht eine erhebliche Rolle spielen. Nachfolgend geben wir einen Überblick über die bei einer geschlechtlichen Transition beziehungsweise bei Geschlechtsvarianz im Arbeitsumfeld möglicherweise betroffenen Grundrechte.

Grundgesetz für die Bundesrepublik Deutschland (GG)
Artikel 1

(1) Die Würde des Menschen ist unantastbar. (…)

Artikel 2

(1) Jeder hat das Recht auf die freie Entfaltung seiner Persönlichkeit, soweit er nicht die Rechte anderer verletzt und nicht gegen die verfassungsmäßige Ordnung oder das Sittengesetz verstößt.
(2) Jeder hat das Recht auf Leben und körperliche Unversehrtheit. Die Freiheit der Person ist unverletzlich. (…)

Artikel 3

(1) Alle Menschen sind vor dem Gesetz gleich.
(2) Männer und Frauen sind gleichberechtigt. (…)
(3) Niemand darf wegen seines Geschlechtes, seiner Abstammung, seiner Rasse, seiner Sprache, seiner Heimat und Herkunft, seines Glaubens, seiner religiösen oder politischen Anschauungen benachteiligt oder bevorzugt werden. Niemand darf wegen seiner Behinderung benachteiligt werden.

Europarecht Auch das Europarecht hat sich in einigen Richtlinien mit dem Schutz vor Diskriminierung aufgrund der Geschlechtszugehörigkeit beschäftigt. Diese Richtlinien gelten in der Regel jedoch nicht unmittelbar, sondern müssen in den einzelnen Ländern der EU erst noch in nationales Recht umgesetzt werden. Tatsächlich spielt Europarecht beim Schutz vor Diskriminierung nur in Bezug auf die in Deutschland umgesetzten Gesetze eine Rolle.

Das Allgemeine Gleichbehandlungsgesetz („Antidiskriminierungsgesetz", AGG)
Deutschland hat die verschiedenen Gleichbehandlungsrichtlinien der EU im Allgemeinen Gleichbehandlungsgesetz, dem AGG, umgesetzt. Durch dieses Gesetz wurde ein konkreter Ansatzpunkt für die Bekämpfung von Diskriminierung in Bezug auf geschlechtliche Vielfalt und Transition geschaffen. Das AGG gilt im Arbeitsleben sowohl für Angestellte als auch für Beamt*innen (zum Arbeitsrecht des öffentlichen Dienstes siehe Kap. 5).

Rechtliche und tatsächliche Unsicherheiten ergeben sich häufig in der Übergangsphase einer geschlechtlichen Transition. Solange amtliche Register und Dokumente noch nicht angepasst sind, sind Vornamens- und Personenstandsänderung noch nicht rechtskräftig, die transitionierende Person lebt ihre Identität jedoch bereits, auch wenn sie noch nicht amtlich ist, auch im Arbeitsumfeld Arbeitgebende und Kolleg*innen wissen häufig nicht, wie sie mit der Situation umgehen sollen, insbesondere, ob sie die gelebte Identität schon „offiziell" anerkennen dürfen, solange diese noch nicht amtlich bestätigt ist.

Diese Frage wird durch das AGG geregelt. Nach § 1 AGG sollen Benachteiligungen verschiedener Ursache, unter anderem aus Gründen des Geschlechts oder der sexuellen Identität, verhindert oder beseitigt werden. In § 2 AGG wird der Anwendungsbereich des AGG, der sich unter anderem auf nahezu alle Bereiche des Arbeitslebens erstreckt, konkret festgelegt. § 3 AGG definiert, was unter unmittelbarer und mittelbarer Benachteiligung, Anweisung zur Benachteiligung, Belästigung und sexueller Belästigung zu verstehen ist. In § 7 Abs. 1 AGG ist das in § 1 AGG genannte Benachteiligungsverbot konkret ausgestaltet. Die Schutzpflichten der Arbeitgebenden sowie ihre Bekanntmachungspflicht sind in § 12 AGG im Einzelnen aufgeführt. § 15 AGG regelt sodann den Anspruch auf Schadenersatz und Entschädigung.

Allgemeines Gleichbehandlungsgesetz
§ 1 Ziel des Gesetzes

Ziel des Gesetzes ist, Benachteiligungen aus Gründen der Rasse oder wegen der ethnischen Herkunft, des Geschlechts, der Religion oder Weltanschauung, einer Behinderung, des Alters oder der sexuellen Identität zu verhindern oder zu beseitigen.

§ 2 Anwendungsbereich

(1) Benachteiligungen aus einem in § 1 genannten Grund sind nach Maßgabe dieses Gesetzes unzulässig in Bezug auf:

1. Bedingungen, einschließlich Auswahlkriterien und Einstellungsbedingungen, für den Zugang zu unselbstständiger und selbstständiger Erwerbstätigkeit, unabhängig von Tätigkeitsfeld und beruflicher Position, sowie für den beruflichen Aufstieg,
2. Beschäftigungs- und Arbeitsbedingungen einschließlich Arbeitsentgelt und Entlassungsbedingungen, insbesondere in individual- und kollektivrechtlichen Vereinbarungen und Maßnahmen bei der Durchführung und Beendigung eines Beschäftigungsverhältnisses sowie beim beruflichen Aufstieg,
3. Zugang zu allen Formen und allen Ebenen der Berufsberatung, der Berufsbildung einschließlich der Berufsausbildung, der beruflichen Weiterbildung und der Umschulung sowie der praktischen Berufserfahrung,
4. Mitgliedschaft und Mitwirkung in einer Beschäftigten- oder Arbeitgebervereinigung oder einer Vereinigung, deren Mitglieder einer bestimmten Berufsgruppe angehören, einschließlich der Inanspruchnahme der Leistungen solcher Vereinigungen. (…)

§ 7 Benachteiligungsverbot

(1) Beschäftigte dürfen nicht wegen eines in § 1 genannten Grundes benachteiligt werden; dies gilt auch, wenn die Person, die die Benachteiligung begeht, das Vorliegen eines in § 1 genannten Grundes bei der Benachteiligung nur annimmt.
(2) Bestimmungen in Vereinbarungen, die gegen das Benachteiligungsverbot des Absatzes 1 verstoßen, sind unwirksam.
(3) Eine Benachteiligung nach Absatz 1 durch Arbeitgeber oder Beschäftigte ist eine Verletzung vertraglicher Pflichten.

§ 12 Maßnahmen und Pflichten des Arbeitgebers

(1) Der Arbeitgeber ist verpflichtet, die erforderlichen Maßnahmen zum Schutz vor Benachteiligungen wegen eines in § 1 genannten Grundes zu treffen. Dieser Schutz umfasst auch vorbeugende Maßnahmen.
(2) Der Arbeitgeber soll in geeigneter Art und Weise, insbesondere im Rahmen der beruflichen Aus- und Fortbildung, auf die Unzulässigkeit solcher Benachteiligungen hinweisen und darauf hinwirken, dass diese unterbleiben. Hat der Arbeitgeber seine Beschäftigten in geeigneter Weise zum Zwecke der Verhinderung von Benachteiligung geschult, gilt dies als Erfüllung seiner Pflichten nach Absatz 1.
(3) Verstoßen Beschäftigte gegen das Benachteiligungsverbot des § 7 Abs. 1, so hat der Arbeitgeber die im Einzelfall geeigneten, erforderlichen und angemessenen Maßnahmen zur Unterbindung der Benachteiligung wie Abmahnung, Umsetzung, Versetzung oder Kündigung zu ergreifen.
(4) Werden Beschäftigte bei der Ausübung ihrer Tätigkeit durch Dritte nach § 7 Abs. 1 benachteiligt, so hat der Arbeitgeber die im Einzelfall geeigneten, erforderlichen und angemessenen Maßnahmen zum Schutz der Beschäftigten zu ergreifen.
(5) Dieses Gesetz und § 61b des Arbeitsgerichtsgesetzes sowie Informationen über die für die Behandlung von Beschwerden nach § 13 zuständigen Stellen sind im Betrieb oder in der Dienststelle bekannt zu machen. Die Bekanntmachung kann durch Aushang oder Auslegung an geeigneter Stelle oder den Einsatz der im Betrieb oder der Dienststelle üblichen Informations- und Kommunikationstechnik erfolgen.

§ 15 Entschädigung und Schadensersatz

(1) Bei einem Verstoß gegen das Benachteiligungsverbot ist der Arbeitgeber verpflichtet, den hierdurch entstandenen Schaden zu ersetzen. Dies gilt nicht, wenn der Arbeitgeber die Pflichtverletzung nicht zu vertreten hat.
(2) Wegen eines Schadens, der nicht Vermögensschaden ist, kann der oder die Beschäftigte eine angemessene Entschädigung in Geld verlangen. Die Entschädigung darf bei einer Nichteinstellung drei Monatsgehälter nicht übersteigen, wenn der oder die Beschäftigte auch bei benachteiligungsfreier Auswahl nicht eingestellt worden wäre.
(3) Der Arbeitgeber ist bei der Anwendung kollektivrechtlicher Vereinbarungen nur dann zur Entschädigung verpflichtet, wenn er vorsätzlich oder grob fahrlässig handelt.
(4) Ein Anspruch nach Absatz 1 oder 2 muss innerhalb einer Frist von zwei Monaten schriftlich geltend gemacht werden, es sei denn, die Tarifvertragsparteien haben etwas anderes vereinbart. Die Frist beginnt im Falle einer Bewerbung oder eines beruflichen Aufstiegs mit dem Zugang der Ablehnung und in den sonstigen Fällen einer Benachteiligung zu dem Zeitpunkt, in dem der oder die Beschäftigte von der Benachteiligung Kenntnis erlangt.

(5) Im Übrigen bleiben Ansprüche gegen den Arbeitgeber, die sich aus anderen Rechtsvorschriften ergeben, unberührt.

(6) Ein Verstoß des Arbeitgebers gegen das Benachteiligungsverbot des § 7 Abs. 1 begründet keinen Anspruch auf Begründung eines Beschäftigungsverhältnisses, Berufsausbildungsverhältnisses oder einen beruflichen Aufstieg, es sei denn, ein solcher ergibt sich aus einem anderen Rechtsgrund.

Schutzbereich des AGG erfasst Transidentität, Intergeschlechtlichkeit und nicht-binäre Identitäten Das AGG schützt sowohl vor Benachteiligungen aufgrund des Geschlechts als auch der sexuellen Identität. Transidentität, Intergeschlechtlichkeit und nicht-binäre Identitäten sind also vom Schutzbereich des AGG erfasst. Es besteht jedoch zum Teil noch Unsicherheit, ob diese Themen unter dem Begriff „Geschlecht" oder „sexuelle Identität" geschützt werden.

Laut der Gesetzesbegründung sollte das Merkmal sexuelle Identität auch die Geschlechtsidentität umfassen (BT-Drucks. 16/1780, S. 31 [23]). In den juristischen Kommentierungen wird zum Teil vertreten, dass Transidentität von der sexuellen Identität erfasst sei (vgl. zum Beispiel Bauer, Krieger, § 1 Rn. 49 [24]), nach anderer Auffassung soll dies dem Merkmal des Geschlechts im Sinne von § 1 AGG zuzuordnen sein (vgl. Thüsing, in: Säcker et al., § 1 Rn. 58 f. [25]). Das Bundesarbeitsgericht (BAG) hat offengelassen, ob Transidentität neben dem Merkmal Geschlecht auch dem Merkmal sexuelle Identität zugeordnet werden kann (BAG, 17. Dez. 2015, Az. 8 AZR 421/14 [26]). In der Rechtsprechung hat der Europäische Gerichtshof Transsexualität im Gleichbehandlungskontext dem Merkmal Geschlecht zugeordnet (EuGH, 30. Apr. 1996, Az. C-13/94 [27]), sich allerdings bislang noch nicht mit anderen geschlechtlichen Identitäten befasst. Angesichts der Rechtsprechung des EuGH und des Bundesverfassungsgerichts zum „dritten Geschlecht" wird aber überwiegend davon ausgegangen, dass das Merkmal Geschlecht im AGG sowohl Transidentität als auch alle anderen geschlechtlichen Identitäten umfasst (Däubler, Bertzbach, § 1 Rn. 48 [28]).

▶ **Für die Praxis: Fristen beachten und Schaden beziffern** Die Zwei-Monats-Frist zur Geltendmachung von Schadenersatz und/oder Entschädigung, der auch in öffentlich-rechtlichen Dienstverhältnissen Anwendung findet (dazu auch Kap. 5) beginnt

- im Falle einer Bewerbung oder
- eines beruflichen Aufstiegs
- mit dem Zugang der Ablehnung
- und in den sonstigen Fällen einer Benachteiligung

zu dem Zeitpunkt, in dem die beschäftigte Person von der Benachteiligung Kenntnis erlangt.

Das Bundesarbeitsgericht fordert, dass der Entschädigungsanspruch gemäß § 15 Nr. 2 AGG nach dem Lebenssachverhalt individualisiert und zumindest in der ungefähren Höhe angegeben werden muss (BAG, 27. Jan. 2011, Az. 8 AZR 580/09 [29]).

Das AGG gilt nur im Verhältnis zu Arbeitgebenden, nicht im Verhältnis zu Kolleg*innen. Ansprüche gegen Kolleg*innen wegen Diskriminierungen können allenfalls gemäß § 823 BGB geltend gemacht werden. Hier sind die Hürden wegen der Beweislast jedoch wesentlich höher als bei einem Anspruch aus dem AGG gegen Arbeitgebende, da im AGG Beweiserleichterungen zum Tragen kommen.

Schutzpflichten der Arbeitgebenden und Beschwerdestelle Nach § 12 AGG müssen Arbeitgebende Arbeitnehmer*innen vor Diskriminierung schützen und dazu geeignete und angemessene Maßnahmen zur Gewährleistung dieses Schutzes ergreifen. Hierzu gehört auch die Pflicht, für eine diskriminierungsfreie Gestaltung des Arbeitsplatzes zu sorgen. Dies bedeutet, dass Arbeitgebende zum einen verpflichtet sind, strukturelle Ungleichbehandlungen zu beseitigen. Und es gehört dazu, Diskriminierungen durch Kolleg*innen zu beenden und dafür zu sorgen, dass keine weiteren Benachteiligungen oder Belästigungen stattfinden. Dies darf nicht zu Lasten der diskriminierten Person gehen. Eine Versetzung oder Umsetzung sollte in aller Regel also immer nur die Diskriminierenden, nicht die Diskriminierten treffen. Es mag aber, zum Beispiel in Einzelfällen auf Wunsch der diskriminierten Person, geeignet, erforderlich und angemessen sein, die diskriminierte Person aus der diskriminierenden Situation herauszunehmen. Letzteres gilt besonders dann, wenn zu den konkreten Handlungen einer Person auch noch strukturelle diskriminierende Faktoren hinzutreten, die nicht ad hoc zu beseitigen sind.

> **Wichtig für die Praxis: Erster Ansprechpartner Beschwerdestelle** Da Arbeitgebende nach § 13 AGG eine Beschwerdestelle einrichten müssen, sollten sich Beschäftigte, die sich von Arbeitgebenden, Vorgesetzten, anderen Beschäftigten oder Dritten wegen eines in § 1 AGG genannten Grundes benachteiligt fühlen, sich als Erstes an diese Beschwerdestelle wenden. Die Beschwerdestelle ist verpflichtet, die Beschwerde zu prüfen und das Ergebnis ihrer Prüfung der beschäftigten Person mitzuteilen.

Beweiserleichterung Ein Verstoß gegen das Benachteiligungsverbot aus § 7 AGG liegt nur vor, wenn eine durch das AGG geschützte Person *wegen* eines Merkmals aus § 1 AGG eine weniger günstige Behandlung erfahren hat als eine andere Person in einer vergleichbaren Situation.

Da Beschäftigte oder Bewerbende regelmäßig keinen Einblick in interne Entscheidungsprozesse der Arbeitgebenden haben, könnten sie einen solchen Verstoß fast nie nachweisen. Deswegen sieht das AGG eine Beweiserleichterung dergestalt vor, dass Beschäftigte/Bewerbende nur noch Indizien beweisen müssen, die eine Benachteiligung aufgrund eines Merkmals des § 1 AGG vermuten lassen.

§ 22 AGG: Beweislast
Beweist im Streitfall eine Partei Indizien, die eine Benachteiligung wegen eines in § 1 genannten Grundes vermuten lassen, trägt die andere Partei die Beweislast dafür, dass kein Verstoß gegen die Bestimmungen zum Schutz vor Benachteiligung vorgelegen hat.

Das BAG hat in einem Fall entschieden, dass eine Person, die sich wegen ihrer Transsexualität für benachteiligt hält, ihrer Darlegungslast gemäß § 22 AGG genügt, wenn sie Indizien vorträgt, die mit *überwiegender Wahrscheinlichkeit* darauf schließen lassen, dass sie als transidente Person wahrgenommen und deshalb benachteiligt wurde (BAG, 17. Dez. 2015, Az. 8 AZR 421/14 [26]).

Dafür reicht es jedoch nach Stimmen in der Literatur nicht aus, nur nachzuweisen, einer geschützten Gruppe anzugehören und von einem Nachteil betroffen zu sein (Schlachter, § 22 Rn. 4 m. w. N. [30]). Vielmehr müssen weitere Indizien hinzukommen.

Besteht die Vermutung, trägt die andere Partei die volle Darlegungs- und Beweislast dafür, dass *kein* Verstoß gegen den Gleichbehandlungsgrundsatz vorliegt (vgl. zum Beispiel BAG, 23. Jul. 2015, Az. 6 AZR 457/14 [31], BAG, 19. Mai 2016, Az. 8 AZR 470/14 [32], Schlachter, § 22 AGG, Rn. 2 ff. [30]).

Die Beweislastverteilung veranschaulicht ein Beispielfall, bei dem die dienstliche Bewährung einer transidenten Lehrerin nach der Probezeit verneint wurde:

OVG Rheinland-Pfalz, 08. Juni 2018, Az. 2 A 11817/17 [33]

Nach dem Vortrag der Lehrerin soll der Schulleiter in Anwesenheit der Sekretärin Frau B, einer weiteren Sekretärin sowie einer Mutter mit Kind zu ihr gesagt haben: „Herr L, bitte kurze Haare, kein Schminken und männliche Kleidung, das andere passt hier nicht."

Die (transidente) Lehrerin wurde also mit „Herr" angesprochen und explizit dazu aufgefordert, vermeintliche „männliche" äußerliche Attribute zur Schau zu stellen.

Nach Auffassung des Gerichts begründet eine solche Äußerung (wenn bewiesen werden kann, dass sie stattgefunden hat) die Vermutung einer Benachteiligung. Denn eine solche Äußerung zeigt die Missbilligung der Transidentität der Lehrerin durch den Schulleiter, indem von ihr erwartet wird, sich gemäß den Erwartungen an ihr „ursprüngliches" Geschlecht zu kleiden und auf eine Transition zu verzichten.

In einem solchen Fall ist es dann überwiegend wahrscheinlich, dass das feminine Auftreten der Lehrerin maßgeblichen Einfluss auf die negative Bewährungsentscheidung (Anmerkung: Beförderungsentscheidung) genommen hat. ◄

Allgemeine Fürsorgepflicht der Arbeitgebenden Die Fürsorgepflicht der Arbeitgebenden, der wir in den Handreichungen für die Praxis (Kap. 4) später noch häufig begegnen werden, ergibt sich aus § 241 Abs. 2 BGB. Diese Vorschrift umfasst insbesondere auch den Schutz des Persönlichkeitsrechts, das, wie wir bereits gezeigt haben, die Grundlage für den Schutz der Geschlechtsidentität bildet. Einzelgesetzliche Regelungen, die sich aus der Fürsorgepflicht ableiten, finden sich in §§ 618, 619 BGB, in Arbeitsschutzvorschriften sowie im AGG.

1.4 Das Selbstbestimmungsgesetz

1.4.1 Entstehung, Zielsetzung, Ablauf des Verfahrens

Entstehung und Zielsetzung Das am 1. November 2024 in Kraft getretene Gesetz über die Selbstbestimmung in Bezug auf den Geschlechtseintrag („Selbstbestimmungsgesetz", SBGG) ersetzt vollständig das Transsexuellengesetz, das über 40 Jahre lang galt. Es hatte zahlreiche politische Anläufe gegeben, ein neues Gesetz für die Vornamens- und Personenstandsänderung für geschlechtsvariante Personen zu schaffen, seitdem das Bundesverfassungsgericht über viele Jahre hinweg zahlreiche Einzelregelungen des TSG für verfassungswidrig erkannt hatte, woraufhin die entsprechenden Paragrafen entweder gestrichen oder bis zu einer gesetzlichen Neuregelung außer Kraft gesetzt wurden. Immer wieder wurden neue Gesetzesentwürfe in den Bundestag eingebracht, immer wieder scheiterten die Entwürfe und das vom Bundesverfassungsgericht „gelöcherte" TSG blieb das maßgebliche Normenwerk bis November 2024. Die Verzögerung in der Gesetzgebung verursachte bei betroffenen Personen großen Frust und große Enttäuschung, denn man erhoffte sich von einem neuen Gesetz vor allem die Abschaffung der verpflichtenden Begutachtung, ein zeitlich klar strukturiertes Verfahren mit weniger Kosten und eine einheitliche rechtliche Regelung für Trans- und Interpersonen sowie nicht-binäre Menschen.

Im April 2024 wurde das Gesetz nach einer durchaus lebhaften politischen und gesellschaftlichen Debatte endlich verabschiedet und dessen Inkrafttreten zum 1. November 2024 beschlossen.

Die Zielsetzung des SBGG ist die Regelung der rechtlichen Transition von Menschen, deren empfundenes Geschlecht vom Geschlechtseintrag im Geburtenregister abweicht. Das Gesetz ermöglicht, Vorname(n) und den Geschlechtseintrag zu ändern (es kann aus den vier Optionen männlich, weiblich, divers und leerer Eintrag gewählt werden) oder es kann nur die Eintragsänderung erfolgen. Eine Vornamensänderung ohne Änderung des Geschlechtseintrages ist nicht möglich.

§ 1 SBGG – Ziel des Gesetzes; Anwendungsbereich
(1) Ziel dieses Gesetzes ist es,

1. die personenstandsrechtliche Geschlechtszuordnung und die Vornamenswahl von der Einschätzung dritter Personen zu lösen und die Selbstbestimmung der betroffenen Person zu stärken,
2. das Recht jeder Person auf Achtung und respektvolle Behandlung in Bezug auf die Geschlechtsidentität zu verwirklichen.

(…)

Ablauf des Verfahrens Die Änderung des Vornamens und des Geschlechtseintrags nach dem SBGG erfolgt mittels einer Selbsterklärung beim Standesamt. Zuständig ist das Standesamt des Geburtsorts. Der Wunsch, Vorname(n) und Geschlechtseintrag zu ändern, muss mündlich oder schriftlich drei Monate vor Abgabe der Selbsterklärung beim Standesamt des Geburtsortes oder beim für den Hauptwohnsitz zuständigen Standesamt angemeldet werden (§ 4 SBGG). Drei Monate nach dieser Anmeldung kann dann die Erklärung abgegeben werden. Erfolgt binnen sechs Monaten nach der Anmeldung keine Erklärung, wird die Anmeldung hinfällig. Die zeitliche Verzögerung zwischen Anmeldung und Abgabe der Erklärung ist als „Sicherungsmechanismus" gedacht und soll Antragstellende vor voreiligen Entscheidungen schützen. Damit dauert das Änderungsverfahren zwar immer noch mindestens drei Monate, ist aber im Gegensatz zum früheren, sich deutlich über mehr als drei Monate hinziehenden TSG-Verfahren zeitlich plan- und überschaubar. Der für betroffene Personen zum Teil – je nach tatsächlicher Verfahrensdauer – belastende rechtliche Schwebezustand ist damit in der Regel sehr viel kürzer.

Das Gesetz können grundsätzlich alle Menschen mit deutscher Staatsbürgerschaft in Anspruch nehmen. Personen mit ausländischer Staatsbürgerschaft können das SBGG nutzen, wenn sie ein dauerhaftes Aufenthaltsrecht in Deutschland haben. Eine Altersgrenze gibt es nicht. Für Minderjährige unter 14 Jahren können die Eltern die Erklärung vor dem Standesamt abgeben. Jugendliche ab 14 Jahren können mit Zustimmung der Eltern die Erklärung selbst abgeben.

Eine erneute Änderung von Vorname(n) und Geschlechtseintrag ist 12 Monate nach einer Änderung möglich (§ 5 Abs. 1 SBGG). Inklusive der erneuten Anmeldefrist von drei Monaten kann also 15 Monate nach einer Änderung eine neue Änderung erfolgen, etwa eine Rückkehr zum alten Geschlechtseintrag oder der Wechsel zu einem anderen Eintrag. Diese Möglichkeit wurde für Menschen geschaffen, die für sich feststellen, dass der neu gewählte Geschlechtseintrag für sie doch nicht das Richtige war/ist. Um jedoch zeitlich eng aufeinanderfolgende Vornamens- und Geschlechtseintragsänderungen und damit eine Überlastung der Standesämter zu vermeiden, wurde die „Sperrfrist" von 12 Monaten eingeführt, die im Übrigen durchaus umstritten ist. Manchen ist die Sperrfrist zu viel Fremdbestimmung, anderen hingegen ist die „Rückkehrsperre" von einem Jahr nicht lang genug. In der Praxis bleibt abzuwarten, wie viele Rück- oder erneute Änderungen es tatsächlich geben wird und ob die gesetzliche Regelung einer Anpassung bedarf.

1.4.2 Offenbarungsverbot

Bedeutung des Offenbarungsverbotes Eine Person, die Vorname und Geschlechtszugehörigkeit nach dem SBGG geändert hat, hat das Recht, dass frühere Vornamen und Geschlechtszugehörigkeit Dritten nicht offenbart werden oder und auch nicht ausgeforscht werden können. Das Offenbarungsverbot bedeutet, dass früher eingetragene Vornamen beziehungsweise die frühere Geschlechtszugehörigkeit einer Person, die diese nach dem TSG oder SBGG geändert hat, grundsätzlich niemanden etwas angehen.

Das Offenbarungsverbot ist nicht nur im Arbeitskontext ein zentraler Aspekt der Vornamens- und Geschlechtseintragsänderung. Das Ziel der meisten Menschen, die eine geschlechtliche Transition vollziehen, ist es, eines Tages losgelöst von ihrer Geschlechtsvergangenheit unbehelligt ein Leben in der neuen Geschlechtszugehörigkeit zu leben. Dazu gehört, dass die frühere rechtliche und amtliche Zuordnung zu einem anderen als dem aktuell gelebten Geschlecht für die Öffentlichkeit nicht mehr ersichtlich ist.

Das Bundesarbeitsgericht (BAG) hat die Anwendung des Offenbarungsverbots (damals in der Fassung des TSG) bereits 1991 ausdrücklich anerkannt (BAG, 21. Feb. 1991, Az. 2 AZR 449/90 [34]). Und auch schon im Gesetzgebungsprozess zum TSG (1979/1980) wurde bei der Begründung der Notwendigkeit eines Offenbarungsverbotes festgehalten, dass transidente Menschen

> „bei der Wohnungssuche, bei Arbeitsplatzsuche, beim Abschluss von Verträgen, beim Grenzübertritt und sonstigen Behördenkontakten unsagbare Schwierigkeiten haben" (Begründung zum Regierungsentwurf, BT-Drucks. 8/2947, S. 12 [35]).

Wer also die frühere rechtliche Geschlechtszuordnung verbergen kann und möchte, hat ein Recht darauf, dass diese Vergangenheit nicht offenbar wird. Allerdings war das Offenbarungsverbot aus dem TSG nicht direkt sanktionsbewehrt. Das Selbstbestimmungsgesetz hat erstmalig die Ausforschung und Offenbarung früherer Vornamen und Geschlechtszugehörigkeiten als Ordnungswidrigkeit definiert:

§ 13 SBGG – Offenbarungsverbot
(1) Sind Geschlechtsangabe und Vornamen einer Person nach § 2 geändert worden, so dürfen die bis zur Änderung eingetragene Geschlechtsangabe und die bis zur Änderung eingetragenen Vornamen ohne Zustimmung dieser Person nicht offenbart oder ausgeforscht werden. Satz 1 gilt nicht, wenn

1. amtliche Register oder amtliche Informationssysteme personenbezogene Daten zu dieser Person enthalten und im Rahmen der jeweiligen Aufgabenerfüllung von öffentlichen Stellen die Verarbeitung von Daten nach Satz 1 nach anderen Rechtsvorschriften erforderlich ist,
2. besondere Gründe des öffentlichen Interesses eine Offenbarung der Daten nach Satz 1 erfordern oder

3. ein rechtliches Interesse an den Daten nach Satz 1 glaubhaft gemacht wird. Besondere Gründe des öffentlichen Interesses nach Satz 2 Nummer 2 sind insbesondere dann gegeben, wenn die Offenbarung der Daten zur Erfüllung der Aufgaben von Strafverfolgungs- oder Sicherheitsbehörden sowie amtlichen Stellen mit Sicherheitsaufgaben erforderlich ist.

(…)

§ 14 SBGG – Bußgeldvorschriften

(1) Ordnungswidrig handelt, wer entgegen § 13 Absatz 1 Satz 1 die Geschlechtszugehörigkeit oder einen Vornamen offenbart und dadurch die betroffene Person absichtlich schädigt.
(2) Die Ordnungswidrigkeit kann mit einer Geldbuße bis zu zehntausend Euro geahndet werden.

(…)

Bedeutung des Offenbarungsverbotes im Arbeitsumfeld Arbeitgeber*innen, die von früheren Vornamen und dem früheren Geschlechtseintrag einer beschäftigten Person Kenntnis haben, weil die Person zum Beispiel schon vor der Änderung im Unternehmen angestellt war, müssen dafür Sorge tragen, dass diese Informationen grundsätzlich unkenntlich werden. Dies wirkt sich vor allem auf den Umgang mit Arbeitszeugnissen (Abschn. 4.8) und Personalakten (Abschn. 4.5) aus. Allerdings erfährt dieser Schutz eine Einschränkung. Eine Offenbarung ist möglich, wenn besondere Gründe des öffentlichen Interesses dies erfordern oder ein rechtliches Interesse glaubhaft gemacht wird. Das „öffentliche Interesse" wird allerdings kaum die Unternehmensöffentlichkeit betreffen. Wie das SBGG erstmals explizit ausführt, kann ein öffentliches Interesse am vorhergehenden Namen und Geschlechtseintrag in erster Linie aus Gründen der Strafverfolgung hergeleitet werden.

Es gibt leider Fälle, in denen die Bedeutung des Offenbarungsverbotes im Unternehmen oder in einer Behörde nicht bekannt ist. In solchen Fällen wird unternehmensseitig nichts dafür unternommen, die frühere Geschlechtszugehörigkeit einer angestellten Person unter dem Radar der Betriebsöffentlichkeit zu halten – frei nach dem Motto „Das wissen doch eh alle". Diese Haltung war schon unter dem TSG eine Verletzung der Fürsorgepflicht der arbeitgebenden Organisation gegenüber der beschäftigten Person, eine Verletzung des allgemeinen Persönlichkeitsrechts sowie möglicherweise ein Verstoß gegen das AGG. Gegen eine Verletzung des allgemeinen Persönlichkeitsrechts hätte man sich vor Inkrafttreten des SBGG allerdings bestenfalls mit einer durchaus umständlichen und beweisaufwendigen zivilrechtlichen Klage aus § 823 BGB wehren können. Heute, unter dem SBGG, ist eine solche Nachlässigkeit bußgeldbewehrt, wenn eine nachgewiesene Schädigungsabsicht vorliegt. Denn die Neufassung des Offenbarungsverbotes beinhaltet nunmehr eine Sanktionsmöglichkeit für die Ausforschung oder Aufdeckung der früheren Geschlechtszugehörigkeit und des/der früheren Vornamen(s) einer transitionierten Person sowie für die gewollte falsche Anrede einer Person mit den früheren (abgelegten) Namen.

Auf die möglichen Auswirkungen dieser neuen Regelung im Arbeitsumfeld wird in Abschn. 1.4.5 weiter eingegangen.

1.4.3 Hausrecht und Antidiskriminierungsrecht

Ausgangslage Im Entstehungsprozess und in der öffentlichen Debatte um das Selbstbestimmungsgesetz ging und geht es immer wieder um das Spannungsfeld zwischen Hausrecht (zum Beispiel eines Unternehmens) und dem Recht auf geschlechtliche Selbstbestimmung von Einzelpersonen sowie deren Recht auf Zugang zu grundsätzlich geschlechtergetrennten Räumen wie Toiletten und Umkleiden (in der Praxisbetrachtung dazu Abschn. 4.7). Dabei geht es um die grundsätzliche Frage: „Wer darf in welche Räume – oder muss aus bestimmten Räumen weichen?". Diese Frage ist elementar für das Arbeitsumfeld, in erster Linie in Berufsfeldern, in denen sich Menschen am Arbeitsplatz umziehen (müssen), aber auch grundsätzlich für alle Jobs und Unternehmen als Frage des Betriebsfriedens, wenn es zum Beispiel darum geht, wer welche Toilette benutzt.

Bei geschlechtsvarianten Personen, die im äußeren Erscheinungsbild eine gewisse Eindeutigkeit in der von Außenstehenden gelesenen Geschlechtsrolle erreicht haben, dürfte dieses Thema keine Rolle spielen. Wer eindeutig als Mann oder als Frau erkannt wird, dürfte keine Schwierigkeiten haben, nach Geschlechtern getrennte sanitäre Einrichtungen aufzusuchen. Schwierig und konfliktträchtig wird es, wenn eine Person von Dritten nicht als geschlechtlich eindeutig wahrgenommen wird – sei es, weil eine medizinische Transition noch nicht begonnen wurde, Änderungen der Physiognomie durch Hormone noch keine sehr sichtbaren Ergebnisse erzielt haben, oder weil eine Person schlichtweg (aus welchen Gründen auch immer) für sich keine von außen wahrnehmbare geschlechtliche Eindeutigkeit erreichen kann oder möchte.

Eine persönliche Anmerkung

Ich selbst habe vor meiner Transition von Frau zu Mann seit meiner Kindheit als burschikos auftretendes Mädchen sehr häufig erlebt, dass meine Anwesenheit in Damenumkleiden oder Damentoiletten für Irritation sorgte. Wie oft ich als Mädchen oder junge Frau, die nicht dem Rollen- und Darstellungsklischee von Weiblichkeit entsprach, aus geschlechtsspezifisch gewidmeten Räumen „rausgeflogen" bin (oder jemand wollte, dass ich diesen Räumen fernbleibe), kann ich nicht mehr zählen. Manchmal hatte ich mich über die Rauswurfversuche geärgert, manchmal (lange bevor ich wusste, dass ich trans bin), war ich in einem gewissen Maß amüsiert. Ich war ja ein Mädchen beziehungsweise eine Frau, sah eben nur nicht „typisch weiblich" aus. Darauf, für einen Jungen gehalten zu werden, war ich sogar stolz. Heute weiß ich auch, warum.

Eines ist mir jedoch klar: bei geschlechtergetrennten Räumen, die nicht zuletzt einen Schutzraum darstellen, mögen die meisten Menschen keine geschlechtliche Nicht-Eindeutigkeit. Ein solcher Umstand verursacht Unsicherheit, Misstrauen und bisweilen Angst. Diese Reaktionen erleben übrigens nicht nur Trans- und Interpersonen, sondern alle, die nicht geschlechtskonform, also außerhalb von Geschlechtsrollenklischees auftreten, ob gewollt oder ungewollt. Wir müssen in der Debatte um Schutzräume also aufpassen, dass wir nicht dahin gelangen, dass Menschen sozial dazu gezwungen werden, Klischees zu entsprechen. Denn das kann und will nicht jede*r, egal ob geschlechtsvariant oder nicht. ◄

Konfliktpotenzial In der Entstehungsphase des Selbstbestimmungsgesetzes wurde im Themenfeld Hausrecht, Antidiskriminierungsrecht und geschlechtsspezifische Räume immer wieder das Beispiel „Damensauna" bemüht. Hier wurde die Frage diskutiert, ab wann eine Transfrau eine Damensauna besuchen darf und ob eine Transfrau, die keine Genitalangleichung hat durchführen lassen, einer Damensauna oder eines anderen im Sinne einer Geschlechtertrennung Frauen vorbehaltenen Raumes verwiesen werden darf. Das Beispiel hielten viele für konstruiert. Es wurde befürchtet, dass Transfrauen unter einen Generalverdacht gestellt würden. Das Argument war, dass niemand eine geschlechtliche Transition vorschützen würde, um missbräuchlich in einen Frauenraum zu gelangen. Auf die Spitze getrieben wurde die Diskussion als sich im Mai 2023, also noch lange vor der Verabschiedung des SBGG, ein Aktivist, bärtig und in eindeutig männlicher Erscheinung, in eine Damensauna in Wien setzte und sich dort als Transfrau ausgab. Später wurde bekannt, dass der Mann sich niemals tatsächlich als Transfrau identifiziert hatte und der Wiener Saunabesuch eine inszenierte Provokation war [36]. Der Schaden, sowohl für Transfrauen, die Diskriminierung und Generalverdacht fürchten, als auch für Cisfrauen, die um ihre Schutzräume bangen, sowie für den Saunabetrieb, der wegen Diskriminierungsvorwürfen in schlechtes Licht hätte geraten können, war jedoch schon eingetreten. Das Spannungsfeld stellt sich nun dar zwischen dem Schutzbedürfnis von Cispersonen, die auf geschlechtergetrennte Räume vertrauen und dem Interesse von Transpersonen, nicht aufgrund ihres Geschlechts diskriminiert zu werden.

Nun hat das Bundesjustizministerium im Gesetzgebungsverfahren immer wieder betont, dass das Hausrecht nicht abgeschafft würde. Damit sollten diejenigen besänftigt werden, die fürchteten, niemanden mehr aus geschlechtergetrennten Räumen hinausbitten zu können, insbesondere nicht, wenn eine Person sich als Transfrau bezeichnet (und ungeachtet dessen, ob es sich um eine Transfrau handelt oder nicht) und Zutritt zu Frauenräumen möchte.

„Der Hausrechtsparagraf": § 6 SBGG – Wirkungen der Änderung des Geschlechtseintrags und der Vornamen

(1) Der jeweils aktuelle Geschlechtseintrag und die jeweils aktuellen Vornamen sind im Rechtsverkehr maßgeblich, soweit auf die personenstandsrechtliche Geschlechtszuordnung oder die Vornamen Bezug genommen wird und durch Gesetz nichts anderes bestimmt ist.
(2) Betreffend den Zugang zu Einrichtungen und Räumen sowie die Teilnahme an Veranstaltungen bleiben die Vertragsfreiheit und das Hausrecht des jeweiligen Eigentümers oder Besitzers sowie das Recht juristischer Personen, ihre Angelegenheiten durch Satzung zu regeln, unberührt.

Zum einen kommt es laut § 6 Abs. 1 SBGG also nur noch auf das aktuell amtlich registrierte Geschlecht an – zugleich sagt aber § 6 Abs. 2 SBGG, es gelte das Hausrecht. Die Inhaberin eines Saunabetriebes dürfte also von ihrem Hausrecht Gebrauch machen und einer Person den Zutritt verwehren. *Gleichzeitig* darf aber laut Grundgesetz, dem allgemeinen Persönlichkeitsrecht und dem AGG niemand „aufgrund des Geschlechts" diskriminiert werden. An dieser Stelle hatten sich sowohl Transaktivist*innen als auch Frauenrechtler*innen greifbare Lösungen erhofft, welche die für das SBGG federführenden Ministerien, das Bundesjustizministerium und das Bundesfamilienministerium, jedoch schuldig blieben. Das Hausrecht und das Antidiskriminierungsrecht stehen sich scheinbar unvereinbar gegenüber. Die Verantwortung für Schutzräume und das Schutzinteresse sowohl von Transpersonen beziehungsweise geschlechtsvarianten Personen als auch von Cispersonen, die auf geschlechtergetrennte Schutzräume vertrauen, wird auf Private abgewälzt.

Ein erster Streitfall Das Selbstbestimmungsgesetz ist im Sommer 2024 noch nicht in Kraft, da geht bereits ein Fall durch die Presse, in dem das Hausrecht mit dem AGG kollidiert: In Erlangen wollte eine Transfrau eine Mitgliedschaft in einem Frauenfitnessstudio beantragen [37]. Sie hatte noch keine geschlechtsangleichende Operation vornehmen lassen und bot bei einem Probetraining an, Umkleide und Dusche entweder mit einer Badehose bekleidet zu nutzen – oder aber die Dusche und Umkleide gar nicht zu benutzen. Die Studioinhaberin entschied sich jedoch dafür, der Transfrau keine Mitgliedschaft in ihrem Studio zu gewähren und erklärte dies mit dem Schutzinteresse ihrer anderen Kundinnen, die zum Teil einen muslimischen Hintergrund haben oder aufgrund von Erfahrungen sexualisierter Gewalt bewusst in einem Frauenstudio trainieren, in dem sie sich vor Personen mit männlichen Genitalien sicher fühlen.

Die Studiobetreiberin hat ihr Hausrecht geltend und von ihrer Vertragsfreiheit Gebrauch gemacht. Aber hat sie die Transfrau dadurch zu Unrecht aufgrund ihres Geschlechts diskriminiert? Möglicherweise war in diesem Fall die Ablehnung der Studiomitgliedschaft für die Transfrau rechtens, denn im AGG gibt es eine Reihe definierter Ausnahmefälle, in denen eine Ungleichbehandlung gerechtfertigt sein kann:

§ 20 AGG – Zulässige unterschiedliche Behandlung
(1) Eine Verletzung des Benachteiligungsverbots ist nicht gegeben, wenn für eine unterschiedliche Behandlung wegen der Religion, einer Behinderung, des Alters, der sexuellen Identität oder des Geschlechts ein sachlicher Grund vorliegt. Das kann insbesondere der Fall sein, wenn die unterschiedliche Behandlung

1. der Vermeidung von Gefahren, der Verhütung von Schäden oder anderen Zwecken vergleichbarer Art dient,
2. dem Bedürfnis nach Schutz der Intimsphäre oder der persönlichen Sicherheit Rechnung trägt,
3. besondere Vorteile gewährt und ein Interesse an der Durchsetzung der Gleichbehandlung fehlt,
4. an die Religion eines Menschen anknüpft und im Hinblick auf die Ausübung der Religionsfreiheit oder auf das Selbstbestimmungsrecht der Religionsgemeinschaften, der ihnen zugeordneten Einrichtungen ohne Rücksicht auf ihre Rechtsform sowie der Vereinigungen, die sich die gemeinschaftliche Pflege einer Religion zur Aufgabe machen, unter Beachtung des jeweiligen Selbstverständnisses gerechtfertigt ist.

(…)

§ 20 Abs. 1 AGG regelt also Fälle, in denen eine Ungleichbehandlung gerechtfertigt ist, nämlich „wenn für eine unterschiedliche Behandlung ein sachlicher Grund vorliegt". Als ein Beispiel wird in Abs. 1 Nr. 2 genannt, dass die unterschiedliche Behandlung zweier Personen „dem Bedürfnis nach Schutz der Intimsphäre oder der persönlichen Sicherheit Rechnung trägt".

Im Fall des Frauenfitnessstudios in Erlangen hat die Studiobetreiberin die Transfrau zwar diskriminiert (anders behandelt als andere Frauen), dies jedoch, weil sie das Schutzbedürfnis und das Bedürfnis nach Intimsphäre ihrer anderen Kundinnen berücksichtigte und aus diesem sachlichen Grund das Schutzinteresse ihrer bestehenden Kundinnen dem Interesse der Transfrau gegenüber höherstellte.

Im Übrigen wurde § 20 Abs. 1 AGG bereits in der Begründung zum SBGG genannt. Danach können also grundsätzlich Transfrauen in Ausübung des Hausrechts aus für Cisfrauen vorgesehenen Räumen ausgeschlossen werden, ohne dass eine entschädigungspflichtige Diskriminierung nach dem AGG vorliegt.

Ein weiterer Zielkonflikt im Arbeitsumfeld Ein weiterer Konfliktfall wurde im Frühsommer 2024 bekannt, als eine sich als Transfrau identifizierende Mitarbeiterin von McDonald's in Berlin von einer Kollegin der Damenumkleide verwiesen wurde [38]. Die Mitarbeiterin hatte sich erst wenige Monate zuvor bei ihren Kolleg*innen und nach ihren Angaben auch bei ihren Vorgesetzten als trans geoutet. Nach dem Vorfall äußerten die Vorgesetzten laut Presseberichten Verständnis für die Transperson, wiesen aber auch darauf hin, dass sie auch das Interesse an Privatsphäre der sich beschwerenden Mitarbeiterin im Umkleideraum berücksichtigen wollten. Man bot der Transfrau als Alternative eine behelfsmäßige separate Umkleidemöglichkeit an. Dieses Angebot nahm die Transfrau aber nicht an und verklagte McDonald's wegen Diskriminierung. Der Fall ist derzeit noch anhängig (Arbeitsgericht Berlin, Az. 27 Ca 4252/24). Eine Schadenersatzzahlung lehnte die klagende Transfrau ab. Sie möchte weiterhin bei McDonald's und in derselben Filiale beschäftigt bleiben und dort die Damenumkleide nutzen.

Zu Umkleiden und Sanitärräume am Arbeitsplatz werden wir in den Handreichungen für die Praxis in Abschn. 4.7 näher eingehen. In jedem Fall bleibt abzuwarten, ob die Strategie, sich in geschlechtergetrennte Räume „einzuklagen" nachhaltig Erfolg hat. Für ein konstruktives und vertrauensvolles Miteinander dürfte ein solches Vorgehen nachteilig sein. Aus diesem Grund empfehlen wir zur Konfliktvermeidung und -behebung einen vermittelnden Ansatz. Abschn. 4.11.

1.4.4 Quotenregelungen

Ebenfalls erstmalig gesetzlich geregelt ist nun die Handhabung von Geschlechterquoten in Gremien in Bezug auf geschlechtliche Transitionen, enthalten in:

SBGG § 7 – Quotenregelungen

(1) Wenn für die Besetzung von Gremien oder Organen durch Gesetz eine Mindestanzahl oder ein Mindestanteil an Mitgliedern weiblichen und männlichen Geschlechts vorgesehen ist, so ist das im Personenstandsregister eingetragene Geschlecht der Mitglieder zum Zeitpunkt der Besetzung maßgeblich.

(2) Eine nach der Besetzung erfolgte Änderung des Geschlechtseintrags eines Mitglieds im Personenstandsregister ist bei der nächsten Besetzung eines Mitglieds zu berücksichtigen. Reicht dabei die Anzahl der neu zu besetzenden Sitze nicht aus, um die gesetzlich vorgesehene Mindestanzahl oder den gesetzlich vorgesehenen Mindestanteil an Mitgliedern zu erreichen, so sind diese Sitze nur mit Personen des unterrepräsentierten Geschlechts zu besetzen, um dessen Anteil sukzessive zu steigern.

(3) Die Absätze 1 und 2 sind nur anzuwenden, wenn nichts anderes geregelt ist.

Zunächst fällt auf, dass der Geschlechtseintrag divers nicht berücksichtigt ist, und auch nicht die leeren Geschlechtseinträge. Zwar regelt § 12 SBGG, dass „gesetzliche Regelungen, die sich auf Männer und Frauen beziehen und für beide Geschlechter dieselben Rechtsfolgen vorsehen" unabhängig von der im Personenstandsregister eingetragenen Geschlechtsangabe gelten sollen – beziehungsweise auch dann, wenn keine Angabe eingetragen ist. Allerdings geht weder der Paragraf zur Quotenregelung noch die Bestimmung mit dem Titel „Geschlechtsneutrale Regelungen" darauf ein, in welchen Zahlenverhältnissen Personen mit geschlechtsneutralem oder leerem Geschlechtseintrag bei der Gremienbesetzung zu berücksichtigen seien. Hier besteht, zumindest nach dem Wortlaut des Gesetzes, eine Regelungslücke.

Zudem soll es bei der Besetzung von Gremien auf den Geschlechtseintrag *zum Zeitpunkt der Besetzung des Gremiums* ankommen. Wird ein Gremiumsposten also zum Beispiel an eine Frau vergeben, die im Amt den Geschlechtseintrag zu männlich ändert, könnte es sein, dass diese Person bei einer Neubesetzung des Gremiums ihren Platz aufgeben muss.

Ob mit dieser Regelung ein Missbrauch der Personenstandsänderung tatsächlich verhindert werden kann, die allein den Zweck hat, einen Platz in einem Gremium zu erlangen, muss derzeit offenbleiben. Ob es aufgrund des Wunsches von Personen mit geschlechtsneutralen Registereinträgen in ein Gremium berufen zu werden, zu Konflikten kommen wird, bleibt ebenfalls abzuwarten. Derzeit kann man die Regelung zur Quotierung in Gremien bestenfalls so lesen, dass Personen mit geschlechtsneutralen Registereinträgen (divers und leerer Eintrag) „mitgemeint" seien.

1.4.5 Mögliche Wirkung des Selbstbestimmungsgesetzes im Arbeitsumfeld

Mit gestiegener sozialer und medialer Sichtbarkeit von Transpersonen beziehungsweise geschlechtsvarianter Menschen haben auch – gerade große – Unternehmen zunehmend erkannt, wie wichtig es ist, sicherzustellen, dass die geschlechtliche Transition auf sozialer Ebene (Änderung des im Alltag benutzten Namens, Änderung des Geschlechtsausdrucks etc.) sicher gelingt (siehe Praxisbeispiele aus Unternehmen in Kap. 7).

Die Regelungen für die Auswirkung geschlechtlicher Transitionen im Arbeitsumfeld sind, obgleich bisher überwiegend richterrechtlich entstanden und an verschiedensten Fundstellen aufzufinden, klar. Die Rechtssicherheit aller Beteiligten bei der Umsetzung einer geschlechtlichen Transition ist vielleicht auf dem Papier gegeben. In der (Unternehmens-) Praxis hakt es dennoch leider noch zu oft.

Was könnte sich durch das SBGG ändern? Das bisher unberechenbar lange TSG-Verfahren, das in Spitzen über 24 Monate dauerte, im Durchschnitt immerhin noch 9,3 Monate (so eine Untersuchung aus dem Jahr 2016 [21]) ist entfallen. Statt eines zeitlich nicht bezifferbaren Schwebezustands vom Beginn des Auftretens im Zielgeschlecht und bis zur rechtlichen Anerkennung des neuen Geschlechtseintrages sind es jetzt von Antragsstellung bis zur Rechtskraft der Vornamens- und Geschlechtseintragsänderung nur noch grundsätzlich drei Monate (§ 4 SBGG). Das schafft vor allem ein Mehr an Sicherheit für transitionierende Personen auf der psychologischen Ebene. Zugleich kann zwar die klar vorgegebene Dauer bis zur Rechtskraft des neuen Geschlechtseintrages Unsicherheit aufseiten der Arbeitgebenden mindern – aber es besteht doch leider noch heute bei vielen Beteiligten Unwissenheit darüber, ab wann eine transitionierende Person mit dem neuen Namen anzusprechen ist (siehe Abschn. 4.1) und ab wann der Name in den Personalstammdaten und anderen Unternehmenssystemen (Abschn. 4.5) geändert werden darf.

Anspruch auf geänderte Zeugnisse und Dokumente Positiv ist auch zu bewerten, dass sehr praxisrelevante Aspekte wie zum Beispiel der Anspruch auf geänderte Arbeitszeugnisse und Ausbildungsnachweise endlich gesetzlich geregelt wurden (§ 10 Abs. 2, 3 SBGG). Bisher gab es nur die richterrechtliche Anerkennung des Anspruchs auf ein an die neue rechtliche Persona angepasstes Arbeitszeugnis (LAG Hamm [39]) und bei schulischer und universitärer Ausbildung lediglich Anweisungen der Kultusministerien oder Schulbehörden (so etwa in Niedersachsen [40]), wie mit Zeugnisänderungen bei Vornamens- und Personenstandsänderungen umzugehen war. In Zukunft wird der Anspruch aus dem SBGG auf geänderte Zeugnisse hoffentlich transitionierenden Personen genügend (Selbst-) Sicherheit geben, um ihr gutes Recht auf namenskongruente bewerbungsrelevante Dokumente selbstbewusst einzufordern. Dies ist aus meiner persönlichen Erfahrung unter anderem als Peer-Berater leider bei weitem nicht der Regelfall. Zu oft wird auch noch heute – sei es aus Unwissenheit der Personalabteilung oder gar aus Unwillen – der berechtigte Wunsch nach einer namensangepassten Arbeitsbescheinigung oder einem Arbeits- beziehungsweise Ausbildungszeugnis abgelehnt, selbst nach rechtskräftig vollzogener Vornamens- und Geschlechtseintragsänderung.

Das neue Offenbarungsverbot Das jetzt im SBGG erstmalig direkt sanktionsbewehrte Offenbarungsverbot (§ 13 SBGG), also das Verbot der Offenlegung – was auch die Benutzung des abgelegten Namens einschließt – und Ausforschung der früheren rechtlichen Identität einer Person, die Vorname(n) und Geschlechtseintrag geändert hat, könnte für mehr Diskriminierungsschutz im Arbeitsumfeld sorgen. Allerdings, dies lassen zumindest die sehr emotional und bisweilen ideologisch aufgeladene öffentliche Debatte um das SBGG und insbesondere die Neufassung des Offenbarungsverbotes vermuten, sollten alle Beteiligten – auch die transitionierte Person – sorgfältig darin geschult werden, was ein als Ordnungswidrigkeit sanktioniertes „Deadnaming" (Benutzung des früher amtlichen Namens beim Ansprechen der und Sprechen über die transitionierte Person) zu werten ist und ab wann die in § 13 SBGG formulierte Schädigungsabsicht vorliegt. Es wäre für alle Seiten nicht hilfreich, wenn deutlich mehr vermeintliche Zwangsoutings und „Deadnamings" gemeldet würden. Durch die unter Umständen schwierige Beweissituation könnten diese ins Leere laufen und Frust bei allen Beteiligten verursachen. Dass nicht jede versehentliche falsche Ansprache sanktionsbewehrt ist, ergibt sich aus dem Gesetzestext. In der Beratung erlebe ich schon heute recht häufig, dass manche Transpersonen erkennbar *nicht* absichtlich herabsetzende, aber subjektiv als herabsetzend empfundene Äußerungen strafrechtlich verfolgen lassen möchten. Ich antworte dann regelmäßig: „Das Strafrecht kann vieles, aber nicht jede menschliche Unanständigkeit sanktionieren".

Auch wenn das Offenbarungsverbot aus § 5 TSG aufgrund der schwierigen Durchsetzbarkeit zivilrechtlicher Ansprüche daraus zahnlos war – halte ich es persönlich für fragwürdig, ob es hilfreich ist, jetzt bei jeder falschen Ansprache einer Trans-, Inter- oder nicht-binären Person mit einer Geldbuße von bis zu 10.000 € drohen zu können. Ich plädiere dafür, mit Wissen um die rechtliche Lage zu informieren und mit einem vermittelnden

Ansatz zu versuchen, konfliktträchtige Situationen aufzuklären, zukünftig zu vermeiden und eine Sanktionierung als Ordnungswidrigkeit als ultima ratio einzusetzen.

Sperrfrist für erneute Änderungen – zum alten und zu einem neuen Eintrag Weiterhin ermöglicht das SBGG einen erneuten Wechsel des Geschlechtseintrags nach frühestens einem Jahr nach der ersten Änderung, mit der dreimonatigen Wartezeit nach der Anmeldung also 15 Monate. Dieser Aspekt wurde in der öffentlichen Diskussion sowohl von Befürwortenden als auch von denen, die das SBGG deutlich ablehnen, hitzig debattiert. Den einen ist die Sperrfrist für eine Änderung zu viel Fremdbestimmung, den anderen geht der Gedanke an eine erneute Änderung nach „nur" einem Jahr zu weit. Und es wird befürchtet, es könnten „nach Lust und Laune" im Jahrestakt Personenstandsänderungen stattfinden. Die Möglichkeit einer Änderung ist für Personen gedacht, die für sich feststellen, dass die rechtliche Transition für sie nicht der richtige Weg war, aus welchen Gründen auch immer. Dies sollte in der kritischen Betrachtung der „Rückkehr-Regel" bedacht werden.

SBGG für alle? Befürchtet wird zudem, dass die Änderungsmöglichkeit von Personen ausgenutzt wird, die nicht trans, nicht intergeschlechtlich oder nicht nicht-binär sind. Ein wie auch immer gearteter Nachweis der Eigenschaft, trans, inter oder nicht-binär zu sein, wird schließlich nicht mehr gefordert. Zumindest im Arbeitskontext erscheint ein etwaiger Mehraufwand durch solche Änderungen, jedenfalls als durchaus hinnehmbar: wird doch bei jeder Eheschließung und oft auch nach einer Scheidung der Nachname einer Person in HR-Systemen geändert, ohne dass über diesen Umstand oder den Anspruch auf diese Änderung (Stichworte: Datenrichtigkeit, Datenaktualität) geklagt würde.

Welche Herausforderungen bleiben? Das SBGG wird hoffentlich geschlechtliche Transitionen und den Umgang mit Geschlechtsvarianzen im Arbeitsumfeld positiv beeinflussen. Es sollte jedoch darauf geachtet werden, dass zum Beispiel das Offenbarungsverbot nicht (auch die nicht beabsichtigte Offenbarung) zu vermehrtem gegenseitigen Misstrauen führt, etwa wenn die Sanktionsandrohung mehr Barrieren zwischen geschlechtsvarianten und Cispersonen auf- als abbaut. Auch mit dem Selbstbestimmungsgesetz, das zumindest den Ablauf der Namens- und Geschlechtseintragsänderung deutlich verschlankt und planbarer macht, gibt es bei der echten Inklusion und im Diskriminierungsschutz von Transpersonen und Menschen mit diversen Geschlechtsidentitäten noch viel zu lernen und viel zu tun. Die meisten Konfliktfälle, von denen ich in der Beratung erfahre, sind mit Wissen um die Rechtslage, besonders auf arbeitgebender Seite, vermeidbar. Es wird sicherlich helfen, wenn Rechtsquellen in Zukunft idealerweise fester Bestandteil des Schulungskanons für HR-Mitarbeitende und Führungskräfte werden. Gleichwohl sind meines Erachtens sehr viele Dinge schlichtweg mit Empathie, gesundem Menschenverstand und einer gewissen Bereitschaft für (auch vorübergehende) Kompromisse auf beiden Seiten lösbar.

Zusammenfassung

- **Begriffserklärungen:** Wir haben in Abschn. 1.1 geklärt, was man unter Transgeschlechtlichkeit, Intergeschlechtlichkeit und nicht-binären Geschlechtsidentitäten versteht und mit welchen Begriffen hierüber gesprochen werden kann. Diese Begrifflichkeiten sind zum Teil umstritten. Auch gibt es nicht „die eine, allgemeingültige" Ausdrucksweise. Transidentität und Intergeschlechtlichkeit betreffen völlig unterschiedliche Sachverhalte. Nichtbinarität kann als Teilaspekt von Transidentität oder aber als ein eigenes Identitätsspektrum verstanden werden.
- **Bedeutung des Geschlechtseintrags divers und eines „leeren" Geschlechtseintrages:** In Abschn. 1.2.1 und 1.2.2 haben wir die Entstehung der rechtlichen Geschlechtseinträge jenseits von männlich und weiblich hergeleitet. *Divers* und *leerer Eintrag* waren ursprünglich für Menschen mit einer biologischen Variante der Geschlechtsentwicklung gedacht. Diese Einträge wurden allerdings schon seit 2018 von transidenten und nicht-binären Menschen genutzt (bis zur Einführung des SBGG über das TSG-Verfahren). Mit der Einführung des SBGG können nun alle Menschen aus den vier Geschlechtseinträgen wählen.
- **Diskriminierungsschutz:** Wir haben erläutert, dass die Grundrechte, Europarecht und das Allgemeine Gleichbehandlungsgesetz („Antidiskriminierungsgesetz", AGG) die wichtigsten Grundlagen des arbeitsrechtlichen Diskriminierungsschutzes darstellen. Die arbeitgeberische Fürsorgepflicht ergänzt diese Grundlagen für das Arbeitsumfeld.
- **Zivilrechtlicher Rechtsschutz:** Im Zivilrecht ist vor allem das allgemeine Persönlichkeitsrecht (das von der Rechtsprechung aus dem Grundgesetz entwickelt wurde) maßgeblich, das über § 823 BGB bei Verletzungen einen Schadenersatzanspruch gibt. Wir werden all diesen Grundsätzen im Weiteren immer wieder begegnen.
- **Selbstbestimmungsgesetz:** Wir haben die (langwierige) Entstehung des SBGG skizziert und die wichtigsten Änderungen im Vergleich zum jetzt weggefallenen TSG aufgezeigt. Das Verfahren ist nun deutlich kürzer, zeitlich planbarer, nur noch ein einfacher Verwaltungsakt und mit deutlich geringeren Kosten als das TSG-Verfahren verbunden. Zudem ist das Offenbarungsverbot aus dem SBGG nun sanktionsbewehrt. Ein Anspruch auf angepasste Zeugnisunterlagen und andere persönliche Dokumente besteht jetzt per Gesetz. Diese Änderungen können transitionierende Personen im Arbeitsumfeld unterstützen – gewisse soziale Herausforderungen werden jedoch bleiben.

Literatur

1. Becker, Sophinette, *Transsexuelle Entwicklungen Verlaufsdiagnostik, Psychotherapie und Indikation zu somatischen Behandlungen*, in: PID 1/2009, 10. Jahrgang, S. 12-18.
2. Holzleithner, Elisabeth, *Recht Macht Geschlecht, Genderfragen in juristischer Perspektive*, in: Legal Gender Studies. Eine Einführung, Wien 2002.
3. Verein Intergeschlechtliche Menschen e.V. Bundesverband, Broschüre https://im-ev.de/wp-content/uploads/2021/06/Broschuere_IMeV_web.pdf, angerufen am 22.07.2024.
4. Ainsworth, Claire, *Sex redefined*, in: nature, 518, S. 288-291 (2015), https://www.nature.com/articles/518288a, abgerufen am 22.07.2024.
5. LaGata, Carla, Balzer, Carsten, *Kulturelle Alternativen zur Zweigeschlechterordnung – Vielfalt statt Universalismus*, Bundeszentrale für politische Bildung, 08. Aug. 2018, https://www.bpb.de/gesellschaft/gender/geschlechtliche-vielfalt-trans/245271/kulturelle-alternativen-zur-zweigeschlechterordnung, abgerufen am 20.08.2024.
6. Rauchfleisch, Udo, *Transidentität – Transgender, Transitionsprozesse begleiten und gestalten*, 6. Auflage, Vandenhoeck & Ruprecht, Göttingen 2024.
7. Rauchfleisch, Udo, *Medizinische Einordnung von Trans*identität*, in: Bundeszentrale für politische Bildung, 08. Aug. 2018, https://www.bpb.de/gesellschaft/gender/geschlechtliche-vielfalt-trans/245353/medizinische-einordnung-von-transidentitaet, abgerufen am 20.08.2024.
8. ICD-10, https://www.dimdi.de/dynamic/de/klassifikationen/icd/icd-10-gm/, abgerufen am 20.08.2024.
9. ICD-11, https://www.dimdi.de/dynamic/de/klassifikationen/icd/icd-11/, abgerufen am 20.08.2024.
10. Killermann, Sam, *The Genderbread Person*, https://www.genderbread.org, abgerufen am 20.08.2024.
11. Adamietz, Laura, *Geschlechtsidentität im deutschen Recht*, in: APuZ, 08. Mai 2012, https://www.bpb.de/shop/zeitschriften/apuz/135436/geschlechtsidentitaet-im-deutschen-recht/, abgerufen am 22.07.2024
12. BVerfG, 10. Okt. 2017, Az. 1 BvR 2019/16, https://www.bundesverfassungsgericht.de/SharedDocs/Downloads/DE/2017/10/rs20171010_1bvr201916.pdf?__blob=publicationFile&v=2, abgerufen am 20.08.2024.
13. Dutta, Anatol, Fornasier, Matteo, *Das dritte Geschlecht im Arbeitsrecht und öffentlichen Dienstrecht des Bundes*, in: NZA 2021, 605-612.
14. BVerfG, 06. Dez. 2005, Az. 1 BvL 3/03, https://www.bundesverfassungsgericht.de/SharedDocs/Entscheidungen/DE/2005/12/ls20051206_1bvl000303.html, abgerufen am 20.08.2024.
15. BVerfG, 05. Jun. 1973, Az. 1 BvR 536/72, in: BVerfGE 35, S. 202.
16. Pschyrembel, Willibald, *Klinisches Wörterbuch*, https://www.pschyrembel.de/Intersexualität/K0B01, abgerufen am 22.08.2024.
17. RdSchr. d. BMI v. 10.04.2019, *Gesetz zur Änderung der in das Geburtenregister einzutragenden Angaben*, https://www.personenstandsrecht.de/SharedDocs/kurzmeldungen/Webs/PERS/DE/rundschreiben/2019/0122-aenderung-geburtenregister.html, abgerufen am 22.08.2024.
18. AG Münster, 16. Dez. 2019, Az. 22 III 36/19, https://openjur.de/u/2191855.html, abgerufen am 24.08.2024.
19. Mangold, Anna Katharina, Markwald, Maya, Röhner, Cara, *Rechtsgutachten zum Verständnis von ‚Varianten der Geschlechtsentwicklung' in § 45b Personenstandsgesetz*, 2019. https://docplayer.org/174052958-Rechtsgutachten-zum-verstaendnis-von-varianten-der-geschlechtsentwicklung-in-45b-personenstandsgesetz.html, abgerufen am 24.08.2024.

20. BGH, 22. Apr. 2020, Az. XII ZB 383/19, https://juris.bundesgerichtshof.de/cgi-bin/rechtsprechung/document.py?Gericht=bgh&Art=en&az=XII%20ZB%20383/19&nr=106062, abgerufen am 24.08.2024.
21. Bundesministerium für Familie, Senioren, Frauen und Jugend, *Gutachten: Regelungs- und Reformbedarf für transgeschlechtliche Menschen Begleitmaterial zur Interministeriellen Arbeitsgruppe Inter- & Transsexualität – Band 7*, Berlin 2016. https://www.bmfsfj.de/blob/jump/114064/imag-band-7-regelungs-und-reformbedarf-fuer-transgeschlechtliche-menschen-band-7-data.pdf, abgerufen am 24.08.2024.
22. BVerfG, 17. Okt. 2017, Az. 1 BvR 747/17, https://www.bundesverfassungsgericht.de/SharedDocs/Entscheidungen/DE/2017/10/rk20171017_1bvr074717.html, abgerufen am 24.08.2024.
23. BT-Drucks. 16/780, https://dserver.bundestag.de/btd/16/017/1601780.pdf, abgerufen am 23.07.2024.
24. Bauer, Jobst-Hubertus, Krieger, Steffen, *Allgemeines Gleichbehandlungsgesetz: AGG*, Kommentar, 4. Auflage, München 2015.
25. Thüsing, Gregor in: Säcker, Franz Jürgen, et.al., *Münchener Kommentar zum Bürgerlichen Gesetzbuch*: BGB, 7. Auflage, § 1 AGG Rn. 58 f., München 2015.
26. BAG, 17. Dez. 2015, Az. 8 AzR 421/14, http://juris.bundesarbeitsgericht.de/cgi-bin/rechtsprechung/document.py?Gericht=bag&Art=en&nr=18645, abgerufen am 23.07.2024.
27. EuGH, 30. Apr. 1996, Az. C-13/94, https://eur-lex.europa.eu/legal-content/DE/ALL/?uri=CELEX%3A61994CJ0013, abgerufen am 23.07.2024.
28. Däubler, Wolfgang, Bertzbach, Martin, *Allgemeines Gleichbehandlungsgesetz*, Handkommentar, 4. Auflage, München 2018.
29. BAG, 27. Jan. 2011, Az. 8 AZR 580/09, https://www.bag-urteil.com/27-01-2011-8-azr-580-09/, abgerufen am 23.07.2024.
30. Schlachter, Monika, in: *Erfurter Kommentar zum Arbeitsrecht*, 18. Auflage, München 2018.
31. BAG, 23. Jul. 2015, Az. 6 AZR 457/14, http://juris.bundesarbeitsgericht.de/cgi-bin/rechtsprechung/document.py?Gericht=bag&Art=en&nr=18287, abgerufen am 23.07.2024.
32. BAG, 19. Mai 2016, Az. 8 AZR 470/14, http://juris.bundesarbeitsgericht.de/cgi-bin/rechtsprechung/document.py?Gericht=bag&Art=en&nr=18912, abgerufen am 23.07.2024.
33. OVG Rheinland-Pfalz, 08. Jun. 2018, Az. 2 A 11817/17, https://openjur.de/u/2185368.html, abgerufen am 23.07.2024.
34. BAG, 21. Feb. 1991, Az. 2 AZR 449/90, https://research.wolterskluwer-online.de/document/27aba962-7618-4962-b35c-4ea4d3e32d47, abgerufen am 21.07.2024.
35. BT-Drucks. 8/2947, https://dserver.bundestag.de/btd/08/029/0802947.pdf, abgerufen am 22.07.2024.
36. Heute.at, *Diese Frau mit Penis und Bart war in Wiener Damensauna*, https://www.heute.at/s/diese-frau-mit-penis-und-bart-war-in-wiener-damensauna-100273396, abgerufen am 23.08.2024.
37. Kolter, Max, *Frauenfitnessstudio lässt Transfrau nicht mittrainieren*, 30. Mai 2024, https://www.lto.de/recht/hintergruende/h/frauen-fitnessstudio-trans-frau-mann-duschen-agg-bmj-sebstbestimmungsgesetz-ataman/, abgerufen am 23.07.2024.
38. Schulz, Sophie-Marie, 26. Mai 2024, *Transfrau verklagt McDonald's: Muslimische Mitarbeiterin weigert sich, Umkleide zu teilen*, https://www.berliner-zeitung.de/mensch-metropole/transfrau-aus-berlin-verklagt-mcdonalds-mitarbeiterin-weigert-sich-umkleide-zu-teilen-li.2228348#, abgerufen am 23.07.2024.
39. LAG Hamm, 17. Dez. 1998, Az. 4 Sa 1337/98, https://openjur.de/u/2161695.html, abgerufen am 23.07.2024.
40. Runderlass des Niedersächsischen Kultusministeriums, *Nachträgliche Ausstellung von Prüfungs- und Abschlusszeugnissen (Zweitausfertigung) bei besonders geschützten Namensänderungen oder aufgrund von Rekonstruktionen* (RdErl. d. MK vom 6.11.2013 – 16-11 174), http://www.schure.de/22410/16,11174.htm, abgerufen am 23.07.2024.

Der Weg zum richtigen Geschlecht 2

David Scholz und Anna Svea Fischer

Inhaltsverzeichnis

2.1 Comingout: Selbsterkenntnis und Bestimmung des eigenen Weges 44
2.2 Der soziale Weg 49
2.3 Der rechtliche Weg 54
2.4 Der medizinische Weg 57
Literatur 62

Zusammenfassung

Im Folgenden beleuchten wir die Dimensionen, in denen eine Veränderung der gelebten Geschlechtsrolle, eine Änderung des rechtlichen Geschlechtseintrags und des amtlichen Vornamens sowie medizinische Angleichungsmaßnahmen stattfinden können. Unterschieden werden die soziale Transition (Abschn. 2.2), die rechtliche Transition (Abschn. 2.3) und die medizinische Transition (Abschn. 2.4) (siehe auch eine schematische Darstellung in Abb. 2.1). In einer idealen Welt sollten diese drei Transitionswege unabhängig voneinander beschritten werden können, jedenfalls ohne dass eine Transitionsebene eine andere bedingt. Wir möchten an dieser Stelle allem voran vermitteln, dass eine geschlechtliche Transition, die auf allen drei Ebenen stattfindet, kein „Fingerschnipp" ist und trotz eines nunmehr verkürzten Prozesses zur rechtlichen Vor-

---

D. Scholz (✉)
Scheyern, Deutschland
e-mail: david@scholz-bdd.com

A. S. Fischer
München, Deutschland

© Der/die Herausgeber bzw. der/die Autor(en), exklusiv lizenziert an Springer Fachmedien Wiesbaden GmbH, ein Teil von Springer Nature 2025
D. Scholz (Hrsg.), *Transidentität und geschlechtliche Vielfalt im Arbeitsumfeld*, https://doi.org/10.1007/978-3-658-46686-2_2

namens- und Geschlechtseintragsänderung manche persönlichen, bürokratischen oder auch medizinischen Aspekte den Prozess lang werden lassen, was sich unter anderem auch im Arbeitskontext auswirken kann.

2.1 Comingout: Selbsterkenntnis und Bestimmung des eigenen Weges

Anna Svea Fischer

Bin ich wirklich transident? Für manche Menschen mag das völlig klar sein. Sie haben keinen Zweifel daran, dass sie eine Frau oder ein Mann sind und auch zukünftig so leben werden. Andere hingegen haben ein latentes Gefühl, dass sie sich in ihrem per Geburt zugewiesenen Geschlecht irgendwie nicht wohl fühlen. Was der Grund hierfür ist, bleibt erst einmal unklar. Ebenso das Ziel, das diese Menschen anstreben Abb. 2.1.

Aber selbst dann, wenn das geschlechtliche Ziel klar ist, bleiben noch viele Optionen offen: Was bedeutet es, zukünftig als Frau, als Mann oder in einem anderen Geschlecht zu leben? Soll es alle Bereiche meines Lebens umfassen? Wahrscheinlich ja! Welche Angleichungen strebe ich an? Möchte ich vor dem Gesetz meinem Zielgeschlecht angehören? Möchte ich meinen Körper angleichen – und wenn ja, wie weit?

Noch individueller als das Ziel, ist der Weg zum Ziel. Er hängt sehr stark davon ab, wie sicher ich mir in meiner Entscheidung bin, und natürlich auch davon, wie stark mein Leidensdruck ist, endlich meine bisherige „Rolle" verlassen zu dürfen. Es türmen sich unüberwindlich scheinende Hindernisse vor einem auf. Dabei hilft die Aussage von vielen, die „es geschafft" haben, dass das alles gar nicht so schwer sei, nicht viel weiter. Es gibt viele Wege zum Ziel. Jeder Weg ist individuell und sollte so gewählt werden, dass sich die Person wohl dabei fühlt.

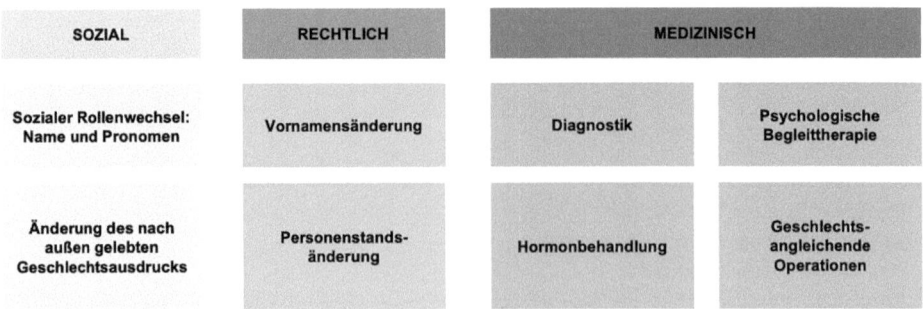

Abb. 2.1 Soziale, rechtliche und medizinische Transition

Die Entdeckung und die Einordnung der Gefühle Wir transidente Menschen haben in der heutigen Zeit einen ganz entscheidenden Vorteil gegenüber den Generationen vor uns: unser Empfinden hat einen Begriff. Wir wissen, dass das, was unser Fühlen ausmacht, auch andere Menschen betrifft. Und wir wissen, dass es Möglichkeiten gibt, wie wir unser Leben entsprechend unserem Empfinden ausrichten können – und welche Hilfen zur Verfügung stehen.

Trotzdem wachen die wenigsten von uns morgens auf mit der unzweifelhaften Selbstdiagnose Transidentität oder ICD-10 F64.0, wie die ärztliche Diagnose für Transsexualität lautet. Die Spielarten sind vielfältig, ebenso der Umgang mit ihnen: Komme ich schon mit meiner eigenen geschlechtlichen Zugehörigkeit klar und möchte ab und an in eine andere Rolle schlüpfen oder passt die Zugehörigkeit per Geburt einfach nicht? Und wie weit möchte ich mit den Angleichungen gehen? Soziale Zugehörigkeit? Amtliche Bestätigung? Hormonelle und operative Angleichungen?

Es gibt Menschen, die keinen Zweifel an ihrem Zustand und ihrem Weg haben, aber es gibt ebenso Menschen, die erst ihren Weg finden müssen. Patentrezepte gibt es nicht, wohl aber ein paar Anmerkungen und Hilfestellungen.

„Warum" ist keine wichtige Frage! Warum bin ich so und nicht anders? Warum kommen andere mit ihrer geschlechtlichen Identität zurecht? Das mögen sicher ganz spannende Fragen sein, aber helfen sie? Natürlich kann es wichtig sein, ein vermeintliches transidentes Empfinden auszuschließen, das zum Beispiel auf Identitätsstörungen oder abgewehrter Homosexualität beruht. Dieses ist dann aber eher die Aufgabe der Therapeut*innen.

Für uns selbst ist das permanente Zermartern „warum?" überhaupt nicht zielführend, es raubt sogar sehr viel vom Selbstwertgefühl. Die weitaus bessere Einstellung ist: Ich empfinde so, ich bin so – wie möchte ich nun damit umgehen?

Normen? Welche Normen? Ist Transidentität eine Abweichung von der Norm? Und wenn ja: warum? Formulieren wir es anders: Es gibt mehr Cis-Menschen als Trans-Menschen. Aber sind Cis-Menschen deshalb eine Norm? Es ist doch viel eher ein Standard, dass sich jeder Mensch auf einer Skala zwischen weiblich und männlich einzuordnen vermag – und sich diese „Einordnung" auch für jeden Menschen verschieben kann. Was aber ist männlich? Was ist weiblich?

Ein schönes Beispiel zur Flüchtigkeit von Normen ist die klassische rosa Babykleidung für Mädchen und die blaue für Jungen. Das war nicht immer so. Noch bis weit in die erste Hälfte des letzten Jahrhunderts war die klassische Farbzuordnung nämlich genau andersherum. Jungen trugen rosa als das „kleine Rot" und Mädchen das zarte Blau. Und plötzlich bricht unsere starre Vorstellung auf. Wie schaut es denn mit Empathie und Durchsetzungsstärke aus: rein weiblich und rein männlich? Oder sowohl als auch? Natürlich sind Frauen und Männer (und intergeschlechtliche sowie nicht-binäre Menschen) nicht vollkommen gleich, allein Hormone bewirken schon Unterschiede im Verhalten. Aber ist die Heterogenität im Cluster Frau und im Cluster Mann nicht viel größer als die Unterschiedlichkeit zwischen einer Frau und einem Mann – oder zumindest *nicht geringer*? Diese Debatte ließe sich endlos fortsetzen. Aber was wir mitnehmen können, ist die Erkenntnis, dass Transidentität kein Abweichen von irgendeiner Norm ist. Es ist eine Normvariante.

Es gibt keinen Grund für Scham Daraus ergibt sich auch gleich die nächste Erkenntnis: Es gibt keinerlei Grund, sich wegen der eigenen Empfindungen zu schämen – und diese deshalb unterdrücken zu müssen. Scham ist angebracht, wenn wir einen uns nahestehenden Menschen ungerecht behandelt haben, wenn wir eine Situation ungerechterweise zu unserem Vorteil und auf Kosten anderer ausgenutzt haben und wenn ganz allgemein unser Verhalten in einer Situation nicht den Grundsätzen des Humanismus entsprochen hat.

Im Falle von Transidentität ist Scham völlig unangebracht. Scham ist dort zu verorten, wo unpassende Reaktionen auf die eigene Identität hervorgebracht werden.

Die Welt dreht sich nicht um mich Die Verfasserin dieses Abschnitts erinnert sich noch lebhaft an die innere Aufgeregtheit, als sie das erste Mal am helllichten Tage unzweifelhaft als Frau gekleidet in die Öffentlichkeit einer Großstadt gegangen ist. Das Herz bis zum Hals schlagend vermutete ich, dass jede Person mich anstarren und jede zweite Person eine verletzende Bemerkung machen würde. Was geschah? Ernüchterung! Die Menschen interessieren sich fast überhaupt nicht für mich. Warum sollten sie das auch? Sie kennen mich gar nicht und sie wollen auch nichts von mir. Sie sind in ihren Gedanken, unterhalten sich oder schauen auf ihr Smartphone. Mein Thema mag ungemein wichtig für mich sein – aber für die meisten Menschen ist es völlig egal, welche Identität ich habe.

Das Umfeld kennt oftmals schon transidente Menschen Die Zeit spielt eindeutig für uns. Zahlreiche Berichte in den Medien zeigen Menschen, die traditionelle Geschlechterrollen aufbrechen, ohne dabei irgendeinem vermeintlichen Randbereich der Gesellschaft anzugehören. Die „Ehe für alle", offen homosexuell lebende prominente Menschen aus Kultur, Wirtschaft und Politik sowie Künstler*innen, die auf kreative Art mit Geschlechterklischees spielen und sie überwinden, öffnen die Vorstellungshorizonte und erzeugen auch eine gewisse Leichtigkeit beim Umgang mit diesen Themen.

Es ist immer wieder überraschend zu erfahren, dass Menschen, denen man (meistens voller Aufregung) von der eigenen Entscheidung, zukünftig als Mann oder als Frau zu leben erzählt, erwidern, dass ja eine gute Freundin, ein guter Freund oder sogar eines der Geschwister diesen Weg auch gegangen sind.

Selbst wenn die Menschen, denen man sich öffnet, keinen solchen direkten Erfahrungshintergrund haben, wird dieses Thema für viele nicht neu sein. Transidentität ist – wie Homosexualität vor zehn oder fünfzehn Jahren – in den Medien präsent. Das Thema ist herausgerückt aus einer vermeintlich verruchten Nische in die breite Öffentlichkeit. Die Unterschiede zwischen Crossdressern und transidenten Menschen sind vielen bekannt.

Was neu „eingeweihte" Personen bisher nicht konnten, war Fragen an Menschen wie mich zu richten. Die meisten Situationen sind daher durch Fragen und dem Interesse am Verstehen gekennzeichnet. Natürlich brauchen viele eine Zeit des Realisierens, Einordnens und Verdauens.

Jeder Mensch ist anders Wie wir bereits angeführt haben, gibt es kein Patentrezept für einen transidenten Menschen. Zwar gab das Transsexuellengesetz einen Ablauf vor, dieser betraf nur jedoch die rechtlichen Änderungsschritte des Personenstands und der Geschlechtszugehörigkeit. Ebenfalls existierte ein formaler Rahmen zur Zusage der Kostenübernahme für körperliche Angleichungen durch die Krankenkassen.

Sowohl rechtliche als auch körperliche Angleichungen sind sicherlich sehr bedeutsame Etappen auf dem Weg zur gewünschten Identität, sie sagen aber nichts darüber aus, wie wir unseren zukünftigen Alltag gestalten:

Wie gestalte ich meinen Weg?
- **Soziale Identität:** Wie nehme ich mich selbst wahr und wie möchte ich von den anderen Menschen wahrgenommen werden: als Frau, als Mann, als geschlechtsvarianter Mensch?
- **Rechtliche Identität:** Wie möchte ich offiziell betrachtet werden? Dies hängt natürlich auch sehr stark mit der sozialen Identität zusammen. Aber manchen Menschen ist gar nicht so wichtig, welcher Name im Personalausweis und welches Geschlecht im Reisepass eingetragen sind.
- **Sexuelle Identität:** Wie und wen begehre ich? Möchte ich Sexualität als Frau, als Mann oder als geschlechtsvariante Person erfahren? Transidentität bedeutet übrigens nicht automatisch, dass sich die sexuellen Präferenzen ändern. Das kann zwar sein, ist aber nicht die Regel.
- **Körperliche Identität:** In welchem Körper möchte ich leben? Welche Angleichungen sind wichtig für mich, welche eher nicht? Dieser Aspekt kann stark mit der sexuellen Identität verknüpft sein. Hier zeigt sich übrigens auch die „gedankliche Weiterentwicklung" der Transidentität: während in früheren Jahren „Transsexualität" sehr stark mit operativen Angleichungen verknüpft war (man sprach daher auch von „Umwandlungen"), steht jetzt ein viel ganzheitlicheres Konzept hinter diesem Begriff.

Es gibt kein Ziel, das es zu entdecken gibt: Erleben ist wichtig Ich erinnere mich an ein Gespräch mit einem engen Freund, der mir sagte, ich müsse mich nun hinsetzen, überlegen wie ich zukünftig leben wolle und das dann – sozusagen als Kommuniqué – offiziell verbreiten. Das kann man sicherlich tun, für mich persönlich wäre das aber überhaupt keine Lösung gewesen. Wie bereits zu Beginn dieses Abschnittes beschrieben, ist es oftmals das Suchen nach einem persönlichen Weg. Was will ich? Wie weit will ich gehen? Kann ich das überhaupt? Dies sind Fragen, die sich viele Betroffene stellen. Es geht um die Gestaltung des zukünftigen Lebens, nicht um das Lösen eines mathematischen Rätsels.

Ein schrittweises Vorantasten kann sehr hilfreich sein. Die ersten Versuche, als Frau oder als Mann in die Öffentlichkeit zu gehen. Für Transmänner vielleicht einfacher als für Transfrauen, weil Jeans und T-Shirt an einer zunächst noch eher weiblich gelesenen Person sicherlich weniger auffällig sind als Bluse und Rock an einem noch überwiegend männlich wahrgenommenen Menschen – wenn wir hier Kleidungsklischees bedienen wollen. Allerdings haben Transmänner – vielleicht gerade, weil sie nicht auffallen – oftmals das Problem, dass sie gar nicht als transidente Männer, sondern einfach als burschikose Frauen wahrgenommen werden. Ein Sich-Ausprobieren in der neuen Identität zuerst im engen persönlichen Kreis, dann in einem etwas größeren sozialen Milieu und schließlich im beruflichen Umfeld lässt spüren, wie wohltuend das Gefühl ist – und ob man bereit ist für den nächsten Schritt.

Verbündete helfen Der Anteil transidenter Menschen an der Gesamtbevölkerung ist alles andere als verschwindend gering. Manche Studien gehen von einem Prozent aus, für Deutschland wäre das nahezu eine Million Menschen! Die Anzahl ist natürlich abhängig davon, wo die Einordnung „transident" beginnt: beim zeitweisen Wunsch, als einem anderen Geschlecht zugehörig wahrgenommen zu werden oder „erst" bei dem Gefühl der puren Ausweglosigkeit in der momentanen körperlichen und gesellschaftlichen Zuordnung, aus welcher nur ein kompletter Geschlechtsrollenwechsel in allen Lebensbereichen hilft. Es gibt auf jeden Fall viele, die so empfinden.

Das hilft natürlich nicht sofort. Die eigene Situation wird oft als nahezu ausweglos gesehen. Das liegt vor allem an zwei Dingen: Das Ziel erscheint unendlich weit entfernt, die Hindernisse auf diesem Weg unüberwindbar hoch – und wir müssen den Weg allein gehen. Beides ist falsch. Insbesondere die Vorstellung, alles allein lösen zu müssen, rückt eine Lösung in weite Ferne.

Welchen Weg des Comingout jemand wählt, ist eine sehr persönliche Entscheidung. Die Regel wird aber wohl nicht sein, sich sofort allen gleichzeitig zu öffnen, sondern nach und nach mit engen Bezugspersonen aus dem persönlichen Umfeld über das eigene Empfinden zu sprechen. Schon das erste Sich-Öffnen einem Menschen gegenüber schafft eine ungeheure Erleichterung. Man ist nicht mehr mit den eigenen Gefühlen allein. Die Schar der Verbündeten und Unterstützenden wächst, die Gespräche werden von Mal zu Mal leichter.

Schnelligkeit ist nicht das Ziel Die Geschwindigkeit, mit der die Veränderung realisiert werden soll, hängt von vielen Komponenten ab. Entscheidend ist sicherlich der individuelle Leidensdruck. Für viele Menschen lautet die Alternative: „entweder als Frau/Mann leben, oder gar nicht mehr!" Das ist natürlich eine sehr dramatische Situation, die unbedingt auch einer therapeutischen Unterstützung bedarf.

Es kommt nicht darauf an, möglichst schnell in allem zu sein. Viele Dinge entwickeln sich auf eine sehr natürliche Art und Weise. Es ist verständlich, rasch das eigene Ziel erreichen zu wollen, den richtigen Namen im Ausweis zu sehen, von den Arbeitskolleg*innen richtig angesprochen zu werden, den Körper nicht mehr als fremd zu empfinden. Wir sollten dabei aber nicht vergessen, dass eigentlich der Weg das Wichtigste ist. Ansonsten besteht die Gefahr, den zweiten Schritt vor dem ersten zu machen und niemals das Gefühl zu haben, richtig anzukommen. Es gibt immer noch etwas, was zu verbessern ist. Sei es, an der Stimme zu arbeiten, die eine oder andere kosmetische Behandlung oder Operation vorzunehmen, noch mehr Muskelmasse aufzubauen usw. Aber der Weg ist das Ziel! Diese oft zitierte und manchmal etwas banal klingende Aussage ist aber für den Weg der Transition sehr hilfreich.

Die größten Hindernisse bestehen im eigenen Kopf Auch wenn der Weg nicht immer einfach sein mag, so zeigt sich, auch aus meiner eigenen Erfahrung, dass oftmals die größten Hindernisse im eigenen Kopf aufgebaut werden. Unser Umfeld geht oft viel entspannter mit uns um als wir mit uns selbst.

> **Dabei ist es hilfreich, sich immer wieder in Erinnerung zu rufen**
> 1. Es gibt keinen Grund, warum ich mich für irgendetwas schämen müsste!
> 2. Ich bin nicht weniger normal als alle anderen Menschen!
> 3. Es gibt noch sehr viele andere Menschen, die so fühlen wie ich!
> 4. Warum ich so bin? Keine Ahnung, ist auch nicht wichtig!
> 5. Die meisten Menschen interessiert überhaupt nicht, was ich tue!
> 6. Ich habe Verbündete: meine besten Freundinnen und Freunde halten zu mir und helfen mir – und wenn sie es noch nicht wissen, dann werden sie mir helfen, wenn sie davon von mir erfahren!
> 7. Ich nehme mir die Zeit, den Weg zu finden, der für mich der beste ist.
> 8. Ich bin vollkommen okay!

2.2 Der soziale Weg

Anna Svea Fischer

Der Weg beschreibt die Suche nach der eigenen Identität, danach, wie man in Zukunft leben möchte. Eine Blaupause gibt es nicht, der Weg enthält manche Gabelungen, einfache wie komplizierte, Steigungen, glatte Abschnitte und solche, die Trittsicherheit erfordern, auch manchen Irrweg, aber auch Abkürzungen. Irgendwann lichtet sich der Nebel, die Landschaft wird deutlicher und man wird sich klarer, wie der zukünftige Lebensentwurf aussehen könnte. Am Ziel ist der Mensch eigentlich nie, aber jetzt wird es zu philosophisch.

Der Weg enthält einige markante Punkte: Da sind zum einen die zu nennen, an denen man anderen Menschen von der Transidentität berichtet: Familie, Freunde, persönliches und letztlich auch berufliches Umfeld; zum anderen die, an denen man wichtige Entscheidungen trifft (Stichworte Vornamens- und Personenstandsänderung, Hormonersatztherapie, geschlechtsangleichende Operationen).

Es gibt keinen „Point of no Return" Ich hatte im vorangegangenen Abschnitt ausgeführt, dass der transidente Weg auch ein Weg des Ausprobierens und Sich-Austestens ist. Welche Entscheidungen man – mit Ausnahme mancher medizinischer, geschlechtsangleichender Maßnahmen – immer auch treffen mag, nichts ist unumkehrbar. Zwar werden die Wenigsten auf ihrem Weg daran denken, wieder einige oder viele Schritte zurückzugehen. Aber es kann ungeheuer befreiend wirken, wenn man bei manchen Entscheidungen weiß, dass sie keinen Absolutheitsanspruch haben, nicht unumkehrbar sind.

Die Reihenfolge festlegen Wem sage ich es zuerst? Auch hier gibt es kein Standardmodell. Allerdings kann das Beantworten folgender Fragen eine Hilfestellung geben:

Fragen

Wer ist von meiner Entscheidung, zukünftig in einem anderen Geschlecht leben zu wollen,

1. existenziell berührt und betroffen?
2. emotional berührt?
3. rational betroffen?
4. emotional oder rational tangiert?

Welchen Beitrag leisten die Menschen oder Gruppen zu meiner Entwicklung?

- Sie gestalten meinen Weg aktiv mit.
- Sie begleiten meinen Weg und dienen als Resonanzraum.
- Sie nehmen meine Entscheidung als wichtige Information an.
- Sie nehmen meine Entscheidung zur Kenntnis.

In Abb. 2.2 sind verschiedene Personen und Personengruppen eingeordnet. Dies kann natürlich nur ein Beispiel sein. Jede einzelne Person wird diese Einordnung anders vornehmen. Es geht auch gar nicht so sehr darum, ob jetzt Geschwister emotional berührter sind als die Eltern oder ob enge Bekannte und entferntere Freunde die Transidentität einer Person als wichtige Information oder nur kenntnisnehmend erfahren.

Viel wichtiger erscheint doch die Überlegung, sich zuerst den Personen zu öffnen, die existenziell oder zumindest emotional stark betroffen und zugleich wichtige Menschen in der Ausgestaltung des eigenen Weges sind.

Partner*in und engste Freunde zuerst Obwohl dieser Schritt sicherlich der heikelste ist, wollen wir nur kurz auf ihn eingehen, denn dieses Buch betrachtet ja in erster Linie Herausforderungen und Lösungsmöglichkeiten im beruflichen Alltag.

				Geschwister	Partner:in Kinder
existenziell berührt					
emotional berührt	„Gemüsehändler um die Ecke"	enge Bekannte, entferne Freunde	Eltern		enge Freunde
rational betroffen		Vorgesetzte Kolleg:innen Geschäftspartner:innen		„Verbündete" im Unternehmen	
emotional oder rational tangiert	entfernte Mitarbeiter:innen	Nachbar:innen			Therapeut:innen
	Kenntnisnahme	wichtige Information	begleiten den Weg		gestalten den Weg mit

Abb. 2.2 Betroffenheit und Mitgestaltung, Beispiel

Es ist leider die Realität, dass viele Paarbeziehungen die transidente Entwicklung der Partnerperson nicht überstehen. Klare Indikatoren, ob die Partnerin oder der Partner damit klarkommt, dass die bisherige Frau jetzt ein Mann oder der bisherige Mann jetzt eine Frau ist, gibt es nicht. Die Partner*innen müssen es erleben, die Erfahrung machen, ob sie den Menschen weiterhin lieben können, jenseits der bisherigen geschlechtlichen Identität. Sicherlich begünstigen viele gemeinsame Jahre eine Fortführung der Beziehung, eine Garantie ist das jedoch nicht.

Zumeist ist es einfacher, sich den engsten Freund*innen anzuvertrauen. Die Reaktion wird anfangs sehr unterschiedlich ausfallen. Es gibt Menschen, die einen anschauen und sagen: „Okay. Wie soll ich dich jetzt nennen? Wow, finde ich großartig! Willkommen!" und andere, die Zeit für die Verarbeitung brauchen. Manche kann man auch verlieren, aber das ist die hoffentlich eine Ausnahme. Vorherrschend ist idealerweise die Dankbarkeit für die Offenheit, das Vertrauen und das Miteinbeziehen in die Gestaltung des Weges.

Sie haben jetzt jemanden, mit dem Sie über die Gedanken und Gefühle sprechen können, die Sie schon seit Jahren massiv prägen. Sie sind damit nicht mehr allein, die erste Hürde ist genommen, vermutlich sogar die höchste.

Ein ganz wichtiger Grundsatz: Zeit geben! Sie haben vielleicht ganz viel Zeit gebraucht, um sich über sich klar zu werden. Verlangen Sie auch von Ihrer Umwelt nicht, dass sie alles sofort hinnimmt und versteht. Die Menschen werden sich bemühen, das zu tun, aber trotzdem brauchen sie Zeit. In vielen Fällen nicht viel, vielleicht ein oder zwei Stunden, manchmal auch ein paar Tage. Zwingen Sie Ihr Umfeld nicht zu einer sofortigen Reaktion, die dann vielleicht auch von Ihnen als verletzend empfunden werden könnte, obwohl sie gar nicht so gemeint war.

Ich persönlich habe nie jemanden mit meiner neuen Identität ohne Vorwarnung konfrontiert, weil ich das für sehr unfair gehalten hätte. Es gab zumeist einen Vorlauf in Form einer E-Mail, eines Telefonats oder eines Briefes (natürlich nicht unbedingt bei der Partnerperson!). Dann haben die Menschen Zeit, sich zu sammeln und offen auf Sie zuzukommen.

Und die Kinder? Neben der Klärung mit der Partnerin oder dem Partner stellt die Einbeziehung der Kinder sicherlich eine zentrale Herausforderung im privaten Bereich dar. Wenn schon für andere Offenbarungen kaum ein allgemeines Vorgehensmodell vorhanden ist, so ist es hier von sehr vielen individuellen Faktoren abhängig. Ganz entscheidend ist sicherlich das Alter der Kinder: Volljährigen fällt es wohl leichter als Kindern in der Pubertät. Jungen mögen sich oftmals schwerer mit einem transidenten Vater tun als Mädchen. Kinder, die transidente Mitschüler*innen kennen, könnten eventuell offener für Transidentität in der eigenen Familie sein. Aber das sind alles Dinge, die in einem konkreten Fall wieder ganz anders ausschauen können. Das hier ist die ureigene Domäne der Eltern. Sie sollten gemeinsam entscheiden, wann und wie sie Ihre Kinder informieren und auch aktiv in den Veränderungsprozess mit einbeziehen.

Verbündete im Unternehmen finden Berufliches und Privates ist bei einigen Kolleg*innen oft nicht so klar getrennt. Viele enge Freundschaften entstehen im beruflichen Alltag. Jede und jeder hat sicherlich mindestens ein oder zwei Kolleg*innen, mit denen er oder sie beruflich sehr Vertrauliches und auch Privates bespricht. Sie – und die im nächsten Abschnitt aufgeführten Diversity-Beauftragten – sind idealerweise unsere erste Anlaufstelle. Unterstellen wir einmal, es gäbe eine solche Kollegin oder einen solchen Kollegen, mit der/dem Sie offen über alles sprechen können.

Sie werden feststellen, dass Ihnen die Öffnung diesem Menschen gegenüber entscheidend hilft:

1. Sie haben das Thema nun auch – wenn auch nur sehr dosiert – in Ihrem beruflichen Umfeld platziert. Damit ist ein wichtiger Schritt getan.
2. Sie erfahren die Reaktion eines Menschen außerhalb Ihres privaten Umfelds. Diese wird hoffentlich in den meisten Fällen offen und konstruktiv sein.
3. Sie haben einen Sparringspartner zum Überlegen der nächsten Schritte: Wo könnten Hindernisse sein? Wer kann wichtige Unterstützung leisten?

Geschaffene Strukturen nutzen In vielen Unternehmen gibt es bereits Diversity- oder zumindest Gleichstellungsbeauftragte. Die Zahl transidenter Menschen ist gar nicht verschwindend gering. Somit besteht eine gewisse Wahrscheinlichkeit, dass Sie nicht die erste Person im Unternehmen sind, die vor dieser Herausforderung steht. Mit der Größe des Unternehmens steigt auch die Wahrscheinlichkeit. In solchen Fällen gibt es idealerweise schon bewährte Vorgehensweisen, wie ein Veränderungsprozess zu takten und zu kommunizieren ist und wer wann ins Boot geholt wird.

Aber selbst, wenn das nicht der Fall ist, sind Sie bei diesen Menschen (den Diversity-Menschen) fast immer in den richtigen Händen. Immer mehr Unternehmen bemühen sich, nicht nur LSBTI-freundlich zu erscheinen, sondern es auch wirklich zu sein.

1. Sie wollen, dass die Mitarbeiter*innen unbeschwert ihr ganzes Potenzial entfalten können, ohne Angst vor einem möglichen Outing zu haben.
2. Sie wollen nicht auf hoch qualifiziertes Personal verzichten, nur weil jemand wegen der sexuellen Orientierung, Herkunft oder aufgrund anderer Gründe Bedenken hätte, in dieses Unternehmen einzutreten.
3. Und sie wollen es, weil es ihre Kund*innen verlangen. So vergeben zum Beispiel nicht mehr nur US-Konzerne Mandate nur an solche Rechtsanwaltskanzleien und andere Dienstleistende, die eine hinreichende Diversity-Orientierung vorzeigen können. Auch europäische und deutsche Unternehmen verlangen zunehmend sichtbares Diversity-Engagement bei der Auftragsvergabe.

Weitere mögliche Anlaufstellen sind natürlich auch Betriebsrät*innen und Vertrauensleute sowie Mitarbeiter*innen der Personalabteilung. Hier bewährt es sich sehr, wenn Sie bereits Verbündete gefunden haben, mit denen Sie dann gemeinsam geeignete Personen identifizieren können.

Lesbische und schwule Mitarbeiter*innen und Führungskräfte sind mittlerweile alltäglich, vielfach auch in Netzwerken wie den „Wirtschaftsweibern" oder dem „Völklinger Kreis" organisiert. Die vermeintliche Norm geschlechtlicher Orientierung und somit auch Identität ist also längst aufgebrochen. Ihr Feld ist für Sie bereitet. Nutzen Sie die Expertise dieser Menschen und gestalten Sie Ihren Weg im Unternehmen. Diese Wissensträger*innen können Ihnen sehr dabei helfen, den nächsten Schritt in Angriff zu nehmen.

Vorgesetzte informieren Wenn enge Kolleg*innen und Diversity- oder Gleichstellungsbeauftragte informiert sind, fällt der nächste und sehr wichtige Schritt gar nicht mehr so schwer: die Information der Führungskraft. Ob es Ihnen leicht oder etwas schwerer fällt, hängt natürlich auch stark davon ab, um was für eine Persönlichkeit es sich handelt und wie bisher Ihr Verhältnis zueinander ist.

Grundsätzlich sollten Vorgesetzte positiv und konstruktiv auf Ihr Comingout reagieren:

- Das zentrale Interesse der Vorgesetzten besteht darin, dass professionelle Arbeit geleistet wird und jede Person möglichst störungsfrei ihr volles Potenzial entfalten kann.
- Vorgesetzte haben eine Verantwortung ihren Mitarbeitenden gegenüber – und hinsichtlich der Unternehmenswerte (in denen Offenheit, Vertrauen und Vorurteilsfreiheit sicherlich vorkommen) eine Vorbildfunktion.
- Menschen reagieren in den meisten Fällen sehr dankbar, wenn sie ins Vertrauen gezogen werden.

Mit Ihren Vorgesetzten sollten Sie die nächsten wichtigen Schritte abstimmen: Wie sind die Kolleg*innen und natürlich auch die Kund*innen und Unternehmen zu informieren, mit denen Sie Kontakt haben? Wahrscheinlich werden die Vorgesetzten an dieser Stelle gemeinsam mit Ihnen die nächsthöhere Stelle, die Unternehmensleitung und die Personalabteilung informieren und insbesondere letztgenannte für das weitere Vorgehen zu Rate ziehen.

Die Vollendung: Kolleg*innen, Kund*innen, Partnerunternehmen Jetzt haben Sie in den meisten Fällen eine ordentliche Rückendeckung. Es geht eher darum, niemanden zu vergessen. Wenn Sie ausreichend Selbstvertrauen haben – was Sie ohne Zweifel besitzen – nehmen Sie diese Information selbst in die Hand, natürlich in Absprache mit den Vorgesetzten (der Geschäftsleitung, dem Vorstandsgremium usw.). Informieren Sie in Ihrem ganz persönlichen Stil. Es ist sehr hilfreich, wenn Ihre Ausführungen durch einen passenden Text der Unternehmensleitung ergänzt wird, der zum einen klar die Unterstützung für Ihren Weg zum Ausdruck bringt und zum anderen die Akzeptanz Ihrer Entscheidung in professioneller und empathischer Weise einfordert.

Erleichtert das Selbstbestimmungsgesetz den sozialen Weg? Mit dem Selbstbestimmungsgesetz wird das Ziel verfolgt, auf der Grundlage der im Grundgesetz verbrieften Rechte den rechtlichen Weg zu vereinfachen und zu beschleunigen. Die Diskussion bis zur Verabschiedung des Gesetzes (und zeitlich auch darüber hinaus) verlief kontrovers, mit teilweise bewussten Falschbehauptungen der Gegner*innen dieses neuen Weges. Transidente Personen, die bisher den langwierigen Weg des TSG gehen mussten, wurden von ihrem Umfeld aufgrund der vielen Hürden zumeist bemitleidet – und die Ernsthaftigkeit ihrer Entscheidung wurde kaum angezweifelt. Es bleibt abzuwarten, ob dieses Anerkennen der Schwere der persönlichen Entscheidung auch mit dem Selbstbestimmungsgesetz Bestand haben wird. Was keinesfalls passieren darf ist, dass die Personenstandsänderung nach dem SBGG als „Lust-und-Laune-Entscheidung" abgetan und deren Ernsthaftigkeit damit in Abrede gestellt wird. Es muss weiterhin selbstverständlich sein, dass eine Person frei über ihre Identität bestimmen darf.

2.3   Der rechtliche Weg

David Scholz

Macht das Selbstbestimmungsgesetz alles einfacher? Ja, sicherlich einiges. Wir haben in Abschn. 1.4 das Selbstbestimmungsgesetz, dessen Entstehung und mögliche Auswirkungen im Arbeitsumfeld vorgestellt. Durch die Abschaffung des verpflichtenden Gerichtsverfahrens zur Vornamens- und Geschlechtseintragsänderung, das mit der Einholung zweier psychologischer Gutachten verbunden war, ist vor allem der zeitliche Ablauf einer rechtlichen Transition gestrafft worden. Statt eines rechtlichen Schwebezustands von mehreren Monaten (die durchschnittliche TSG-Verfahrensdauer lag damals im Durchschnitt bei 9,3 Monaten mit Spitzen bis zu über 24 Monaten [1]) kann nun mit dem SBGG binnen drei Monaten eine rechtliche Transition umgesetzt werden. Damit wird vor allem Planbarkeit gewonnen, die Kosten des Verfahrens wurden drastisch reduziert und es sind im SBGG einige Rechtsansprüche kodifiziert worden, die zu Zeiten des TSG mühsam aus anderen Gesetzen richterrechtlich hergeleitet werden mussten. Damit sind einige Verbesserungen im Prozedere der Vornamens- und Geschlechtseintragsänderung eingeführt worden, die sich im Arbeitsumfeld positiv auswirken dürften:

Die für das Arbeitsumfeld wichtigsten Neuerungen durch das SBGG im Vergleich zum TSG auf einen Blick
- Es ist kein Gerichtsverfahren mehr erforderlich. Die Namens- und Geschlechtseintragsänderung ist nur noch ein einfacher Verwaltungsakt. Zuständig sind die Standesämter.
- Es wird eine Erklärung abgegeben, dass der begehrte „andere" Geschlechtseintrag beziehungsweise die Streichung des Geschlechtseintrags der eigenen Geschlechtsidentität am besten entspricht. Eine Begutachtung durch Dritte findet nicht mehr statt.
- Das Verfahren dauert von der Anmeldung bis zur Abgabe der Erklärung drei Monate, wenn nach Anmeldung und der dreimonatigen „Karenzzeit" die Erklärung abgegeben wird. Die Änderung wird direkt mit der Erklärung vor dem Standsamt rechtskräftig.
- Der Geschlechtseintrag im Geburtenregister wird nach rechtskräftiger Erklärung angepasst. Mit der neuen Geburtsurkunde können im Anschluss Ausweispapiere und sämtliche weiteren persönlichen Dokumente (einschließlich Sozialversicherung, Krankenkassenkarte, Bankverbindung und -karte sowie persönliche Verträge) geändert werden.
- Die Kosten für den behördlichen Vorgang beim Standesamt entsprechen den üblichen Kosten für einfache Verwaltungsakte. Es sind keine Kosten von mehreren hundert bis zu ca. 1800 € (der damalige Durchschnitt der TSG-Verfahrenskosten) mehr aufzubringen, sondern nur noch die Kosten für den Verwaltungsakt (circa 60 €).
- Das Offenbarungsverbot ist jetzt, unter bestimmten Voraussetzungen, bußgeldbewehrt (siehe Abschn. 1.4.2).
- Durch die Vornamens- und Personenstandsänderung nach SBGG entsteht unmittelbar ein Anspruch auf geänderte Zeugnisse und sonstige persönliche Dokumente (dieser Aspekt wird detailliert in Abschn. 4.8 beleuchtet).
- Der Zielkonflikt zwischen Hausrecht und Antidiskriminierungsrecht bleibt jedoch bisher ungelöst (siehe Abschn. 1.4.3 und in der Praxisbetrachtung Abschn. 4.7).

Änderung amtlicher Register und Dokumente Mit der rechtskräftigen Bescheinigung über die geänderten Vornamen sowie dem angepassten Geschlechtseintrags vom Standesamt können amtliche Eintragungen und Dokumente geändert werden. Dies geschieht zunächst durch eine Änderung des Eintrags im Geburtenregister beim Geburtsstandesamt. Das Standesamt, bei dem die Erklärung abgegeben wurde, informiert das entsprechende Geburtsstandesamt über die Änderungen und in das Geburtenregister werden der neue Vorname und das Geschlecht eingetragen. Sobald dies geschehen ist, kann die transitionierende Person eine neue Geburtsurkunde anfordern, die von vielen Meldebehörden für die Ausstellung neuer Ausweisdokumente (Personalausweis, Reisepass, Fahrerlaubnis) gefordert wird.

Die persönliche Steuernummer ändert sich nach der Vornamens- und Personenstandsänderung übrigens nicht, wohl aber die Sozialversicherungsnummer, denn diese Nummer enthält einen Schlüssel zur Geschlechtsangabe. Die neue Sozialversicherungsnummer und einen neuen Sozialversicherungsausweis erhält man auf Antrag bei der Deutschen Rentenversicherung Bund in Berlin unter Vorlage der rechtskräftigen Bescheinigung zur Vornamens- und Geschlechtseintragsänderung. Sind die amtlichen Register und Dokumente geändert, können auch privatrechtliche Dokumente, wie zum Beispiel Verträge (Mobilfunkvertrag, Versicherungsverträge etc.) angepasst werden.

▶ **Tipp Arbeitgeber*innen** sollten wissen, dass Bankverbindungen zumeist erst nach rechtskräftiger Vornamens- und Personenstandsänderung sowie der Änderung amtlicher Dokumente auf den neuen Namen geändert werden. Das bedeutet für die Lohn- und Gehaltsabrechnung, dass diese zumeist erst nach Änderung der Sozialversicherungsnummer und der Bankverbindung auf den neuen Namen angepasst werden kann. Dazu mehr in Kap. 4.

In jedem Fall ist die Änderung von persönlichen und Arbeitsdokumenten für transitionierende Menschen ein sehr bedeutsamer Schritt. Arbeitgebende sollten Mitarbeitende, die eine rechtliche Transition vollziehen, bestmöglich bei Änderungen in HR-Systemen und an arbeitsrechtlich relevanten Dokumenten so zeitnah wie möglich nach dem rechtlichen Anpassungsschritt unterstützen.

Das Offenbarungsverbot ist nun sanktionsbewehrt Wie wir in Abschn. 1.4.2 gezeigt haben, ist das Offenbarungsverbot aus § 13 SBGG jetzt mit einer Sanktionsmöglichkeit für „absichtlich schädigendes Verhalten" versehen. Die Ausforschung früherer Geschlechtszugehörigkeiten und Vornamen muss von der arbeitgebenden Organisation unterbunden werden. Auch die Anrede mit früheren Vornamen und deren „Ausplaudern" hat zu unterbleiben. Wie sich die Beweisführung zu einer Schädigungsabsicht gestalten wird, muss derzeit offenbleiben. Es bleibt zu hoffen, dass die Strafbewehrung des Offenbarungsverbots nicht zu vermehrtem Misstrauen oder „leichtfertigem" Anzeigeverhalten im Betrieb führt, sondern dass mit Wissen um die geltende Rechts- und Interessenlage rechtzeitig zwischen Parteien vermittelt und so eine Eskalation von Konflikten vermieden werden kann. Dafür braucht es gut geschulte HR-Expert*innen und einen moderierenden Ansatz zur Konfliktvermeidung und -behebung. Es wäre sehr misslich, wenn durch geschlechtliche Transitionen im Arbeitsumfeld mehr Vertrauen zerstört, als durch den Schutz eines strafbewehrten Offenbarungsverbots gewonnen würde.

Soziale Herausforderungen im Arbeitsumfeld können weiterhin bestehen Der rechtliche Weg ist nun mit dem SBGG deutlich kürzer und planbarer, die Herausforderungen auf menschlicher Ebene bleiben im Grundsatz dieselben (siehe Abschn. 1.4.5). Mit den Handreichungen für die betriebliche Praxis (Kap. 4) wollen wir alle an einem Prozess geschlechtlicher Transition Beteiligten mit Wissen und pragmatischen Tipps ausstatten. Transitionen im Arbeitsumfeld sollten so erfolgreich gestaltet und etwaige Konflikte so früh wie möglich mit einem vermittelnden Ansatz vermieden oder geklärt werden können.

2.4 Der medizinische Weg

David Scholz

Auf die medizinischen Aspekte einer geschlechtlichen Transition wird in diesem Buch nur kurz eingegangen. Es wird ein Überblick über die „Behandlungslogik" (vgl. Abb. 2.3) und die zeitlichen Aspekte medizinischer Angleichungsmaßnahmen gegeben, mit dem Arbeitgeber*innen und Personalverantwortliche die möglichen Auswirkungen medizinischer Angleichungsmaßnahmen besser verstehen und einordnen können. Eine detaillierte Betrachtung von Arbeitsunfähigkeit und Fehlzeiten aufgrund medizinischer Angleichungsschritte findet sich in Abschn. 4.9.

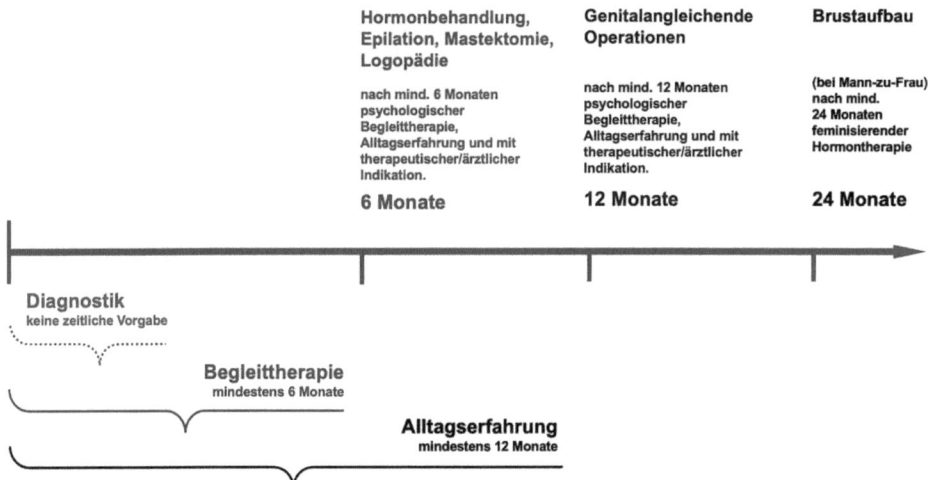

Abb. 2.3 Zeitschema medizinischer Maßnahmen bei Kostenübernahme gem. aktueller Begutachtungsanleitung des MDS [2]

Den medizinischen Weg verstehen Entgegen einer weitverbreiteten Annahme streben nicht alle geschlechtsvarianten Personen medizinische Angleichungsmaßnahmen an. Der rechtliche Weg der Vornamens- und Personenstandsänderung ist in Deutschland seit 2011 unabhängig von medizinischen Angleichungen möglich. Bis 2011 gab es den Zwang zu Sterilisierung und geschlechtsangleichenden Operationen, um rechtlich den Vornamen und die amtlich eingetragene Geschlechtszugehörigkeit ändern zu können. Dies ist jedoch bereits 2011 vom Bundesverfassungsgericht kassiert worden. Das Selbstbestimmungsgesetz gilt nunmehr auch gesetzlich kodiert unabhängig von erfolgten oder geplanten medizinischen Maßnahmen. Für die rechtliche Änderung von Vorname(n) und Geschlechtseintrag sind somit medizinische Maßnahmen nicht mehr gefordert und umgekehrt.

Ein zweiter wichtiger Verständnisansatz für Außenstehende ist, dass medizinische Angleichungsschritte nicht allein aus Hormonersatztherapie und *einer* Operation bestehen. Es ist ein verbreitetes Missverständnis, dass es „nur Hormone" und „die Operation" gebe. Daher hier ein kurzer, nicht abschließender Überblick über denkbare medizinische Maßnahmen zur Geschlechtsangleichung.

Überblick möglicher medizinischer Maßnahmen zur Geschlechtsangleichung
- **Hormonersatztherapie**: Dauerhafte Behandlung mit den Geschlechtshormonen des Zielgeschlechts, in erster Linie Östrogen für Mann-zu-Frau- und Testosteron für Frau-zu-Mann-Transitionen;
- **Mastektomie**: Entfernung der weiblichen Brust und Formung einer männlichen Brust für Frau-zu-Mann-Transitionierende;
- **Haarepilation**: Die Entfernung von Körperhaaren per Laser- oder Nadelepilation, zum Beispiel Bart, Dekolleté, Arme und Hände, vorrangig für Mann-zu-Frau-Transitionierende;
- **Logopädie**: Fachtherapeutische Anleitung zur nichtoperativen Hebung oder Senkung der Stimme;
- **Stimmband- und Kehlkopfoperationen**: Hauptsächlich bei Mann-zu-Frau, wenn Logopädie nicht ausreichend ist, um ein Stimmergebnis im als weiblich wahrgenommenen Bereich zu erreichen;
- **Genitalangleichende Operationen**: Diese unterscheiden sich natürlich grundlegend von Mann-zu-Frau und von Frau-zu-Mann. Es gibt in beiden Angleichungsrichtungen verschiedenste Methoden, die meistens in mehreren Operationen erfolgen. Die wichtigsten sind bei Mann-zu-Frau die Entfernung des Penis und der Hoden und gleichzeitig Bildung einer Neovagina (Vaginoplastik) – in der Angleichungsrichtung Frau-zu-Mann der Aufbau eines Penoid, durch den uriniert werden kann (Phalloplastik);
- **Brustaufbau**: Die Brustvergrößerung bei Mann-zu-Frau ist eine Option, wenn durch eine mindestens 24 Monate durchgeführte feminisierende Hormontherapie kein „ausreichendes" Brustwachstum bewirkt wird. Der Grad des Ausreichens

> wird anhand der gleichen Kriterien bewertet wie der Wunsch nach Brustaugmentation bei Cisfrauen (Körbchengröße kleiner als A).
> - **Gesichtsfeminisierung**: Operationen bei Mann-zu-Frau, zum Beispiel Verkleinerung des Adamsapfels, Feminisierung der Stirn- oder Kinnpartie etc.

Kein „one size fits all" Dies ist nur eine grundsätzliche Übersicht über mögliche medizinische Angleichungsmaßnahmen, um dem weitverbreiteten Missverständnis entgegenzuwirken, es gebe „eine OP" und dann sei „alles erledigt".

Niemand muss einzelne oder alle möglichen medizinischen Angleichungsoptionen in Anspruch nehmen. Das deutsche Krankenversicherungsrecht sieht unter bestimmten Voraussetzungen die Kostenübernahme einzelner geschlechtsangleichender Maßnahmen durch die gesetzlichen Krankenversicherungen vor. Manche transitionierenden Menschen entscheiden sich für privat bezahlte Behandlungen im In- oder Ausland.

Für die Praxis im Arbeitsumfeld bedeutet dies: wenn sich jemand am Arbeitsplatz als transident beziehungsweise geschlechtsvariant outet, fragen Sie bitte nicht sofort nach geplanten medizinischen Angleichungsmaßnahmen. Die medizinische Angleichung ist ein sehr privates Thema. Niemand ist einer anderen Person darüber Rechenschaft schuldig, welche medizinischen Behandlungen in Anspruch genommen werden, nicht im privaten und erst recht nicht im Arbeitskontext. Natürlich sollte in einem vertrauensvollen Arbeitsverhältnis besprochen werden können, wenn jemand medizinische Behandlungen vor sich hat. Dies ist aber weder im transidenten Kontext noch im Zusammenhang mit irgendeiner anderen medizinischen Maßnahme verpflichtend. Zudem ist jeder Angleichungsweg individuell, mit oder ohne Hormonbehandlung, mit oder ohne Operation(en).

Der Zeitfaktor Wie das eingangs gezeigte Zeitschema der Behandlungen bei Kostenübernahme durch gesetzliche Krankenkassen zeigt, kann sich eine medizinische Angleichung über mehrere Monate und sogar Jahre hinziehen. Zu den zeitlichen Vorgaben, ab wann welche Behandlung von den gesetzlichen Krankenkassen übernommen werden kann, kommen zum Teil erhebliche Wartezeiten bei den Behandelnden hinzu.

Zunächst muss ein Therapieplatz für die vorgeschriebene psychologische Begleittherapie gefunden werden, was nicht nur im Kontext Transidentität mit erheblichen Wartezeiten einhergehen kann. Auch die Wartezeit für einen Ersttermin bei einer spezialisierten Endokrinologie für die gegengeschlechtliche Hormonersatztherapie kann mehrere Monate dauern. Spezialisierte Teams für geschlechtsangleichende Operationen haben nicht selten Wartezeiten von mehreren Monaten bis hin zu mehreren Jahren.

Spezialisierte Behandler*innen sind zwar in Ballungsgebieten oft gut örtlich erreichbar, doch manche Städte und Regionen sind mit einschlägig erfahrenen medizinischen Anlaufstellen deutlich unterversorgt. Demzufolge müssen bisweilen lange Anfahrtswege in Kauf genommen werden. Manche Behandlungsschritte sind durchaus zeitaufwendig, zum Beispiel Epilationen und operative Angleichungen, die mehrere Operationsschritte und eine engmaschige Nachsorge erfordern.

Im Arbeitskontext bedeutet dies, dass Behandlungstermine nicht immer „betriebsfreundlich" gelegt werden können, denn oft kann man sich die Termine nicht aussuchen und wer monatelang auf einen Termin gewartet hat, wird nicht unbedingt auf einen Tag mit besonders hohem Arbeitsaufkommen im Betrieb Rücksicht nehmen können.

Außenstehende sollten sich vergegenwärtigen, dass die Angleichungsbehandlungen bei Bestehen der Diagnose „Transsexualität" *medizinisch notwendige Maßnahmen* sind und daher ein Anspruch auf Lohnfortzahlung besteht.

Hormonersatztherapie Eine gegengeschlechtliche Hormonersatztherapie – bei Frau-zu-Mann mit Testosteron und manchmal Östrogenblockern, bei Mann-zu-Frau mit Östrogen und manchmal Testosteronblockern – bewirkt körperliche Veränderungen. Diese Veränderungen werden nach einer gewissen Anwendungsdauer äußerlich erkennbar, manche schon nach relativ kurzer Zeit, manche erst nach einigen Wochen oder Monaten.

Der Zeitpunkt des Einsetzens sichtbarer Veränderungen sowie das Ausmaß der Feminisierung oder Virilisierung sind zudem sehr individuell und zu einem großen Teil von der genetischen Veranlagung, aber auch von einer optimalen Einstellung der Hormongabe abhängig. Menschen im Arbeitsumfeld einer medizinisch transitionierenden Person sollten in jedem Fall darauf vorbereitet sein, dass sich diese mit einer Hormonbehandlung wahrnehmbar verändern wird.

Beispiele körperlicher Veränderungen durch eine geschlechtsangleichende Hormonersatztherapie
Die sichtbarsten Veränderungen durch Testosteron (Frau-zu-Mann) sind:

- Absinken der Stimme durch Stimmbruch
- Vermännlichung der Gesichtszüge
- Vermännlichung der Haarlinie, eventuell Haarverlust
- Zunahme an Muskelmasse
- Körperfettumverteilung und damit Änderung der Figur
- Bartwuchs

Die sichtbarsten Veränderungen durch Östrogen (Mann-zu-Frau) sind:

- Brustwachstum
- Feinporigeres Hautbild
- Abnahme der Muskelmasse
- Körperfettumverteilung und damit Änderung der Figur
- Eventuell Rückgang der Körperbehaarung und Veränderung des Haarwuchses

(vgl. WPATH Standards of Care, S. 45 [3])

Wirkung von Hormonen Wird im Erwachsenenalter eine Hormonersatztherapie begonnen, setzt eine zweite Pubertät ein. Diese kann sich, genau wie die erste, auch seelisch-psychisch und ebenfalls im Verhalten, zumindest im emotionalen Erleben auswirken. Der Affekt, also die Art und Weise, wie sich Emotionen äußern, kann sich (vorübergehend) verändern. Das Ausmaß der Affektveränderungen und auch wie Einzelne damit umgehen, ist individuell. Es hilft transitionierenden Personen jedoch in jedem Fall, wenn das Umfeld informiert ist und verständnisvoll reagieren kann, wenn Veränderungen bemerkbar werden. Da die Intensität und das zeitliche Eintreten sichtbarer Veränderungen sehr unterschiedlich sein können, sollten Außenstehende weder überrascht sein, *wenn etwas Sichtbares beziehungsweise Bemerkbares geschieht* – noch überrascht oder irritiert, wenn eine Weile lang nichts oder nicht viel Wahrnehmbares vonstattengeht.

Noch ein Hinweis zu einer sehr oft gestellten Frage: die gegengeschlechtlichen Hormone werden in aller Regel lebenslang eingenommen. Insbesondere nach geschlechtsangleichenden Operationen, die eine Entfernung der die körpereigenen Geschlechtshormone produzierenden Organe einschließen, muss *ein* Geschlechtshormon dauerhaft zugeführt werden, da es sonst zu negativen Auswirkungen bis hin zu Erkrankungen wie zum Beispiel Osteoporose kommen kann.

Operationen Wie schon in der Übersicht angedeutet, gibt es sowohl für eine Transition Frau-zu-Mann als auch für eine Transition Mann-zu-Frau jeweils mehrere Operationsmöglichkeiten.

Für Frau-zu-Mann-Transitionierende ist meistens die Mastektomie, die Entfernung der weiblichen Brust, mit Formung einer männlichen Brust die erste Operation auf dem Weg der medizinischen Angleichung. Dies ist eine sehr standardisierte Operation, die oft mit einem nur kurzen stationären Aufenthalt einhergeht. Das Schmerzempfinden ist meist gering, zumal die Euphorie über die „Befreiung" meistens überwiegt und den Heilungsverlauf unterstützt. Gleichwohl gilt nach der Mastektomie standardmäßig eine körperliche Schonzeit von mindestens sechs Wochen, in der nicht schwer gehoben werden darf und Bewegungen mit Beanspruchung der Brustmuskulatur vermieden werden sollten. Für Berufe mit (starker) körperlicher Belastung bedeutet dies eine längere Erholungszeit und Arbeitsunfähigkeit als für Schreibtischtätigkeiten. Die gleiche Erholungszeit beziehungsweise körperliche Schonzeit gilt auch für die Hysterektomie und Adnexektomie, also die Entfernung der Gebärmutter, der Eileiter und Eierstöcke. Dies ist ebenfalls eine Operation, die für viele auf dem Weg von Frau zu Mann recht nah am Anfang des Angleichungsprozesses steht. Sowohl nach Mastektomie als auch nach der Hysterektomie/Ovario- und Adnexektomie gilt, dass man sechs Wochen lang nichts über 5 kg heben soll sowie allgemeine körperliche Schonung.

Die genitalangleichenden Operationen sind in beide Angleichungsrichtungen unterschiedlich aufwendig, erfordern einen längeren stationären Aufenthalt und haben eine längere Heilungsdauer. Dauer der Krankenhausaufenthalte und der anschließenden Rekonvaleszenz zuhause können sich sehr unterscheiden, vor allem in Abhängigkeit der gewählten Operationsmethode. Auch die Zahl der standardmäßig vorgesehenen Operationen unterscheidet sich stark je nach Angleichungsrichtung. Eine Genitalangleichung von Mann zu Frau umfasst regelmäßig eine bis zwei Operationen, die vollständige Genitalangleichung von Frau zu Mann inklusive Penoidaufbau (Phalloplastik) umfasst bei der am meisten verbreiteten Methode regelmäßig vier Operationen, ohne etwaige medizinisch erforderliche Korrekturen. Dies als Orientierungshilfen.

Zusammenfassung

- Geschlechtsangleichende Maßnahmen erfolgen auf Basis einer medizinischen Indikation, sind also medizinisch notwendige Eingriffe bei der Diagnose „Transsexualismus".
- Nicht jede transidente Person unterzieht sich sämtlichen medizinischen Angleichungen; jeder Angleichungsprozess ist individuell.
- Wer nicht alle oder keine medizinischen Angleichungsschritte durchläuft, ist nicht „weniger trans" als diejenigen, die alle Möglichkeiten ausschöpfen.
- Vorgeschriebene Wartezeiten sowie Wartelisten bei spezialisierten Behandelnden haben großen Einfluss auf die Dauer des medizinischen Angleichungsprozesses.

Literatur

1. Bundesministerium für Familie, Senioren, Frauen und Jugend, *Gutachten: Regelungs- und Reformbedarf für transgeschlechtliche Menschen Begleitmaterial zur Interministeriellen Arbeitsgruppe Inter- & Transsexualität – Band 7*, Berlin 2016. https://www.bmfsfj.de/blob/jump/114064/imag-band-7-regelungs-und-reformbedarf-fuer-transgeschlechtliche-menschen-band-7-data.pdf, abgerufen am 04.08.2024.
2. Medizinischer Dienst des Spitzenverbandes Bund der Krankenkassen (MDS), Begutachtungsanleitung, Richtlinie des GKV-Spitzenverbandes nach § 282 SGB V, Geschlechtsangleichende Maßnahmen bei Transsexualismus (ICD-10, F64.0), https://www.mdsev.de/fileadmin/dokumente/Publikationen/GKV/Begutachtungsgrundlagen_GKV/BGA_Transsexualismus_201113.pdf, zugegriffen am 26.07.2024.
3. WPATH, Standards of Care (2012), *Versorgungsempfehlungen für die Gesundheit von transsexuellen, transgender und geschlechtsnichtkonformen Personen*, https://www.wpath.org/media/cms/Documents/SOC%20v7/SOC%20V7_German.pdf, abgerufen am 04.08.2024.

Transidentität in der Arbeitswelt

Anna Svea Fischer

Inhaltsverzeichnis

3.1 Eine betriebswirtschaftliche Perspektive 64
3.2 Unternehmen und geschlechtsvariante Personen 68
    3.2.1 Tätigkeiten mit außerbetrieblichem Kontakt 68
    3.2.2 Kontakt zu transidenten Personen außerhalb des Unternehmens 71
3.3 Hochschulen als Arbeitsplatz 72
Literatur 78

Zusammenfassung

Bevor wir (in Kap. 4) explizit auf Einzelfragen des Umgangs mit transidenten Beschäftigten und geschlechtlicher Vielfalt eingehen, möchten wir hier zunächst grundlegend diese Themen aus betriebswirtschaftlicher und rechtlicher Perspektive betrachten. Warum sollten Unternehmen eine Kultur der Diversität fördern, die offen für transidente Menschen und geschlechtliche Vielfalt ist? Aus betriebswirtschaftlicher Sicht sind drei klare Argumente zu nennen: Mitarbeiter*innen sollen sich entfalten können, Unternehmen sollten nicht auf hoch qualifizierte und -motivierte Arbeitskräfte verzichten, die Kund*innen fordern es. Aus rechtlicher Sicht gibt es klare Vorgaben für Arbeitgeber*innen, die eine Benachteiligung von Menschen aufgrund ihres Geschlechts und der geschlechtlichen Identität verbieten und im Gegenteil sogar eine besondere Fürsorge und Rücksichtnahme vorschreiben.

A. S. Fischer (✉)
München, Deutschland

© Der/die Herausgeber bzw. der/die Autor(en), exklusiv lizenziert an Springer Fachmedien Wiesbaden GmbH, ein Teil von Springer Nature 2025
D. Scholz (Hrsg.), *Transidentität und geschlechtliche Vielfalt im Arbeitsumfeld*,
https://doi.org/10.1007/978-3-658-46686-2_3

3.1 Eine betriebswirtschaftliche Perspektive

Transidentität als Teil einer umfassenden LSBTI-Politik von Unternehmen Viele Unternehmen engagieren sich stark für Mitarbeitende und Bewerbende, die sich dem LSBTI-Spektrum zugehörig fühlen. Dieser immer stärker integrierende Begriff umfasst Menschen mit einer lesbischen, schwulen oder bisexuellen Orientierung und einer transidenten, intergeschlechtlichen oder nicht-binären Identität. Es erscheint nachvollziehbar, dass wir hier von einer tendenziell großen Zahl Menschen sprechen. Vermutlich zwar nicht die Mehrheit in der Bevölkerung, aber keine nicht wahrnehmbare Gruppe.

Größere, vor allem internationale Unternehmen haben schon sehr früh begonnen, intern eine offene Kultur der Diversität zu schaffen und zu leben sowie diese auch nach außen zu kommunizieren. Bereits seit vielen Jahren haben Unternehmen wie SAP, die Deutsche Bank oder Microsoft Diversitätsbeauftragte. Die Stiftung PROUT AT WORK weist auf ihrer Website eine beeindruckend lange Liste mit Unternehmen auf, die interne LSBTI-Netzwerke haben.

Diversität muss nicht für mehr Erfolg des Unternehmens sorgen Lassen Sie uns einmal die aktuelle Diskussion zu mehr Frauen in Führungspositionen betrachten. Ein häufig genanntes Argument insbesondere für einen höheren Frauenanteil (oder überhaupt einen Frauenanteil!) lautet, dass gemischte Teams erfolgreicher seien als reine Männer- (oder Frauen-)Teams. Nun haben die meisten von uns sicherlich schon einmal die Erfahrung gemacht, dass diese Aussage nicht von der Hand zu weisen ist. Auch viele Studien befassen sich mit solchen Teamzusammensetzungen.

Nun könnte man argumentieren, dass es aus diesem Grund im Interesse der Unternehmen liege, mehr Frauen in Führungspositionen zu bringen und damit ein höheres Maß an Erfolg bringender Heterogenität zu erreichen. „Wenn wir jetzt endlich eine Frau im Vorstand haben, dann müssen die Geschäfte ja besser laufen, ansonsten hätten wir uns das ja sparen können!" – so mag eine Aussage im Vorstandsgremium klingen. Das heißt, diese Frau hätte nach ihrer Berufung in den Vorstand auch noch die Last zu tragen, eine nicht eintretende Verbesserung der Unternehmensleistung verantworten zu müssen.

Natürlich ist eine Frau im Vorstand entscheidend mitverantwortlich für die Prosperität des Unternehmens, dies aber als Mitglied des Vorstands, nicht aufgrund ihres Frauseins. Frauen gehören – aufgrund unseres Gesellschaftsmodells der Chancengleichheit – selbstverständlich in Vorstände, nicht aber als weiblicher Ergebnisgarant.

Analog lässt sich für Menschen aus dem LSBTI-Spektrum sagen: Ihre Chancen auf Einstieg in ein Unternehmen und auf Aufstieg entsprechen denen aller Bewerber*innen und Mitarbeiter*innen (oder sie sollten es zumindest). Eine Forderung nach einer automatisch besseren Performance aufgrund ihrer Orientierung oder Identität darf damit nicht in Verbindung gebracht werden.

Mitarbeiter*innen sollen sich entfalten können Es ist im Interesse der Unternehmen, dass sich Mitarbeiter*innen aufgrund ihrer Identität nicht verstecken müssen. Für transidente Personen stellt es eine enorme psychische Belastung dar, wenn es ihnen nicht möglich ist, in ihrer Identität zu arbeiten und diese sogar verstecken oder verschleiern müssen. Sie können sicherlich nicht ihr volles Potenzial ausschöpfen und werden eventuell das Unternehmen sogar verlassen. So meldet die Online-Jobbörse stepstone

> „(…) dass in Belgien vier von zehn transidenten Beschäftigten ihr Unternehmen aufgrund von Diskriminierung oder fehlender Wertschätzung verlassen. Diese Zahlen aus dem Jahr 2021 zeigen einen deutlichen Anstieg im Vergleich zu früheren Untersuchungen." (Stepstone [1])

Es geht hier keinesfalls darum, die berufliche Tätigkeit aus dem Mittelpunkt zu entfernen und Unternehmen jetzt primär als Orte der Identitätsfindung und Selbstverwirklichung zu sehen. Es geht einfach darum, dass transidente Personen Normalität erfahren – und in diesem Sinne auch nicht als irgendwie jenseits einer (gar nicht existierenden) Norm betrachtet werden.

Transidentität ist *eine* Facette der Persönlichkeit eines Menschen. Menschen betreiben Segelflug oder Tiefseetauchen, andere sind Hobbygärtner*innen, züchten Pferde oder Bienenvölker oder engagieren sich in einer Theatergruppe. Menschen sind vielfältig. Es ist allen ungemein geholfen, wenn die Transidentität eines Menschen nicht als das alles ausfüllende Merkmal einer Person angesehen wird, welches die anderen – eigentlich viel hervorstechenderen Eigenschaften – verbirgt.

Wie ein Unternehmen konkret mit der Situation transidenter Beschäftigter umgehen kann, zeigt Tab. 3.1.

Unternehmen möchten für alle Bewerber*innen attraktiv sein Echte Diversität bildet ein wichtiges Auswahlkriterium für Bewerber*innen. Unternehmen befinden sich in einem starken Wettbewerb um die besten Talente. Zugleich gibt es ein hohes Maß an Transparenz, ob die unternehmensseitig kommunizierte Offenheit gegenüber Vielfalt auch dem Gelebten im Unternehmen entspricht. Schwule und lesbische Mitarbeiter*innen möchten nicht in die Lage gebracht werden, einen andersgeschlechtlichen Partner oder eine Partnerin „erfinden" zu müssen, und transidente, intergeschlechtliche und nicht-binäre Menschen möchten mit der größten Selbstverständlichkeit als die Personen angesehen werden, die sie sind – unabhängig davon, in welchem Stadium der Veränderung sie sich befinden.

Studien über die Bedeutung von Diversity existieren nur aus Sicht des größeren LSBTI-Spektrums. Nachfolgend sind einige Kernaussagen von Befragungen der Stiftung PROUT AT WORK, der Boston Consulting Group (Out@Work Barometer 2018/19 [2]), der glaad-Studie (Accelerating Acceptance [3]) und McKinsey (Delivering through Diversity [4]) aufgeführt:

Tab. 3.1 Situation transidenter Personen und berechtigte Erwartungen an Arbeitgebende

	Die Person …	Arbeitgeber*in …
1	… lebt vollständig in der gefühlten Geschlechtsidentität, Vornamens- und Personenstandsänderung sind abgeschlossen.	… behandelt die Person in der von ihr gelebten sozialen und rechtlichen Rolle. Nachfragen zu oder Erwähnungen der früheren Identität sind absolut tabu. Das gilt vor allem für Fragen zu körperlichen Angleichungen.
2	… lebt vollständig in der gefühlten Geschlechtsidentität, Vornamens- und Personenstandsänderung sind nicht abgeschlossen.	… behandelt die Person so, als ob die rechtlichen Schritte bereits abgeschlossen wären. Das gilt über Unternehmensgrenzen hinaus. Das Diskriminierungsverbot gilt natürlich schon vor dem Abschluss rechtlicher und medizinischer Maßnahmen.
3	… steht vor einer oder mehreren medizinischen Behandlungen im Rahmen der transidenten Entwicklung.	… legt der Person keinerlei Steine in den Weg. Es handelt sich um ärztlich verschriebene Behandlungen, die in keiner Weise anders zu behandeln sind als zum Beispiel eine Verletzung, die sich eine Person bei einer Freizeitaktivität zugezogen hat oder eine der Gesundheit oder der Heilung akuter Krankheit dienenden Operation.
4	… steht ganz am Anfang ihres Weges und informiert das Unternehmen über die anstehende Veränderung.	… unterstützt die Person: entwickelt – wenn gewünscht – gemeinsam mit ihr einen Transitionsplan im Unternehmen, vermittelt bei Bedarf den Kontakt zu Ansprechpartner*innen oder einem Netzwerk mit der Zusage, dass die Transidentität in keiner Weise die bisherige Arbeit und Wertschätzung beeinträchtigt. Zwar gibt es immer weniger Unternehmen mit Bekleidungsvorschriften oder geschlechtsspezifischer Dienstkleidung, aber der Mitarbeiterin oder dem Mitarbeiter sollte in diesen Fällen schon von Beginn an die freie Wahl gelassen werden, welche Kleidung sie oder er bevorzugt.
5	… steht offen zu ihrer Transidentität.	… fördert das Bekenntnis zur Identität, ermöglicht und begrüßt das Engagement in unternehmerischen und unternehmensübergreifenden Netzwerken und in der Kommunikation nach außen. Transidente Mitarbeiter*innen, die eine offene und tolerante Unternehmenskultur erleben, sind die besten Botschafter*innen des Unternehmens für eine diverse Kultur.
6	… lebt ihre Transidentität im Unternehmen nicht offen und spricht diese auch nicht an. Allerdings ist die Transidentität im Unternehmen oder Teilen des Unternehmens bekannt.	… respektiert die Entscheidung der Person, was sie wo lebt und offenbart. Sie wird nicht auf ihr Verhalten außerhalb des Unternehmens angesprochen, dazu besteht keinerlei Bedarf. Allerdings hilft eine sichtbare Offenheit des Unternehmens zur Diversität der Person, wenn gewünscht, von sich aus im Unternehmen die nächsten Schritte zu gehen.

Erkenntnisse aus Diversity-Studien
- Deutschland ist eines der Länder mit der *geringsten* Quote von Beschäftigten, die sich am Arbeitsplatz offen zu ihrer LSBTI-Identität bekannt haben.
- 38 % der Befragten gaben an, dass ein *offener Umgang* mit ihrer Identität am Arbeitsplatz ihr Leben einfacher machen würde.
- Für LSBTI-Berufseinsteiger*innen ist eine offene Kultur wichtiger als das Gehaltslevel oder der Arbeitsort.

Die Transparenz über diversitätsfreundliche Unternehmen ist enorm gestiegen. Die Berliner UHLALA-Gruppe veröffentlicht jährlich einen LGBTIQ+ Performance Index, der Bewerber*innen Klarheit darüber verschafft, wie diversitätsaffin die großen deutschen Unternehmen sind. Das Online-Portal kununu ermöglicht das Bewerten von Unternehmen aus Sicht der Beschäftigten, auch im Hinblick auf gelebte Diversität.

Mit der Messe Sticks & Stones gibt es seit mehreren Jahren eine spezielle Job- und Karrieremesse für schwule, lesbische, bisexuelle, transidente, intergeschlechtliche und nicht-binäre Jobbewerber*innen. Im Jahr 2019 erzeugte die Veranstalterin mit über 3000 Teilnehmenden und über 50 Fachvorträgen eine enorme Sichtbarkeit für die sich präsentierenden Unternehmen. Mehr als 100 namhafte Unternehmen nutzten diese Möglichkeit, sich ganz speziell der diversen Klientel als attraktive Arbeitgeber*innen zu präsentieren. Corona-bedingt fanden die Messen 2020 und 2021 nicht weniger erfolgreich rein virtuell statt.

Unternehmen arbeiten somit gegen ihre eigenen Interessen, wenn sie *keine* diversitätsfreundliche Kultur entwickeln, deren Kernelement die vollständige Akzeptanz geschlechtsvarianter Mitarbeiter*innen ist.

Kund*innen erwarten Offenheit für Diversität Neben den oben aufgeführten Punkten gibt es noch ein weiteres Argument für die Offenheit gegenüber und Unterstützung von LSBTI-Beschäftigten: die Kund*innen von Unternehmen erwarten zunehmend ein diversitätsfreundliches Umfeld bei ihren Partnerunternehmen.

Bislang gibt es keine DIN- oder ISO-Zertifizierung. Jedoch verlangen beispielsweise US-amerikanische und erste Unternehmen in Europa – auch in Deutschland – als Voraussetzung für die Erteilung eines Mandats an eine Anwaltskanzlei (und von anderen Dienstleistenden), dass diese ein bestimmtes, von außen nachvollziehbares Maß an Diversity-Orientierung aufweisen.

Pressemeldungen wie diese werden zunehmend beachtet und finden Eingang in die Entscheidung, ob jemand bei einem Unternehmen arbeiten möchte:

„Softwareunternehmen SAP belegt erneut den 1. Platz, gefolgt von der Deutschen Bank auf Platz 2 und Siemens auf Platz 3."

– oder ob sie, wie ein namhaftes Energieunternehmen, abgeschlagen mit einem Index von 2,6 von 100 (im Vergleich dazu SAP: 96,1 von 100), das Feld für alle sichtbar von hinten anführen wollen. (UHLALA Group: dax30 – LGBT+ Diversity Index [5])

Sie können auch davon ausgehen, dass auch Eigentümer*innen Ihrer Kund*innen oder deren Entscheidungsträger*innen selbst dem LSBTI-Spektrum angehören – die Wahrscheinlichkeit ist gar nicht gering. Eine rigide Ablehnung dieser gleichberechtigen Lebensformen käme in diesem Fall gar nicht gut an.

Aber allein das Konzept, es der Kund*innenseite recht zu machen, sollte nicht der maßgebliche Antrieb sein. Viel vorausschauender und vor allem ehrlicher ist es, eine offene Kultur zu entwickeln und zu pflegen, damit jeder Mensch im Unternehmen nach seiner Vorstellung, Lebensgestaltung und Identität glücklich – und damit produktiv – werden kann.

3.2 Unternehmen und geschlechtsvariante Personen

3.2.1 Tätigkeiten mit außerbetrieblichem Kontakt

Die Zurückhaltung vieler Unternehmen, transidente beziehungsweise geschlechtsvariante Personen nach außen für das Unternehmen wirken zu lassen, basiert in fast allen Fällen nicht auf bösem Willen. Es besteht einfach Unsicherheit, wie Kund*innen oder Geschäftspartner*innen auf diesen Wechsel der bekannten Person oder das erstmalige Erscheinen einer „neuen" Person reagieren. Es ist durchaus verständlich und liegt im ureigenen Interesse des Unternehmens, in allen Bereichen Professionalität anzustreben und das Unternehmen vor Schaden zu bewahren. Zugleich hat es natürlich auch eine Art Fürsorgepflicht für die Mitarbeitenden.

Um es gleich aufzulösen: in beidem liegt kein Widerspruch. Ein Unternehmen wird nicht deshalb unprofessionell, auch nicht in der Außendarstellung, wenn geschlechtsvariante Mitarbeitende als Key Account-Manager*innen oder in ähnlichen Aufgaben im Kund*innenkontakt arbeiten.

Die Unternehmen selbst haben die mitarbeitende Person eingestellt. Warum sollte die Person in einem anderen Geschlecht bei Kund*innen weniger professionell auftreten? Warum sollte sie verlernen, wie man sie erfolgreicher macht? Warum sollte jemand plötzlich den persönlichen Stil verlieren? Sie haben Vertrauen in den Menschen – und das können Sie auch weiterhin haben. Und eine Frau, ein Mann oder nicht-binär zu sein, ist nun auch nichts Ehrenrühriges. Wichtig ist aber, einen Prozess der Transparenz einzuleiten und alle Beteiligten mitzunehmen: die Kund*innen, das eigene Unternehmen, die „neue" Person.

Wir sollten auch nicht mit der Diskussion beginnen, dass geschlechtsvariante Mitarbeiter*innen loyaler sind oder erfolgreicher arbeiten: das haben sie bisher auch schon getan – und wir müssen sie nicht noch einem zusätzlichem Druck aussetzen. Das würde nämlich implizit die Erwartung enthalten, dass sie jetzt aber auch eine „bessere Leistung oder eine besonders große Dankbarkeit" erbringen müssen. Nein, das müssen und sollen sie nicht, sondern sie sollen und wollen ihren Job ganz einfach wie bisher machen, nur eben mit einer kleinen Änderung. Schüren Sie auch keine Ängste, dass Ihre Mitarbeitenden kleidungstechnisch vielleicht irgendwie peinlich wirken können – das werden sie nicht, schon aus eigenem Interesse. Ein kluger Mensch hat einmal geschrieben, dass, wenn in einem Unternehmen über die Rocklänge entschieden wird, es höchste Zeit sei, das Unternehmen zu verlassen. Also auch hier: Haben Sie Vertrauen in die Mitarbeitenden.

Überlegen wir doch einfach einmal, was sich zum Beispiel aus Kund*innensicht genau ändert – und was bleibt. Nehmen wir einmal an, Ihre Mitarbeiterin, Frau Wegner, ist eine Transfrau. Es ändert sich die Anrede. Diese ändert sich aber auch, wenn Frau Wegner geheiratet und einen anderen Ehenamen angenommen hätte. Bei Frau Wegner bleibt der Nachname gleich, nur aus dem „Herrn" wird „Frau". Das persönliche Verhalten gegenüber Frau Wegner wird sich ändern – wir begegnen Frauen und Männern unterschiedlich. Aber Frau Wegner ist nicht die erste Frau, mit dem ihre Kund*innen zusammenarbeiten. Die Expertise bleibt. Die Sympathie wird auch bleiben. Die gemeinsamen Erlebnisse bleiben auch. Es ist genau genommen nichts anderes als eine Frage der Gewöhnung und der Zeit. Und es sollte keine Überraschungen geben.

> **Eine kleine Checkliste zum Umgang gegenüber Kund*innen**
> - Sie müssen der transitionierenden Person das Vertrauen geben, dass sie unabhängig vom Geschlecht wichtig für das Unternehmen ist und Sie keinerlei Zweifel haben, dass sich das Unternehmen weiterhin bestens vertreten fühlt.
> - Besprechen Sie, wer auf Kund*innenseite wann informiert wird. Lassen Sie Ihre(n) Mitarbeiter*in nicht allein in der Kommunikation mit den Kund*innen. Zeigen Sie mit einer gemeinsamen E-Mail oder einem gemeinsamen Brief, dass die Kund*innen für das Unternehmen sehr wichtig sind, Sie ein modernes Unternehmen in einer offenen Gesellschaft sind, Sie die feste Überzeugung haben, dass auch Ihre Kund*innen so sind und Ihr(e) Mitarbeiter*in sich darauf freut, in der weiteren Zusammenarbeit weitere Erfolge zu generieren.
> - Vielleicht führen Sie auch an, dass es sicherlich noch einiger Gewöhnung bedarf – so wie es auch in Ihrem Unternehmen der Fall war, was aber einfach ganz normal ist.
> - Schreiben Sie es eher in einem humorvollen als in einem bedeutungsschweren Ton. Und schreiben Sie nicht, dass sie oder er sich jetzt noch besser um die Kund*innen kümmert. Diesen Fehler haben wir oben schon ausgeräumt.

Ansonsten halten Sie einfach den Ball flach. Ihr früherer Mitarbeiter geht nun als Frau oder ihre frühere Mitarbeiterin geht nun als Mann zum Kunden – oder als nicht-binäre Person. Sie erhöhen keine Preise, sie kündigen keine Verträge, sie machen genau das, was sie bisher auch getan haben. Nur eine Kleinigkeit hat sich geändert, die spätestens nach dem zweiten Treffen mit den Kund*innen gar nicht mehr wahrgenommen wird.

Wir haben bewusst nicht mit der rechtlichen Frage begonnen, ob die Mitarbeitenden vor der Personenstands- und Vornamensänderung mit dem „neuen" Namen bei Kund*innen offiziell auftreten dürfen. Die Frage ist bewusst so gestellt – wir fragen nicht danach, ob Sie den Mitarbeitenden die Führung des Namens vor dem rechtskräftigen Abschluss der Personenstandsänderung untersagen dürfen. Denn das sollten Sie nicht tun, und das werden Sie auch nicht. Mit einem Untersagen würden Sie den Mitarbeitenden zeigen, dass Sie dieses Anliegen, das für diese momentan aus persönlicher Sicht an allererster Stelle steht, nicht mit der nötigen Relevanz betrachten – und mithin Ihre Mitarbeitenden nicht verstehen.

Durch das SBGG „entschärft" sich diese Situation zudem deutlich, da sich der Zeitraum des rechtlichen Änderungsprozesses iin der Regel deutlich verkürzt. Das bedeutet, dass das Führen des neuen Namens zeitlich viel leichter mit der rechtlichen Umsetzung nach SBGG synchronisierbar ist.

Und natürlich werden Sie in den IT-Systemen den geänderten Namen einpflegen lassen – und Sie werden sich persönlich darum kümmern, dass dies auch geschieht, denn Sie fühlen sich Ihren Mitarbeitenden verpflichtet. Bisherige Ausnahmen bei Systemen, die unmittelbar mit Gehaltszahlungen (und damit mittelbar mit der Besteuerung) in Verbindung stehen, sollten nach dem SBGG auch obsolet werden.

Sie sollten einen ganz klaren Grundsatz haben: Wenn Mitarbeitende mit dem neuen Namen ihres empfundenen Geschlechts angesprochen werden möchten, dann setzen Sie das barrierefrei und bürokratiearm um. Sie können immer davon ausgehen, dass Ihre Mitarbeitenden einen langen Kampf mit sich selbst geführt haben, dass ihre Entscheidung fundiert und dauerhaft ist – auch wenn das SBGG für die betroffene Person sehr viele Hindernisse aus dem Weg geräumt hat. Selbst wenn das nicht der Fall sein sollte: Es kommt auch vor, dass Mitarbeitende heiraten, damit den Namen ändern, sich scheiden lassen, den Geburtsnamen wieder annehmen, dann vielleicht wieder heiraten. Verlangen Sie keine Anträge, fordern Sie keine Atteste ein – Ihre Mitarbeitenden geben Ihnen den Auftrag zur Namensänderung, den Sie gerne ausführen werden. Es ist nicht viel aufwendiger als die beschriebene Namensänderung nach einer Heirat – und die kommt relativ häufig vor.

Selbstverständlich treten Ihre Mitarbeitenden auch unter ihrem neuen Namen bei Kund*innen, Lieferant*innen, Geschäftspartner*innen etc. auf – darauf sind wir weiter oben schon eingegangen. Sie dürfen sogar rechtsverbindliche Verträge mit ihrem neuen Namen unterschreiben, auch ohne abgeschlossene Personenstands- und Vornamensänderung. Es wäre nur dann nicht statthaft, wenn es in betrügerischer Absicht erfolgte, die Sie und Ihre Mitarbeitenden nicht haben. Einzig im juristischen Bereich gibt es einige Einschränkungen (zum Beispiel Eintragung bei der Anwaltskammer unter neuem Namen erst nach Personenstands- und Vornamensänderung). Sollten Sie sich trotzdem nicht trauen, obwohl Sie es dürfen, dann seien Sie kreativ und lösungsorientiert, so wie Sie es in vielen anderen Bereichen auch sind: Verzichten Sie in den Verträgen auf das „Herr" und „Frau" und auf die Vornamen Ihrer Mitarbeitenden, verwenden Sie einfach das Namenskürzel. Aber auch hier gilt: Durch die Beschleunigung des Verfahrens werden die bisherigen

„Übergangszeiträume", die durchaus über ein Jahr betragen konnten, deutlich verkürzt werden und damit die oben beschriebene Situation sehr entschärfen.

3.2.2 Kontakt zu transidenten Personen außerhalb des Unternehmens

Jedes Unternehmen, jede Organisation interagiert mit Menschen, die nicht der eigenen Organisation angehören – als Kund*innen, Dienstleistende, Bewerber*innen, Auftragnehmende, Auftraggebende, Lieferant*innen, sonstige Vertragsparteien etc. Darunter können transidente oder geschlechtsvariante Personen sein und sind es auch. In vielen Fällen alltäglicher Interaktion wird es vielleicht gar nicht auffallen, und in vielen Fällen wird es möglicherweise auch gar keine Rolle spielen, ob jemand geschlechtsvariant ist oder nicht. Doch es gibt Situationen, in denen es zu Irritationen und möglicherweise zu Diskriminierungen kommt. Diese Situationen können durch Wissensvermittlung und Schulung vermieden werden. Im Folgenden seien nur einige Beispiele als Anregungen für Schulungsmaßnahmen genannt:

Gerade in der Anfangsphase einer geschlechtlichen Transition passiert es häufig, dass Außenstehende noch kein eindeutiges anderes geschlechtliches Erscheinungsbild einer transitionierenden Person wahrnehmen. Manche mögen eine solche Eindeutigkeit der wahrnehmbaren Geschlechtszuordnung von Anfang an nicht beabsichtigen, andere warten möglicherweise sehnlich darauf, durch Hormontherapie und operative Maßnahmen endlich von Außenstehenden als dem Geschlecht zugehörig erkannt zu werden, in dem sie leben wollen. Gerade die Übergangsphase ist bisweilen eine schwierige Zeit.

Zum Beispiel am Telefon, wenn die Stimme einen ersten und starken Geschlechtsmarker vermittelt. Es empfiehlt sich daher, Mitarbeiter*innen, die einen persönlichen oder telefonischen Erstkontakt mit Personen außerhalb der Organisation haben, dahingehend zu schulen, dass keine „voreiligen Annahmen" über die Geschlechtszugehörigkeit und die damit verbundene Anrede der Person getroffen werden. Dies gilt übrigens nicht nur für den respektvollen Umgang mit geschlechtsvarianten Personen, sondern für alle. Stimmen sind nicht immer eindeutig geschlechtlich zuordenbar.

Selbst im Falle einer vermeintlich eindeutigen Zuordnung kann mal falsch liegen. Natürlich soll Kommunikation nicht hölzern wirken, indem auf eine direkte Anrede verzichtet wird. Es kann jedoch sehr hilfreich sein sich bewusst zu machen, dass auch Frauen eine tiefe und Männer eine höhere Stimme haben können. Es wäre ein großartiges Ziel, dass alle, die in einer Organisation mit Außenstehenden zu tun haben, sei es am Telefon oder am Empfangstresen, darauf geschult werden, mit der namentlichen Eigenvorstellung einer Person zu arbeiten und sich an den genannten Namen und die dementsprechende Anrede zu halten. Falsche Zuordnungen werden immer wieder passieren. Bedenken Sie jedoch, in welche Gefühlslage Sie eine transidente Person bringen, die sich vielleicht gerade am Anfang ihres Entwicklungsprozesses befindet und auch in der neuen Rolle erst einmal „Selbstvertrauen tanken" muss. Mehr Anregungen zur Sprache bieten wir in Kap. 8 an.

Für Personen, die sich als Besucher*innen in den Betriebs- oder Behördenräumen aufhalten, gilt analog als pragmatischer Rat: Sprechen Sie die Personen nicht allein aufgrund ihres äußeren Erscheinungsbilds an, sondern hinterfragen Sie Ihre „Geschlechterschablonen". Im Zweifel halten Sie sich an die namentliche Vorstellung einer externen Person oder das Namensschild beziehungsweise den Besuchendenausweis. Wenn Sie sich unsicher sind, wie ein Ihnen gegenübertretender Mensch geschlechtlich einzuordnen ist, fragen Sie gerne respektvoll nach: „Wie darf ich Sie ansprechen?"

3.3   Hochschulen als Arbeitsplatz

Einleitung An deutschen Hochschulen und Universitäten sind aktuell knapp drei Millionen Studierende eingeschrieben. Dort arbeiten knapp 50.000 hauptamtliche Professor*innen und insgesamt über 700.000 Menschen. Betrachtet man allein die Zahl der Beschäftigten, handelt es sich um ein Großunternehmen, die Zahl der Studierenden entspricht der Einwohnerzahl großer europäischer Metropolen. Somit haben wir es mit einem Umfeld zu tun, in dem viele geschlechtsvariante Menschen studieren oder arbeiten. Unterstellt man einen Anteil von 1 % transidenter Menschen an der Gesamtbevölkerung (BMFSJ, Gutachten öffentlicher Dienst [6]), dann sprechen wir in Deutschland von 7.000 Beschäftigten und 30.000 Studierenden. Selbst wenn die Zahlen geringer sein sollten, zeigt sich die Bedeutung der Hochschulen in diesem Themenfeld.

Auch wenn wir uns in diesem Buch vor allem der Transidentität aus Sicht Arbeitgebender zuwenden, also vor allem den Umgang mit Beschäftigten im Fokus haben, lässt sich die Frage nach dem „Umgang" mit Studierenden hiervon nicht entkoppeln – eine Gleichbehandlung aller Zugehörigen einer Hochschule, seien es nun Studierende oder Beschäftigte, ist zu gewährleisten.

Beginnen wir mit der Betrachtung der Studierenden. Die zwei zentralen Herausforderungen hatten ihre Ursache in dem oftmals sehr langwierigen Vornamens- und Personenstandsänderungsprozess nach dem TSG (ein Rückblick auf das TSG findet sich in Abschn. 1.2.3):

- Darf für Studierende, die ihr Studium oder Teile davon erfolgreich abgeschlossen haben, ein Zeugnis oder Zwischenzeugnis auf den gewünschten Namen ausgestellt werden?
- Können Studierende mit ihrer gewünschten Identität studieren, erhalten sie also einen Student*innenausweis mit dem gewünschten Namen und können sie auch mit diesem Namen offiziell Prüfungen antreten?

Es ist zu vermuten, dass die Verkürzung des rechtlichen Prozesses diesen Fragen ihre Brisanz nehmen wird. Für sehr viele Studierende verkürzt sich der „Leidenszeitraum" von der Entscheidung zur Personenstandsänderung bis zum Vollzug auf deutlich unter ein Semester.

Allerdings wird es immer wieder zu Fällen kommen, in denen keine offizielle Personenstandsänderung vorliegt. Der Verfasserin sind einige aktuelle Fälle von nicht-binären Studierenden bekannt. Aus diesem Grund wollen wir – trotz der Erleichterungen durch das SBGG – die Frage nach der Zulässigkeit des Ausstellens von Dokumenten auf den gewünschten Namen noch einmal etwas ausführlicher beleuchten.

Vornamensänderungen sind rechtlich zulässig – unabhängig vom amtlichen Eintrag Es existieren an immer mehr Hochschulen bereits Leitlinien, wie Student*innen eine Vornamensänderung ermöglicht wird. Diese Prozesse und vor allem die diesen Leitlinien vorangegangenen Diskussions- und Entscheidungsprozesse lassen sich nutzen, um ein Verfahren für die Mitarbeitenden zu gestalten und zu implementieren. Häufige Diskussionspunkte zur Namensänderung bei transidenten Student*innen sind rechtliche Bedenken, zum Beispiel beim Ausstellen von Zeugnissen. Handelt es sich möglicherweise um eine Urkundenfälschung oder eine Falschbeurkundung im Amt, wenn das Personenstands- und Namensänderungsverfahren noch nicht abgeschlossen ist, Name und geschlechtliche Anrede von der Hochschule aber schon geändert wurden?

Eben diese Diskussionen bestimmen oftmals auch die Entscheidung, welche Möglichkeiten die Hochschulen geschlechtsvarianten Mitarbeitenden und Professor*innen bieten. Darf zum Beispiel eine transidente Professorin ein Gutachten mit ihrem „neuen" Namen unterschreiben, der wegen des noch laufenden Namensänderungsverfahrens formaljuristisch noch nicht rechtskräftig ist? Wird damit das Gutachten nicht hinfällig?

Die juristischen Aspekte wurden bereits ausführlich dargelegt. Eine sehr gute Studie der Antidiskriminierungsstelle des Bundes untersucht mögliche rechtliche Vorbehalte bei einer durch die Hochschule umgesetzten Vornamensänderung bei Studierenden und kommt mit sehr großer Klarheit zu folgenden Ergebnissen (Antidiskriminierungsstelle des Bundes, S. 3 [7]):

- Es liegt keine Urkundenfälschung vor, da ja nicht über den Aussteller oder die Ausstellerin der Urkunde getäuscht wurde.
- Es liegt keine Falschbeurkundung im Amt vor, da die Hochschule als „rechtlich erhebliche" Tatsache die Leistungen beurkundet.
- Es handelt sich auch nicht um Betrug, da weder der Hochschule noch der Person, für die das Zeugnis erstellt wird, ein Vermögensvorteil verschafft wird.

Die Studie fasst zusammen, „dass für die Hochschule grundsätzlich keine rechtlichen Bedenken dagegen bestehen, bei transidenten Studierenden vollumfänglich deren selbst gewählten, (noch) nicht amtlich geänderten Vornamen zu verwenden." (Antidiskriminierungsstelle, S. 5 [7])

Die Antidiskriminierungsstelle (S. 4 [7]) führt auch weiter aus:

„Werden Hochschulbescheinigungen in den Rechtsverkehr gebracht, kommt es also nicht unmittelbar auf den Vornamen oder eine Geschlechtszugehörigkeit, sondern auf die Identifizierung der Person an."

Dieses lässt sich sowohl auf die Person beziehen, deren Leistung beurkundet wird als auch auf die Person, die die Leistung beurkundet. Im letzteren Fall ist beispielsweise die transidente Professorin eindeutig als Dozentin der Hochschule identifizierbar.

Zu dem gleichen Schluss kommt ein Gutachten der Berliner Juristin und Verfassungsrichterin Ulrike Lembke (Lembke, Tischbirek [8]). Im „Kurzgutachten zum rechtlichen Spielraum der Hochschulen bei der Verwendung des gewählten Namens inter- und transgeschlechtlicher Studierender im Vorfeld der amtlichen Namensänderung" wird geschlussfolgert, dass die Hochschulen den Gestaltungsraum haben, „den Wunschvornamen in Hochschulangelegenheiten zuzulassen". Sie schließen dabei explizit „Handlungen mit Außenwirkung wie die Ausstellung von Zeugnissen und Diplomen" mit ein (Lembke, Tischbirek, S. 11 [8]). Neben der Linderung der Belastungen inter- und transgeschlechtlicher Studierender und dem allgemeinen Persönlichkeitsrecht führen sie auch die Verbesserung der Chancengleichheit beim Zugang zu Bildung an.

Fasst man die Ergebnisse zusammen, so steht einer Vornamensänderung von Beschäftigten und Professor*innen nichts im Weg. Auch Studierende haben einen Anspruch auf die gewünschte Anrede ohne „offizielle Änderung". Das haben Hochschulen auf Wunsch der Betroffenen überall zu respektieren und umzusetzen. Eine Hürde könnten – hinsichtlich der Namensangaben in Zeugnissen – die Prüfungsordnungen darstellen. Wenn dort zum Beispiel für die Examensurkunde festgeschrieben steht, dass die Hochschule „den Vornamen/den Nachnamen" zu verwenden hat, dann dürfte – anhand der geltenden öffentlich-rechtlichen Vorschriften – ausschließlich der amtlich registrierte Vorname/Nachname gemeint sein. Dies lässt sich durch eine Umformulierung der Prüfungsordnungen jedoch „heilen". Diese mögliche Einschränkung betrifft zudem auch nicht die intern verwendeten Mail-Namen oder den Studierendenausweis.

Bürokratiearme und barrierefreie Änderungsprozesse Die Bundeskonferenz der Frauen- und Gleichstellungsbeauftragten an Hochschulen e.V. (bukof) hat sehr klare Handlungsempfehlungen für Geschlechtervielfalt an Hochschulen formuliert, die zum Teil auch auf den Ausführungen der Antidiskriminierungsstelle basieren. Dort heißt es unter anderem:

> „Allen Mitgliedern und Angehörigen einer Hochschule, deren Namen und Geschlecht von dieser erfasst und verwaltet werden, muss die Möglichkeit offenstehen, Namen und Geschlechtseintrag zu ändern. Wir empfehlen, dass die Hochschule hierfür ein abgestimmtes Verfahren entwickelt und dieses Verfahren an geeigneten Stellen bekannt gibt." (bukof, S. 2 [9]).

Als wesentliche Bereiche sind genannt: Name und Geschlechtseintrag, Geschlechtseintrag in digitalen Erfassungssystemen, Sprache und Ansprache, bauliche Infrastruktur.

Zur Namensänderung führt die bukof (noch bezogen auf das TSG) einfach, aber bestimmt aus (bukof, S. 3 [9]):

„Die Namensänderung basiert allein auf der Selbstaussage der antragstellenden Person, ist also auch ohne amtliche Änderung nach TSG und auch ohne Ergänzungsausweis (dgti) möglich."

Zum Verfahren schlägt die bukof vor (bukof, 2020, S. 3 [9]):

„Das Verfahren für Änderungen des Namens und des Geschlechtseintrags an Hochschulen erfolgt möglichst barrierearm, transparent und mit geringem bürokratischem Aufwand. Stets zu beachten ist dabei das Recht auf geschlechtliche Selbstbestimmung der betreffenden Personen" (BVerfG, 10. Okt. 2017, Az. 1 BvR 2019/16 [10]).

„Die Einforderung von Geburtsurkunde, psychologischen Gutachten, ärztlichen Attesten etc., die von Betroffenen häufig als demütigend erlebt wird, ist an der Hochschule nicht notwendig und unbedingt zu vermeiden. Grundsätzlich ist weder bei der Immatrikulation noch bei der Einstellung das Geschlecht im engeren Sinne nachzuweisen."

Die TU Darmstadt hat ein beispielgebendes Verfahren zu Namensänderungen eingeführt. Mit einem einfach gehaltenen Formular beantragen die Studierenden Änderungen des Familiennamens, des Vornamens oder des Geschlechtseintrags – gültig für alle Einträge, einschließlich der Zeugnisse. Möglichen Ängsten von Hochschulen, eine Vielzahl an Studierenden würde eine solche Möglichkeit nutzen, um die Verwaltung „zu ärgern", konnte die TU Darmstadt auf Nachfrage der Verfasserin entgegensetzen, dass es in zwei Jahren bisher elf solcher Vornamens- und Geschlechtseintragsänderungen gegeben habe.

Viele Hochschulen gehen noch einen Zwischenschritt und lassen interne Änderungen zu. Im Falle von transidenten Studierenden hat sich der sogenannte dgti-Ausweis zu einer Art Beurkundungsstandard entwickelt. Die Karte, ausgegeben von der Deutschen Gesellschaft für Transidentität und Intersexualität e.V. (dgti), ist zwar kein amtliches Dokument, ist aber Ministerien und Behörden zum guten Teil bekannt und kann transitionierenden Personen ihre Identifikation vor der offiziellen Personenstands- und Namensänderung erleichtern. Die meisten Hochschulen ermöglichen auf der Basis dieses Dokuments eine vorgezogene Vornamensänderung. Allerdings setzen die Hochschulen – mit ganz wenigen Ausnahmen – für das Ausstellen von Zeugnissen auf den neuen Namen die Rechtskraft der amtlichen Namensänderung voraus. Die Ausführungen oben haben jedoch gezeigt, dass diese Verknüpfung nicht besteht. Die Vorlage eines dgti-Ausweises ist nicht nötig. Wenn es allerdings die Entscheidungsfindung der Hochschulen erleichtert, dann stellt dieses quasi-formale Dokument eine gute Brücke dar.

Studierende leiden besonders unter zu restriktiver Handhabung der Identitätswahl Studierende profitieren besonders von einer freien Namenswahl, da sie sich in vielen Fällen bereits in ihrer empfundenen Identität an die Hochschule immatrikulieren. Als junge Frau, junger Mann oder als nicht-binär empfundene Persönlichkeit ist alles zu vermeiden, was diese – durch das allgemeine Persönlichkeitsrecht garantierte – selbstbestimmte Entscheidung untergräbt. Ein ungewolltes Outing, ein erschwertes Stellen von

Anträgen in der Rolle von Bittsteller*innen entsprechen in keiner Weise dem Selbstverständnis von Hochschulen und ihrer Rolle in einer offenen Gesellschaft. Daher kann es hier nur ein Vorgehen geben: Studierende setzen die Hochschule in Kenntnis davon, mit welchem Namen und welcher geschlechtlichen Identität sie verwaltungstechnisch geführt, angesprochen und ihre Leistungen beurkundet werden sollen.

Die gesamte Diskussion ließe sich sogar ganz einfach damit beenden, dass seitens der Hochschule gar keine Verpflichtung besteht, den noch geltenden amtlichen Vornamen zu erfassen. Somit können Studierende sich unter ihrem Zielnamen an der Hochschule immatrikulieren. Ausnahmen hiervon sind natürlich die Fälle, in denen es in betrügerischer Absicht geschieht, wenn zum Beispiel der Person eine Neuaufnahme des Studiums aufgrund prüfungsrechtlicher Regelungen unter dem alten Namen verwehrt bliebe.

„Grundsätzlich besteht keine Verpflichtung der Hochschule, bei der Immatrikulation den im Geburtenregister gespeicherten Namen zu erfassen. (…) Wird ein abweichender Vorname im Alltag und im privatrechtlichen Rechtsverkehr regelmäßig benutzt, reicht auch seitens der Hochschule der tatsächlich genutzte Vorname aus, um die Person individuell zu erfassen und zu identifizieren." (Kasten, S. 18 [11])

Unterstützung des Transitionsprozesses bei Beschäftigten Geschlechtsvariante Mitarbeitende und Professor*innen haben oftmals schon längere Zeit vor ihrer geschlechtlichen Transition an der Hochschule gearbeitet. Das mindert jedoch keinesfalls den berechtigten Anspruch, ihrer geschlechtlichen Identität entsprechend respektiert zu werden. Für sie ist es von größter Wichtigkeit, dass es einen zeitlich und inhaltlich *von ihnen bestimmten* Übergangsprozess gibt. Das gilt insbesondere für die Dozent*innen, geht es hier doch darum, sowohl die Kolleg*innen als auch die Studierenden zeitlich passend zu informieren. Man möchte verständlicherweise vermeiden, dass die Nachricht die Runde macht, bevor sie von der Person selbst verkündet ist.

Auch für die Beschäftigten sollten die Hochschulen klare, bürokratiefreie Prozesse zur Vornamensänderung einrichten. Die Beschäftigten geben der zuständigen Stelle (der Personalabteilung) bekannt, dass sie ab einem definierten Zeitpunkt als männlich, weiblich oder divers und mit neuem Vornamen auftreten werden. Die Hochschule wird nun alle erforderlichen Veränderungen (vor allem die in den IT-Systemen mit E-Mail-Adresse, Video- und Moodle-Account und vieles mehr) in die Wege leiten.

Eine Ausnahme bilden möglicherweise die Bezügestelle und das Landesamt für Finanzen, welche die Vornamensänderung einer Person erst nach dem Abschluss des rechtlichen Vorgangs durchführen können. Grund hierfür ist die Verknüpfung zum Finanzamt. Allerdings beschränkt das ja überhaupt nicht die neue Identität an der Hochschule. Aber auch hier entschärft die erwartbar deutlich verkürzte Dauer durch das SBGG die Situation.

Das Inkenntnissetzen der Kolleg*innen und der Studierenden sollte der handelnden Person selbst vorbehalten sein, es sei denn, es ist von dieser ausdrücklich anders gewünscht. Oftmals ist auch ein begleitendes Schreiben an die Kolleg*innen sehr hilfreich.

Grundsätzlich spielen die Dekan*innen, die Hochschulleitung sowie die Frauen- und Gleichstellungsbeauftragten im Transitionsprozess eine sehr wichtige Rolle. Deren offen kommunizierte Unterstützung transitionierender Personen und die klare Kommunikation, dass alles andere als eine vollständige Akzeptanz der gewünschten persönlichen Identität unakzeptabel und nicht tolerabel ist, bildet einen wichtigen Baustein in der Umsetzung.

Die Erfahrung zeigt, dass die Akzeptanz unter den Studierenden enorm hoch ist. Für sie ist Transidentität wie zum Beispiel auch Homosexualität nichts, was außerhalb irgendeiner vermuteten Norm liegt, sondern ein selbstverständliches Persönlichkeitsempfinden.

Achtung der geschlechtlichen Identität bei Bewerbungen Eine besondere Bedeutung kommt den Bewerbungsprozessen zu. Transidenten Menschen steht es natürlich frei, unter welchem Namen und mit welchen Aspekten ihrer Vita sie sich bewerben. Für die gesamte Kommunikation im Personalauswahlprozess sollte für die Hochschule gelten: die Person ist grundsätzlich so in ihrer persönlichen Identität anzusprechen, wie sie das wünscht.

Grundsätzlich gilt nach einem Urteil des Bundesarbeitsgerichts (siehe BAG, 17. Dez. 2015, Az. 8 AZR 421/14 [12]), dass sich transidente Menschen in einem Bewerbungsgespräch nicht „outen" müssen. Sollte die amtliche Namensänderung der sich bewerbenden Person noch nicht abgeschlossen sein, ist die Wahrscheinlichkeit groß, dass sie Zeugnisse vorlegt, die auf den Geburtsnamen ausgestellt sind. Dass Transidentität als „Thema" auftaucht, ist somit naheliegend. Es handelt sich hierbei allerdings um einen rein administrativen Aspekt, der in keiner Weise die Qualifikation und Eignung der Person beeinflusst und ihre gewählte persönliche (und somit auch die geschlechtliche Identität als Frau, Mann, als transgeschlechtliche oder nicht-binäre Person) in Abrede stellt. Sollte es zu einer Einstellung kommen, ist die Person selbstverständlich so in den administrativen Systemen zu führen, dass sämtliche auf sie bezogene Kommunikation der von ihr gewählten Identität entspricht. Sollten bis zum Abschluss des rechtlichen Vorgangs bestimmte Abläufe die Verwendung des Geburtsnamens erfordern, so ist dieses als rein administrativ ergänzend anzusehen.

Berufungen auf Professor*innen-Stellen rücken geschlechtsvariante Bewerber*innen automatisch in ein größeres Blickfeld. Berufungsausschüsse mit zahlreichen Mitgliedern, beobachtende Personen anderer Hochschulen, studentische Vertreter*innen in den Probelehrveranstaltungen verlangen von der Hochschulseite, die persönliche Selbstbestimmung der sich bewerbenden Person vollumfänglich zu respektieren und bei Bedarf auch offen für sie einzutreten. Eine Ablehnung aufgrund der geschlechtlichen Identität ist rechtswidrig (siehe allerdings zur gesundheitlichen Eignung von Professor*innen bzw. anderen Beamt*innen an der Hochschule (Abschn. 5.4)).

Auch darf die möglicherweise besondere Stresssituation der Bewerber*innen nicht übersehen werden. Die Person ist in ihrer geschlechtlichen Identität unter Umständen noch nicht so gefestigt wie nicht-transidente Bewerber*innen. Dies bedeutet nicht, dass diese Person „mit Samthandschuhen anzufassen" ist. Das kann eher den Eindruck erwecken, nicht ernst genommen zu werden. Vielmehr ist es wichtig, der Person durch das eigene Verhalten widerzuspiegeln, wer sie ist und als was sie mit größter Selbstverständlichkeit auch gesehen wird: eine „ganz normale" Frau oder ein „ganz normaler" Mann oder „ganz normal divers", wenn sich die Person keinem Geschlecht eindeutig zuordnen möchte oder kann.

Hat die Person die Vornamens- und Personenstandsänderung bereits abgeschlossen, existiert natürlich keinerlei Grund, zukünftige Arbeitgebende über die frühere rechtliche Geschlechtsangehörigkeit zu informieren.

Ein vorbildliches Papier, die „Trans Equality Policy", hat die University of Edinburgh 2019 verfasst [13]. In diesem werden alle Angehörigen der Hochschule darüber informiert, was Transidentität bedeutet und wie geschlechtsvarianten Studierenden und Beschäftigten die bestmögliche (und selbstverständliche) Unterstützung zu gewähren ist.

Abschließend soll auf drei wichtige Aspekte hingewiesen werden

1. Hochschulen und Universitäten haben in der Gesellschaft eine starke Sichtbarkeit. Sie prägen mit ihrem Verhalten zudem sehr stark die Absolvent*innen, die unsere Gesellschaft von morgen gestalten. Schon heute sind die Hochschulen ein Schmelztiegel der Gesellschaft und ein Ort gelebter Diversität. Mit der Gleichbehandlung transidenter Studierender können die Hochschulen ihr Selbstverständnis gelebter Diversität noch weiterentwickeln.
2. Die Anerkennung der individuellen Geschlechtsidentität eines Menschen ist kein wohlwollendes Entgegenkommen der Hochschule, sondern nichts anderes als das Befolgen eines Grundrechts unserer Verfassung.
3. Auch die Beschleunigung des rechtlichen Prozesses durch das SBGG belässt den Weg für die jeweilige transidente Person weiterhin schwierig und steinig. Unterstützung, Offenheit und Selbstverständnis stellen eine sehr große Hilfe dar.

Literatur

1. Stepstone, *4 in 10 of Belgian transgender employees have quit their job due to an unwelcoming environment*, https://www.stepstone.be/about-us/press-room/4-10-belgian-transgender-employees-quit-job-due-unwelcoming-environment/ , zugegriffen am 18.05.2021.
2. Boston Consulting Group, *Out @ Work Barometer: The Paradox of LGBT+ Talent*, 2018/19 Edition, 2019. https://media-publications.bcg.com/pdf/out-at-work-barometer.pdf, zugegriffen am 18.05.2021.
3. glaad, *Accelerating Acceptance: A Survey of American Acceptance and Attitudes Toward LGBTQ Americans*, Executive Summary, 2020. https://www.glaad.org/sites/default/files/Accelerating%20Acceptance%202020.pdf, zugegriffen am 18.05.2021.
4. McKinsey & Company, *Delivering through Diversity*, 2018. https://www.mckinsey.com/business-functions/organization/our-insights/delivering-through-diversity, zugegriffen am 18.05.2021.
5. UHLALA Gruppe, *DAX 30 LGBT+ Diversity Index 2020*, Berlin 2020, https://uhlala.com/dax30/ , zugegriffen am 18.05.2021.

6. BMFSFJ, *Geschlechtliche Vielfalt im öffentlichen Dienst, Empfehlungen zum Umgang mit Angleichung und Anerkennung des Geschlechts im öffentlichen Dienst, Begleitmaterial zur Interministeriellen Arbeitsgruppe Inter- & Transsexualität – Band 10*, Berlin 2017, https://www.bmfsfj.de/bmfsfj/service/publikationen/gutachten-geschlechtliche-vielfalt-im-oeffentlichen-dienst-empfehlungen-zum-umgang-mit-angleichung-und-anerkennung-des-geschlechts-im-oeffentlichen-dienst-116514 , zugegriffen am 04.05.2021.
7. Antidiskriminierungsstelle des Bundes, *Verwendung des gewählten Namens von trans*Studierenden an Hochschulen unabhängig von einer amtlichen Namensänderung*, 2016. https://www.antidiskriminierungsstelle.de/SharedDocs/Downloads/DE/Literatur_Bildung/Name_Trans_Studierende.pdf?__blob=publicationFile&v=1 , zugegriffen am 04.05.2021.
8. Lembke, Ulrike, Tischbirek, Alexander, *Kurzgutachten zum rechtlichen Spielraum der Hochschulen bei der Verwendung des gewählten Namens inter- und transgeschlechtlicher Studierender im Vorfeld der amtlichen Namensänderung*, 2019. https://www.rewi.hu-berlin.de/de/lf/ls/lbk/Gutachten.pdf , zugegriffen am 04.05.2021.
9. bukof – Bundeskonferenz der Frauen- und Gleichstellungsbeauftragen an Hochschulen e. V., *Handlungsempfehlungen für Geschlechtervielfalt an Hochschulen: Erste Schritte*, 2020. https://bukof.de/service/handlungsempfehlungen-fuer-geschlechtervielfalt-an-hochschulen/, zugegriffen am 17.05.2021.
10. BVerfG, 10. Okt. 2017, Az. 1 BvR 2019/16, https://www.bundesverfassungsgericht.de/SharedDocs/Downloads/DE/2017/10/rs20171010_1bvr201916.pdf?__blob=publicationFile&v=2, zugegriffen am 04.05.2021.
11. Kasten, Louis, *Bedeutung der 'Dritten Option' in der Universität. Abbau von Diskriminierungen nicht-binärer und binärer inter- und transgeschlechtlicher Personen*, Juristisches Kurzgutachten für die Universität Kassel, 2019. https://www.uni-kassel.de/fb05/infothek/aktuelles/detail/2019/10/16/juristisches-kurzgutachten-von-dr-jur-louis-kasten-bedeutung-der-dritten-option-in-der-universitaet-abbau-von-diskriminierungen-nicht-binaerer-und-binaerer-inter-und-transgeschlechtlicher-personen?cHash=313a45b3a16298c0baec30cbe432795a, zugegriffen am 04.05.2021.
12. BAG, 17. Dez. 2015, Aktenzeichen 8 AZR 421/14, https://www.bag-urteil.com/17-11-2015-8-azr-421-14/ , zugegriffen am 04.05.2021.
13. University of Edinburgh, Trans Equality Policy, Edinburgh 2019, https://www.ed.ac.uk/files/atoms/files/trans_equality_policy.pdf , zugegriffen am 04.05.2021.

Handreichungen für die betriebliche Praxis

4

David Scholz

Inhaltsverzeichnis

4.1	Namen und Anrede	82
4.2	Bewerbungsprozess	86
4.3	Arbeitsverträge	89
4.4	Kündigungen	91
4.5	Personalverwaltung	93
4.6	Dienstkleidung und Namensschilder	95
4.7	Toiletten und Umkleiden	97
4.8	Schul-, Ausbildungs- und Arbeitszeugnisse	100
4.9	Fehlzeiten aufgrund von Angleichungsmaßnahmen	103
4.10	Prokura	107
4.11	Konfliktvermeidung und Konfliktlösung	108
Literatur		110

> **Zusammenfassung**
>
> Im folgenden Kapitel betrachten wir eine Reihe von Situationen und Fallbeispielen, in denen im Arbeitskontext häufig Unsicherheiten zutage treten und es aufgrund von Unwissenheit über rechtliche Rahmenbedingungen zu Missverständnissen, Benachteiligungen und bis hin zu Konflikten kommen kann. Diese Situationen stammen anekdotisch aus der Beratung. Wir haben die Beispiele verallgemeinert und abstrahiert von konkreten Einzelfällen dargestellt. Die ausgewählten Situationen und Fallkonstellationen sind nicht abschließend, stellen jedoch die nach unserer Erfahrung

D. Scholz (✉)
Scheyern, Deutschland
e-mail: david@scholz-bdd.com

© Der/die Herausgeber bzw. der/die Autor(en), exklusiv lizenziert an Springer Fachmedien Wiesbaden GmbH, ein Teil von Springer Nature 2025
D. Scholz (Hrsg.), *Transidentität und geschlechtliche Vielfalt im Arbeitsumfeld*,
https://doi.org/10.1007/978-3-658-46686-2_4

die im Arbeitsalltag am häufigsten vorkommenden Fragestellungen, Herausforderungen und Reibungspunkte dar. Die Besonderheiten öffentlich-rechtlicher Dienstverhältnisse im Zusammenhang mit Transidentität und Geschlechtsvarianz werden in Kap. 5 ausgeführt.

4.1 Namen und Anrede

> **Fallbeispiel**
>
> Rebecca Hansen hat sich gerade an ihrem Arbeitsplatz als trans geoutet, ihren neuen Namen bekanntgegeben und darum gebeten, fortan mit dem neuen Namen und weiblicher Anrede angesprochen zu werden. Ihre Kolleg*innen nutzen auch fast durchgehend den neuen Namen, bis auf einige wenige unabsichtliche „Versprecher". Ihre Vorgesetzte weigert sich allerdings, sie mit Rebecca anzusprechen und behauptet, sie dürfe das auch gar nicht, solange der Name noch nicht amtlich geändert sei. Die Chefin spricht Rebecca daher durchgehend mit ihrem männlichen Namen an und spricht über Rebecca als „er". Zunächst versucht Rebecca ihre Enttäuschung über dieses Verhalten der Chefin zu verdrängen. Nach einiger Zeit ohne eine Veränderung belastet sie die Situation jedoch sehr. Rebecca fragt sich, ob sie die Verwendung ihres neuen Namens rechtlich einfordern kann, obgleich sie die amtliche Vornamens- und Geschlechtseintragsänderung schon angemeldet, jedoch aufgrund der Wartefrist die Erklärung vor dem Standesamt noch nicht abgegeben hat. ◄

Im betrieblichen Alltag stellt sich immer wieder die Frage, *ab wann* eine Person, die in einem anderen als dem bei Geburt festgestellten Geschlecht auftritt, mit dem neuen Namen angesprochen werden darf oder muss.

Wir haben in Abschn. 1.2.1 dargelegt, dass die geschlechtliche Identität als „konstituierender Aspekt der eigenen Persönlichkeit" (BVerfG, 10. Okt. 2017, Az. 1 BvR 2019/16 [1]) besonders geschützt ist. Zudem ist „das Geschlecht" im Alltag nahezu überall präsent, insbesondere in der Anrede, und in vielen Bereichen für rechtliche Einordnungen sowie Rechte und Pflichten relevant.

Schon 1996 hatte das Bundesverfassungsgericht entschieden, dass für das Auftreten in einer bestimmten Geschlechtsrolle nach allgemeinem Verständnis die Anredeform („Herr …"/„Frau …") von zentraler Bedeutung sei (so BVerfG, 15. Aug. 1996, Az. 2 BvR 1833/95 [2]). Diese Sichtweise muss nunmehr aufgrund der Anerkennung nicht-binärer Geschlechtsidentitäten dahingehend ergänzt werden, dass geschlechtsneutralen gewünschten Anredeformen ebenso eine zentrale Bedeutung zukommt. Überall dort, wo die Geschlechtszugehörigkeit angegeben oder bezeichnet wird, beziehungsweise auch eine neutrale Geschlechtszugehörigkeit (divers oder leerer Geschlechtseintrag) ersichtlich wird, kann eine geschlechtlich inkorrekte Adressierung und Beschreibung der Person das Persönlichkeitsrecht verletzen (siehe BVerfG, 10. Okt. 2017, Az. 1 BvR 2019/16 [1]).

Ein eindeutiger Rechtsanspruch auf korrekte Anrede und Bezeichnung einer Person (wenn *über* die Person gesprochen oder geschrieben wird) besteht sofort mit rechtskräftiger Vornamens- und Geschlechtseintragsänderung. Allerdings stellt sich die Frage, was eigentlich *vor* einer rechtlichen Anerkennung der Geschlechtsidentität gilt.

Für transidente Menschen hat das Bundesverfassungsgericht in der langen Geltungszeit des TSG festgestellt, dass schon bei lediglich erfolgter rechtlicher Änderung des Vornamens, diese Person ihrem neuen Rollenverständnis entsprechend anzusprechen und anzuschreiben ist. Dies ergebe die Auslegung des § 1 TSG (weggefallen) unter Berücksichtigung der Wertentscheidung der Art. 2 Abs. 1 in Verbindung mit Art. 1 Abs. 1 GG (siehe BVerfG, 27. Okt. 2011, Az. 1 BvR 2027/11 [3]).

Das Recht auf geschlechtskorrekte Anrede besteht also grundsätzlich unabhängig von einer erfolgten rechtlichen Anerkennung der neuen Geschlechtszugehörigkeit – die nunmehr über das Selbstbestimmungsgesetz (SBGG) erlangt werden kann.

Aus den Entscheidungen des Bundesverfassungsgerichts kann herausgelesen werden, dass jedenfalls ein durchsetzbarer Rechtsanspruch auf Anrede und Adressierung in der „neuen" geschlechtlichen Identität zumindest bei einer „dauerhaften und ernstlichen" Zuordnung entstehen kann. Die Anforderungen an die Dauerhaftigkeit dieser Zuordnung hat sich in der oben genannten Entscheidung bereits durch die Wahl des Vornamens manifestiert (siehe BVerfG, 15. Aug. 1996, Az. BvR 1833/95 [2]). Eine dauerhafte, ernstliche Zuordnung kann sich jedoch auch aus anderen Aspekten im Einzelfall ergeben.

Auch wenn also nunmehr unter dem SBGG eine Vornamens- und Geschlechtseintragsänderung ohne Begutachtung, zu geringen Kosten und in einem Zeitrahmen von kürzestens drei Monaten möglich ist, kann es immer noch Situationen geben, in denen Menschen eine „neue" Anrede begehren, noch bevor das amtliche Änderungsprozedere begonnen wurde.

▶ **Tipp**
- Eine Person, die eine „neue", ihrem empfundenen Geschlecht entsprechende Anrede von Außenstehenden erwartet, sollte ihren Wunsch beziehungsweise ihre Erwartung deutlich und ernstlich äußern, um die Dauerhaftigkeit und Ernsthaftigkeit ihres Wunsches zu unterstreichen. Dies gilt insbesondere für das Arbeitsumfeld. Es sollten also nicht nur Kolleg*innen über den neuen Namen informiert werden, sondern auch Vorgesetzte. Wie derlei Gespräche mit wem geführt werden können, illustrieren wir in Abschn. 7.9.
- Der Nachweis einer laufenden Begleittherapie oder medizinischen Angleichungsbehandlung ist hierfür übrigens in aller Regel nicht erforderlich. Die transitionierende Person könnte aber zum Beispiel darauf hinweisen, dass die Anmeldung für die Selbsterklärung nach dem SBGG beim Standesamt erfolgt ist – somit also nach drei Monaten die Erklärung abgegeben und die rechtliche Vornamens- und Geschlechtseintragsänderung rechtskräftig umgesetzt werden kann.

- Es gibt nur unter engsten Grenzen und auf Basis einer strikten „Kenntnis nur bei Bedarf"-Regel Ausnahmen von dem Grundsatz, dass medizinische Unterlagen beziehungsweise Informationen über Diagnosen und medizinische Behandlungen Arbeitgeber*innen nicht vorgelegt werden müssen. Wenn es um die Anpassung von Personalunterlagen etc. geht, mag es legitim sein, Unterlagen über einen offiziellen Wechsel des Geschlechtseintrages zu verlangen. Dazu genügt aber zum Beispiel die Vorlage des aktuellen Ausweisdokuments oder eine Kopie des Bescheids, mit dem die neue Geschlechtszugehörigkeit festgestellt wird. Dies ist dann aber auch nur den relevanten Stellen vorzulegen, etwa der Personalabteilung, keinesfalls aber immer und in jeder Situation der Führungskraft. Sofern jemand nicht einfach aus Anstand den Namen verwendet, den die Person angibt, muss spätestens eine ausdrückliche Weisung der nächsten Führungsebene beachtet werden, auch ohne selbst Einsicht in die Unterlagen zu haben, die den Namenswechsel legitimieren.

Der Nutzung eines neuen Vornamens und einer dementsprechenden Anrede vor einer amtlichen Vornamens- und Geschlechtseintragsänderung dürfte auch eine Entscheidung des Bundesgerichtshofs (BGH, 13. Mrz. 2018, Az. VI ZR 143/17 [4]) nicht entgegenstehen. Während es vor dem BGH um die Frage ging, ob ein gesetzlicher Anspruch darauf besteht, in Vordrucken und Formularen nicht nur mit dem generischen Maskulinum (also in einer allgemein verbreiten männlichen Wortformulierung, zum Beispiel „Kunde" statt „Kundinnen und Kunden") angesprochen zu werden, geht es in unserem Fallbeispiel um die Ansprache einer Einzelperson, die ihre „neue" geschlechtliche Identität, ihren geänderten Vornamen und ihre gewünschte Anredeform deutlich und ernsthaft am Arbeitsplatz kundgetan hat.

In einer Gerichtsentscheidung wurde übrigens zu der andere Geschlechter ausschließenden Anrede „Herr/Frau" (im Entscheidungsfall ging es um Auswahlmöglichkeiten von Anreden in einem Online-Formular) ein Unterlassungsanspruch aus §§ 823 Abs. 1, 1004 Abs. 1 S. 2 BGB angenommen (LG Frankfurt, 03. Dez. 2020, Az. 2-13 O 131/20 [5]). Zum Zeitpunkt der Klageerhebung hatte die klagende Person einen nichtbinären Geschlechtseintrag. Wer also nicht-binär ist, muss es nicht hinnehmen, mit Herr oder Frau angesprochen zu werden, auch nicht in einem gedruckten oder einem Online-Formular.

Das Bundesverfassungsgericht stellte zudem grundsätzlich fest, dass zu Gunsten der Verwirklichung des allgemeinen Persönlichkeitsrechts in Form des Schutzes der Geschlechtsidentität ein gewisser Mehraufwand hinzunehmen ist (siehe BVerfG, 17. Okt. 2017, Az. 1 BvR 2019/16 [6]). Wenn also ein Unternehmen einen technischen und finanziellen Aufwand tätigen muss, um (Online-) Formulare und Verwaltungssysteme so anzupassen, dass Menschen mit nicht-binären Geschlechtseinträgen korrekt geführt und adressiert werden können, dann ist dieser Aufwand gerechtfertigt und muss hingenommen werden.

Ergebnis des Fallbeispiels Zur Beantwortung der Frage aus dem Fallbeispiel gilt also: Rebecca Hansen hat ein Recht darauf, auch schon vor Vollzug der amtlichen Vornamens- und Geschlechtseintragsänderung mit „Rebecca" und „Frau Hansen" angesprochen zu werden. Wenn die Menschen in ihrem Arbeitsumfeld dies tun, begeht niemand einen Rechtsbruch. Ganz im Gegenteil, Rebeccas Rechte werden gewahrt. Rebecca sollte allerdings idealerweise zur Unterstreichung der Ernsthaftigkeit und Dauerhaftigkeit ihres Wunsches nach Adressierung mit dem neuen Namen das Gespräch mit ihren Vorgesetzten suchen, ihren Wunsch erklären und gemeinsam mit ihren Vorgesetzten einen „Transitionsplan", nicht zuletzt für die Kommunikation am Arbeitsplatz, ausarbeiten (siehe dazu die persönlichen Erfahrungsberichte in Kap. 6, sowie die Unternehmensbeispiele und der Vorschlag für eine gute Praxis in Kap. 7).

Zusammenfassung

- Spätestens mit der amtlich registrierten Änderung des Geschlechtseintrags und des Vornamens besteht ein Rechtsanspruch auf korrekte Anrede und Adressierung. Arbeitgebende sind nach dem AGG verpflichtet, für ein diskriminierungsfreies Arbeitsumfeld zu sorgen und den Betrieb so zu organisieren, dass Diskriminierungen entweder nicht vorkommen oder effektiv abgestellt und zukünftig verhindert werden. Das gilt auch für Diskriminierungen, die von Kolleginnen und Kollegen ausgehen, § 12 Abs. 3 AGG. Die arbeitgebende Seite muss also im Zweifel anweisen, dass jemand mit dem richtigen Namen angesprochen wird und eine Weigerung entsprechend arbeitsrechtlich behandeln.
- Selbstverständlich ist es nachvollziehbar, dass es Menschen und damit auch Arbeitgeber*innen leichter verstehen, dass die geschlechtskorrekte Anrede erfolgen muss, wenn ein entsprechend konstituierender Rechtsakt – also die personenstandsrechtliche Änderung – erfolgt ist. *Diese ist allerdings nicht in jedem Fall notwendig*; jeder Mensch kann verlangen, dem selbst identifizierten Geschlecht entsprechend adressiert zu werden, wenn dieser Mensch dies ausdrücklich wünscht und den Wunsch mit Ernsthaftigkeit kommuniziert.
- Arbeitgeber*innen müssen dementsprechend dafür sorgen, dass der Vorname und die entsprechende Anrede auch in Verwaltungssystemen und anderen Softwareprogrammen geändert werden. Ein Mehraufwand für diese Umsetzungen, auch finanzieller Art, muss hingenommen werden.
- Die arbeitgeberischen Schutzpflichten umfassen auch, dass Kolleg*innen den korrekten Namen und die korrekte Anrede geschlechtsvarianter Personen benutzen. Nicht zuletzt das Offenbarungsverbot aus § 13 SBGG unterstützt das Recht auf korrekte Adressierung nach rechtskräftig vollzogener Vornamens- und Geschlechtseintragsänderung und sieht sogar eine Sanktionsmöglichkeit (ein Bußgeld von bis zu 10.000 €) vor, wenn nachweislich eine Ausforschung des früheren Vornamens und der früheren rechtlichen Geschlechtszugehörigkeit und/oder eine böswillige falsche Adressierung erfolgte.

- Als Arbeitgeber*in: Unterstützen Sie die geschlechtsvariante Person nach Kräften, finden Sie pragmatische Lösungen, gerade für die erste Phase des Übergangs. Mit einer lösungsorientierten Herangehensweise, Empathie und einer gewissen Kreativität lässt sich viel erreichen.
- Als geschlechtsvariante Person: Erläutern Sie Ihren Kolleg*innen und Vorgesetzten, welches Geschlecht Sie haben und welche Anrede Sie präferieren. Haben Sie Verständnis dafür, dass Menschen die Diskrepanz zwischen dem behördlich registrierten und individuell empfundenen Geschlecht nicht immer sofort nachvollziehen können. Unser Rechtssystem „tickte" eine sehr lange Zeit lang binär und auch im sozialen Kontext sind nicht-binäre Geschlechter noch nicht lange bekannt. Möglicherweise lässt sich mit Verständnis, konstruktiven Erklärungen, aber auch Humor mehr erreichen als mit Konfrontation.

4.2 Bewerbungsprozess

Fallbeispiel

Emilia Becker hat ihre Vornamens- und Geschlechtseintragsänderung gleich am 1. November 2024 umgesetzt, hat einen neuen Personalausweis und Reisepass beantragt und beginnt nun damit, ihre Bewerbungsunterlagen anzupassen. Allerdings stößt sie, trotz ihres Hinweises auf den Anspruch auf angepasste Zeugnisse aus § 10 SBGG (Änderung von Registern und Dokumenten) bei einigen Unternehmen, in denen sie früher gearbeitet hat, auf taube Ohren. Demzufolge konnte sie noch nicht alle bewerbungsrelevanten Zeugnisse auf den neuen Namen ändern lassen. Außer einem Arbeitszeugnis, das ein früherer Arbeitgeber bereits wohlwollend vor dem Abschluss der Personenstandsänderung auf den neuen Namen angepasst hatte, lauten alle Zeugnisse auf den früheren Namen „Emil". Emilia möchte sich dennoch schon jetzt für einen neuen Job bewerben und macht sich Sorgen, wie es ankommt, wenn ihr Name im Bewerbungsschreiben vom Namen in den meisten Zeugnissen abweicht. Was kann sie tun? ◄

Zunächst steht einer Bewerbung mit nicht-namenskongruenten Zeugnissen, egal ob von transidenten, intergeschlechtlichen oder nicht-binären Personen, formal nichts entgegen. Es ist aber nachvollziehbar, dass Emilia ein ungutes Gefühl hat, wenn ihre Unterlagen ein inkonsistentes Bild abgeben. Sie sorgt sich, dass ihre Bewerbung wegen dieser vermeintlichen Formfehler aussortiert wird. Diese Sorge ist leider auch nicht unberechtigt, wie einige Beispiele aus den persönlichen Erfahrungsberichten (Kap. 6) in diesem Buch zeigen. Abgesehen davon, dass Emilia für die inkonsistent erscheinenden Unterlagen nichts kann, ist es vor allem eine Frage, wie die Empfänger einer solchen Bewerbung damit umgehen.

Im Idealfall sollte natürlich die fachliche Qualifikation der sich bewerbenden Person im Mittelpunkt stehen. Wer jemals mit Bewerbungen zu tun hatte, weiß allerdings, dass dies leider nicht immer der Fall ist. Eine Sensibilisierung der Personalverantwortlichen wäre also wünschenswert. Wenn die Bewerbung von Emilia ansonsten den Ausschreibungskriterien entspricht, sollte eine Namensinkongruenz in den Unterlagen kein Hemmschuh sein und ihre Chance auf eine Einladung zum Bewerbungsgespräch nicht mindern.

Manche Personen entscheiden sich in der Übergangsphase zwischen dem Auftreten im Zielgeschlecht und dem rechtlichen Vollzug der Namens- und Geschlechtseintragsänderung dazu, einen kurzen Hinweis auf namensinkongruente Zeugnisse im Anschreiben anzubringen. Oft nur als Fußnote, aber mit einer kurzen Erklärung, dass ein entsprechendes Änderungsverfahren im Gange, aber noch nicht abgeschlossen ist und daher noch nicht alle Unterlagen geändert werden konnten. Ob man das für sich selbst so handhaben möchte, ist Geschmackssache. Zum einen ist die Inkongruenz offensichtlich – man könnte vertreten, dass darauf nicht gesondert hingewiesen werden muss. Andererseits nimmt ein unkomplizierter kurzer Satz eventuell die Unsicherheit auf der Empfängerseite von vornherein weg. Langatmige Erklärungen zum Offensichtlichen scheinen im Übrigen wenig empfehlenswert. Erklärungen mit Bezug zu medizinischen Maßnahmen sollten sowieso nicht gewählt werden, denn Medizinisches geht niemanden etwas an.

Eine besondere Konstellation kann sich ergeben, wenn die sich bewerbende Person unter dem alten Namen Veröffentlichungen getätigt hat oder in der Presse genannt wurde. Printwerke werden nur selten verändert (es sei denn durch eine neue Auflage), sodass der alte Name oft quasi unauslöschlich neben dem neuen Namen bestehen bleibt. Personen, die unter ihrem Geburtsnamen publiziert haben, werden mit dieser Tatsache vermutlich souverän umgehen. Eine Sensibilisierung auf der Seite, die Bewerbungen erhält, ist jedoch auch für diese Konstellation wünschenswert.

▶ **Praxistipps**
- Mit Rechtskraft der Vornamens- und Geschlechtseintragsänderung müssen Ausweisdokumente sowie sämtliche arbeitsbezogenen Dokumente und Zeugnisse angepasst werden, dies geht aus § 10 SBGG hervor. Hat eine Person diese Vornamens- und Geschlechtseintragsänderung gerade erst abgeschlossen, kann es sein, dass noch nicht alle bewerbungsrelevanten Dokumente geändert werden konnten (was auch davon abhängt, wie viele Schulen, Ausbildungsinstitutionen und ehemalige Arbeitsstellen kontaktiert werden müssen). Daher kann es sein, dass Bewerbungsunterlagen für eine gewisse Zeit noch unterschiedliche Namen aufweisen.
- Da leider nach wie vor viel Unwissenheit über den Rechtsanspruch auf Änderung von Dokumenten besteht, ist dieser Prozess bisweilen langwierig. Ein Bewerbungsvorhaben kann nicht immer so lange aufgeschoben werden, bis alle Unterlagen auf die neue rechtliche Identität abgestimmt sind.

- Gehen Sie mit Bewerbungen von Personen, die sich unter ihrem neuen Namen mit nur teilweise oder noch gar nicht geänderten Zeugnisunterlagen bewerben, aufgeschlossen um. Eine Namensinkongruenz ist im Falle von Geschlechtsvarianz keine „Schlampigkeit", sondern oftmals nicht vermeidbar oder selbst nach der amtlichen Änderung ein Prozess, auf dessen Dauer die sich bewerbende Person schwerlich Einfluss hat.
- Wendet sich eine ehemals in Ihrem Unternehmen angestellte Person mit dem Wunsch nach geschlechtsangepassten Zeugnissen an Sie, entsprechen Sie diesem Wunsch zeitnah. Der Rechtsanspruch auf angepasste Zeugnisse ist jetzt unmissverständlich im SBGG ausformuliert.
- Die frühere Geschlechtszugehörigkeit und der frühere Name einer sich bewerbenden Person sollten keine Rolle spielen und dementsprechend nicht thematisiert werden. Dies wird auch schon vom Offenbarungsverbot aus dem SBGG umfasst.
- Als sich bewerbende Person empfiehlt es sich – das ist erfahrungsgemäß ein praktikabler Weg – mit namensinkongruenten Bewerbungsunterlagen selbstbewusst umzugehen und die Inkongruenz kurz selbst anzusprechen. Natürlich kann es sein, dass eine „ersichtlich" geschlechtsvariante Person nur deswegen zum Bewerbungsgespräch eingeladen wird, um sich präventiv vor möglichen AGG-Klagen abzusichern. Eine solche Konstellation dürfte für die Person wohl, wenn überhaupt, erst nach dem Gespräch ersichtlich sein. Es ist gut nachvollziehbar, wenn die Person dann das Gefühl hat, ihre Zeit verschwendet zu haben.

Eine derart motivierte Ablehnung bildet einen Verstoß gegen das AGG. In Betracht kommt dann eine unmittelbare Benachteiligung gemäß § 3 Abs. 1 S. 1 AGG, wenn diese Behandlung aufgrund des Geschlechts oder der geschlechtlichen Identität der bewerbenden Person im Sinne von § 1 AGG erfolgte.

Angabe zur Geschlechtszugehörigkeit vor amtlicher Änderung der Geschlechtszugehörigkeit als arglistige Täuschung? Das Bundesarbeitsgericht entschied 1991 (BAG, 21. Feb. 1991, Az. 2 AZR 449/90 [7]) den Fall einer transidenten Arzthelferin: Die Frau hatte – was vor Aufhebung des Sterilisations- und Operationszwangs im TSG im Jahr 2011 keine Seltenheit war – rechtlich nur ihren Vornamen geändert, die amtliche Geschlechtszugehörigkeit war noch männlich. Sie hatte sich zum Zeitpunkt der Bewerbung keiner geschlechtsangleichenden Operation unterzogen. Dies wusste der Arbeitgeber nicht. Als der Arbeitgeber erfuhr, dass die Arzthelferin amtlich noch männlich und nicht medizinisch angeglichen war, focht er den Arbeitsvertrag wegen arglistiger Täuschung (§ 123 BGB) an. Das Gericht verneinte eine Offenbarungspflicht des rechtlichen Geschlechts und des körperlichen Zustandes der Frau, unter anderem mit Verweis auf das Offenbarungsverbot. Demnach wurde das Verschweigen der rechtlichen Geschlechtszugehörigkeit der Angestellten nicht als arglistige Täuschung gewertet. Das Gericht stellte fest, dass nur solche Umstände bei Vertragsschluss relevant seien, die mit der Erfüllbarkeit der arbeitsvertraglichen Leistungspflicht zusammenhängen oder die sonst für den Job von ausschlaggebender Bedeutung sind. Dies ist heute unzweifelhaft durch das AGG abgedeckt, das es 1991 aber ja noch nicht gab.

Allerdings, und das ist eine interessante Wendung im beschriebenen Fall, wurde eine Anfechtung des Arbeitsvertrages durch den Arbeitgeber wegen eines „Irrtums über eine verkehrswesentliche Eigenschaft" (§ 119 Abs. 2 BGB) zugelassen. Denn die Bewerberin war als Arzthelferin in einer gynäkologischen Praxis eingestellt worden. Vor diesem Hintergrund wurde die Eigenschaft, rechtlich (noch) ein Mann zu sein, für den Job in einer gynäkologischen Praxis als eine Eigenschaft angesehen, die für das konkrete Rechtsgeschäft (den Arbeitsvertrag) eine objektive Bedeutung hatte. Zum Zeitpunkt dieser Entscheidung war allerdings weder das AGG in Kraft noch existierte die Rechtsprechung des Bundesverfassungsgericht zum TSG. Schließlich hat später das Bundesverfassungsgericht unter Auslegung von § 1 TSG mit Berücksichtigung der Wertentscheidung der Art. 2 Abs. 1 in Verbindung mit Art. 1 Abs. 1 GG auch bei lediglich erfolgter rechtlicher Änderung des Vornamens einen Anspruch auf Akzeptanz der neuen Geschlechtsrolle gesehen (BVerfG, 27. Okt. 2011, Az. 1 BvR 2027/11 [3]).

Das Beispiel soll aber verdeutlichen, dass für manche Berufe die rechtliche Geschlechtszugehörigkeit sehr wohl von Bedeutung sein kann, nämlich überall dort, wo eine mehr oder weniger klare Geschlechtertrennung üblich oder sogar vorgeschrieben ist – hier sei verwiesen auf den persönlichen Erfahrungsbericht eines ehemaligen Luftsicherheitsassistenten in Abschn. 6.3, der im männlichen Personenstand nur noch Männer hätte kontrollieren dürfen, zum Zeitpunkt seiner Geschlechtseintragsänderung aber noch nicht eindeutig männlich aussah, sodass sein Auftreten als Mann Fragen oder Zweifel aufgeworfen hätte.

Im Übrigen ist dieses Thema durch die Einführung des Geschlechtseintrags divers um eine neue Dimension erweitert worden.

4.3 Arbeitsverträge

Fallbeispiel

Milan Wiczorek hatte sich bei einem Unternehmen während der Wartefrist auf die Abgabe seiner SBGG-Erklärung vor dem Standesamt erfolgreich beworben und bekommt eine Stelle angeboten. Da er in wenigen Wochen auch amtlich Herr Milan Wiczorek sein wird, möchte er den neuen Arbeitsvertrag gerne schon jetzt mit dem neuen Namen aufsetzen lassen. Darf die Personalabteilung das tun? ◄

Die kurze Antwort lautet: ja. Nach dem Grundsatz der Vertragsfreiheit und gemäß *falsa demonstratio non nocet* („eine falsche Bezeichnung schadet nicht") setzt die Wirksamkeit des Vertrages nur voraus, dass keine Täuschungsabsicht besteht und alle Vertragsbeteiligten wissen, wer die Vertragspartner*innen sind. Ist also dem Unternehmen klar, dass Milan Wiczorek derzeit amtlich noch als Milena Wiczorek registriert ist und möchte es genau diese Person einstellen, können die Beteiligten den Vertrag mit dem Namen Milan Wiczorek aufsetzen. Wollen Sie sichergehen, dass die Person unzweifelhaft identifizierbar ist, könnten im Arbeitsvertrag zum Beispiel Geburtsdatum, Geburtsort und die derzeit gültige Ausweisnummer erfasst werden (dies nur als Vorschlag).

Was ist Vertragsfreiheit?
Die Vertragsfreiheit wird durch Art. 2 Abs. 1 GG begründet und in § 311 Abs. 1 BGB vorausgesetzt. Sie meint, dass beliebige Parteien Verträge mit frei bestimmten Inhalten abschließen dürfen, sofern dabei nicht gegen gesetzliche Bestimmungen und Wertungen verstoßen wird.

Muss ein Arbeitsvertrag nach erfolgter Vornamens- und Personenstandsänderung angepasst werden? Die kurze Antwort: Eine Anpassung ist möglich und sinnvoll. Manche transitionierenden Personen möchten einen bestehenden Arbeitsvertrag, der noch den alten Vornamen und die bei Geburt eingetragene Geschlechtszugehörigkeit nennt, ändern lassen, um sich in bestimmten Situationen nicht outen zu müssen, wovor ja das Offenbarungsverbot aus dem SBGG grundsätzlich schützen soll.

Dagegen wenden HR-Verantwortliche bisweilen ein, dass ein Arbeitsvertrag nur den Vertragsparteien zugänglich sei und in der Regel das Unternehmen nicht verlasse. Es gibt jedoch Fälle, in denen der Arbeitsvertrag Dritten vorgelegt werden soll, zum Beispiel bei der Wohnungssuche oder der Beantragung von Krediten. Steht der frühere Name im Vertrag, sieht sich die Person mit einer ungewollten Offenlegung ihrer früheren Geschlechtszugehörigkeit konfrontiert. Dass dies zu vermeiden ist, wird nicht nur im Lichte des Offenbarungsverbots aus § 13 SBGG sehr verständlich.

Ein Vertrag kann grundsätzlich problemlos angepasst werden. Allerdings ist darauf zu achten, dass formell kein neuer Vertrag aufgesetzt wird. Insbesondere mit Blick auf Vertragslaufzeiten, zum Beispiel bei Befristungen, ist zu beachten, dass durch eine Anpassung des Vertrags die Befristung nicht unbeabsichtigt aufgehoben wird. Dies lässt sich dadurch bewerkstelligen, dass eine Zweitschrift des Originalvertrags mit angepasstem Namen und ansonsten unveränderten Vertragsbedingungen aufgesetzt wird.

Manchmal wünschen sich Personen nach der Vornamens- und Geschlechtseintragsänderung die nachträgliche Änderung *aller* arbeitsvertraglichen Dokumente. Dieser verständliche Wunsch kann für Arbeitgebende in der Umsetzung sehr aufwendig sein. Hier sind die Interessen beider Seiten zu sehen und abzuwägen. Letztlich dürfte die umfängliche Änderung eine Frage sein, die im Einzelfall entschieden werden sollte. Bei kurzer Betriebszugehörigkeit kann der Anpassungsaufwand deutlich geringer sein als bei einer Personalakte, die 20 Jahre umfasst.

Ein Praxisvorschlag Abgesehen davon, dass Vermieter*innen ein Arbeitsvertrag grundsätzlich nichts angeht, kann es dennoch sein, dass bei der Wohnungssuche eine aktuelle Arbeitsbescheinigung oder ein Arbeitsvertrag mit dem neuen Namen benötigt wird. Schließlich möchte niemand bei einer Wohnungssuche, womöglich auch noch unter vielen anderen Wohnungsbewerbenden, durch „ungewöhnliche" Dokumente auffallen.

Für die Praxis

- Begehrt eine transitionierte Person eine Arbeitsbescheinigung, zum Beispiel für die Wohnungssuche oder einen Kreditantrag, entsprechen Sie bitte so unbürokratisch wie möglich diesem Wunsch.
- Arbeitsverträge können schon vor rechtskräftiger amtlicher Vornamens- und Personenstandsänderung auf den neuen Namen abgeschlossen werden.
- Bestehende Arbeitsverträge können grundsätzlich geändert werden. Es ist jedoch darauf zu achten, dass nicht formell ein neuer Vertrag entsteht.
- Besondere Vorsicht gilt bei Befristungen, denn durch einen formal neuen Vertrag (anstelle zum Beispiel einer Zweitschrift des Originalvertrages mit angepasstem Namen) kann eine unbeabsichtigte Aufhebung der Befristung erfolgen.
- Die Änderung von Unterlagen in der Personalakte wird im Einzelfall, insbesondere nach dem Aufwand der vorzunehmenden Änderungen, zu beurteilen sein. ◄

Beamtenrechtliche Regeln und staatliche Förderung Für beamtenrechtliche Arbeitsverhältnisse bestehen gesonderte Regeln, die in Kap. 5 behandelt werden. Aber auch Unternehmen der Privatwirtschaft können über Umwege an die beamtenrechtlichen Regeln gebunden sein, beispielsweise, wenn sie überwiegend staatlich gefördert sind und die Anwendung verschiedener beamtenrechtlicher Regelungen im Zuwendungsbescheid gefordert werden. Dies kommt häufig bei Forschungseinrichtungen vor, kann aber auch Unternehmen der freien Wirtschaft treffen: Wenn sie einzelne Projekte staatlich fördern lassen, kann es Teil der Auflagen sein, dass die im Projekt Beschäftigten beamtenrechtliche Regeln zu befolgen haben.

▶ **Wichtig** Vorsicht ist geboten bei beruflichen Aufgaben, für die eine Sicherheitsüberprüfung nach dem Sicherheitsüberprüfungsgesetz (SÜG) durchlaufen werden muss. In diesen Fällen sollte der Arbeitsvertrag idealerweise den amtlichen Geschlechtseintrag widerspiegeln.

4.4 Kündigungen

Kündigung des Arbeitsvertrages aufgrund von Geschlechtsvarianz? Manche Arbeitgebende fürchten „Komplikationen" aufgrund der Transidentität oder Geschlechtsvarianz einer angestellten Person, wenn es zum Comingout im Arbeitsumfeld kommt – sei es, weil sie eine Art „sozialen Unfrieden" erwarten, viele Fehlzeiten aufgrund medizinischer Maßnahmen oder aus anderen Gründen. Und leider kommt es vor, dass Personen dann direkt oder indirekt mit Kündigung bedroht werden. Ist eine (personenbedingte) Kündigung aufgrund von Transidentität oder Geschlechtsvarianz rechtens?

▶ **Wichtig** Das Geschlecht ist ein Umstand, der in der Person eines Menschen liegt, von diesem nicht beeinflussbar ist und der grundsätzlich auch keinen Arbeitsbezug aufweist, sondern eine höchstintime Angelegenheit darstellt.

Kündigungsschutz Das Kündigungsschutzgesetz bietet weitreichenden Schutz vor Beendigung von Arbeitsverhältnissen. Nachdem ein Arbeitsverhältnis sechs Monate bestanden hat, lässt das Kündigungsschutzgesetz (welches in Betrieben ab 10 Mitarbeitenden gilt) nur noch solche Kündigungen zu, die sozial gerechtfertigt sind. Eine soziale Rechtfertigung kann sich ergeben aus betriebs-, personen- oder verhaltensbedingten Gründen.

Durch medizinische Angleichungsmaßnahmen entstehende krankheitsbedingte Ausfälle sind für Arbeitgebende eine finanzielle Belastung und oft auch organisatorisch herausfordernd. Allerdings dürften sie allein selten dazu geeignet sein, eine krankheitsbedingte Kündigung zu rechtfertigen. Hier wäre im Übrigen nicht der Umstand, dass eine Person trans ist der Kündigungsgrund, sondern dass häufige, finanziell und organisatorisch herausfordernde Fehlzeiten ein deutliches Ungleichgewicht zwischen (Entgelt-) Leistung und (Arbeits-) Gegenleistung erzeugt haben und auch zukünftig erzeugen werden (zu Fehlzeiten aufgrund medizinischer Maßnahmen siehe auch Abschn. 4.9).

Sollte durch eine medizinische Transition und das dann angeglichene Geschlecht die ausgeübte Tätigkeit unausführbar werden, könnte auch hierin ein personenbedingter Kündigungsgrund liegen. Denkbar wäre dies zum Beispiel, wenn eine Person in einem Unternehmen arbeitet, das Dienstleistungen exklusiv für Zugehörige eines bestimmten Geschlechts anbietet (zum Beispiel ein Frauenfitnessstudio) und nach der Transition das Auftreten und rechtliche Geschlecht der angestellten Person nicht mehr mit dem Geschlecht der Zielgruppe übereinstimmt.

Verändert sich durch Hormontherapie oder operative Eingriffe die physische Leistungsfähigkeit, beispielsweise weil sich durch eine Therapie mit weiblichen Hormonen die Muskelmasse reduziert, kann auch das zu Problemen im Arbeitsverhältnis führen. Bevor diese jedoch in eine Trennung münden, müssen adaptive Maßnahmen überdacht werden – zum Beispiel der Einsatz von anderen Werkzeugen, eine Anpassung des Tätigkeitsbereichs oder eine Umorganisation der Tätigkeit.

Kündigung nur letztes Mittel Grundsätzlich gilt bei Kündigungen immer, dass sie nur das letzte Mittel sein dürfen, um auf Störungen im Arbeitsverhältnis zu reagieren. Arbeitgebende müssen bei häufigeren Fehlzeiten prüfen, ob betrieblich dazu beigetragen werden kann, die krankheitsbedingten Fehlzeiten zu reduzieren, zum Beispiel durch eine Versetzung in einen Arbeitsbereich, in dem das Geschlecht kein Hindernis für die Verrichtung der Arbeit darstellt.

In der europarechtlichen Rechtsprechung wurde zudem explizit festgehalten, dass auch Diskriminierungen, die ihre Ursache in der geschlechtlichen Transition beziehungsweise Geschlechtsangleichung haben, rechtswidrig sind. Eine Person, die entlassen wird, *weil sie sich einer Geschlechtsangleichung unterziehen möchte oder sich bereits unterzogen* hat, wird im Vergleich zu den Angehörigen des Geschlechts, dem sie vor der Anpassung zugerechnet wurde, schlechter behandelt, also rechtswidrig diskriminiert (EuGH, 30. Apr. 1996, Az. C-13/94 [8]).

Diskriminierende Kündigungen sind – und zwar auch außerhalb des Anwendungsbereichs des Kündigungsschutzgesetzes, also auch in Kleinbetrieben oder während der Probezeit – unwirksam. Das ergibt sich aus §§ 138, 242 BGB in Verbindung mit §§ 1, 7 AGG.

4.5 Personalverwaltung

Fallbeispiel

Für Milan soll nun zum 1. August in der neuen Firma ein Stammdatensatz angelegt werden. Die SBGG-Erklärung kann er jedoch erst am 1. November abgeben. Die Vornamens- und Geschlechtseintragsänderung ist also noch nicht rechtskräftig vollzogen. Der Sachbearbeiter in der Personalabteilung, der die Mitarbeiterstammdaten anlegen soll, sieht den Vertrag, der mit „Milan Wiczorek" geschlossen wurde und die dazugehörigen Zeugnisse, die noch auf „Milena Wiczorek" lauten. Er fragt sich, ob er Milan Wiczorek als männlichen Mitarbeiter in die Personalstammdaten eintragen darf. ◀

Die kurze Antwort lautet: ja. Allerdings lassen sich, abhängig von der technischen Konfiguration der Personalverwaltungssysteme, nicht immer alle Daten anpassen, besonders dann nicht, wenn Personalstammdaten an die Sozialversicherungsnummer geknüpft sind, die erst nach rechtskräftiger Änderung der Geschlechtszugehörigkeit neu vergeben werden kann.

Geschlechtsmarker in der Sozialversicherungsnummer Die Sozialversicherungsnummer hat einen Geschlechtsmarker. Durch die Seriennummern 0–49 wird das männliche Geschlecht angezeigt, durch die Seriennummern 50–99 das weibliche. Seit Anfang 2020 ist im Meldeverfahren für die Sozialversicherung auch die Geschlechtsangabe D = divers und X = unbestimmt möglich. In unserem Fallbeispiel ist die Vornamens- und Personenstandsänderung aber noch nicht rechtskräftig erfolgt, sodass Milans Sozialversicherungsnummer noch den weiblichen Geschlechtsmarker trägt. Demzufolge kann vor dem Vollzug der Geschlechtseintragsänderung nichts geändert werden, was mit den Stammdaten und der Anmeldung Milans bei der Sozialversicherung zusammenhängt. In diesem Fall muss Milan sich darauf einstellen, dass seine Gehaltsabrechnung bis zur amtlichen Änderung den weiblichen Namen ausweisen wird.

Inwiefern neue Mitarbeitende schon vor der amtlichen Änderung in den Unternehmenssystemen entsprechend ihrer kommunizierten Geschlechtsidentität geführt werden können, hängt von der Systematik und Verknüpfung der Systeme ab. Arbeitet zum Beispiel das Gehaltsabrechnungssystem völlig unabhängig von anderen Verwaltungssystemen, kann es gut sein, dass Milans Stammdaten in männlicher Form angelegt und geführt werden können und die Gehaltsabrechnung isoliert so lange auf den weiblichen Namen läuft, bis dieser amtlich geändert ist. Hängen alle Stammdaten an der Meldung zur Sozialversicherung – auch diese Konstellation gibt es – wird es nicht möglich sein, einen Milan Wiczorek zu führen, dessen Gehalt noch über Milena Wiczorek abgerechnet werden muss.

Steuer-ID Die Steuer-ID, also die Kennung, mit der eine natürliche Person beim Finanzamt geführt wird, ändert sich übrigens nicht nach Vollzug der Vornamens- und Personenstandsänderung. Es kann sein, dass bei der elektronischen Steueranmeldung (ELStAM) für Milan Wiczorek ein Fehler gemeldet wird, da die Steuer-ID noch mit dem Namen Milena Wiczorek verknüpft ist. Dann wird ohne eine Änderung der Verknüpfung der Steuer-ID zum behördlich registrierten Namen (der wiederum erst nach Rechtskraft des standesamtlichen Verwaltungsaktes amtlich geändert werden kann) vorerst keine Änderung in den Systemen möglich sein.

Änderung der Kontoverbindung Manche transitionierenden Personen möchten schon vor ihrer Vornamens- und Geschlechtseintragsänderung ihre Bankverbindung ändern, insbesondere um eine neue Bankkarte mit dem neuen Namen zu erhalten. Einige Banken ermöglichen dies, viele verweisen allerdings auf Vorschriften zur Bekämpfung von Geldwäsche und nehmen erst nach Nachweis der rechtskräftigen Vornamens- und Geschlechtseintragsänderung und Vorlage des neuen Personalausweises eine Änderung der Kontodaten vor.

Bei der betriebsinternen Namensänderung der Bankverbindung vor der amtlichen Vornamens- und Personenstandsänderung sollten Vorschriften zur Bekämpfung von Geldwäsche und Hindernisse für Gehaltspfändungen berücksichtigt werden.

Ergebnis Grundsätzlich kann Milan aber als neuer männlicher Mitarbeiter in der Personalverwaltung registriert werden. Eine gewisse Kreativität schadet indes nicht, um die Möglichkeiten lokaler Systeme optimal auszunutzen.

▶ **Praxistipps**
- Grundsätzlich ist die Stammdatenanlage neuer Mitarbeiter*innen unter dem Namen des Zielgeschlechts schon vor amtlich vollzogener Vornamens- und Geschlechtseintragsänderung möglich.
- Sind manche Änderungen nicht möglich, sollte dies transparent erklärt werden, damit die betroffene Person sich verstanden fühlt und nicht den Eindruck hat, es handele sich um Unwillen der Personalabteilung.
- Inwieweit die betrieblichen Verwaltungssysteme eine Anpassung ohne amtliche Namensänderung zulassen, kann variieren. Es ist empfehlenswert, den Gestaltungsspielraum der vorhandenen Systeme zumindest insoweit

ausnutzen, dass die betroffene Person mit ihrem Namen und der Geschlechtsidentität ihres Auftretens entsprechenden E-Mailadresse und in internen Verzeichnissen erscheinen kann.
- Die Änderung von Personaldaten vor der amtlichen Vornamens- und Geschlechtseintragsänderung im Rahmen des Möglichen gebietet sich aus der Fürsorgepflicht der Arbeitgebenden und dem allgemeinen Persönlichkeitsrecht.
- Vorsicht ist jedoch geboten bei der Änderung von Daten, die mit der Sozialversicherung, der Steueranmeldung und den Kontodaten in Verbindung stehen, denn dies könnte dazu führen, dass Gehaltszahlungen ins Leere laufen.

Besonderheit Betriebsrats-/Personalratswahl Der Geschlechtseintrag ist bei der Betriebsrats- oder Personalratswahl relevant. Die Listen der aktiv und passiv Wahlberechtigten müssen laut Gesetz getrennt nach männlich und weiblich durch die Arbeitgeberseite aufgestellt werden. Das hat den Hintergrund, dass das im Betrieb unterrepräsentierte Geschlecht mit einer Mindestquote im Betriebsrat vertreten sein soll. Hierzu wird in aller Regel eine Auswertung aus der verwendeten Personalsoftware gezogen. Maßgeblich für den Geschlechtseintrag auf der Wahlliste ist übrigens das Identitätsgeschlecht, kann also bereits vor der amtlichen Änderung des Geschlechtseintrages das Zielgeschlecht angegeben werden. Die Liste der aktiv und passiv Wahlberechtigten ist öffentlich einsehbar, was auch den Geschlechtereintrag umfasst – hier könnte es zu unbeabsichtigten Outings kommen, wenn in der Personalverwaltungssoftware noch der alte Geschlechtseintrag registriert ist, aber im betrieblichen Umfeld schon eine andere Geschlechtsrolle gelebt wird.

Da das Betriebsverfassungsgesetz an dieser Stelle noch den Geist der 1950er-Jahre atmet, sind Geschlechtsidentitäten jenseits von männlich und weiblich im Gesetz noch nicht berücksichtigt. Hierfür gibt es noch keine gesetzliche Lösung.

4.6 Dienstkleidung und Namensschilder

Fallbeispiel

Yasemin ist Verkaufsmitarbeiterin im Einzelhandel und hat sich gerade als transident geoutet. Da sie im privaten Bereich schon lange als Yasemin lebt, möchte sie so bald wie möglich auch im Job als Frau auftreten. Nun ist in Yasemins Unternehmen im Verkauf eine Arbeitskleidung vorgeschrieben, die von der Firma gestellt wird: taillierte Blusen für Frauen und gerade geschnittene Hemden für Männer. Yasemin möchte gerne ab dem Tag, an dem sie als Frau zur Arbeit geht, eine Bluse tragen. Ihre Vorgesetzte verweigert ihr dies mit den Worten: „Damit machst Du Dich und uns ja lächerlich, außerdem geht das erst, wenn Du auf dem Papier eine Frau bist!". ◄

Damit hat die Vorgesetzte wohl ihr Direktionsrecht falsch gebraucht. Selbstverständlich darf eine Person auch vor der rechtkräftigen Namens- und Geschlechtseintragsänderung die Kleidung des Zielgeschlechts tragen. Dies gilt unabhängig davon, ob es eine vorgeschriebene Dienstkleidung in geschlechtsspezifischen Varianten gibt oder nicht. Für geschlechtsspezifische Dienstkleidung ist zudem zu beachten, dass die Vorgaben nicht dem Gleichheitsgrundsatz widersprechen dürfen (vgl. hierzu die Entscheidung des Bundesarbeitsgerichts BAG, 30. Sep. 2014, Az. 1 AZR 1083/12 [9]).

Zu einer noch nicht vollzogenen Personenstandsänderung (damals noch unter dem TSG) entschied 1990 das Landesarbeitsgericht Berlin (LAG Berlin, 02. Okt. 1990, Az. 10 Sa 57/90; 10 Sa 64/90 [10]), dass ein Anspruch auf Aushändigung „weiblicher Dienstkleidung" schon vor rechtskräftiger Vornamens- und Personenstandsänderung bestehen kann. Dies ergebe sich unter anderem aus dem Rechtsgrundsatz von Treu und Glauben (§ 242 BGB), der eine angemessene Berücksichtigung der Interessen von Arbeitnehmenden in Abwägung der Interessen von Arbeitgebenden vorgibt.

Ansprüche auf die arbeitgeberseitige Umsetzung des Umgangs mit der neuen Geschlechtszugehörigkeit können also schon vor und nicht erst mit der Rechtskraft der Vornamens- und Geschlechtseintragsänderung entstehen. Siehe dazu auch unsere Ausführungen zum Anspruch auf Anrede mit dem gewählten Namen (Abschn. 4.1). Aus der arbeitgeberischen Fürsorgepflicht (Abschn. 1.3) kann sich zudem ein Anspruch auf Aushändigung eines Namensschildes mit dem Namen ergeben, unter dem die angestellte Person auftritt.

Das frühzeitige Auftreten in der Identität des Zielgeschlechts und in dessen Außendarstellung ist im Übrigen auch wichtig im Zusammenhang mit der Kostenübernahme für geschlechtsangleichende Maßnahmen durch Krankenversicherungen, denn die Begutachtungsanleitung (Richtlinie des GKV-Spitzenverbandes nach § 282 SGB V) besagt:

> „Aus sozialmedizinischer Sicht wird (…) vor geschlechtsangleichenden Maßnahmen in der Regel eine therapeutisch begleitete Alltagserfahrung in der angestrebten Geschlechtsrolle kontinuierlich und in allen Lebensbereichen über einen ausreichend langen Zeitraum als erforderlich angesehen." (MDS-Begutachtungsanleitung, S. 21 [11]).

Das bedeutet, dass Menschen, die sich einem Prozess der medizinischen Geschlechtsangleichung befinden, nachweisen müssen, dass sie die neue Geschlechterrolle „in allen Lebensbereichen", also auch im Arbeitsumfeld, leben. Vor diesem Hintergrund sollten Arbeitgebende transitionierenden Beschäftigten dies ermöglichen.

Für Arbeitgebende sind diese Dinge nur Äußerlichkeiten, für eine transitionierende Person bedeuten die richtige Kleidung und ein richtiges Namensschild unter Umständen sehr viel. Ermöglichen Sie daher transitionierenden Menschen in Ihrem Betrieb oder Ihrer Behörde das Tragen der Kleidung des Zielgeschlechts und eines passenden Namensschildes.

4.7 Toiletten und Umkleiden

> **Fallbeispiel**
>
> Frau Bianchi tritt erst seit Kurzem in ihrer Arbeitsstelle durchgehend als Frau auf. Die Anmeldung zur Vornamens- und Geschlechtseintragsänderung ist erfolgt, die SBGG-Erklärung jedoch noch nicht abgegeben. Geschlechtsangleichende Operationen hatte Frau Bianchi bislang nicht. Kolleginnen auf ihrer Büroetage haben sich bei der Büroleitung beschwert, dass „ein Mann" auf die Damentoilette gehe. Frau Bianchi wird gebeten, bis zu ihrer genitalangleichenden Operation (die sie anstrebt), ein WC zu benutzen, das weit entfernt von ihrem Büro liegt. ◄

Die „Toilettenfrage" hat schon für so einige grotesk anmutende Auseinandersetzungen gesorgt. Bei uns ist die Diskussion zu diesem Thema spätestens mit der Debatte um das Selbstbestimmungsgesetz angekommen und wird leider bisweilen sehr emotional und zum Teil unversöhnlich geführt. Wie lässt sich im Arbeitsumfeld für alle wertschätzend und diskriminierungsfrei mit dem Thema der Toilettenbenutzung umgehen? Ist es diskriminierend, einer transidenten Person das Behinderten-WC oder eine weit abgelegene Toilette zuzuweisen? Ab wann darf oder muss eine transidente Person die Umkleideräume des Zielgeschlechts benutzen? Wie kann sichergestellt werden, dass dies ohne Konflikte mit anderen Beschäftigten geschieht?

Die Arbeitsstättenverordnung Aus unserer Sicht ist die Frage, wer welche Örtlichkeit benutzen darf, nach dem allgemeinen Grundsatz auch wieder eine Frage des allgemeinen Persönlichkeitsrechts, der Fürsorgepflicht der Arbeitgebenden sowie einer Diskriminierung aufgrund des Geschlechts beziehungsweise der Änderung der rechtlichen Geschlechtszugehörigkeit, und zwar unabhängig von einem amtlichen Namens- und Geschlechtsstatus.

Laut § 6 Abs. 2 Satz 4 der Arbeitsstättenverordnung müssen entweder sanitäre Räume für „Männer und Frauen" getrennt eingerichtet werden oder eine getrennte Nutzung der Räume möglich sein. Abgesehen davon, dass sanitäre Einrichtungen für „Männer und Frauen" getrennt vorzuhalten sind, gibt es keine Vorschrift, die besagt, wer ab wann im Zuge einer geschlechtlichen Transition welche Toilette benutzen darf. Dementsprechend können selbstverständlich geschlechterneutrale Toiletten und Umkleiden neben geschlechtergetrennten Einrichtungen bereitgestellt werden.

Außerdem gibt es die Möglichkeit, eine Betriebsvereinbarung herbeizuführen, welche die Benutzung der vorhandenen Räumlichkeiten regelt. Aus unserer Sicht würde aber die Herbeiführung einer solchen Betriebsvereinbarung sogar eher zu einer (vermehrten) Stigmatisierung geschlechtsvarianter Personen im Betrieb führen. Gäbe es zum Beispiel eine Verpflichtung, dass nicht-binäre und intergeschlechtliche Menschen eine geschlechtsneutrale Toilette benutzen müssen, so wären Menschen, die ein eindeutig männliches oder weibliches Erscheinungsbild haben, zu einem Outing gezwungen.

Eine Möglichkeit besteht darin, mit dem Thema offensiv umzugehen und klarzustellen, dass in der Behörde oder im Unternehmen jede*r die Einrichtung nutzen kann, die am ehesten dem im Arbeitskontext gelebten Geschlecht entspricht. Sollte es zu Beschwerden kommen, zum Beispiel, weil sich Personen durch die Anwesenheit einer „erkennbar" geschlechtsvarianten Person in den Sanitärräumen belästigt fühlen, ist es keine gute Lösung, pauschal jemandem den Besuch einer Toilette oder Umkleide zu verweigern. Besser ist es, im Dialog eine für alle Beteiligten tragbare Lösung zu finden, die auch vorübergehende Kompromisse beinhalten kann.

Geschlechtertrennung und Diskriminierungsschutz Wie schon eingangs in Abschn. 1.4.3 skizziert, steht das Hausrecht in scheinbarem Gegensatz zum Diskriminierungsschutz aus dem AGG. Das Hausrecht und das AGG können aber in Einklang gebracht werden, indem die Prinzipien und Vorschriften beider Rechtsbereiche berücksichtigt und in einer Weise angewendet werden, die sowohl denjenigen, die das Hausrecht innehaben, als auch den Schutzbedürfnissen der von Diskriminierung bedrohten Personen gerecht wird. Hier sind einige Ansätze, die helfen können, diesen Einklang herzustellen:

▶ Tipps
1. **Klare und nichtdiskriminierende Hausordnungen**

    Wer das Hausrecht hat, zum Beispiel eine Geschäftsinhaberin oder ein Vermieter, sollte klare und objektive Regeln und Richtlinien für die Nutzung der (geschlechtsgetrennten) Räumlichkeiten aufstellen. Diese Regeln sollten so formuliert sein, dass sie grundsätzlich keine Diskriminierung aufgrund von Geschlecht oder sexueller Identität (und aller anderen in § 1 AGG genannten Gründe) zulassen.

2. **Schulung und Sensibilisierung**

    Personen, die das Hausrecht ausüben, sollten über die Bestimmungen des AGG informiert und geschult werden. Dies umfasst eine Sensibilisierung für unbewusste Vorurteile (*unconscious bias*) und die rechtlichen Konsequenzen von Diskriminierung (ungerechtfertigter Andersbehandlung).

3. **Objektive Kriterien für Entscheidungen**

    Entscheidungen, die auf dem Hausrecht basieren, wie zum Beispiel die Verweigerung des Zutritts zu geschlechtsspezifischen Räumen, sollten auf objektiven und nachvollziehbaren Kriterien beruhen. Beispielsweise kann der Zugang zu einem Damenumkleideraum verweigert werden, wenn jemand gegen die

Hausordnung verstößt (etwa durch belästigendes Verhalten), nicht aber aufgrund des Geschlechts allein. Sobald sich allerdings jemand in einem geschlechtsspezifischen Raum von einer Person mit physischen Merkmalen eines anderen Geschlechts bedroht oder belästigt fühlt, muss eine Lösung gefunden werden, die beiden Interessen gerecht wird.

4. Dokumentation und Transparenz

Es ist ratsam, Entscheidungen und die Gründe zu dokumentieren, wenn jemand anders behandelt (diskriminiert) wurde. Dies schafft Transparenz und kann im Falle einer Beschwerde oder eines Rechtsstreits zeigen, dass eine Entscheidung *nicht diskriminierend* war – zum Beispiel, weil die Ungleichbehandlung auf einem sachlichen Grund gemäß § 20 AGG basierte und damit gerechtfertigt war.

5. Beschwerdemechanismen

Es sollte ein klarer und zugänglicher Beschwerdemechanismus vorhanden sein, über den Personen, die sich diskriminiert fühlen, ihre Anliegen vorbringen können. Eine solche Beschwerdestelle sollte in der Lage sein, Beschwerden unabhängig und fair zu prüfen (Abschn. 1.3).

6. Kompromiss und Mediation

In Konfliktfällen kann Mediation eine hilfreiche Methode sein, um zwischen den Interessen der das Hausrecht ausübenden Partei und den Rechten der betroffenen Personen zu vermitteln und eine einvernehmliche Lösung zu finden.

Geschlechterneutrale Toiletten Die verpflichtende Einrichtung von geschlechterneutralen Toiletten zur Berücksichtigung von Menschen mit dem Geschlechtseintrag divers oder mit einem unbestimmten Geschlechtseintrag ergibt sich zwar nicht aus der Arbeitsstättenverordnung, die öffentliche Diskussion wurde diesbezüglich aber bereits lebhaft geführt. Die zentrale Frage scheint zu sein, ob Unternehmen und Behörden tatsächlich *neue* Räumlichkeiten für geschlechtsneutrale sanitäre Einrichtungen schaffen müssen, was natürlich ein logistischer und finanzieller Aufwand wäre.

Diese Frage möchten wir mit einem pragmatischen Vorschlag beantworten: Vorhandene Räumlichkeiten könnten zum Teil (nicht vollständig, siehe unten) umgewidmet werden, sodass es Räumlichkeiten für Männer, für Frauen und für „alle Geschlechter" gibt. Denkbar ist auch, Räumlichkeiten zu „entgendern", indem sie zum Beispiel deklariert werden mit: „WC-Raum mit Urinalen und Kabinen" und „WC-Raum mit Kabinen". Eine pauschale Regelung, unter der transidente und geschlechtsvariante Personen „Sondertoiletten" zu nutzen hätten, erscheint jedenfalls nicht hinnehmbar.

Das komplette Entgendern von Umkleide- und Sanitärräumen erscheint allerdings auch nicht empfehlenswert, um nicht den Personen, die auf den Schutz geschlechtergetrennter

Räume vertrauen, diesen Schutz zu nehmen. Zudem sollten bei einem Entgendern nicht pauschal die für Frauen vorgesehenen Räume neutralisiert werden, denn sonst hätten Frauen, die einen geschlechtergetrennten Raum aufsuchen möchten, in den meisten Fällen zu wenige dieser Räume zur Verfügung.

Lösungsvorschlag für das Fallbeispiel Um den „Klo-Konflikt" zu deeskalieren, sollten sich die Führungskräfte von Frau Bianchis Abteilung mit der sich beschwerenden Person und Frau Bianchi an einen Tisch setzen und miteinander reden. Die Führungskräfte sollten deutlich machen, dass Frau Bianchi in ihrer Geschlechtsidentität zu respektieren und ihre Transition am Arbeitsplatz zu unterstützen sei. Frau Bianchi könnte anbieten, respektvolle Fragen zu ihrer Geschlechtsidentität und Transition zu beantworten, um Unwissen und Unverständnis auf Seite der sich beschwerenden Person abzubauen. Die sich beschwerende Person sollte allerdings keinesfalls von oben herab belehrt, sondern in ihrem Anliegen ebenfalls gehört und respektiert werden. Es sollten beiderseitige Vorschläge zur Lösung der Situation ausgetauscht werden. In einem moderierten Setting sollte darauf geachtet werden, dass keine der sich gegenüberstehenden Parteien vorab einen „Opferbonus" bekommt und zugleich niemand unter einen Generalverdacht gestellt wird.

Eine für beide Seiten hinnehmbare Lösung könnte es sein, dass Frau Bianchi für eine gewisse (kurze) Zeit eine separate Toilette auf ihrer Büroetage benutzt. Spätestens wenn sie amtlich ihren Namen und Geschlechtseintrag geändert hat, sollte ihr die Nutzung der allgemeinen Damentoilette nicht verwehrt werden. Pauschal die Transperson der Toilette zu verweisen oder pauschal die sich beschwerende Person dazu zu zwingen, die Transperson auf der Toilette zu akzeptieren, ohne dass beide Interessen „auf neutralem Boden" angehört und abgewogen wurden, ist kein empfehlenswerter Weg.

4.8 Schul-, Ausbildungs- und Arbeitszeugnisse

Fallbeispiel

Milan Wiczorek hält nun die rechtskräftige Änderung seines Vornamens und seines Geschlechtseintrags in der Hand, nach dem er offiziell Milan mit Vornamen heißt und als dem männlichen Geschlecht zugehörig gilt. Neue Ausweisdokumente hat er bereits beantragt, jetzt möchte er seine Schul-, Ausbildungs- und Arbeitszeugnisse ändern lassen, um bei der nächsten Bewerbung konsistente Dokumente vorlegen zu können. Eine seiner früheren Arbeitsstellen existiert nicht mehr, eine andere Firma beruft sich darauf, das Arbeitszeugnis nicht ändern zu dürfen, das sei Urkundenfälschung. Von seiner Schule erhält er zwar eine Zweitschrift seines Abschlusszeugnisses, darauf steht jedoch „Zweitschrift aufgrund von Transsexualität". Milan ist frustriert. ◄

Kurz gesagt: Wenn die Vornamens- und Personenstandsänderung rechtskräftig ist, *müssen* Zeugnisse auf Verlangen mit dem neuen Namen und entsprechenden geschlechtszuweisenden Formulierungen neu ausgestellt werden. Denn dann greift das Offenbarungsverbot aus § 13 SBGG und es besteht der Anspruch auf geänderte Registereinträge und Dokumente aus § 10 SBGG. Das Offenbarungsverbot (siehe Abschn. 1.4.2) schützt vor Ausforschung und Offenbarung der früheren Namen und Geschlechtszugehörigkeit, es sei denn, dass „besondere Gründe des öffentlichen Interesses" oder ein „rechtliches Interesse" die Offenlegung der früheren rechtlichen Identität rechtfertigen. Der Anspruch auf angepasste Arbeitszeugnisse, die den amtlichen Namen und der amtlich registrierten Geschlechtszugehörigkeit entsprechende geschlechtszuweisende Formulierungen enthalten, ist im SBGG erstmals gesetzlich geregelt worden, während es unter dem TSG nur richterrechtlich hergeleitete Ansprüche gab. Es ist also legitim, sich nicht der Frage von Außenstehenden, ob eine Änderung des Vornamens und der Geschlechtszugehörigkeit stattgefunden hat, aussetzen zu wollen.

Anpassung von Arbeits-, Schul- und Ausbildungszeugnissen Für Arbeitszeugnisse gilt also: Ein vormals ausgestelltes Arbeitszeugnis muss nach vollzogener Vornamens- und Personenstandsänderung angepasst werden – selbst dann, wenn die frühere Personalakte zwischenzeitlich vernichtet ist. Das Zeugnis muss mit dem neuen Namen und entsprechenden geschlechtszuweisenden Formulierungen (zum Beispiel „er" statt „sie") angepasst werden. Die inhaltliche Zeugnisaussage, insbesondere die Leistungsbewertung, bleibt von diesem Änderungserfordernis natürlich unberührt. Da über Arbeitnehmende stets nur *eine* Beurteilung existieren darf, dürfen Arbeitgebende das neuformulierte Zeugnis nur gegen Rückgabe des Originalzeugnisses austauschen. Arbeitgebende müssen keinen Verdacht einer Urkundenfälschung befürchten.

Staatliche Abschluss- und Prüfungszeugnisse In mehreren Bundesländern gibt es Verwaltungsvorschriften, welche die Änderung von Prüfungs- und Abschlusszeugnissen regeln, zum Beispiel in Niedersachsen:

> **Aus dem Runderlass des Kultusministeriums Niedersachsen vom 6.11.2013 – 16-11 174 [12]**
>
> 1. Personen, deren Namen durch Adoption oder aufgrund des Transsexuellengesetzes geändert wurden, sind vor einer Offenbarung oder Ausforschung ihrer früheren Namen zu schützen. Ihnen ist deshalb auf Antrag eine Zweitausfertigung ihrer Prüfungs- oder Abschlusszeugnisse auszustellen. Dabei sind die neuen Vornamen oder Namen, das Ausstellungsdatum des ursprünglichen Zeugnisses sowie die Angaben „Siegel der …" (Schule oder Behörde) und „gezeichnet …" (anstelle der Unterschrift) einzusetzen und folgender Zusatz aufzunehmen: „Diese Ausfertigung tritt an die Stelle des …-Zeugnisses vom …". Der Zusatz ist mit Unterschrift und Siegel der Schule oder Behörde, die die Zweitausfertigung ausstellt und mit dem Datum der Ausstellung der Zweitausfertigung zu versehen.

2. Eine Zweitausfertigung eines Prüfungs- oder Abschlusszeugnisses kann auch in den Fällen ausgestellt werden, in denen eine Urschrift oder ein Zeugnisentwurf nicht mehr vorhanden, eine Rekonstruktion des Inhalts aber möglich ist. Ein der Regelung in Nummer 1 entsprechender Zusatz soll möglichst genau bezeichnen, welche – nicht mehr vorhandene – Urkunde durch die Zweitausfertigung ersetzt wird.

Diese und ähnliche Verwaltungsvorschriften werden sicherlich in der nächsten Zeit zur Umsetzung des Anspruchs aus § 10 SBGG aktualisiert werden.

Ergebnis des Fallbeispiels Bei der Neuausstellung des Schulabschlusszeugnisses von Milan darf also zwar der Hinweis „Zweitschrift" stehen, nicht jedoch aus welchem Grund die Zweitschrift erstellt wurde. Insbesondere führt ein Hinweis auf „Transsexualität" auf dem neu ausgestellten Zeugnis dazu, dass das Offenbarungsverbot ad absurdum geführt wird, denn die Zweitschrift mit geändertem Namen soll ja gerade davor schützen, dass die Transidentität (zum Beispiel im Bewerbungsprozess) offenbar wird. Im Umkehrschluss gilt für den Umgang mit Zeugniszweitschriften auf der Empfängerseite von Bewerbungen, dass eine Zweitschrift nicht zu Mutmaßungen über eine frühere Geschlechtszugehörigkeit führen sollte. Das Originalzeugnis kann schließlich auch durch einen Wasserschaden zerstört, bei einem Umzug verlorengegangen oder vom Hund gefressen worden sein.

Frühere Arbeitsstelle oder Bildungseinrichtung existiert nicht mehr Es kommt immer wieder vor, dass eine Firma oder eine Schule/Ausbildungsstätte nicht mehr existiert. Wie man damit umgeht beziehungsweise, was man hinsichtlich der Bewerbungsunterlagen tun kann, hängt vor allem davon ab, wie wichtig die entsprechenden Zeugnisdokumente für eine Bewerbung sind. Je nachdem wie umfangreich der Lebenslauf ist, wie wichtig eine bestimmte einzelne berufliche Station und wie lange diese war, könnte man das Zeugnis entweder unverändert nutzen oder die Station im Lebenslauf unerwähnt lassen. Gibt es keine Nachfolgeorganisation, die ein Zeugnis neu ausstellen kann, kann es eine pragmatische Lösung sein, die Station fallenzulassen. Möchte man die Station jedoch aufnehmen und kann die Person finden, die damals das Zeugnis unterzeichnet hat, kann man sie bitten, ein angepasstes Zeugnis auszustellen (zum Beispiel auf neutralem Papier, wenn kein Briefkopf des früheren Unternehmens mehr existiert). Bei nicht mehr existenten Ausbildungsstätten, insbesondere staatlichen Institutionen, kann die Zweitschrift über das Schulamt beziehungsweise die entsprechende Aufsichtsbehörde beschafft werden. Ob sich der Aufwand für die Wiederbeschaffung des Zeugnisses lohnt oder ob „Mut zur Lücke" besser ist, soll hier offenbleiben.

▶ **Praxistipps**
- Entsprechen Sie der Bitte um eine namens- und geschlechtsangepasste Ausfertigung eines Zeugnisses von ehemaligen Mitarbeitenden unbürokratisch und zügig. Es geht oft um eine aktuelle Bewerbung und eine wirtschaftliche Existenzgrundlage.
- Selbst wenn die frühere Personalakte der Person gelöscht wurde, können Sie dem Zeugniswunsch pragmatisch entsprechen, in dem Sie sich den angepassten Text des Originalzeugnisses schicken lassen und diesen auf dem Zeugnisbriefkopf neu ausdrucken.
- Das neue Zeugnis müssen Sie gegen Vorlage des alten Zeugnisses austauschen.
- „Zweitschrift" muss nicht auf dem neuen Zeugnis stehen, es schadet aber auch nicht. Viele transidente Personen sind jedoch dankbar, wenn kein solcher Zusatz auf dem Dokument vermerkt ist.
- Wichtig ist das Datum der Erstausstellung (ob mit oder ohne Hinweis auf das Datum der Erstellung der Zweitschrift), damit Erfahrungs- und Qualifikationszeiträume belegt bleiben.

4.9 Fehlzeiten aufgrund von Angleichungsmaßnahmen

Fallbeispiel

Miriam hat sich erfolgreich im beruflichen Umfeld geoutet. Ihre Begleittherapeutin stellt ihr das Indikationsschreiben für die gegengeschlechtliche Hormontherapie aus. Die einzige auf die Behandlung von transidenten Personen spezialisierte Endokrinologiepraxis am Wohnort von Miriam ist allerdings gerade aufgelöst worden und die nächste spezialisierte Praxis 1,5 Fahrtstunden (einfacher Weg) entfernt. Miriam muss 5 Monate auf den Ersttermin warten und nach Beginn der Behandlung zunächst alle 3 Monate in der Praxis vorstellig werden. Die Vorgesetzte von Miriam beschwert sich über die zu erwartenden Fehlzeiten und verlangt, dass Miriam dafür ihre Urlaubstage einsetzt. Auch wegen der geplanten geschlechtsangleichenden Operation, die am anderen Ende Deutschlands stattfinden wird, einen circa zweiwöchigen stationären Aufenthalt sowie eine mehrwöchige Erholungszeit zuhause erfordert, gibt es Missstimmung. ◀

Müssen Angestellte für Fehlzeiten aufgrund von Operationen und anderen medizinischen Maßnahmen (zum Beispiel Therapiesitzungen, fachmedizinische Termine) Urlaub nehmen? Darf verlangt werden, dass Überstunden für die Wahrnehmung dieser Termine abgebaut werden? Muss in der Arbeits- oder Dienststelle mitgeteilt werden, weshalb eine Fehlzeit, zum Beispiel aufgrund einer Operation ansteht? Wie sollten andere Termine, zum Beispiel ein Termin für die Erklärung zur Vornamens- und Geschlechtseintragsänderung auf dem Standesamt gehandhabt werden? Eine kurze Antwort auf diese Fragen lautet: es kommt darauf an.

Grundsätzlich gilt bei einer vorübergehenden Verhinderung § 616 BGB
„Der zur Dienstleistung Verpflichtete wird des Anspruchs auf die Vergütung nicht dadurch verlustig, dass er für eine verhältnismäßig nicht erhebliche Zeit durch einen in seiner Person liegenden Grund ohne sein Verschulden an der Dienstleistung verhindert wird. Er muss sich jedoch den Betrag anrechnen lassen, der ihm für die Zeit der Verhinderung aus einer auf Grund gesetzlicher Verpflichtung bestehenden Kranken- oder Unfallversicherung zukommt."

Das bedeutet, dass grundsätzlich eine Lohnfortzahlung in Betracht kommen kann, wenn der Grund für die Abwesenheit in der Person liegt und kein „Verschulden" vorliegt. Ein persönlicher Verhinderungsgrund liegt vor, wenn akute Beschwerden eine unmittelbare ärztliche Versorgung notwendig werden lassen, auch ohne eine bereits bestehende Arbeitsunfähigkeit (BAG, 29. Feb. 1984, Az. 5 AZR 455/81 [13]). Grundsätzlich müssen also Arzttermine ohne konkreten akuten Behandlungs- beziehungsweise Versorgungsbedarf außerhalb der Dienstzeit wahrgenommen werden (so zum Beispiel LAG Niedersachsen, 8. Feb. 2018, Az. 7 Sa 256/17 [14]). Dies allerdings nur dann, wenn der Arztbesuch außerhalb der Dienstzeit „möglich" und „zumutbar" ist.

Sind Beschäftigte also nicht akut krank, müssen sie versuchen, Arztbesuche außerhalb der Arbeits- beziehungsweise Dienstzeit zu legen. Nur wenn kein anderer Termin verfügbar oder der Arztbesuch außerhalb der Arbeitszeit nicht möglich oder zumutbar ist, müssen Arbeitgebende die Abwesenheit für die Dauer des Arztbesuchs während der Arbeitszeit als bezahlte Freistellung behandeln. Tarifverträge können abweichende Regelungen vorsehen. Auch der Grundsatz der freien Arztwahl muss berücksichtigt werden.

Zu beachten ist allerdings, *dass viele Arbeitsverträge die Anwendbarkeit von § 616 BGB ausschließen*, sodass in solchen Fällen eine bezahlte Freistellung außerhalb von Urlaub oder Freizeitausgleich ausscheiden wird. § 616 BGB gilt grundsätzlich so lange, wie noch keine Arbeitsunfähigkeit vorliegt. Sobald eine (attestierte) Arbeitsunfähigkeit vorliegt, greift § 3 EZFG (Entgeltfortzahlung im Krankheitsfall).

▶ Welche Arztbesuche müssen grundsätzlich außerhalb der Arbeitszeit wahrgenommen werden und welche nicht?
- Wer akut krank ist, kann jederzeit, auch innerhalb der Arbeitszeit zum Arzt gehen – zum Beispiel akuter Zahnarztbesuch („die Wurzel schreit"), akute Verletzung („Blut spritzt"), akute Folgen einer Operation („etwas ist offen, das nicht offen sein sollte").
- Kontrolltermine und regelmäßige Check-ups, die nicht unmittelbar und sofort erforderlich sind, müssen nach Möglichkeit und Zumutbarkeit grundsätzlich außerhalb der Arbeitszeit wahrgenommen werden.
- Nachsorgetermine können akut sein, wenn eine engmaschige Kontrolle oder eine Nachsorge nach bestimmtem Zeitablauf, zum Beispiel nach einer Operation im medizinischen Behandlungsplan vorgesehen ist (zum Beispiel Fäden ziehen). Diese dürfen dann während der Arbeitszeit wahrgenommen werden.

- Beispiel für grundsätzlich nicht-akute aber auch nicht frei verschiebbare Behandlungstermine: Endokrinologietermine sind im Rahmen einer Hormonersatztherapie an den Zyklus der Hormonbehandlung gebunden und daher nur begrenzt frei planbar. Insofern kann es sein, dass diese Termine innerhalb der Arbeitszeit wahrgenommen werden müssen, wobei dann zur Geltendmachung der Lohnfortzahlung die oben genannten Voraussetzungen auch gegenüber Arbeitgeber*innen nachgewiesen werden sollten.
- **Hinweis:** Viele Tarifverträge hingegen gewähren auch für nicht-akute Arztbesuche bezahlte Freistellung, so zum Beispiel der TvöD-Bund.

Fehlzeiten aufgrund selbstbezahlter Operationen im In- oder Ausland Wie schon in Abschn. 2.4 erwähnt, werden Operationen zur Geschlechtsangleichung nicht immer von den Krankenkassen übernommen beziehungsweise manche Personen entscheiden sich für eine privatärztliche Behandlung oder eine selbstbezahlte Behandlung im Ausland.

Hier wenden Arbeitgebende bisweilen ein, dass eine privat bezahlte Behandlung keine Lohnfortzahlung im Krankheitsfall rechtfertige. Allerdings handelt es sich bei geschlechtsangleichenden Maßnahmen meistens um solche, die auf einer medizinischen Indikation beruhen, also medizinisch erforderlich sind. Wenn sich eine Person einer medizinisch erforderlichen Behandlung unterzieht, ist eine Lohnfortzahlung im Krankheitsfall angezeigt. Die Entscheidung, eine Maßnahme privat zu bezahlen, egal ob im In- oder Ausland, macht eine medizinisch indizierte Maßnahme nicht weniger erforderlich.

▶ **Wichtig**
- Behandlungstermine im Rahmen einer medizinischen Geschlechtsangleichung sind oft nur sehr schwer frei bestimmbar. Gerade außerhalb von Ballungsgebieten sind einschlägig erfahrene Spezialist*innen oft rar. Eine Terminplanung außerhalb von Arbeits- und Dienstzeit ist daher oft schwierig, aufgrund von Fahrzeiten nicht möglich oder mindestens eingeschränkt.
- Arbeitnehmende sollten sich dennoch grundsätzlich um Termine bemühen, die außerhalb der Arbeitszeit wahrgenommen werden können.
- Die Frage, ob für transspezifische Behandlungstermine Urlaub genommen, Überstunden abgebaut werden müssen oder eine bezahlte Freistellung in Frage kommt, hängt vor allem von der Natur des Behandlungstermins ab (Akut- oder Kontrolltermin, siehe vorheriger Kasten).
- Ist ein Termin außerhalb der Arbeitszeit nicht möglich, sollte man sich dies von der Praxis bescheinigen lassen, um Konflikte am Arbeitsplatz zu vermeiden.

Fehlzeiten während der Berufsausbildung Gerade junge Menschen, die eine medizinische Transition beginnen möchten, machen sich Gedanken um Fehlzeiten während ihrer Berufsausbildung. Nicht wenige verschieben sogar den Beginn ihrer medizinischen Transition und treten diese erst nach Abschluss der Ausbildung an. Dies stellt häufig eine psychische Belastung dar, denn wer sich der eigenen Transidentität bewusst ist und sich sicher ist, sozial, rechtlich und medizinisch transitionieren zu wollen und bis zu drei Jahre auf den Beginn medizinischer Maßnahmen warten muss, sieht sich mit einer von außen erzwungenen Verlängerung des Leidensdrucks konfrontiert. Was gilt rechtlich im Hinblick auf den Umgang mit Fehlzeiten in der Berufsausbildung?

Hohe Fehlzeiten während der Berufsausbildung können dazu führen, dass gemäß dem Berufsbildungsgesetz (BBiG) keine Zulassung zur Abschlussprüfung erteilt wird. Die Zulassungskriterien sind in § 43 BBiG festgelegt. Demnach muss eine in Ausbildung befindliche Person die vorgeschriebene Ausbildungszeit absolvieren, an der Zwischenprüfung teilnehmen und den schriftlichen Ausbildungsnachweis führen.

Es reicht nicht aus, die Ausbildungszeit nur nach dem Kalender abzuleisten. Die auszubildende Person muss tatsächlich anwesend gewesen sein. Bei Fehlzeiten von mehr als 10 % (bezogen auf die gesamte Dauer der Ausbildung) gilt die Ausbildungszeit als unvollständig. Ein Anspruch auf Zulassung zur Abschlussprüfung besteht jedoch weiterhin, wenn das Ausbildungsziel trotz der höheren Fehlzeiten erreicht wurde oder die Leistungen dies rechtfertigen. Um dies individuell beurteilen zu können, prüfen die zuständigen Kammern mit der Anmeldung zur Abschlussprüfung folgendes:

- Angabe der Fehlzeiten im Anmeldeformular
- Bei Fehlzeiten über 10 % zusätzlich:
  - eine detaillierte Statistik der Fehlzeiten während der gesamten Ausbildungszeit, aufgeteilt in Theorie und Praxis, sowie in entschuldigte und unentschuldigte Fehlzeiten
  - Berufsschulzeugnisse
  - Einschätzung des Ausbildungsbetriebs/Bildungsträgers zum Ausbildungs- und Leistungsstand
  - Stellungnahme der auszubildenden Person zu den Fehlzeiten mit Nachweis der nachgeholten Ausbildungsinhalte
  - vollständig geführte und kontrollierte Ausbildungsnachweishefte für alle Ausbildungsjahre

Sieht die Kammer die Zulassungsvoraussetzungen als nicht erfüllt an, entscheidet der Prüfungsausschuss über eine mögliche Nichtzulassung zur Abschlussprüfung.

Ist also schon während der Ausbildung bekannt, dass jemand hohe Fehlzeiten hat und noch haben wird, sollte konstruktiv besprochen werden, ob und wie die verpassten Ausbildungsinhalte nachgeholt werden können. Eine Verlängerung der Ausbildungszeit gemäß § 8 BBiG kann auf Antrag zu jedem Zeitpunkt der Ausbildung erfolgen. Dies ist besonders dann sinnvoll, wenn absehbar ist, dass das Ausbildungsziel aufgrund hoher Fehlzeiten nicht erreicht werden kann.

4.10 Prokura

> **Fallbeispiel**
>
> Stephan Peters hat in seinem Unternehmen Prokura. Im Handelsregister ist er allerdings noch als „Prokuristin Simone Peters" mit Geburtsdatum und Geburtsort eingetragen. Nach dem Comingout und der Alltagsumstellung auf den neuen Namen Stephan, der noch nicht amtlich eingetragen ist, tritt er durchgehend als Herr Peters auf und schließt als solcher auch Verträge im Namen der Firma. Bei Unterschriften kürzt er seinen Namen mit „S. Peters" ab. Die Geschäftsführung seiner Firma befürchtet deshalb Probleme. Zu Recht? ◂

Bei der Prokura handelt es sich um eine umfassende Handelsvollmacht mit gesetzlich festgelegtem, grundsätzlich nicht beschränkbarem Umfang (§§ 48–53 Handelsgesetzbuch, HGB) für den Betrieb eines Handelsgewerbes. Die Prokura wird einer *bestimmten Person* erteilt und wird mit der eindeutigen Erklärung der Prokura-Erteilung wirksam. Die Eintragung ins Handelsregister ist nicht Voraussetzung für das Wirksamwerden der Prokura.

Vielmehr dient die Eintragung im Handelsregister nur dazu, die Prokura publik zu machen, sodass sich die Vertragspartner nicht jedes Mal eine Vollmachtsurkunde zeigen lassen müssen, um darauf vertrauen zu können, dass ihr Gegenüber wirklich bevollmächtigt ist, Geschäfte für das Handelsgewerbe abschließen zu dürfen. Hierfür ist in § 15 HGB die Publizität des Handelsregisters geregelt. Publizität bedeutet so viel wie die „Bekanntmachung in der Öffentlichkeit." Da das Handelsregister ein öffentliches Verzeichnis ist, das für jeden einsehbar ist, hat es eine Publizitätswirkung und erzeugt damit einen Rechtsschein. Der Rechtsschein ist dabei der äußerliche Anschein, ob ein Recht besteht oder nicht. Je nachdem, ob eine bestimmte Tatsache nun im Handelsregister eingetragen ist oder nicht, unterscheidet man die negative Publizität nach § 15 I HGB und die positive Publizität nach § 15 III HGB.

Bezogen auf die Prokura bedeutet dies, dass eine Prokura zwar wirksam erteilt werden kann, solange sie jedoch nicht in das Handelsregister eingetragen ist, besteht negative Publizität, d. h. das Gegenüber kann sich nicht auf einen Rechtsschein verlassen und sollte sich einen Nachweis für die Prokura vorlegen lassen.

Sobald die Prokura eingetragen ist, besteht positive Publizität, d. h. jeder Vertragspartner kann sich darauf verlassen, dass die Person, deren Name (und zur besseren Identifizierbarkeit, auch deren Geburtsdatum und -ort) ins Handelsregister als Prokurist*in eingetragen ist, auch die Prokura, d. h. die Vollmacht hat, für das Handelsgewerbe Geschäfte abzuschließen.

In Bezug auf das obige Fallbeispiel bedeutet dies, dass der Rechtsschein besteht, dass eine Simone Peters mit einem bestimmten Geburtsdatum und -ort Prokura hat. Dass es sich hierbei um dieselbe Person handelt, die jetzt unter dem Namen Stephan Peters auftritt, ist aber aus dem Handelsregister nicht ersichtlich. Dies ändert zwar nichts an der Wirksamkeit der erteilten Prokura (die an die Person und nicht an den Namen geknüpft ist), sodass Herr Peters weiterhin im Rahmen des Handelsgeschäfts wirksam Verträge für seine Firma abschließen kann. Dabei ist es sogar für die Wirksamkeit der Verträge irrelevant, ob er diese mit „Stephan Peters", „Simone Peters" oder „S. Peters" unterschreibt, da er nachweisen kann, dass es sich bei ihm um die Person handelt, der die Prokura wirksam erteilt wurde.

Allerdings greift die positive Publizität des Handelsregisters hier rein praktisch nicht. Zwar könnte Herr Peters jederzeit nachweisen, dass es sich bei ihm um die Person handelt, die im Handelsregister noch als Frau Peters eingetragen ist, dies wäre jedoch mit einem „Zwangs-Outing" verbunden und sicherlich nicht wünschenswert. Daher ist die Lösung, Verträge zur Vermeidung von Irritationen bei Geschäftspartnern mit „S. Peters" zu unterschreiben, vorzugswürdig und rechtlich unproblematisch.

Sollte jedoch einer der Geschäftspartner gleichwohl Bedenken haben, mit Herrn Peters Verträge abzuschließen, weil im Handelsregister eine Frau Peters eingetragen ist, wäre dies verständlich. Rein praktisch ließe sich das dann nur so lösen, dass Herr Peters eine Urkunde seines Unternehmens vorlegt, aus der sich ergibt, dass Herrn Stephan Peters Prokura erteilt wird.

Sobald der Name von Herrn Peters amtlich eingetragen ist, muss die Prokura nicht neu eingetragen werden. Vielmehr kann der Name im Handelsregister einfach berichtigt werden. Hierzu reicht es aus, einen Nachweis der Namensänderung vorzulegen (wie es alltäglich bei Namensänderungen aufgrund von Heirat geschieht), sodass das Handelsregister entsprechend geändert wird. Dies ist auch deutlich kostengünstiger als die „alte" Prokura löschen und eine „neue" Prokura eintragen zu lassen.

4.11 Konfliktvermeidung und Konfliktlösung

Bezüglich möglicher Konflikte im Arbeitsumfeld möchte ich vorwegschicken: vieles an Missverständnissen und daraus erwachsenden Konflikten kann sicherlich vermieden werden – sei es, wenn die (berechtigte) Erwartungshaltung einer transitionierenden Person an Arbeitgebende nicht erfüllt wird oder es ein Missverständnis bei Personen innerhalb oder außerhalb der Organisation gibt, in der eine geschlechtsvariante Person beschäftigt ist. Ein Schlüssel zur Vermeidung oder Lösung von (potenziell) konflikträchtigen Situationen sind ganz sicherlich Kenntnisse zu geschlechtlicher Vielfalt und über Transition. Wissen schafft Verstehen und Verstehen ermöglicht Akzeptanz und einen wertschätzenden, diskriminierungsfreien Umgang (Abb. 4.1).

Abb. 4.1 Wissen und Verstehen ermöglichen Dialog und Akzeptanz

Wir möchten hier vor allem den Grundsatz vermitteln: „miteinander reden, statt aufeinander einzuschlagen" – letzteres natürlich nur im übertragenen Sinne. Kommt es also zu Konflikten im Arbeitsumfeld, sollte zunächst jemand mit Wissen um Geschlechtsvarianz und damit verbundene Rechte und Gestaltungsmöglichkeiten vermitteln und dazu beitragen, eine für alle Beteiligten akzeptable Lösung zu finden. Einen konstruktiven Dialog zu vermitteln ist oft hilfreicher, als wenn sich Fronten verhärten und sich zum Beispiel eine geschlechtsvariante Person und eine zunächst ablehnend beziehungsweise sich „gestört" fühlende Partei scheinbar unversöhnlich gegenüberstehen.

Im Zusammenhang mit LSBTI und geschlechtlicher Vielfalt kochen Emotionen bisweilen schnell hoch. Dies möglicherweise nicht zuletzt durch zum Teil stark polarisierende Presseberichterstattung und politische Strömungen, die geschlechtliche Vielfalt als „gaga" abstempeln und auf ihre politischen Agenden gesetzt haben, um ein „wir gegen die da"-Gefühl in ihrem Adressat*innenkreis zu erzeugen. Unserer Wahrnehmung nach ist die Aufgeschlossenheit in unserer Gesellschaft gegenüber Transidentitäten (noch) gut, insbesondere im Vergleich mit Gesellschaften, die Homo- und Bisexualität mittlerweile zu einem großen Teil ablehnen und stigmatisieren und Transidentität und Rechte von transidenten Menschen verschwinden lassen (wollen).

Zur zum Teil starken Emotionalität in öffentlichen Diskussionen und auch konkreten Auseinandersetzungen im Zusammenhang mit „trans" und „Gender" sei angemerkt: Menschen reagieren umso heftiger, je weniger sie etwas kennen und verstehen. Um Wissen zu vermitteln und Verstehen zu ermöglichen, haben wir dieses Buch geschrieben. In den Handreichungen für die Praxis wird hoffentlich deutlich, dass viele Konfliktsituationen vermeidbar sind, da es durchaus rechtliche Regelungen für den Umgang mit Transidentität und dem sogenannten dritten Geschlecht im Arbeitsumfeld gibt. Auf Basis des Grundgesetzes (Menschenwürde), des allgemeinen Persönlichkeitsrechts, des Rechts auf Unversehrtheit, des Allgemeinen Gleichbehandlungsgesetzes und arbeitsrechtlicher Grundsätze wie unter anderem der Fürsorgepflicht der Arbeitgebenden sollte klar sein, dass niemand aufgrund der Geschlechtszugehörigkeit und geschlechtlichen Identität (ob geschlechtsvariant oder nicht) benachteiligt werden darf. Wenn zudem die wichtigsten Rechte, die transitionierende Personen gerade auch im Arbeitskontext haben (richtige Anrede, Offenbarungsverbot, Zeugnisänderungen etc.) verstanden wurden, sollte das Konfliktpotenzial deutlich reduziert sein.

Natürlich gibt es auch Situationen, in denen ein vermittelnder Lösungsansatz nicht (mehr) umsetzbar ist. In solchen Fällen gibt es die Möglichkeit, zivil-, arbeits- oder öffentlich-rechtliche Ansprüche außergerichtlich oder gerichtlich durchzusetzen. Wir hoffen gleichwohl, mit unserem Ansatz der Wissensvermittlung und Dialogbereitschaft sowie inner- und außerbetrieblicher Beratung und Unterstützung Wege aufgezeigt zu haben, die eine rechtliche Konfrontation vermeiden können.

Es ist daher wichtig, dass zumindest ausgewählte Personen innerhalb einer Organisation zu Transidentität, vielfältigen Geschlechtsidentitäten und dem Umgang damit geschult sind. Das können Gleichstellungsbeauftragte sein Betriebsratsangehörige, Ansprechpersonen in LSBTI-Netzwerken, Personalabteilungen oder Personen auf der Vorstands- beziehungsweise Leitungsebene etc.

Beschwerderecht im AGG Wenn Vermittlung nicht hilft, kann das AGG helfen:

§ 13 Abs. 1 AGG (Beschwerderecht)
Die Beschäftigten haben das Recht, sich bei den zuständigen Stellen des Betriebs, des Unternehmens oder der Dienststelle zu beschweren, wenn sie sich im Zusammenhang mit ihrem Beschäftigungsverhältnis vom Arbeitgeber, von Vorgesetzten, anderen Beschäftigten oder Dritten wegen eines in § 1 genannten Grundes benachteiligt fühlen. Die Beschwerde ist zu prüfen und das Ergebnis der oder dem beschwerdeführenden Beschäftigten mitzuteilen.

Hieraus geht hervor, dass es Anlaufstellen für Beschwerden in (potenziellen) Diskriminierungsfällen in einem Betrieb beziehungsweise einer Dienststelle geben muss. Möchte eine von Diskriminierung aufgrund ihres Geschlechts oder ihrer Geschlechtsidentität betroffene Person keine interne Stelle aus Furcht vor (weiterer) Benachteiligung einbeziehen, sind auch externe Stellen ansprechbar, zum Beispiel die Antidiskriminierungsstelle des Bundes, LSBTI-Organisationen, Beratungsstellen wie AIDS-Hilfen und ProFamilia etc. Eine weitere Lösungsmöglichkeit könnte intern oder extern unterstützte Mediation, also eine außergerichtliche Streitbeilegung, sein. In einem ersten Schritt zur Klärung von Konflikten sollten aber nach Möglichkeit die Beteiligten miteinander sprechen (können).

Literatur

1. BVerfG, 10. Okt. 2017, Az. 1 BvR 2019, BVerfG, 10. Okt. 2017, Az. 1 BvR 2019/16, https://www.bundesverfassungsgericht.de/SharedDocs/Downloads/DE/2017/10/rs20171010_1bvr201916.pdf?__blob=publicationFile&v=2, zugegriffen am 04.05.2021.
2. BVerfG, 15. Aug. 1996, Az. 2 BvR 1833/95, https://dejure.org/dienste/vernetzung/rechtsprechung?Gericht=BVerfG&Datum=15.08.1996&Az.=2%20BvR%201833/95, zugegriffen am 04.05.2021.
3. BVerfG, 27. Okt. 2011, Az. 1 BvR 2027/11, https://www.bundesverfassungsgericht.de/SharedDocs/Entscheidungen/DE/2011/10/rk20111027_1bvr202711.html, zugegriffen am 13.06.2021.
4. BGH, 13. Mrz. 2018, Az. VI ZR 143/17, Beschluss zur Abweisung der Revision, http://juris.bundesgerichtshof.de/cgi-bin/rechtsprechung/document.py?Gericht=bgh&Art=en&nr=82652&pos=0&anz=1, zugegriffen am 13.06.2021.
5. LG Frankfurt am Main, 03. Dez. 2020, Az. 2-13 O 131/20, https://openjur.de/u/2309736.html, zugegriffen am 13.06.2021.
6. BVerfG, 17. Okt. 2017, Az. 1 BvR 747/17, https://www.bundesverfassungsgericht.de/SharedDocs/Entscheidungen/DE/2017/10/rk20171017_1bvr074717.html, zugegriffen am 13.06.2021.
7. BAG, 21. Feb. 1991, Az. 2 AZR 449/90, https://research.wolterskluwer-online.de/document/27aba962-7618-4962-b35c-4ea4d3e32d47, zugegriffen am 13.06.2021.
8. EuGH, 30. Apr. 1996, Az. C-13/94, https://eur-lex.europa.eu/legal-content/DE/ALL/?uri=CELEX%3A61994CJ0013, zugegriffen am 13.06.2021.
9. BAG, 30. Sep. 2014, Aktenzeichen 1 AZR 1083/12, https://dejure.org/ext/a3fafd8106dffaee4b281dd7e7e11e68, zugegriffen am 26.07.2024.

10. LAG Berlin, 02. Okt. 1990, Az. 10 Sa 57/90; 10 Sa 64/90, Leitsatz zugänglich über https://www.juris.de/jportal/prev/KARE368021038, Volltext liegt vor, zugegriffen am 26.07.2024.
11. Medizinischer Dienst des Spitzenverbandes Bund der Krankenkassen (MDS), *Begutachtungsanleitung, Richtlinie des GKV-Spitzenverbandes nach § 282 SGB V, Geschlechtsangleichende Maßnahmen bei Transsexualismus (ICD-10, F64.0)*, https://www.mds-ev.de/fileadmin/dokumente/Publikationen/GKV/Begutachtungsgrundlagen_GKV/BGA_Transsexualismus_201113.pdf, zugegriffen am 26.07.2024.
12. Runderlass des Niedersächsischen Kultusministeriums, *Nachträgliche Ausstellung von Prüfungs- und Abschlusszeugnissen (Zweitausfertigung) bei besonders geschützten Namensänderungen oder aufgrund von Rekonstruktionen* (RdErl. d. MK vom 6.11.2013 – 16-11 174), http://www.schure.de/22410/16,11174.htm, zugegriffen am 26.07.2024.
13. BAG, 29. Feb. 1984, Az. 5 AZR 455/81, https://www.prinz.law/urteile/BAG_5_AZR_455-81, zugegriffen am 26.07.2024.
14. LAG Niedersachsen, 8. Feb. 2018, Az. 7 Sa 256/17, http://www.rechtsprechung.niedersachsen.de/jportal/?quelle=jlink&docid=JURE180004322&psml=bsndprod.psml&max=true, zugegriffen am 26.07.2024.

Arbeitsrecht des öffentlichen Dienstes

5

Michael A. Else

Inhaltsverzeichnis

5.1	Einführung: Der öffentliche Dienst als Arbeitgeber	114
	5.1.1 Der öffentliche Dienst	114
	5.1.2 Arbeitsrecht im öffentlichen Dienst	116
	5.1.3 Beamtenrecht	117
5.2	Rechte und Pflichten im Beamtenverhältnis	120
	5.2.1 Dienstpflichten	120
	5.2.2 Sanktionen bei Pflichtverletzungen	122
	5.2.3 Einzelne Pflichtengruppen	123
5.3	Besonderheiten des Beamtenverhältnisses	132
	5.3.1 Bewerbung und Auswahl	132
	5.3.2 Schutz vor Mobbing	135
	5.3.3 Schadensersatzansprüche bei Mobbing	136
5.4	Gesundheitliche Prüfungen im Beamtenverhältnis	138
5.5	Erkrankung und Dienstunfähigkeit	139
	5.5.1 Erkrankung, Arbeitsunfähigkeit und Dienstunfähigkeit	139
	5.5.2 Dauernde Dienstunfähigkeit	140
	5.5.3 Versetzung in den Ruhestand	141
5.6	Tarifangestellte: gesundheitliche Prüfung	142
5.7	Änderung von Urkunden und Personalakten	143
	5.7.1 Personalakte	145
	5.7.2 Ernennungsurkunde	148
5.8	Personalvertretungen	149
	5.8.1 Geltungsbereich des Personalvertretungsrechts	149
	5.8.2 Zusammenarbeit zwischen Personalvertretung und Dienststelle	151
	5.8.3 Relevante Gruppen der Mitbestimmung und Mitwirkung	152
	5.8.4 Mitbestimmung in organisatorischen Angelegenheiten	155
	5.8.5 Anhörung bei Baumaßnahmen von Diensträumen	157
Literatur		157

M. A. Else (✉)
Wiesbaden, Deutschland
e-mail: mail@else-schwarz.de

Zusammenfassung

Der öffentliche Dienst als größter Arbeitgeber Deutschlands steht vor der besonderen Herausforderung, die Vielfalt der Gesellschaft nicht nur in seiner Belegschaft widerzuspiegeln, sondern auch deren unterschiedlichen Bedürfnissen gerecht zu werden. Dies gilt in besonderem Maße für den Umgang mit transidenten Beschäftigten, deren rechtliche Situation durch das komplexe Zusammenspiel von Beamten- und Arbeitsrecht geprägt ist. Während für Tarifbeschäftigte vorrangig das allgemeine Arbeitsrecht gilt, unterliegen Beamt*innen einem besonderen Regelungsgefüge mit eigenen Rechten und Pflichten. Das folgende Kapitel beleuchtet im Schwerpunkt die spezifischen Herausforderungen und rechtlichen Rahmenbedingungen für transidente Beschäftigte im Beamtenverhältnis – von der Bewerbung über die Einstellung, ärztliche Untersuchungen und Fragen der Dienstfähigkeit bis hin zur praktischen Dienstausübung. Dabei werden auch der Offenbarungsschutz, die Möglichkeiten zur Änderung von Personalaktendaten sowie die unterstützende Rolle der Personalvertretung behandelt.

5.1 Einführung: Der öffentliche Dienst als Arbeitgeber

Zum 30.06.2023 zählte das Statistische Bundesamt mehr als 5,3 Mio. Beschäftigte im öffentlichen Dienst als Angestellte oder Beamte, das sind 12 % aller Erwerbstätigen in Deutschland [1]. Damit ist der öffentliche Dienst der größte Arbeitgeber in Deutschland. Gleichzeitig bietet er das größte Aufgabenspektrum an Berufs- und Beschäftigungsbildern. Dies hat zur Folge, dass die Beschäftigten des öffentlichen Dienstes auch das gesamte Spektrum der Gesellschaft widerspiegeln. Unzählige Besonderheiten und Eigenarten sind zu berücksichtigen. Dazu gehören unterschiedliche Lebensmodelle und Lebenssituationen, verschiedene Herkünfte, gesundheitliche Einschränkungen, besondere Anforderungen an eine Tätigkeit, zahlreiche Bildungsniveaus bzw. Qualifikationen, aber auch die ganze Varianz der Geschlechter und Identitäten.

5.1.1 Der öffentliche Dienst

Eine Tätigkeit im öffentlichen Dienst bedeutet nicht nur, für den Staat und die öffentliche Hand zu arbeiten, sondern auch für das Gemeinwohl. Der öffentliche Dienst in seiner Gesamtheit sorgt dafür, dass unser Gemeinwesen in Deutschland funktioniert und die anstehenden Aufgaben erfüllt werden. Dabei sind die Arbeitsfelder so vielfältig wie die Aufgaben von Staat und Verwaltung in den Bereichen Bildung (z. B. Lehrer*innen, Hochschulpersonal), soziale Sicherung (z. B. Mitarbeiter*innen gesetzlicher Versicherungen), öffentliche Sicherheit (z. B. Polizist*innen), Justiz (z. B. Richter*innen, Staatsanwält*innen, Rechtsanwält*innen, in Gerichten, Staatsanwaltschaften, Justizvollzug), Politik und politische Verwaltung (z. B. Beschäftigte in Ministerien), Finanzverwaltung (z. B. Finanzbeamt*innen), Verteidigung (z. B. Soldat*innen) und vielen weiteren Bereichen, sei es in Kindertagesstätten, in der Forstverwaltung oder beim Deutschen Wetterdienst [2]. Die meisten Beschäftigten sind bei den Ländern und Kommunen tätig, der Bund gilt als Arbeitgeber von knapp 10 % der öffentlich Bediensteten (Abb. 5.1).

Eine Beschäftigung im öffentlichen Dienst erfolgt entweder in einem Angestelltenverhältnis in Form der Tarifbeschäftigung oder in einem Beamtenverhältnis, wozu auch die Tätigkeiten als Richter*in und Soldat*in in einem besonderen Dienstverhältnis gehören. Tarifbeschäftigte dominieren den öffentlichen Dienst mit knapp 3,3 Mio. Arbeitsverhältnissen, gegenüber ungefähr 1,7 Mio. Beamt*innen und 170.000 Berufs- und Zeitsoldat*innen. Nicht jede Tätigkeit im öffentlichen Dienst muss von verbeamteten Personen ausgeführt werden. Nur wenn es sich um sogenannte hoheitliche Tätigkeiten handelt, sind diese unverzichtbar.

Das öffentliche Dienstrecht als Oberbegriff beschreibt die Regelungen der Beschäftigungsverhältnisse für Angestellte und Beamt*innen. Für Tarifbeschäftigte gelten neben dem allgemeinen Arbeitsrecht besondere Regelungen aus Tarifverträgen des Bundes und der Länder sowie anderer Tarifvertragsparteien, ergänzt durch besondere Regelungen und Grundsätze für den öffentlichen Dienst. Das Beamtenrecht ist geprägt durch ein eigenes Regelungsgefüge aus Gesetzen des Bundes und der Länder mit weitergehenden Vorschriften, die für alle Beamt*innen aller Dienstherrn einschließlich der Kommunen gelten.

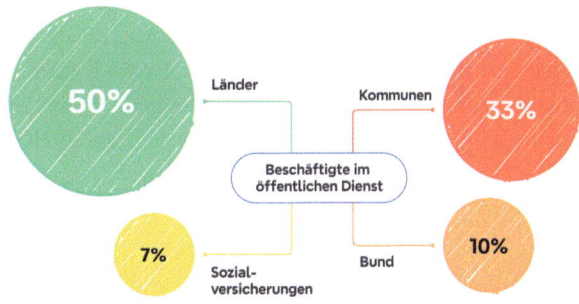

Abb. 5.1 Verteilung der Beschäftigten im öffentlichen Dienst nach Beschäftigungsbereichen. (Quelle: BMI [2])

5.1.2 Arbeitsrecht im öffentlichen Dienst

Das Arbeitsrecht im öffentlichen Dienst stellt das privatrechtliche Gegenstück zu einer Beschäftigung in einem Beamtenverhältnis als Beamt*in, Soldat*in oder Richter*in dar. Es findet Anwendung, wenn ein Arbeitsverhältnis mit einer juristischen Person des öffentlichen Rechts eingegangen wird. Dazu gehören alle Verwaltungen des Bundes, der Länder und Kommunen sowie Körperschaften, Anstalten und Stiftungen des öffentlichen Rechts sowie die Gerichte, Justiz- und Betriebsverwaltungen. Die Beschäftigten in diesem kurz als „öffentlicher Dienst" bezeichneten Arbeitsbereich werden auch als Tarifbeschäftigte oder Tarifangestellte bezeichnet.

Das Arbeitsrecht des öffentlichen Dienstes baut auf dem „normalen" Arbeitsrecht der Privatwirtschaft auf und wird durch verschiedene Regelungen ergänzt und modifiziert. Wie das private Arbeitsrecht umfasst das Arbeitsrecht des öffentlichen Dienstes individual- und kollektivrechtliche Regelungen, berücksichtigt aber die Besonderheiten des öffentlichen Dienstes. Der Staat bzw. die öffentliche Hand als Arbeitgeberin ist an Grundrechte und bestimmte Verfahrensgrundsätze gebunden. Die Beschäftigung erfolgt daher überwiegend in Dienststellen mit Behördenstruktur. Die Kolleg*innen sind häufig Personen im Beamtenverhältnis, die nicht selten sogar die gleichen Aufgaben ausüben. Es werden öffentliche Aufgaben und Zwecke verfolgt, keine wirtschaftlichen. Eine Beschäftigung im öffentlichen Dienst erfolgt sogar auf verfassungsrechtlicher Grundlage. Nach Art. 33 Abs. 2 Grundgesetz (GG) hat jede Deutsche und jeder Deutsche im Sinne des Grundgesetzes nach Eignung, Befähigung und fachlicher Leistung gleichen Zugang zu jedem öffentlichen Amt. Dementsprechend ist die Privatautonomie (Vertragsfreiheit) im öffentlichen Dienst eingeschränkt und auf kollektive Regelungen zur Ausgestaltung der Arbeitsverhältnisse ausgerichtet. Grundlage der Beschäftigung sind daher tarifvertraglich ausgehandelte Vorschriften, wie der Tarifvertrag für den öffentlichen Dienst (TVöD) für verschiedene Bereiche, beispielsweise der TVöD-K für Krankenhäuser oder der TVöD-V mit einem besonderen Teil für die Verwaltungen. Für die Länder gibt es eigene Bestimmungen, beispielsweise im TV-L, mit Ausnahme des Landes Hessen, das einen eigenen Tarifvertrag (TV-H) hat. Gegenstand der Regelwerke sind Grundsätze für Arbeitsverträge, Einstellungen, Versetzungen, Eingruppierungen, Entgelte, Arbeitszeiten und vieles mehr, die je nach Bereich den beamtenrechtlichen Vorschriften angenähert sind.

Entscheidet sich eine staatliche Stelle dagegen, eine Tätigkeit in privatrechtlicher Organisationsform auszuüben (z. B. ein kommunaler Eigenbetrieb in Form einer GmbH), so gelten die Regelungen des privaten Arbeitsrechts uneingeschränkt, Besonderheiten des öffentlichen Arbeitsrechts sind nicht zu beachten.

Die Unterschiede zwischen öffentlichem Dienst und privaten Arbeitgebern werden bei der gesetzlich geregelten Arbeitnehmermitbestimmung deutlich. In der Privatwirtschaft gilt das Betriebsverfassungsgesetz (BetrVG). Unter einer Betriebsverfassung ist die grundlegende Ordnung der Zusammenarbeit zwischen Arbeitgeber*in und der von den Arbeitnehmer*innen gewählten betrieblichen Interessenvertretung (Betriebsrat) zu verstehen. Mit den Personalvertretungsgesetzen des Bundes und der Länder (BPersVG oder LPersVG) bestehen ebenfalls Verfassungen zur Ausgestaltung der Zusammenarbeit von Dienststellenleitung und Beschäftigten im öffentlichen Dienst mit den Instrumenten Unterrichtung, Mitbestimmung und Mitwirkung durch Personalvertretungen (Personalräte).

Die Tätigkeit für eine staatliche bzw. öffentliche Stelle bedeutet zugleich, dass Beschäftigte sich ihrer Rolle in besonderem Maße bewusst sind und die verfassungsrechtlichen Grundsätze verinnerlicht haben. Ebenso wie Beamt*innen haben auch Tarifbeschäftigte bestimmte dienstliche Pflichten zu beachten, was sich auch in einem vertrauensvollen und diskriminierungsfreien Umgang mit geschlechtlichen Identitäten ausdrückt.

5.1.3 Beamtenrecht

Jede Beamtin und jeder Beamte steht in einem öffentlich-rechtlichen Dienst- und Treueverhältnis zum jeweiligen Dienstherrn. Aber nicht jede öffentliche Stelle kann Dienstherr sein und Beamte einstellen. Das Recht, Beamt*innen zu haben, steht nur dem Bund, den Ländern, den Gemeinden und Gemeindeverbänden sowie den sonstigen Körperschaften, Anstalten und Stiftungen des öffentlichen Rechts zu, wenn sie dieses Recht schon immer besessen haben oder es ihnen durch Gesetz verliehen wird. Solche Institutionen besitzen als Körperschaften des öffentlichen Rechts die so genannte Dienstherreneigenschaft und können Beamtenverhältnisse begründen.

Der Begriff „Dienstherr" klingt unter dem Gesichtspunkt der Geschlechtergerechtigkeit wie ein Relikt aus einer vergangenen Gesellschaft. Anders wie man es vermuten mag, bezieht sich der Begriff nicht spezifisch auf ein Geschlecht und wird in der Rechtssprache geschlechtsneutral verwendet. Nach einem Aufsatz von Bettina Werres und Dr. Stefan Werres [3] lässt sich der Begriff des „Herrn" auch nicht historisch erklären, als noch Monarchen Bezugsperson eines persönlichen Treueverhältnisses waren. Nach Werres sei der Begriff „Dienstherr" erst entstanden, als es den „Herrn" als Dienstherrn im engeren Sinne gar nicht mehr gab und es sich eher um einen Kunstbegriff handele. Erst das deutsche Beamtengesetz von 1937 habe den Begriff erstmals aufgegriffen. In Österreich hingegen kennt man den Begriff des Dienstherrn nicht einmal. Dort wird die Bezeichnung „Dienstgeber" allgemein für alle Beschäftigungsverhältnisse im öffentlichen Dienst verwendet, sei es in öffentlich-rechtlicher Ausgestaltung für Beamt*innen oder in privatrechtlicher für sogenannte Vertragsbedienstete. Zusammenfassend lässt sich sagen, dass der Begriff „Dienstherr" zwar historisch gewachsen ist, aber in seiner modernen Verwendung eine geschlechtsneutrale, juristische Bedeutung hat und sich auf die Institution bezieht, die verbeamtete Personen beschäftigt, unabhängig vom Geschlecht, von Führungspersonen oder Beschäftigten.

Die Rechte und Pflichten im Dienstverhältnis der Beamt*innen gegenüber dem Dienstherrn ergeben sich unmittelbar aus den öffentlich-rechtlichen Bestimmungen des Beamtenrechts. Dieses Verhältnis wird auch als „besonderes Gewaltverhältnis" bezeichnet, da mit dem Eintritt in das Beamtenverhältnis zugleich Grundrechtseinschränkungen verbunden sind, die sich unter anderem in besonderen Pflichten der Beamt*innen niederschlagen. Insofern unterscheidet sich das Beamtenverhältnis wesentlich vom Dienstverhältnis der Angestellten im öffentlichen Dienst, deren Pflichten sich aus privatrechtlichen Regelungen in Arbeitsverträgen und Tarifverträgen ergeben.

Aus Art. 33 GG ergibt sich die Grundlage für alle beamtenrechtlichen Regelungen in Deutschland.

Artikel 33 Grundgesetz
(1) Jeder Deutsche hat in jedem Lande die gleichen staatsbürgerlichen Rechte und Pflichten.
(2) Jeder Deutsche hat nach seiner Eignung, Befähigung und fachlichen Leistung gleichen Zugang zu jedem öffentlichen Amte.
(3) Der Genuß bürgerlicher und staatsbürgerlicher Rechte, die Zulassung zu öffentlichen Ämtern sowie die im öffentlichen Dienste erworbenen Rechte sind unabhängig von dem religiösen Bekenntnis. Niemandem darf aus seiner Zugehörigkeit oder Nichtzugehörigkeit zu einem Bekenntnisse oder einer Weltanschauung ein Nachteil erwachsen.
(4) Die Ausübung hoheitsrechtlicher Befugnisse ist als ständige Aufgabe in der Regel Angehörigen des öffentlichen Dienstes zu übertragen, die in einem öffentlich-rechtlichen Dienst- und Treueverhältnis stehen.
(5) Das Recht des öffentlichen Dienstes ist unter Berücksichtigung der hergebrachten Grundsätze des Berufsbeamtentums zu regeln und fortzuentwickeln.

Das Grundgesetz verweist mit der Formulierung in Art. 33 Abs. 5 „der hergebrachten Grundsätze" auf Regelungen, die erstmals 1919 in der Weimarer Reichsverfassung formuliert wurden. Daran muss sich auch heute noch jede beamtenrechtliche Norm messen lassen, was die Gerichte immer wieder beschäftigt. Neben den gesetzlichen Regelungen sind daher immer auch die Ausformungen durch zahlreiche Gerichtsentscheidungen zu beachten, die die althergebrachten Grundsätze des Berufsbeamtentums fortentwickeln.

Bis zum Jahr 2009 bestand in Deutschland noch eine gewisse Einheitlichkeit der Regelungen. Das bis dahin geltende Beamtenrechtsrahmengesetz (BRRG) gab einen einheitlichen Rahmen vor, der von den Ländern zwingend zu beachten war. Auch für alle Landesbeamt*innen galten überwiegend bundesrechtliche Bestimmungen, wie das Beamtenversorgungsgesetz (BeamtVG), das unter anderem die Ruhegehälter und Ansprüche bei Dienstunfällen regelt.

Seit 2009 liegt die Gesetzgebungskompetenz für die Landesbeamt*innen nach einer Föderalismusreform jedoch bei den jeweiligen Bundesländern. Diese haben nur noch die Vorgaben des Beamtenstatusgesetzes (BeamtStG) als „übergeordnetes Gesetz" und natürlich das Grundgesetz zu beachten. Nach nunmehr 15 Jahren Entwicklung haben alle Länder eigene Regelungen erlassen. Die neuen Regelungen sind im Allgemeinen sehr ähnlich und orientieren sich noch an den bisherigen Gesetzen des Bundes. Allerdings werden immer mehr Besonderheiten erkennbar und die ehemals einheitlichen Regelungen entwickeln sich immer weiter auseinander.

"Das" Beamtenrecht gibt es also nicht. In Deutschland gibt es 17 unterschiedliche beamtenrechtliche Regelungssysteme, wenn man Kirchenbeamt*innen und andere besondere Gruppen wie Soldat*innen und Richter*innen außer Acht lässt. Allein das Beamtenstatusgesetz (BeamtStG) gilt einheitlich für alle Beamt*innen in Bund und Ländern und gibt die wichtigsten Grundlagen für diese vor.

Wichtige Regelungen
Das BeamtStG ist immer in Verbindung mit dem jeweiligen Bundes- oder Landesrecht zu beachten. Wichtige Regelungen finden sich etwa in:

- Bundes-/Landesbeamtengesetz – BBG, bzw. meist „LBG" mit Länderkürzel
- Bundes-/Landesbeamtenbesoldungsgesetz – BBesG, bzw. meist „LBesG" enthält Regelungen über die laufenden Bezüge und Zulagen im aktiven Beamtenverhältnis
- Bundes-/Landesbeamtenversorgungsgesetz – BBeamtVG, bzw. meist „LBeamtVG" enthält Regelungen über das Ruhegehalt, aber auch zur Dienstunfallfürsorge
- Beihilfeverordnungen wie BBhV enthält Regelungen über die Gewährung von Beihilfe im Krankheitsfall
- Verordnungen über Arbeitszeit und Urlaub
- Spezielle Reglungen für besondere Beamtengruppen, wie etwa im Kultusbereich

Das Beamtenverhältnis wird durch eine Ernennung begründet. Es ist grundsätzlich auf Lebenszeit angelegt, je nach Zweck gibt es aber auch andere Beamtenverhältnisse. Dazu zählen das Beamtenverhältnis auf Widerruf (für Zwecke der Ausbildung wie etwa Lehramtsreferendar*innen oder Anwärter*innen auf bestimmte beamtenrechtliche Laufbahnen wie die der Polizei oder der allgemeinen Verwaltung), das Beamtenverhältnis auf Probe als Vorstufe in das Dienstverhältnis auf Lebenszeit oder das Beamtenverhältnis auf Zeit (für die zeitlich befristete Wahrnehmung einer Funktion wie etwa gewählte Kommunalbeamt*innen). Richter*innen kommt durch ihre verfassungsrechtlich verbürgte Unabhängigkeit ein Sonderstatus zu. Für diese gelten grundsätzlich beamtenrechtliche Regelungen, allerdings unter Beachtung besonderer gesetzlicher Vorschriften für das Dienstverhältnis der Richter*innen. Ähnliches gilt auch für Personen in einem Wehrdienstverhältnis, also für Soldat*innen.

Jedes Dienstverhältnis ist immer auch ein Stück weit ein laufendes Verwaltungsverfahren, das jede verbeamtete Person über die ganze Laufbahn bis in den Ruhestand hinein begleitet. So richtig bewusst wird das vielen Beamt*innen erst, wenn sie die Verwaltung am eigenen Leib erfahren. Etwa wenn es um rechtliche Verfahren geht, wie Bewerbungsverfahren, Beförderungen, abgelehnte Beihilfeleistungen oder Verfahren im Zusammenhang mit der Dienstfähigkeit. Auch wenn nicht jede Entscheidung im Beamtenverhältnis einen so genannten Verwaltungsakt darstellt, so sind doch die grundlegenden Weichenstellungen im Beamtenverhältnis als solche einzuordnen. Verwaltungsakte unterliegen strengen Formvorschriften. Nachträgliche Änderungen sind nach Eintritt der Bestandskraft nur unter engen Voraussetzungen zulässig und teilweise gar nicht vorgesehen.

Dies betrifft insbesondere die so genannten Statusentscheidungen, mit denen man in das Beamtenverhältnis berufen oder aus ihm entlassen wird oder eine Beförderung ein höheres Amt erhält, um nur einige zu nennen. Im Laufe eines Beamtenverhältnisses sammelt sich eine Vielzahl von Dokumenten und Unterlagen an, die in einer fortlaufend und lückenlos zu führenden Personalakte abgelegt werden. Diese Dokumente und Unterlagen enthalten personenbezogene Daten, die bereits mit den Bewerbungsunterlagen beginnen und viele „hoheitliche Vorgänge" beinhalten, deren spätere Änderung eigentlich nicht vorgesehen ist. Dies birgt offensichtlich ein Spannungsfeld zum Offenbarungsverbot in § 13 SBGG, auf das in Abschn. 1.4.2 eingegangen wird.

5.2   Rechte und Pflichten im Beamtenverhältnis

Das öffentlich-rechtliche Treueverhältnis geht mit einem gegenseitigen Versprechen einher: Dienstherrn verpflichten sich zu einer lebenslangen Fürsorge- und Schutzpflicht gegenüber ihren Beamt*innen, wozu insbesondere die Sicherstellung eines angemessenen Lebensunterhalts auch im Krankheitsfall und im Ruhestand gehören („Alimentationsverpflichtung"). Im Gegenzug sichern Beamt*innen ihre Treue zu, was sich vor allem in bestimmten Dienstpflichten ausdrückt. Als „Lebenslange Versorgung gegen Treue" kann dieses Verhältnis vereinfacht ausgedrückt werden.

5.2.1   Dienstpflichten

Einen verbindlichen und abschließenden Katalog von Dienstpflichten gibt es nicht. In den für Beamt*innen geltenden Gesetzen werden allgemeine Prinzipien formuliert, die erst einem konkreten Sachverhalt zugeordnet werden müssen. Oder es werden unbestimmte Rechtsbegriffe verwendet, die im Einzelfall auszulegen sind und Ermessensspielräume eröffnen. Rechtsgrundlagen finden sich zum Beispiel in § 33 bis § 37 Beamtenstatusgesetz, in den Landesbeamtengesetzen oder, grundlegend abgeleitet aus dem verfassungsrechtlich verankerten Dienst- und Treueverhältnis, aus Art. 33 Abs. 5 GG.

Die Dienstpflichten im Beamtenrecht umfassen verschiedene zentrale Pflichtengruppen. An erster Stelle stehen die allgemeine und politische Treuepflicht sowie die Gemeinwohl- und Neutralitätspflicht. Ergänzt werden diese durch die Mäßigungs- und Zurückhaltungspflicht sowie die Pflicht zu achtungs- und vertrauenswürdigem Verhalten. Hinzu kommen die Dienstleistungspflicht, die sowohl den vollen persönlichen Einsatz als auch die Pflicht zur Gesunderhaltung beinhaltet, sowie die Beratungs- und Unterstützungspflicht mit der damit verbundenen Folgepflicht zur Ausführung von Weisungen. Wichtig ist dabei, dass diese Dienstpflichten nicht nur die Beamt*innen selbst betreffen, sondern auch für Dienstherrn gelten. Die praktische Umsetzung erfolgt dann vorrangig durch die Beschäftigten im Namen des Dienstherrn.

Grundpflichten gemäß Beamtenstatusgesetz (BeamtStG)
§ 33 Abs. 1 Grundpflichten

Beamtinnen und Beamte dienen dem ganzen Volk, nicht einer Partei. Sie haben ihre Aufgaben unparteiisch und gerecht zu erfüllen und ihr Amt zum Wohl der Allgemeinheit zu führen. Beamtinnen und Beamte müssen sich durch ihr gesamtes Verhalten zu der freiheitlichen demokratischen Grundordnung im Sinne des Grundgesetzes bekennen und für deren Erhaltung eintreten.

Die Treuepflicht beinhaltet zuallererst die Pflicht zur Verfassungstreue, also die Achtung und das Eintreten für die freiheitlich-demokratische Grundordnung.

Treuepflicht
Das Bundesverfassungsgericht hat dies in einer wegweisenden Entscheidung im Jahr 1975 (Beschluss vom 22.5.1975 – 2 BvL 13/73 „Radikale im öffentlichen Dienst" [4]) so formuliert:

> „Die Treuepflicht gebietet, den Staat und seine geltende Verfassungsordnung, auch soweit sie im Wege einer Verfassungsänderung veränderbar ist, zu bejahen und dies nicht bloß verbal, sondern insbesondere in der beruflichen Tätigkeit dadurch, daß der Beamte die bestehenden verfassungsrechtlichen und gesetzlichen Vorschriften beachtet und erfüllt und sein Amt aus dem Geist dieser Vorschriften heraus führt. Die politische Treuepflicht fordert mehr als nur eine formal korrekte, im Übrigen uninteressierte, kühle, innerlich distanzierte Haltung gegenüber Staat und Verfassung; sie fordert vom Beamten insbesondere, daß er sich eindeutig von Gruppen und Bestrebungen distanziert, die diesen Staate, seine verfassungsmäßigen Organe und die geltende Verfassungsordnung angreifen, bekämpfen und diffamieren."

Zur aktiven Wahrung der Treuepflicht ist daher nicht nur das Eintreten für die Gewährung der Grundrechte unerlässlich, sondern auch die Einhaltung sämtlicher, verfassungsgemäßer Rechtsnormen. Alle Beamt*innen sind daher in besonderem Maße verpflichtet, die Grundrechte mit Leben zu erfüllen und die Gesetze zu deren Umsetzung (wie etwa zur Gleichbehandlung und Gleichberechtigung) zu achten, Diskriminierungen entgegenzutreten und politische Grundsatzentscheidungen mitzutragen – auch wenn diese nicht vollständig mit der eigenen privaten Überzeugung übereinstimmen.

Diese Pflichten wirken sich auch auf das Vorgesetztenverhältnis und das kollegiale Miteinander aus. Beamt*innen haben ihre Vorgesetzten zu achten und ihren Anweisungen zu folgen. Sie haben das Recht, Entscheidungen zu hinterfragen. Hintergrund ist die persönliche Verantwortung für die Rechtmäßigkeit dienstlicher Handlungen. Die Ausführung einer rechtswidrigen Weisung kann eine Pflichtverletzung darstellen, sodass sich die beiden Seiten gegenseitig kontrollieren. Meinungsverschiedenheiten sind auf sachlicher Ebene auszutragen, Beleidigungen und Verleumdungen sind auf allen Ebenen zu unterlassen. Die Zusammenarbeit ist wertschätzend, kollegial und hilfsbereit zu gestalten. Insbesondere Diskriminierungen oder auch nur herabsetzende „Lästereien" über andere Personen sind aktiv zu unterbinden.

Auch Vorgesetzte sind Beamte. Die Pflichten treffen sie gleichermaßen, wenn auch in anderer Ausprägung. Sie haben eine Vorbildfunktion. Gerade in sensiblen Situationen müssen sie vorausschauend handeln, dienstliche Werte vorleben und Beschäftigte führen.

Dies gilt in besonderem Maße für die Achtung der geschlechtlichen Identität und in Transitionsprozessen. Eine erfolgreiche Kommunikation und Integration innerhalb einer Dienststelle und auch nach außen steht und fällt daher nicht selten mit dem Verständnis und der guten Führung der Vorgesetzten. Unterstützend wirkt die Verschwiegenheitspflicht, die einerseits eine frühzeitige Information und Offenbarung gegenüber Vorgesetzten unterstützt und andererseits z. B. Sachbearbeiter*innen der Personalverwaltung oder der Beihilfestelle verpflichtet, über Veränderungen der persönlichen Verhältnisse ebenso Stillschweigen zu bewahren wie über gesundheitsbezogene Daten.

Die Fürsorgepflicht ist dem Dienstherrn zugewiesen und bildet den Kern der Gegenleistung für das Dienstverhältnis. Auf der Grundlage der Fürsorgepflicht erfolgt unter anderem die Versorgung im Ruhestand und bei Erkrankung, der Schutz der dienstlichen Stellung auch nach außen, die Unterstützung bei falschen Verdächtigungen oder herabsetzenden Äußerungen.

▶ Soweit im Rahmen einer Geschlechtsangleichung medizinische Maßnahmen ärztlich indiziert sind, kann sich direkt aus der Fürsorgepflicht eine Verpflichtung zur finanziellen Unterstützung ergeben. Jedenfalls kann ein aktives Eintreten gegen persönliche Angriffe aufgrund des Geschlechts auch im Kreis der Kolleg*innen der eigenen Dienststelle gefordert werden. Dies dient der Durchsetzung der Gewährleistung des allgemeinen Persönlichkeitsrechts der Beamt*innen aus Art. 2 Abs. 1 in Verbindung mit Art. 1 Abs. 1 GG. Auch dies ist Teil der Fürsorgepflicht des Dienstherrn.

5.2.2 Sanktionen bei Pflichtverletzungen

Zur wirksamen Durchsetzung der Pflichten gehören Sanktionsmöglichkeiten. Das Beamtenrecht kennt hierfür einen eigenen Teilbereich, das Disziplinarrecht. Dem Disziplinarrecht der Beamt*innen kommt die Funktion der Erziehung und Pflichtenmahnung, aber auch der wirksamen Bestrafung bei schwereren Pflichtverletzungen zu, bis hin zur Beendigung des Beamtenverhältnisses. Die Disziplinargewalt liegt beim jeweiligen Dienstherrn und ist daher wie das Beamtenrecht in Bundes- und Landesrecht gegliedert. Die Grundprinzipien sind jedoch im Wesentlichen ähnlich. Die Disziplinargesetze enthalten beispielsweise Vorschriften für das Disziplinarverfahren, Disziplinarmaßnahmen und Regelungen für das gerichtliche Verfahren vor den Disziplinarkammern der Verwaltungsgerichte.

Die Möglichkeiten der sogenannten Pflichtenmahnung beginnen mit einer einfachen Missbilligung, die mündlich oder schriftlich erfolgen kann. Die rechtlich als Missbilligung zu wertende Rüge ähnelt der einfachen arbeitsrechtlichen Abmahnung und kann auch andere Bezeichnungen wie Ermahnung, Zurechtweisung, Verwarnung oder Belehrung tragen. Erst die ausdrückliche Bezeichnung als Verweis stellt die unterste Disziplinarmaßnahme bei geringfügigen Dienstpflichtverletzungen (oberhalb der Bagatellgrenze) dar. Je nach Schwere der Pflichtverletzung steigen die möglichen Maßnahmen vom Verweis über die Geldbuße, die Kürzung der Dienstbezüge bis hin zur dauerhaften Zurückstufung im Amt und der Entfernung aus dem Beamtenverhältnis.

Dies mag nach wirksamen Sanktionsmöglichkeiten klingen, um das vom Dienstherrn gewünschte Verhalten zu erreichen. Zur Wahrheit gehört aber auch, dass im Disziplinarverfahren Menschen aktiv werden müssen. Wer die Rechte diskriminierter Menschen nicht respektiert oder die Durchsetzung der Gleichbehandlung nicht ernst nimmt, wird das Verhalten anderer nicht oder nur zögerlich sanktionieren und damit deren negatives Verhalten direkt oder indirekt sogar unterstützen. Nur ein entschiedenes Handeln auch mit den Mitteln des Disziplinarrechts schützt die Rechte betroffener Beamt*innen. Schwachstellen im System sind daher passive Disziplinarvorgesetzte, die Verfahren nicht einleiten, unzureichend führen oder nicht mit der notwendigen Konsequenz abschließen. Betroffene können Disziplinarverfahren gegen andere Personen nicht erzwingen, es besteht kein Anspruch auf Einleitung und Sanktionierung. So bedarf es in der Hierarchie der Disziplinarvorgesetzten stets Personen, die sich ihres Amtes bewusst sind und sich mit der gebotenen Objektivität und Neutralität für die Wahrung der Integrität des Berufsbeamtentums und die Aufrechterhaltung des allgemeinen Vertrauens in eine rechtsstaatliche Verwaltung einsetzen. Notfalls auch gegen Vorbehalte und Widerstände.

5.2.3 Einzelne Pflichtengruppen

5.2.3.1 Gesunderhaltungspflicht

Gesunde Beamt*innen trifft die Pflicht zur Gesunderhaltung, um ihre Dienstpflichten erfüllen zu können. Erkrankte Beamt*innen haben alles ihnen Zumutbare zu unternehmen, damit der Dienst möglichst schnell wieder aufgenommen werden kann. Der private Lebensbereich und die Dienstpflicht sind in diesem Zusammenhang nur schwer zu trennen, auch Grundrechte wie das allgemeine Persönlichkeitsrecht unterliegen insoweit einer Einschränkung. Die Dienstpflicht schließt ein in Maßen gesundheitsschädigendes Verhalten nicht gänzlich aus, z. B. Alkohol oder Tabak zu konsumieren oder auch riskante Sportarten zu betreiben, sofern diese in einem gesellschaftlich üblichen Rahmen ausgeübt werden. Eine Pflichtverletzung kann jedoch dann vorliegen, wenn sich Beamt*innen über das gesellschaftlich akzeptierte Maß hinaus und ohne nachvollziehbaren Grund Gesundheitsrisiken aussetzen. Dies gilt insbesondere dann, wenn sie sich der erheblichen Risiken bewusst sind und diese deutlich über die üblichen Lebensrisiken hinausgehen – etwa bei extremen Risikosportarten oder gesundheitsgefährdendem Verhalten, das keinem nachvollziehbaren Zweck dient.

▶ **Wann ist ein Mensch gesund und wann krank?** Das Bundessozialgericht definiert das Vorliegen einer Krankheit als regelwidrigen, vom Leitbild des gesunden Menschen abweichenden Körper- oder Geisteszustand, der ärztlicher Behandlung bedarf oder Arbeitsunfähigkeit zur Folge hat. Nach diesem Maßstab sind wir alle in irgendeiner

Weise krank, nur wenige Menschen sind nicht in ärztlicher Behandlung. Dabei muss nicht jede Krankheit die Dienstfähigkeit beeinträchtigen. Auch Kranke kommen ihrer Pflicht zur Gesunderhaltung nach, wenn sie aktiv an ihrer Behandlung mitwirken. Die Pflicht zur Gesunderhaltung setzt also nicht zwingend voraus, krank zu sein. Vor allem Gesunde sind aber verpflichtet, alles zu unterlassen, was ihre Gesundheit nachhaltig schädigen könnte.

Es ist noch nicht lange her, dass Transsexualität (im Sinne der medizinischen Diagnose ICD-10 F64.0) als eine Störung der Geschlechtsidentität angesehen wurde. Transsexualität bzw. Transidentität an sich ist keine „Erkrankung", darüber besteht heute Konsens. Gleichwohl leiden nicht wenige transidente Menschen unter manifesten körperlichen und/ oder psychischen Beeinträchtigungen, die durch psychosoziale Belastungen entstanden sind oder im Verlauf einer Transition, wenn auch nur vorübergehend, hervorgerufen werden. Die Auswirkungen von Eingriffen in den (somatisch gesunden) Hormonhaushalt, die Folgen chirurgischer Eingriffe oder die Auswirkungen psychischer Krisen können erheblich sein und nicht zuletzt zu unerwünschten Nebenwirkungen oder Komplikationen führen.

Setzt sich also eine Beamt*in während einer Geschlechtsangleichung bewusst einer möglichen Gesundheitsschädigung aus und verstößt damit gegen die Gesunderhaltungspflicht? Natürlich nicht, aber es ist erklärungsbedürftig. „Freiwillig" vorgenommene medizinische Behandlungen oder Eingriffe führen sicherlich zu einer vorübergehenden Einschränkung oder gänzlichen Aufhebung der Dienstfähigkeit. Man könnte darin eine Selbstschädigung der Gesundheit sehen, denn ohne Transidentität gäbe es keinen Grund, sich einer gegengeschlechtlichen Hormontherapie oder einer geschlechtsangleichenden Operation zu unterziehen. Diese eigene, höchstpersönliche Entscheidung über die Durchführung von Maßnahmen, die aufgrund der Transidentität medizinisch indiziert sind, entzieht sich jedoch – auch im Beamtenverhältnis – staatlicher Einflussnahme.

Das Grundrecht des allgemeinen Persönlichkeitsrechts aus Art. 2 Abs. 1 in Verbindung mit Art. 1 Abs. 1 GG umfasst auch den Schutz der Intimsphäre des Menschen und damit die Fallgruppen des Rechts auf sexuelle Identität und freie sexuelle Selbstbestimmung. Dazu gehört das Finden und Erkennen der eigenen geschlechtlichen Identität sowie der eigenen sexuellen Orientierung auch jenseits des binären Geschlechtercodes von männlich und weiblich. Auch Transsexualität genießt Grundrechtsschutz. Das Recht auf freie sexuelle Selbstbestimmung ist betroffen, wenn bei der rechtlichen Bestimmung der Geschlechtszugehörigkeit allein auf das nach äußeren Geschlechtsmerkmalen bestimmte und nicht auf das empfundene Geschlecht abgestellt wird. (BeckOK zum GG, Lang zu Artikel 2, Rn. 86 [5]) Als Schutzgut der Intimsphäre genießen die beiden Fallgruppen der geschlechtlichen Identität und der Selbstbestimmung wegen ihrer Nähe zur Menschenwürde die höchste Schutzintensität und gehören damit zum absolut geschützten Kernbereich privater Lebensgestaltung, auch überwiegende Interessen der Allgemeinheit können einen staatlichen Eingriff nicht rechtfertigen. Damit ist auch dem Staat als Dienstherrn eine Einflussnahme auf diese höchstpersönlichen Entscheidungen der Beamt*innen entzogen, vielmehr hat er die rechtlichen Rahmenbedingungen so auszugestalten, dass der Grundrechtsschutz gewährleistet ist.

Geschlechtliche Identität als Grundrecht (TSG)
In einer grundlegenden Entscheidung zum Transsexuellengesetz (TSG) definierte das Bundesverfassungsgericht im Jahr 2011 [6] auch die Schutzbereiche des Allgemeinen Persönlichkeitsrechts in Bezug auf die geschlechtliche Identität:

„Artikel 2 Absatz 1 in Verbindung mit Artikel 1 Absatz 1 Grundgesetz schützt mit der engeren persönlichen Lebenssphäre auch den intimen Sexualbereich des Menschen, der die sexuelle Selbstbestimmung und damit auch das Finden und Erkennen der eigenen geschlechtlichen Identität sowie der eigenen sexuellen Orientierung umfasst. Es ist wissenschaftlich gesicherte Erkenntnis, dass die Zugehörigkeit eines Menschen zu einem Geschlecht nicht allein nach den äußerlichen Geschlechtsmerkmalen im Zeitpunkt seiner Geburt bestimmt werden kann, sondern sie wesentlich auch von seiner psychischen Konstitution und selbstempfundenen Geschlechtlichkeit abhängt.

Steht bei einem Transsexuellen das eigene Geschlechtsempfinden nachhaltig in Widerspruch zu dem ihm rechtlich nach den äußeren Geschlechtsmerkmalen zugeordneten Geschlecht, gebieten es die Menschenwürde in Verbindung mit dem Grundrecht auf Schutz der Persönlichkeit, dem Selbstbestimmungsrecht des Betroffenen Rechnung zu tragen und seine selbstempfundene geschlechtliche Identität rechtlich anzuerkennen, um ihm damit zu ermöglichen, entsprechend dem empfundenen Geschlecht leben zu können, ohne in seiner Intimsphäre durch den Widerspruch zwischen seinem dem empfundenen Geschlecht angepassten Äußeren und seiner rechtlichen Behandlung bloßgestellt zu werden. Es obliegt dem Gesetzgeber, die Rechtsordnung so auszugestalten, dass diese Anforderungen erfüllt sind und insbesondere die rechtliche Zuordnung zum nachhaltig empfundenen Geschlecht nicht von unzumutbaren Voraussetzungen abhängig gemacht wird."

Entscheiden sich transidente Beamt*innen zur Durchführung medizinischer Angleichungsbehandlungen, genießen sie den Schutz der Grundrechte. Ein Verstoß gegen die Dienstpflicht zur Gesunderhaltung ist ausgeschlossen. Anders könnte dies nur dann zu bewerten sein, wenn die Behandlungen und Eingriffe ohne medizinische Notwendigkeit und außerhalb regulärer medizinischer Standards erfolgen.

5.2.3.2 Dienstleistungspflicht und Abwesenheit

Die Pflicht zur Dienstleistung und zum vollen persönlichen Einsatz stellen Kernpflichten von Beamt*innen dar. Dazu gehört vor allem, während der festgelegten Dienstzeiten am Dienstort anwesend zu sein und auf dem zugewiesenen Dienstposten tätig zu werden. Jedes Fernbleiben vom Dienst erfordert eine Genehmigung, es sei denn, es besteht eine Dienstunfähigkeit aufgrund Erkrankung oder sonstigen Gründen.

Das Fernbleiben vom Dienst ist in allen Beamtengesetzen in etwa gleichlautend geregelt, hier am Beispiel des § 68 Hessisches Beamtengesetz
(1) Beamtinnen und Beamte dürfen dem Dienst nicht ohne Genehmigung fernbleiben, es sei denn, dass sie wegen Krankheit oder aus sonstigen Gründen unfähig oder aufgrund einer vorgehenden gesetzlichen Verpflichtung gehindert sind, ihre Dienstpflichten zu erfüllen. Beamtinnen und Beamte haben ihre Dienstvorgesetzten unverzüglich von ihrer Verhinderung zu unterrichten. Die auf Krankheit beruhende Unfähigkeit zur Erfüllung der Dienstpflichten ist auf Verlangen nachzuweisen.

(2) Verliert die Beamtin oder der Beamte wegen unentschuldigten Fernbleibens vom Dienst nach dem Hessischen Besoldungsgesetz den Anspruch auf Bezüge, so wird dadurch die Durchführung eines Disziplinarverfahrens nicht ausgeschlossen.

Daraus ergibt sich der Grundsatz, dass Beamt*innen zur Dienstleistung verpflichtet sind. Eine Befreiung erfolgt nur bei Dienstunfähigkeit, etwa durch Erkrankung. In diesem Fall muss die Dienstverhinderung unverzüglich – das heißt am selben oder spätestens am folgenden Tag – den Vorgesetzten oder der zuständigen Stelle gemeldet werden. Anders als bei Arbeitnehmenden besteht keine generelle Pflicht zur Vorlage einer Arbeitsunfähigkeitsbescheinigung; diese ist nur auf Verlangen vorzulegen. Je nach Dienststelle können andere Regeln gelten, auch in Form einer Dienstvereinbarung. Bei unberechtigtem Fernbleiben drohen Kürzungen der Bezüge und Disziplinarmaßnahmen, weshalb eine Arbeitsunfähigkeitsbescheinigung nicht zuletzt der eigenen Absicherung dient.

Bei medizinischen Behandlungen oder Eingriffen, die im Voraus bekannt sind und die Dienstfähigkeit ausschließen, gelten besondere Regelungen. Diese sind als Krankheit einzustufen und führen zu einem entschuldigten Fernbleiben vom Dienst. Dienstvorgesetzte müssen jedoch rechtzeitig über die bevorstehende Abwesenheit informiert werden. Die Art der Behandlung muss dabei nicht mitgeteilt werden, eine freiwillige Offenlegung erleichtert jedoch die Einordnung und das Verständnis. Für die Zeit der Abwesenheit selbst ist auf Verlangen oder nach Üblichkeit ein Nachweis zu erbringen.

Nicht jeder medizinische Termin führt automatisch zu einer Dienstbefreiung. Grundsätzlich sind Arztbesuche, Behandlungen oder Eingriffe, die die Dienstfähigkeit nicht beeinträchtigen, außerhalb der Dienstzeit oder unter Nutzung von Gleitzeitregelungen wahrzunehmen. Eine Ausnahme besteht nur bei zeitlich unflexiblen Terminen oder solchen, die eine zeitgenaue Durchführung erfordern. Dies kann insbesondere bei Terminen bei auf Transidentität spezialisierten Behandelnden der Fall sein, deren Wartelisten oft lang und deren Terminvergabe wenig flexibel ist. In diesen Fällen sollte ein ärztliches Attest die Erforderlichkeit des Termins während der Dienstzeiten nachweisen.

Hintergrundinformation
„Die Fürsorgepflicht gebietet dem Dienstherrn nicht, allen besonderen zeitlichen Anforderungen, die dem Beamten aus seiner persönlichen Lebenssphäre erwachsen, durch Sonderurlaub unter Fortzahlung der Besoldung Rechnung zu tragen. (…) Demgemäß ist es regelmäßig Sache des Beamten, zeitlichen Anforderungen aus seiner persönlichen Lebenssphäre im Rahmen seiner Freizeit gerecht zu werden, gegebenenfalls auch unter vertretbarer Inanspruchnahme von Erholungsurlaub."
BVerwG, 19.06.1997, Az. 2 C 28/96; bestätigt BVerfG, 1.4.1998, Az. 2 BvR 1478/97 [7]

In besonderen Einzelfällen kann Sonderurlaub mit oder ohne Fortzahlung der Bezüge gewährt werden. Für den Bereich des Bundes enthält beispielsweise § 20 der Sonderurlaubsverordnung einschlägige Regelungen für Sonderurlaub aus medizinischen Gründen. Danach ist Sonderurlaub unter Fortzahlung der Besoldung zu gewähren für die Dauer der notwendigen Abwesenheit bei ärztlichen Untersuchungen, bei kurzfristigen Behandlungen einschließlich der Anpassung, Wiederherstellung oder Erneuerung von Körperersatzstücken oder bei anderen ärztlich angeordneten sonstigen Behandlungen sowie Sonderurlaub für eine stationäre oder ambulante Rehabilitationsmaßnahme. Darüber hinaus besteht die Möglichkeit eines Sonderurlaubs „aus wichtigem Grund", das heißt aus besonderen persönlichen Gründen – mit oder ohne Besoldung. Voraussetzung ist jeweils eine Genehmigung auf der Grundlage eines vorherigen Antrags mit entsprechender Begründung.

Die Gewährung von Sonderurlaub kann auch für nicht verschiebbare oder anders zu organisierende Termine im Rahmen einer Transition in Betracht kommen. Auch hier ist ein vorheriger Antrag erforderlich. Die Genehmigung liegt im Ermessen der Dienstbehörde. Es besteht also Spielraum für eine angemessene Unterstützung durch die Dienststelle über die normalen Beurlaubungsregelungen hinaus.

Schließlich kommt je nach persönlicher Lebensplanung auch die Möglichkeit eines „Sabbatjahres" in Betracht. Dabei handelt es sich um eine ungleichmäßige Teilzeitbeschäftigung im Blockmodell. Über einen vorher definierten Zeitraum wird eine Freistellung angespart, die dann am Stück genommen wird. Während des gesamten Zeitraums wird ein anteiliges Gehalt gezahlt. So kann zum Beispiel ein Jahr Freistellung angespart werden, indem man vorher zwei Jahre Vollzeit arbeitet. Über den gesamten Zeitraum werden dann zwei Drittel der Bezüge ausbezahlt. Diese besondere Form der Teilzeit wird allerdings nicht in allen Arbeitsbereichen angeboten und muss individuell erfragt werden.

5.2.3.3 Erscheinungsbild im Dienst

Bis vor wenigen Jahren waren strenge Anforderungen an das persönliche Erscheinungsbild von Beamt*innen zu beachten. Lange, über den Hemdkragen reichende Haare bei Männern, Ohrschmuck zur Dienstkleidung, Tätowierungen oder gar ein Kopftuch waren tabu. Wie sehr sich das gesellschaftliche Verständnis im Laufe der Jahrzehnte gewandelt hat, zeigen die Diskussionen in der juristischen Fachwelt über Regelungen wie den „Erlass über die Haar- und Barttracht". Während das Bundesverwaltungsgericht noch 1990 für männliche Zollbeamte ein generelles Verbot, Ohrschmuck zur Dienstkleidung zu tragen stützte (BVerwG, 25.01.1990, Az. 2 C 45/87 [8]), stellte es „nur" 16 Jahre später, im Jahr 2006, „gewandelte gesellschaftliche Anschauungen" etwa zur Haartracht von Männern fest. „Männer mit langen, über den Hemdkragen reichenden Haaren" seien zwischenzeitlich in allen Bevölkerungskreisen zu finden, ohne dass sie mit Ablehnung zu rechnen hätten. Es sei „nicht mehr nachvollziehbar, lange Haare selbst dann als unkorrekt oder unseriös zu bewerten, wenn sie gepflegt und etwa zu einem Zopf zusammengebunden getragen würden. Gepflegte und nicht überspannt anmutende Haare seien daher nicht geeignet, die Neutralitätsfunktion der Uniform zu beeinträchtigen." [9]. Dementsprechend hat das BVerwG entschieden (BVerwG, 02.03.2006, Az. 2 C 3/05 [10]), dass eine Regelung der obersten Dienstbehörde, die uniformierten Polizeibeamten vorschreibt, die Haare in Hemdkragenlänge zu tragen, gegen Art. 2 Abs. 1 GG verstößt. Die weitere Entwicklung, besonders mehrere Entscheidungen zum Tragen von Kopftüchern im Dienst und zu Tätowierungen im sichtbaren Bereich, führten zu einer generellen Neubewertung und Neuregelung der Anforderungen an das Erscheinungsbild im Dienst.

Trotz eines inzwischen weitgehend eher moderneren Verständnisses der Anforderungen an das äußere Erscheinungsbild von Beamt*innen bleibt es dabei, dass sich „Dienstliche Erfordernisse für die Einschränkung oder das Verbot bestimmter Merkmale im äußeren Erscheinungsbild von Beamten (können) sich aus der Gewährleistung der Funktionsfähigkeit der Verwaltung und der Pflicht der Beamten zum achtungs- und vertrauenswürdigen Verhalten ergeben." (Formulierung aus Bundestags-Drucksache 19/26839 [11]). Beamt*innen im Dienst komme „eine Legitimitäts-, Neutralitäts- und Repräsentationsfunktion zu, auch als Ausdruck der verliehenen herausgehobenen Stellung mit hoheitlichen Funktionen" – als „Gesicht des Staats" zu. Je nach Amt, Funktion und Aufgabe haben eigene, persönliche Ausdrucksformen zurückzutreten. Ihre Selbstdarstellung darf „nicht in einem solchen Ausmaß betont werden, dass die amtliche Funktion (…) zwangsläufig in den Hintergrund tritt und vom individuellen Ausdruck der Person unverhältnismäßig überlagert wird." (Kenntner, vgl. [9], Zusammenfassung BT-Drucks. 9/2683, vgl. [11]).

Dies gilt in besonderem Maße für Beamt*innen in Dienstkleidung oder Dienstuniform, die auch eine gewisse Gleichförmigkeit zum Ausdruck bringt und wenig Raum für persönliche Akzente lässt. Unabhängig von Aspekten der Sicherheit und Eigengefährdung gerade im Vollzugsdienst, etwa durch das Tragen langer Ohrringe oder offener Haare, sollte es selbstverständlich sein, dass Neutralität und Repräsentation jedenfalls während der Dienstzeit Vorrang vor eigenen Vorstellungen von Kleidung und Aussehen haben. Soweit keine gesetzlichen Regelungen oder Dienstvorschriften bestehen, ist im Einzelfall zu prüfen, welche Möglichkeiten bestehen. Je höher und sensibler das Amt und die Funktion, desto weniger ist Individualität im Erscheinungsbild angebracht. So wird zum Beispiel Verwaltungsbeamt*innen ohne Kundenkontakt mehr Freiraum zuzugestehen sein als Uniformträger*innen oder Beamt*innen in einem Bürgerbüro oder Standesamt.

§ 34 Abs. 2 Beamtenstatusgesetz
„Beamtinnen und Beamte haben bei der Ausübung des Dienstes oder bei einer Tätigkeit mit unmittelbarem Dienstbezug auch hinsichtlich ihres Erscheinungsbilds Rücksicht auf das ihrem Amt entgegengebrachte Vertrauen zu nehmen. Insbesondere das Tragen von bestimmten Kleidungsstücken, Schmuck, Symbolen und Tätowierungen im sichtbaren Bereich sowie die Art der Haar- und Barttracht können eingeschränkt oder untersagt werden, soweit die Funktionsfähigkeit der Verwaltung oder die Pflicht zum achtungs- und vertrauenswürdigen Verhalten dies erfordert. Das ist insbesondere dann der Fall, wenn Merkmale des Erscheinungsbilds nach Satz 2 durch ihre über das übliche Maß hinausgehende besonders individualisierende Art geeignet sind, die amtliche Funktion der Beamtin oder des Beamten in den Hintergrund zu drängen. Religiös oder weltanschaulich konnotierte Merkmale des Erscheinungsbilds nach Satz 2 können nur dann eingeschränkt oder untersagt werden, wenn sie objektiv geeignet sind, das Vertrauen in die neutrale Amtsführung der Beamtin oder des Beamten zu beeinträchtigen. Die Einzelheiten nach den Sätzen 2 bis 4 können durch Landesrecht bestimmt werden. Die Verhüllung des Gesichts bei der Ausübung des Dienstes oder bei einer Tätigkeit mit unmittelbarem Dienstbezug ist stets unzulässig, es sei denn, dienstliche oder gesundheitliche Gründe erfordern dies."

Nach § 34 Abs. 2 BeamtStG haben Beamt*innen bei Ausübung des Dienstes oder bei einer Tätigkeit mit unmittelbarem Dienstbezug auch hinsichtlich ihres äußeren Erscheinungsbildes auf das ihrem Amt entgegengebrachte Vertrauen Rücksicht zu nehmen. Nicht unmittelbar erfasst ist daher der private Lebensbereich außerhalb des Dienstes, soweit auch für Dritte erkennbar kein dienstlicher Bezug mehr besteht. Wer also nach Dienstschluss in Uniform noch schnell privat einkaufen geht, hat die Erscheinungspflichten zu beachten.

Anders als man vielleicht vermuten könnte, gibt es also keine besonderen Verhaltenspflichten in Bezug auf das Erscheinungsbild und die Transidentität. Wer sich im Dienst einem anderen Geschlecht entsprechend kleiden möchte, kann dies tun, solange die oben aufgezeigten Grenzen eingehalten werden und die Dienstausübung bzw. der Dienstbetrieb nicht beeinträchtigt wird. Dies kann anders zu beurteilen sein, wenn Beamt*innen während der Dienstzeit oder zu bestimmten Anlässen zum Tragen von Dienstkleidung verpflichtet sind. Nach allen Beamtengesetzen des Bundes und der Länder besteht eine Verpflichtung zum Tragen einer Dienst- oder Amtstracht, wenn dies „bei Wahrnehmung des Amtes üblich oder erforderlich ist" (§ 74 BBG). Vorschriften hierzu können in Richtlinien oder Weisungen erlassen werden. Hier wäre dann bei der Wahl ordnungsgemäßer Dienstkleidungs- oder Uniformteile die wirksame Feststellung der Geschlechtszugehörigkeit abzuwarten. Aber auch diese Regelungen unterliegen einem Wandel, da eine Ungleichbehandlung zwischen den Geschlechtern bei dienstlichen Tätigkeiten eine unzulässige Diskriminierung wegen des Geschlechts gemäß Art. 3 Abs. 1 GG darstellen könnte. Ein solcher Eingriff bedarf, wie auch der Eingriff in das allgemeine Persönlichkeitsrecht aus Art. 2 Abs. 1 in Verbindung mit Art. 1 Abs. 1 GG, immer einer besonderen Rechtfertigung, die sich auch aus der Sonderstellung bei der Ausübung hoheitlicher Tätigkeiten ergibt.

Für andere Beschäftigte im öffentlichen Dienst und Arbeitnehmer*innen in der freien Wirtschaft gelten daher andere Maßstäbe, die das Tragen von Arbeitskleidung des „anderen Geschlechts" bereits vor der amtlichen Namens- und Geschlechtsänderung ermöglichen, vgl. Abschn. 4.6. Zu Möglichkeiten der Mitgestaltung durch die Personalvertretung siehe Abschn. 5.8.

5.2.3.4 Außendarstellung; Verhalten im Privatleben

Die Regelungen über das Erscheinungsbild von Beamt*innen sind eine Ausprägung der für sie geltenden allgemeinen Wohlverhaltenspflicht, die sich aus § 34 Abs. 1 BeamtStG ergibt. Zwar haben Beamt*innen in ihrem Verhalten eine gewisse Vorbildfunktion, die sich in einer besonderen Gesetzestreue niederschlägt. Darüber hinaus sind sie aber auch nur Menschen, von denen außerhalb des Dienstes kein wesentlich anderes Verhalten erwartet wird als von Nichtbeamt*innen. Ein Verstoß gegen die Wohlverhaltenspflicht setzt daher ein schwerwiegendes Fehlverhalten voraus, das geeignet ist, das Vertrauen in die Integrität des Berufsbeamtentums insgesamt zu erschüttern. Wann diese Schwelle überschritten ist, muss im Einzelfall unter Berücksichtigung aller relevanten Umstände festgestellt werden. In der Regel wird dies nach Auffassung des Bundesverwaltungsgerichts der Fall sein, wenn das außerdienstliche Verhalten Zweifel daran aufkommen lässt, ob die Person ihre innerdienstlichen Pflichten beachten wird. Die Dienstausübung ist auch dann beeinträchtigt, wenn zu befürchten ist, dass die Person wegen der gegen sie bestehenden Vorbehalte nicht mehr die Autorität genießt, die sie zur Erfüllung der dienstlichen Aufgaben zwingend benötigt.

Das Ausleben der sexuellen Identität im Privatleben bleibt also von der Wohlverhaltenspflicht unberührt? Könnte man meinen. Doch noch 2022 hat das Bundesverwaltungsgericht die Zurückhaltung bei einem privaten Internetauftritt auf einer Datingplattform bestätigt (BVerwG, 25.05.2022, Az. 2 WRB 2/21 [12]):

„Die außerdienstliche Wohlverhaltenspflicht des § 17 Abs. 2 Satz 3 Soldatengesetz verlangt von einem verheirateten/verpartnerten und als solchen identifizierbaren Bataillonskommandeur, dass er bei der Inanspruchnahme von Partnerschaftsvermittlungsdiensten für sexuelle Zwecke bei der äußeren Gestaltung und Formulierung von Internetauftritten auf Integritätserwartungen Rücksicht nimmt.", so das Gericht.

Das Verfahren wurde durch eine Berufssoldatin geführt, die als erste transsexuelle Bataillonskommandeurin der Bundeswehr gilt, was allein für sich genommen überregional für Aufmerksamkeit und eine gewisse Bekanntheit sorgte. Gegen sie wurde ein disziplinarischer Verweis mit dem Vorwurf einer unangemessenen Nutzung der Datingplattform Tinder verhängt, den sie nicht akzeptierte und daher vor Gericht dagegen vorging.

Zur Begründung der Pflichtverletzung durch den Dienstherrn heißt es:
„Sie hat zu einem nicht mehr feststellbaren Zeitpunkt, jedoch nicht vor dem 20. März 2019, und an einem nicht mehr feststellbaren Ort das als Anlage beiliegende Foto mit dem folgenden Text: ‚Z 45 Spontan, lustvoll, trans*, offene Beziehung und auf der Suche nach Sex. All genders welcome.' bei der Dating App Tinder eingestellt und mindestens bis zur 29. Kalenderwoche 2019 nicht gelöscht. In dem genannten Zeitraum war sie in der herausgehobenen dienstlichen Stellung als Kommandeurin des … und als Standortälteste … eingesetzt. (…)"

Dies stelle einen Verstoß gegen die außerdienstliche Wohlverhaltenspflicht dar. Gegenstand der Würdigung sei nicht ihre promiskuitive Lebensweise per se. Disziplinare Relevanz erlange die unkontrollierbare Art und Weise des Propagierens dieser Lebensweise durch die Soldatin in ihrer herausgehobenen Eigenschaft als Bataillonskommandeurin. Daran ändere auch eine liberalere Einstellung der Gesellschaft zu sexualbezogenen Themen nichts. Promiskuitives Verhalten reduziere die wechselnden Partner auf Sexualobjekte und sei auch gesellschaftlich in weiten Teilen verpönt.

Das Bundesverwaltungsgericht sah zwar keine Verletzung des Ansehens der Bundeswehr, auch wenn die Soldatin eine repräsentative Funktion innehatte. Nicht jedes private Verhalten einer die Bundeswehr repräsentierenden Person werde in der Öffentlichkeit der Bundeswehr insgesamt zugerechnet. Dies sei insbesondere dann nicht ohne Hinzutreten weiterer Umstände anzunehmen, wenn die repräsentierende Person rein privat auftritt, ihre dienstliche Funktion nicht benenne, keine Uniform trage und im privaten oder gesellschaftlichen Rahmen private Ansichten zu nicht-militärischen Themen äußere. Nichts anderes gelte, wenn eine Kommandeurin bei einer Partnervermittlung intime Kontakte suche, ohne ihre dienstliche Funktion zu nennen. Im konkreten Fall hat das Gericht allerdings hohe Anforderungen an das private Verhalten gestellt, da es sich um eine Soldatin auf Kommandoebene handelte. Die damit verbundene Erziehungs- und Disziplinierungsfunktion könne eine Person in der Funktion eines Bataillonskommandeurs nur dann glaubhaft wahrnehmen, wenn sie sich in dieser Hinsicht weder inner- noch außerdienstlich etwas zuschulden kommen lasse und auf ihren guten Ruf achte. Die Stellung einer Kommandeurin sei folglich mit erhöhten Integritätsanforderungen verbunden. Daher reiche es für eine Dienstpflichtverletzung aus, wenn das Verhalten aus der Sicht unbeteiligter Dritter geeignet sei, den für die dienstliche Aufgabenerfüllung notwendigen Respekt und die für die Zusammenarbeit notwendige Vertrauensbasis ernsthaft zu beeinträchtigen. Dabei müsse ein militärischer Vorgesetzter bereits den „bösen Schein" vermeiden. Denn die Achtungs- und Vertrauenswürdigkeit von Soldat*innen könne durch das individuelle Verhalten schon dann Schaden nehmen, wenn dieses Zweifel an der Redlichkeit und Zuverlässigkeit weckt oder die Eignung für die jeweilige Verwendung in Frage stellt.

Aus den Gründen des Gerichts
„Zwar wird die Praxis sexueller Kontakte mit relativ häufig wechselnden Partnern als Ausprägung des sexuellen Selbstbestimmungsrechts im westlichen Kulturkreis allgemein toleriert. Es widerspricht jedoch nach wie vor den Wertvorstellungen breiter Bevölkerungskreise, die teils aus religiösen, teils aus moralischen Gründen an der Leitvorstellung der Einehe, der ehelichen Treue und der Familie als Keimzelle der Gesellschaft festhalten. Dieses hergebrachte Werteverständnis ist auch und gerade in den eher traditionsorientierten militärischen Verbänden und im ländlichen Raum beheimatet. Daher ist die Annahme des Truppendienstgerichts realitätsnah, dass das Werben der Beschwerdeführerin um Sexualkontakte außerhalb ihrer eigenen Ehe sich nachteilig auf ihr Ansehen in der regionalen Öffentlichkeit und vor allem in der ihr unterstellten Truppe auswirken konnte."
Dies führe aber nicht zu einer Unmöglichkeit der Nutzung von Datingplattformen.
„Denn die moralischen Verhaltenserwartungen der Bevölkerungsmehrheit haben in einer offenen Gesellschaft mit einer freiheitlich demokratischen Grundordnung nicht das Gewicht, dass sich militärische Führungskräfte um ihrer dienstlichen Akzeptanz willen dem völlig anpassen müssten und sich nur hinter verschlossenen Türen anderweitig verhalten dürften. Vielmehr überwiegt das grundrechtlich geschützte Interesse der Soldaten, dem ihren Wertvorstellungen entsprechenden sexuellen Lebensstil auch in einem öffentlich bemerkbaren Rahmen nachzugehen."
Die Wohlverhaltenspflicht beschränke nur die Art und Weise der Betätigung auf Internetplattformen und erfordere bei der äußeren Gestaltung und Formulierung entsprechender Profile auf die mit der dienstlichen Stellung verbundenen Integritätserwartungen Rücksicht zu nehmen.

Wie immer kommt es auf den Einzelfall an. Das Gericht bestätigt gesteigerte Anforderungen an die Wohlverhaltenspflicht, die sich auch in einer Einschränkung des allgemeinen Persönlichkeitsrechts niederschlagen können, abgestuft nach dienstlicher Stellung und öffentlichem Ansehen. In tradierten, konservativen Beschäftigungsbereichen wie der Bundeswehr ist der Maßstab eines den Vorstellungen der Bevölkerungsmehrheit entsprechenden Verhaltens naturgemäß höher als in anderen Bereichen der allgemeinen Verwaltung. Dies ist leider immer noch das Verständnis auch der Rechtsprechung, sodass die Aussagen in dem genannten Verfahren einen guten Einblick geben. Eine neue Sicht wird möglicherweise das Bundesverfassungsgericht bringen, das über eine Verfassungsbeschwerde zu entscheiden hat [12].

5.3 Besonderheiten des Beamtenverhältnisses

5.3.1 Bewerbung und Auswahl

Die Theorie

Nach Art. 33 Abs. 2 GG hat jede und jeder Deutsche gemäß Eignung, Befähigung und fachlichen Leistung gleichen Zugang zu jedem öffentlichen Amt. Aus diesem so genannten „grundrechtsgleichen Gleichheitsrecht" ergibt sich ein gleichberechtigter Zugang zu Tätigkeiten in staatlichen Organisationen streng nach dem Leistungsprinzip und unabhängig von anderen Kriterien. Dies gilt gleichermaßen für Angestellten- und Beamtenverhältnisse. Dies wird als „Prinzip der Bestenauslese" bezeichnet. Schon der Wortlaut macht deutlich, dass das Geschlecht bei der Entscheidung über die Besetzung einer solchen Stelle keine Rolle spielen darf. Damit stellt Art. 33 Abs. 2 zugleich eine speziellere Regelung des Gleichheitsgrundsatzes aus Art. 3 Abs. 3 GG dar, wonach niemand wegen seines Geschlechts, seiner Abstammung, seiner Rasse, seiner Sprache, seiner Heimat und Herkunft, seines Glaubens, seiner religiösen oder politischen Anschauungen oder wegen einer Behinderung benachteiligt oder bevorzugt werden darf. Nach Auffassung des Bundesverfassungsgerichts (BVerfG, 10.10.2017, Az. 1 BvR 2019/16 [13]) schützt Art. 3 Abs. 3 insbesondere auch die Menschen vor Diskriminierungen wegen ihres Geschlechts, die sich dauerhaft weder dem männlichen noch dem weiblichen Geschlecht zuordnen lassen. Der streng auf das Auswahlkriterium der Leistung ausgerichtete Zugang zu öffentlichen Ämtern geht somit sogar über das Benachteiligungsverbot aus § 7 AGG hinaus, der „nur" eine Benachteiligung aufgrund des Geschlechts verbietet.

Die Reichweite des Gleichheits- und Leistungsgrundsatzes ist groß und betrifft nicht nur die erstmalige Einstellung in den öffentlichen Dienst, sondern auch die Vergabe weiterer Funktionen wie Beförderungsämter oder die Teilnahme an Qualifizierungsmaßnahmen. Damit spielen Auswahlentscheidungen im öffentlichen Dienst eine wesentlich größere Rolle als in der Privatwirtschaft. Jede Entscheidung nach dem Leistungsprinzip bedarf einer guten Vorbereitung, die bereits mit einer möglichst objektiven und neutralen Stellenausschreibung beginnt, um ein diskriminierungsfreies Auswahlverfahren zu gewährleisten. Der Schwerpunkt sollte auf einer streng objektiven und neutralen Beschreibung der Stelle und der für ihre Ausübung erforderlichen Qualifikationen und Erfahrungen liegen.

Theorie und Praxis

Alle Theorie muss sich in der Praxis bewähren. Der Text einer Stellenausschreibung wie *„Bauingenieur (w/m/d) mit Schwerpunkt Verkehrsplanung."* und eines Hinweises *„Es wird eine generelle Erhöhung des Frauenanteils angestrebt. Frauen sind besonders aufgefordert, sich zu bewerben."* suggerieren Gleichbehandlung im Verfahren, verdeutlichen aber auch das weiterhin binäre Denken in einer Unterscheidung zwischen in Frau und Mann. Alle Geschlechter sollen sich „mitgemeint" fühlen. Die Ernsthaftigkeit von „m/w/d" wird sich also erst im Auswahlverfahren selbst zeigen.

Einstellungskriterien und Geschlecht
Wenn nur Leistung zählt, muss das Geschlecht egal sein. In der Praxis ist es das aber nicht, bei gleicher Eignung sind auch sogenannte Hilfskriterien zulässig, die eine nur schwer kontrollierbare subjektive Ebene einbringen oder sich in der faktischen Bevorzugung eines Geschlechts ausdrücken können. Bei gleicher Eignung von Bewerbenden sind beispielsweise Auswahlgespräche (Assessment-Center) als Hilfskriterium möglich, um ein Auswahlfeld einzuengen oder in eine Rangfolge zu bringen. Menschliche Präferenzen für die Besetzung einer Stelle können hier nicht verhindert werden. Wer sich einem homophoben oder transfeindlichen Gremium ausgesetzt sieht, wird leider immer eine Benachteiligung erfahren, die kaum oder nur schwer einklagbar ist. Der Nachweis einer Benachteiligung allein aufgrund des Geschlechts und nicht etwa aufgrund wenig überzeugender Antworten in einem Gespräch wird nur selten zu führen sein. Und ganz ehrlich: Will man dann überhaupt ein Dienstverhältnis mit einer solchen Stelle begründen?

Nach den Gleichstellungsgesetzen der Länder sind mögliche Nachteile aus der Wahrnehmung von Familienaufgaben wie etwa Erziehungszeiten oder Beurlaubungen bei einem Vergleich unter den Bewerbenden nicht als Nachteil zu werten, auch können besondere Fähigkeiten und Erfahrungen aus Familienaufgaben im Einzelfall sogar positiv berücksichtigt werden (so etwa § 11 Hessisches Gleichberechtigungsgesetz – HGlG). Ein weiterer Punkt sind die aufzustellenden Frauenförder- und Gleichstellungspläne, nach denen jeweils mehr als die Hälfte der zu besetzenden Personalstellen eines Bereichs, in dem Frauen unterrepräsentiert sind, zur Besetzung durch Frauen vorzusehen sind. Bei gleicher Eignung sind Frauen bei der Auswahl zu bevorzugen. Wird eine Stelle dennoch mit einem Mann besetzt, ist eine besondere Zustimmung vorgesehen (z. B. §§ 6, 11 Abs. 4, 5 HGlG).

Frau oder Mann? Die eindeutige Zuordnung zu einem Geschlecht ist also nach wie vor von zentraler Bedeutung für die Verwirklichung von Chancengleichheit. Während die Übernahme von Familienpflichten durchaus zu Nachteilen im beruflichen Werdegang führen kann, deren Ausgleich nachvollziehbar erscheint, ist die bloße Erfüllung von Quoten zumindest aus der Perspektive von Transidentitäten mit Skepsis zu betrachten. Auch die Vorschrift zu geschlechtsneutralen Regelungen aus § 12 SBGG hilft nicht weiter, wonach gesetzliche Regelungen, die sich auf Männer und Frauen beziehen und für beide Geschlechter dieselben Rechtsfolgen vorsehen, unabhängig von der im Personenstandsregister eingetragenen Geschlechtsangabe gelten und auch dann, wenn keine Angabe eingetragen ist. Eine Quote jenseits von Mann und Frau ist bisher nicht vorgesehen. Die rechtliche Zuordnung ist mit dem aktuellen Geschlechtseintrag verbunden, wie er sich aus dem Personenstandsregister ergibt (siehe § 6 SBGG).

Das Leistungsprinzip
Zurück zum Leistungsprinzip. Nach Art. 33 Abs. 2 GG hat jede*r Deutsche einen Anspruch darauf, bei Bewerbungen nach Eignung, Befähigung und fachlicher Leistung im Hinblick auf den Zugang gleich behandelt zu werden. Einstellungen und Beförderungen im öffentlichen Dienst dürfen damit prinzipiell nur anhand dieser Kriterien erfolgen,

Hilfskriterien sind bei gleicher Eignung aber möglich. Wichtig ist, dass nach Abschluss des Auswahlverfahrens nur die Person den Vorzug erhält, die nach dem Leistungsvergleich am besten geeignet ist. Die Einhaltung dieses Grundsatzes wird auch durch den Anspruch der sich Bewerbenden auf ein faires Auswahl- und Entscheidungsverfahren, den sogenannten Bewerbungsverfahrensanspruch, gewährleistet. Das gesamte Auswahl-, Abwägungs- und Besetzungsverfahren ist gerichtlich überprüfbar, je nach Ausgestaltung vor den Arbeits- oder Verwaltungsgerichten. Ziel der gerichtlichen Verfahren ist die fehlerfreie Wiederholung des Auswahlverfahrens. Weitergehende Ansprüche wegen eines Verstoßes gegen das AGG bleiben bestehen und können parallel verfolgt werden. Die Vorschriften des AGG gelten nicht nur für Arbeitnehmende, sondern nach § 24 AGG unter Berücksichtigung ihrer besonderen Rechtsstellung entsprechend auch für Beamt*innen. Insbesondere ist eine Schadenersatzleistung nach § 15 AGG, gegebenenfalls in Verbindung mit § 24 AGG nicht ausgeschlossen.

Fallbeispiel

Christian Hölscher möchte gerne Beamter werden und hat sich auf eine Stelle im gehobenen nichttechnischen Verwaltungsdienst beworben. Er hat die Vornamens- und Personenstandsänderung und angleichende Operationen von Frau zu Mann vollzogen. Er wird in allen Lebensbereichen unzweifelhaft als Mann wahrgenommen. Nun fragt er sich, ob er sich bei der Bewerbung als transident outen muss. ◄

Wendet man die obigen Ausführungen auf das Beispiel an, so gilt Christan nach dem aktuellen Personenstandsregister rechtlich als Mann und nicht mehr als Frau. Dies hat verschiedene Auswirkungen auch im Auswahlverfahren. Zwar kann er sich nicht mehr auf Frauenförderpläne berufen, jedoch könnten ihm andere Vorteile aus den Gleichstellungsgesetzen zustehen, etwa wenn er Familienaufgaben übernommen hat. Darunter fallen beispielsweise die Betreuung und Erziehung von Kindern oder die Pflege von Angehörigen. Hierfür wäre allerdings ein entsprechender Nachweis erforderlich.

Im Bewerbungsverfahren ergeben sich besondere Herausforderungen: Viele der einzureichenden Dokumente wie Zeugnisse oder Bescheinigungen tragen möglicherweise noch seinen früheren Namen. Um Unstimmigkeiten zu vermeiden, wird Christian die Änderung seines Geschlechtseintrags erwähnen müssen. Dies ist auch deshalb relevant, weil bei der Einstellung in den öffentlichen Dienst verschiedene Registerabfragen erfolgen, in denen diese Änderung vermerkt ist.

Auch die obligatorische amtsärztliche Untersuchung erfordert die Offenlegung der persönlichen Anamnese. Jedoch unterliegen diese Informationen der ärztlichen Schweigepflicht – die Personalverwaltung erhält lediglich das Ergebnis der Gesundheitsprüfung. Christian kann daher darauf vertrauen, dass seine Transition vertraulich behandelt wird und seine neuen Kolleg*innen ohne sein Einverständnis nicht darüber informiert werden.

5.3.2 Schutz vor Mobbing

„Das ist doch Mobbing!" – dieser Schluss wird schnell gezogen. Doch der Begriff Mobbing ist schwer zu fassen. Er wird vorschnell für kleinere Ärgernisse verwendet, sollte aber schwerwiegenden Handlungen wie systematischen und länger andauernden Herabwürdigungen und Schikanen vorbehalten bleiben. Andernfalls besteht die Gefahr, dass Verhaltensweisen, die mit einem hohen Leidensdruck für die Betroffenen verbunden sind, verharmlost werden. Der Begriff „Mobbing" als solcher ist allerdings weder ein feststehender Rechtsbegriff noch eine unmittelbare Anspruchsgrundlage. „Die rechtliche Besonderheit der als Mobbing bezeichneten tatsächlichen Erscheinungen liegt darin, dass die Zusammenfassung mehrerer Einzelakte und nicht einzelne, abgrenzbare Handlungen zu einer Verletzung des Persönlichkeitsrechts oder der Gesundheit der Beschäftigten führen. Einzelne Teilakte der als Mobbing anzusehenden Gesamthandlung können jeweils für sich betrachtet rechtlich „neutral" sein. Die Frage, ob ein Gesamtverhalten als einheitliche Verletzung des Persönlichkeitsrechts zu qualifizieren ist und ob einzelne Handlungen in der Gesamtschau einen persönlichkeitsverletzenden Charakter haben, unterliegt der revisionsrechtlich nur eingeschränkt überprüfbaren tatrichterlichen Würdigung", heißt es in der Entscheidung des Bundesarbeitsgerichts vom 16.05.2007 (BAG, Az. 8 AZR 709/06 [14]). Es kommt also immer auf den Einzelfall an, nicht jede als schädigend empfundene Handlung ist als Mobbing zu qualifizieren.

Das Bundesverwaltungsgericht versteht „Mobbing" in Übereinstimmung mit dem Bundesarbeitsgericht als „systematisches Anfeinden, Schikanieren und Diskriminieren" (BVerwG, 28.03.2023, Az. 2 C 6.21 [15]). Die Fürsorgepflicht des Dienstherrn aus § 45 BeamtStG gibt Beamt*innen einen Anspruch auf Schutz und Wahrung ihrer Persönlichkeitsrechte und verpflichtet den Dienstherrn, Schädigungen der körperlichen oder seelischen Gesundheit zu vermeiden. Ungeachtet weiterer Dienstpflichten von Beamt*innen zu gegenseitiger Achtung und einem kollegialen, wertschätzenden Umgang muss der Dienstherr nachteilige Verhaltensweisen innerhalb des Dienstbetriebs effektiv unterbinden und betroffenen Personen schützend zur Seite stehen. Erfolgt dies nicht oder nur unzureichend, können betroffene Beamt*innen Ansprüche gegen den Dienstherrn auf ein Einschreiten oder Unterlassen herleiten; auch die Geltendmachung eines Schadenersatzanspruchs wegen Verletzung der Fürsorgepflicht ist möglich.

Der Dienstherr kann unter anderem mit dienstrechtlichen Maßnahmen und Verfahren auf an diskriminierenden Handlungen beteiligte Beamt*innen einwirken. In einfachen Fällen kann eine Rüge genügen, in schweren Fällen sind auch Disziplinarverfahren bis hin zur Entfernung aus dem Dienst denkbar – und gegenüber Tarifbeschäftigten die üblichen arbeitsrechtlichen Möglichkeiten wie Abmahnung oder auch verhaltensbedingte Kündigung.

> **Fallbeispiel aus der Rechtsprechung: VG Düsseldorf, 26.07.2022, Az. 2 K 8499/21 [16]**
>
> **Aus dem Sachverhalt:**
>
> Ein Kommissaranwärter (hier „K" genannt) absolvierte seine Ausbildung an der Polizeihochschule und im praktischen Dienst bei einer Polizeidienststelle. In dieser Zeit befand er sich im Beamtenverhältnis auf Widerruf. Während des Studiums wohnte er mit anderen Kommissaranwärtern in einer Wohngemeinschaft. Seine Mitstudierenden meldeten einem Ausbilder, dass K durch diskriminierende Äußerungen über Trans-Personen aufgefallen sei. Beim gemeinsamen Anschauen von „Germanys Next Topmodel" sei die Äußerung „Transen sind keine Menschen, die müssten abgeschossen werden" gefallen. Daraufhin wurde gegen K ein Ermittlungsverfahren wegen des Verdachts der Volksverhetzung eingeleitet. Außerdem wurde er sofort vom Dienst freigestellt und ein Entlassungsverfahren eingeleitet. Das daraufhin angerufene Verwaltungsgericht bestätigte das Vorgehen des Polizeipräsidiums.
>
> **Aus den Entscheidungsgründen:**
>
> Beamt*innen seien im Interesse der Akzeptanz und Legitimation staatlichen Handelns verpflichtet, bereits den Anschein einer Identifikation mit einem dem freiheitlichen Rechtsstaat diametral entgegengesetzten Gedankengut zu vermeiden. Bereits das zurechenbare Setzen eines solchen Scheins stelle eine Dienstpflichtverletzung dar. Aufgrund der Äußerung „Transen sind keine Menschen; die müssten abgeschossen werden", habe der Dienstherr unter Berücksichtigung des ihm insoweit zukommenden Beurteilungsspielraums rechtsfehlerfrei Zweifel an der persönlichen Eignung des Klägers für das Amt eines Polizeivollzugsbeamten angenommen. Der Kläger müsse sich an der Aussage so festhalten und messen lassen, wie er sie getätigt habe, nämlich als menschenverachtend und mit eindeutig transfeindlichem Inhalt. Aber auch dann, wenn hinter der Aussage keine transfeindliche Gesinnung stehen sollte, rechtfertigt sie die Annahme der fehlenden charakterlichen Eignung. ◄

Auch wenn dieses Beispiel nicht unmittelbar mit Mobbing im Dienstverhältnis zu tun hat, so zeigt es doch deutlich, dass auch Beleidigungen und Herabwürdigungen drastische dienstliche Maßnahmen nach sich ziehen können. Im öffentlichen Dienst und insbesondere im Beamtenverhältnis können solche Äußerungen wesentlich härtere Konsequenzen haben als in der freien Wirtschaft. Allerdings ist zu beachten, dass es sehr auf den konkreten Aufgabenbereich ankommt. Hätte der Anwärter aus dem obigen Beispiel bereits in einem Beamtenverhältnis auf Lebenszeit gestanden, wäre sehr wahrscheinlich keine Entfernung aus dem Dienst als Höchstmaßnahme ausgesprochen worden. Auch in einer allgemeinen Verwaltungsausbildung wäre nicht unbedingt eine Entlassung die Folge gewesen.

5.3.3 Schadensersatzansprüche bei Mobbing

Kommt der Dienstherr seinen Schutz- und Fürsorgepflichten nicht nach, kann ein beamtenrechtlicher Schadenersatzanspruch wegen Verletzung der Fürsorgepflicht entstehen. Die Hürden für die Geltendmachung sind allerdings sehr hoch: Es muss eine bestehende

Pflicht verletzt worden sein, die unmittelbar zu einem (immateriellen) Schaden geführt hat. Außerdem muss die betroffene Person alle rechtlichen Möglichkeiten genutzt haben, um den Schaden von sich abzuwenden. Diese Anforderungen gelten grundsätzlich auch, wenn Schmerzensgeld wegen „Mobbings" geltend gemacht wird. Allerdings gewährt die Rechtsprechung bei „Mobbing" eine Erleichterung, indem ein bestimmtes Gesamtverhalten als Verletzungshandlung im Rechtssinne gesehen wird, so das Bundesverwaltungsgericht (BVerwG, 28.03.2023, Az. 2 A 12.21 [17]).

> **Beispiel**
>
> Die Voraussetzungen für Schadenersatzansprüche bei Mobbing werden nur selten zu erfüllen sein, wie das Verfahren vor dem Bundesverwaltungsgericht [17] als Beispiel zeigt:
>
> **Aus dem Sachverhalt:**
>
> Die Beihilfestelle informierte ohne rechtliche Grundlage einen Vorgesetzten über die Durchführung von geschlechtsangleichenden Maßnahmen. Es blieb jedoch unklar, wann genau und wem gegenüber dies geschehen sein sollte. Die Beschwerde der Beamtin gegen diesen Vorgang blieb folgenlos, sodass sie sich nicht unterstützt fühlte. Wünsche nach einer anderen Tätigkeit seien nicht berücksichtigt worden, obwohl ein Arzt dies empfohlen habe. Auch Urlaubsanträge seien nicht bearbeitet worden. Die Äußerung eines Vorgesetzten, sie sei an ihrem Arbeitsplatz eine „absolute Fehlbesetzung", bezog sie auf ihre Geschlechtsangleichung. In der Gesamtschau sah die Beamtin ein systematisches Mobbing aufgrund ihrer sexuellen Identität und verlangte Schadenersatz vom Dienstherrn.
>
> **Aus den Gründen:**
>
> Das BVerwG erkannte an, dass sich die Beurteilung der Rechtsverletzung nicht darauf beschränken dürfe, die geschilderten Maßnahmen jeweils für sich zu betrachten. Erforderlich sei vielmehr eine Gesamtschau der vorgetragenen Beeinträchtigungen, die auch die vorgetragene Zielrichtung der zusammengefassten Handlungen in den Blick nehme. Im vorliegenden Fall seien die Voraussetzungen einer Mobbinghandlung nicht erfüllt. Das Gericht wies die Klage ab. Die Beamtin hätte sich gegen jede der vorgetragenen Beeinträchtigungen wehren können. Zudem habe sie den Sachverhalt nur pauschal und nicht hinreichend konkret dargelegt. Die Äußerung der Fehlbesetzung sei zwar „unglücklich formuliert", enthalte aber „keinen böswilligen Angriff auf die Person der Klägerin". Dem Schadenersatzanspruch könne daher nicht stattgegeben werden. ◄

Auch wenn jede einzelne negative und herabwürdigende Äußerung zu viel ist – nicht jede Handlung ist rechtlich relevant und zieht sofort Konsequenzen nach sich. Wer von Mobbing betroffen ist, sollte immer zunächst Aufzeichnungen im Sinne eines „Mobbing-Tagebuchs" führen und Belege für Empfindungen und Beobachtungen sichern. Sobald unmittelbare Benachteiligungen festgestellt werden, sollten Vorgesetzte schriftlich über die Vorkommnisse und Missstände informiert und zum Handeln aufgefordert werden. In Einzelfällen wird es auch notwendig sein, Maßnahmen selbst einer rechtlichen Prüfung zu unterziehen (z. B. bei abgelehnten Bewerbungen), um nicht später dem Vorwurf ausgesetzt zu sein, nicht alles zum eigenen Schutz unternommen zu haben.

5.4 Gesundheitliche Prüfungen im Beamtenverhältnis

Der Zugang zu einem öffentlichen Amt steht unter dem Vorbehalt der Eignung, Befähigung und fachlichen Leistung. Mit dem Begriff der Eignung wird das gesamte Persönlichkeitsbild der Bewerber*innen in körperlicher, psychischer und charakterlicher Hinsicht umfasst. Dazu gehört insbesondere auch die gesundheitliche Eignung für eine Laufbahn oder ein bestimmtes Amt. Liegt die gesundheitliche Eignung von vornherein nicht vor oder kann sie spätestens zum Zeitpunkt der Berufung in das Beamtenverhältnis auf Lebenszeit nicht erworben werden, kann die Ernennung als Beamt*in allein aus diesem Grund und ohne Berücksichtigung anderer Leistungen abgelehnt werden.

Bei der Feststellung der gesundheitlichen Eignung von Bewerber*innen steht dem Dienstherrn kein Beurteilungsspielraum zu; sie sind gesundheitlich nicht geeignet, wenn tatsächliche Anhaltspunkte die Annahme rechtfertigen, dass mit überwiegender Wahrscheinlichkeit mit dem Eintritt der Dienstunfähigkeit vor Erreichen der gesetzlichen Altersgrenze auszugehen ist (BVerwG, 25.07.2013, Az. 2 C 12/11 [18]). Dies kann bereits dann angenommen werden, wenn die grundsätzliche gesundheitliche Eignung für die Tätigkeiten in der konkret angestrebten Laufbahn von vornherein nicht gegeben ist, eine Dienstfähigkeit also nie bestanden hat. Oder aber eine vorhandene Dienstfähigkeit geht prognostisch mit entsprechender Wahrscheinlichkeit im Laufe des Dienstverhältnisses verloren, sei es durch angenommene häufige Fehl- oder Krankheitszeiten, sei es, dass physische oder psychische Beeinträchtigungen zu einer dauerhaften Dienstunfähigkeit und Versetzung in den Ruhestand führen.

Je spezieller die angestrebte Tätigkeit ist, desto höher und spezifischer können die besonderen Anforderungen an die körperliche und geistige Leistungsfähigkeit, aber auch an die psychische Belastbarkeit sein. Vor allem an Angehörige des Vollzugsdienstes bei Polizei oder Justiz, der Feuerwehr und der Bundeswehr werden erhöhte Anforderungen an die gesundheitliche Eignung gestellt. Es gilt eine strenge Sichtweise: Genügen Bewerber*innen den Anforderungen nicht, besteht eine Vollzugsdienstuntauglichkeit und sie können nicht eingestellt werden.

Bei besonderen Einsatzbereichen stehen eine Vielzahl von Anforderungen an Körper und Psyche im Mittelpunkt, die gegliedert nach Merkmalen in Katalogen aufgelistet sind. Eine zentrale Rolle spielt die sogenannte Polizeidienstvorschrift 300. Bei der PDV 300 handelt es sich um eine Richtlinie, die in den Einstellungsverfahren für den Polizeivollzugsdienst und den Justizvollzugsdienst aller Länder und des Bundes zur Beurteilung der gesundheitlichen und körperlichen Eignung herangezogen wird. Während die Zielsetzung noch vor wenigen Jahren vorgab „Wer zur Polizei will, muss Eier haben" (Okulicz-Kozaryn und Thuir [19]), was sich auf das Erfordernis für männliche Beamte bezog, mindestens einen funktionierenden Hoden zu haben, lässt die aktuelle Fassung der PDV 300 nun auch andere Wege einer Versorgung mit Geschlechtshormonen zu als der körpereigenen Hormonproduktion, und steht auch Implantaten offener gegenüber. Die neue Fassung stellt insgesamt einen enormen Fortschritt zu früheren Versionen dar, die in ihrer letzten Fassung noch für eine unmittelbare und mittelbare Diskriminierung sorgte, sowohl von transidenten als auch von intergeschlechtlichen Personen (so Okulicz-Kozaryn und Thuir). Etliche Merkmale der Vollzugdienstfähigkeit können aber weiter zum Nachteil von Transpersonen ausgelegt werden, sodass immer ein Blick auf den Einzelfall zu werfen ist. Betroffene sollten bei einer Ablehnung nicht vorschnell aufgeben und auch eine gerichtliche Überprüfung in Betracht ziehen.

Die Frage der gesundheitlichen Eignung orientiert sich also nicht am Geschlecht. In Bezug auf eine Transition kann es daher nur darauf ankommen, ob sich körperliche Eingriffe, ärztliche Behandlungen oder die Einnahme von Medikamenten nachteilig auf die Eignung auswirken oder diese sogar aufheben können. Damit sind vor allem Fälle erfasst, wo Maßnahmen vor der Übernahme in das Beamtenverhältnis auf Lebenszeit oder während der Probezeit vor der abschließenden Beurteilung der gesundheitlichen Eignung durchgeführt werden. Alles, was im Zeitraum nach der Einstellung und der Verbeamtung auf Lebenszeit folgt, ist eine Frage der fortdauernden Dienstfähigkeit, die im nachfolgenden Abschn. 5.5 Erkrankung und Dienstunfähigkeit behandelt wird.

Das Verwaltungsgericht Berlin (VG Berlin, 30.04.2014, Az. 36 K 394.12 [20]) hat es in einer Entscheidung auf den Punkt gebracht: „Die operative und hormonelle Umstellung des Geschlechts als solches stellt bei einem transsexuellen Menschen keinen Umstand mit Krankheitswert dar, sondern einen Prozess, der bundesrechtlich durch das Gesetz über die Änderung der Vornamen und die Feststellung der Geschlechtszugehörigkeit in besonderen Fällen (Transsexuellengesetz) gesetzlich anerkannt ist und geschützt wird. Transsexuelle haben einen verfassungsrechtlichen Anspruch auf rechtliche Anerkennung ihres empfundenen Geschlechts aus Art. 2 Abs. 1 in Verbindung mit Art. Abs. 1 GG. Der Prozess einer Geschlechtsangleichung verlangt den betroffenen Personen zweifelsohne in physischer und psychischer Hinsicht besondere Belastungen ab. Die operativen Eingriffe und Medikamentengaben stellen aber für sich genommen keinen Anhaltspunkt dafür dar, um von einer späteren, vorzeitigen Dienstunfähigkeit auszugehen, die einer Einstellung in den Polizeivollzugsdienst entgegenstünde."

5.5 Erkrankung und Dienstunfähigkeit

5.5.1 Erkrankung, Arbeitsunfähigkeit und Dienstunfähigkeit

Da nicht jede körperliche Unregelmäßigkeit Krankheitswert hat, hat die Rechtsprechung diese Grundvoraussetzung dahingehend präzisiert, dass eine Krankheit nur dann vorliegt, wenn der Versicherte in seinen Körperfunktionen beeinträchtigt ist oder die anatomische Abweichung entstellend wirkt.

Eine Erkrankung allein führt noch nicht zur Arbeitsunfähigkeit. Es ist denkbar, dass man gleichzeitig krank im Sinne der Definition ist und dennoch seine Dienstpflichten erfüllen kann. Eine Erkrankung wird erst dann relevant, wenn sie zu Einschränkungen im Arbeitsalltag führt. Das heißt, wenn beispielsweise eine Lehrkraft nicht mehr in vollem Umfang unterrichten oder auch, wenn die Erkrankung Auswirkungen auf den Schulbetrieb haben kann. Führt eine Krankheit etwa dazu, dass die Sicherheit der Schüler*innen nicht mehr dauerhaft gewährleistet ist, dann ist ein Lehrkörper in Bezug auf bestimmte Tätigkeiten teilweise oder auch vollständig nicht mehr in der Lage, seinen dienstlichen Pflichten nachzukommen.

Einzelheiten über eine Erkrankung und deren Auswirkungen müssen dem Dienstherrn nur dann mitgeteilt werden, wenn die konkrete Dienstleistung beeinflusst wird und sich daraus Risiken für die Dienstausübung oder andere Personen ergeben können. Darüber hinaus besteht keine Verpflichtung, gegenüber dem Dienstherrn und außerhalb der ärztlichen Schweigepflicht eine bestehende Krankheit im Detail offen zu legen.

Die Begriffe Arbeitsunfähigkeit und Dienstunfähigkeit werden häufig synonym verwendet, sind aber im rechtlichen Sinne nicht deckungsgleich. „Arbeitsunfähigkeit" ist ein Begriff des Arbeits- und Sozialrechts. Danach liegt Arbeitsunfähigkeit vor, wenn ein Arbeitnehmer wegen Krankheit seine zuletzt vor der Arbeitsunfähigkeit ausgeübte Tätigkeit nicht mehr oder nur unter der Gefahr der Verschlimmerung der Erkrankung ausüben kann. Die „Dienstunfähigkeit" ist die beamtenrechtliche Entsprechung. Dienstunfähig sind Beamt*innen, die wegen ihres körperlichen Zustands oder aus gesundheitlichen Gründen zur Erfüllung ihrer Dienstpflichten dauernd unfähig ist (siehe § 26 BeamtStG). Streng genommen ist sogar noch weiter zwischen dauerhafter Dienstunfähigkeit und vorübergehender Dienstunfähigkeit zu unterscheiden. Jedenfalls erhalten auch erkrankte Beamt*innen zum Nachweis der vorübergehenden Dienstunfähigkeit eine ärztliche Arbeitsunfähigkeitsbescheinigung (kurz „AU").

5.5.2 Dauernde Dienstunfähigkeit

Eine Erkrankung allein führt noch nicht zu einer rechtlich relevanten Dienstunfähigkeit, auch wenn die Krankheit einmal mehr als ein paar Tage oder Wochen dauert. In den allermeisten Fällen müssen erst mehrere Monate an Fehlzeiten zusammenkommen, bevor man es ernsthaft mit einer Überprüfung der Dienstfähigkeit zu tun bekommt. Es sind aber auch Fälle denkbar, in denen es auf den zeitlichen Aspekt gar nicht ankommt, was jedoch nur die wenigsten Beamt*innen wissen.

In § 26 Absatz 1 BeamtStG werden die Grundlagen geregelt
„Beamtinnen auf Lebenszeit und Beamte auf Lebenszeit sind in den Ruhestand zu versetzen, wenn sie wegen ihres körperlichen Zustands oder aus gesundheitlichen Gründen zur Erfüllung ihrer Dienstpflichten dauernd unfähig (dienstunfähig) sind. Als dienstunfähig kann auch angesehen werden, wer infolge Erkrankung innerhalb eines Zeitraums von sechs Monaten mehr als drei Monate keinen Dienst getan hat und keine Aussicht besteht, dass innerhalb einer Frist, deren Bestimmung dem Landesrecht vorbehalten bleibt, die Dienstfähigkeit wieder voll hergestellt ist. Von der Versetzung in den Ruhestand soll abgesehen werden, wenn eine anderweitige Verwendung möglich ist. Für Gruppen von Beamtinnen und Beamten können besondere Voraussetzungen für die Dienstunfähigkeit durch Landesrecht geregelt werden."

Danach ist zu unterscheiden zwischen der echten (nachgewiesenen) und der vermuteten Dienstunfähigkeit. Während sich die vermutete Dienstunfähigkeit strikt an einem Zeitablauf von Krankheitszeiten orientiert, kommt es bei einer echten Dienstunfähigkeit darauf an, dass der Dienstherr positive Kenntnisse darüber hat, dass bei einer verbeamteten Person aufgrund eines körperlichen Zustands oder aus gesundheitlichen Gründen die weitere Ausübung der Dienstpflichten ausgeschlossen ist.

Solche Erkenntnisse liegen mitunter auf der Hand, etwa nach schweren Unfällen oder im Falle von schweren Erkrankungen, die sich typischerweise über einen sehr langen Zeitraum hinziehen können, oder aber auch gar keine Besserung mehr erwarten lassen. Denkbar sind auch zufällige Ergebnisse bei einer einfachen Untersuchung der Dienstfähigkeit, ohne dass zuvor an die Möglichkeit einer Dienstunfähigkeit gedacht wurde.

Der häufigste Fall ist allerdings die vermutete Dienstunfähigkeit. Diese ist dann anzunehmen, wenn innerhalb eines Zeitraums von sechs Monaten mehr als drei Monate kein Dienst verrichtet wurde. Dabei ist es unerheblich, ob sich die Fehltage über einen zusammenhängenden Zeitraum erstrecken oder auf mehrere Krankheitsphasen verteilen. Entscheidend ist allein, ob sich bei Addition aller Fehltage ein Zeitraum von mehr als drei Monaten ergibt. Außerdem muss amtsärztlich die Prognose erstellt sein, dass die volle Dienstfähigkeit auch nicht innerhalb eines bestimmten Zeitraums wiederhergestellt werden kann. Dieser Zeitraum beträgt in der Regel sechs Monate, kann aber je nach Bundesland variieren.

5.5.3 Versetzung in den Ruhestand

Bestätigt sich eine dauernde Dienstunfähigkeit, muss dies nicht zwangsläufig eine Versetzung in den Ruhestand bedeuten. Im Beamtenrecht gilt der allgemeine Grundsatz „Rehabilitation vor Versorgung". Danach sind zunächst alle denkbaren Möglichkeiten auszuschöpfen, gesundheitlich eingeschränkte Beamt*innen im Dienst zu halten, bevor nach einem abgestuften Konzept am Ende eine Versetzung in den Ruhestand aufgrund dauernder Dienstunfähigkeit erfolgt.

Beamt*innen können dann ihren Dienstpflichten nicht mehr nachkommen, wenn sie keine denkbare Tätigkeit mehr ausüben können, die Kolleg*innen in der gleichen Position ausüben können. Anders als etwa bei einer Tätigkeit im allgemeinen Verwaltungsdienst sind diese Tätigkeiten in einigen Bereichen stark begrenzt. So kann zum Beispiel ein Oberinspektor (im Statusamt A10) im gehobenen Dienst einer Verwaltungslaufbahn auf allen Dienstposten in verschiedenen Behörden eingesetzt werden, die seiner Vorbildung und seinem Statusamt entsprechen. Dies ist wesentlich weitergehend als beispielsweise bei einer Studienrätin oder im Polizeivollzugsdienst, bei dem die Ausbildung nur auf die Ausübung dieses Postens, nicht aber auf die Ausübung in anderen Behörden ausgerichtet ist.

Können nicht mehr alle Dienstpflichten erfüllt werden, kommt auch die Entbindung von einzelnen Pflichten oder eine Umorganisation des Dienstpostens in Betracht, um eine dauernde Dienstunfähigkeit im rechtlichen Sinne zu verhindern. Man spricht dann von einer eingeschränkten, modifizierten Dienstfähigkeit, ohne dass sich dies auf den Status und die Bezüge der betroffenen Person auswirkt.

Davon zu unterscheiden ist die beschränkte Dienstfähigkeit. Dies ist eine Art „Teilruhestand" und kommt in Betracht, wenn eine Fortsetzung der dienstlichen Tätigkeit zumindest für eine begrenzte Arbeitszeit möglich ist. Ist beides nicht möglich, muss der Dienstherr nach alternativen Beschäftigungsmöglichkeiten suchen – sogar unter Durchführung von Qualifikationsmaßnahmen für einen Laufbahnwechsel. Dies nennt sich anderweitige Verwendung. Erst wenn keinerlei Optionen mehr in Betracht gezogen werden können, steht die dauernde Dienstunfähigkeit fest und es folgt eine Versetzung in den Ruhestand. Dieser Status unterscheidet sich vom „normalen" Ruhestand durch geringere Bezüge und die grundsätzliche Verpflichtung zur Wiederaufnahme des Dienstes bei Wiederherstellung der vollen Dienstfähigkeit.

5.6 Tarifangestellte: gesundheitliche Prüfung

Anders als in dem auf Lebenszeit ausgelegten Beamtenverhältnis ist eine ärztliche Überprüfung der Eignung oder Tauglichkeit bei Einstellung in ein Beschäftigungsverhältnis im öffentlichen Dienst nicht grundsätzlich erforderlich. Bestimmte berufliche Tätigkeiten stellen jedoch besondere Anforderungen an die physischen und psychischen Fähigkeiten der Bewerber*innen, um die künftige Tätigkeit überhaupt ausüben zu können. In diesem Bereich sind Einstellungsuntersuchungen zulässig, sie dürfen aber nicht über den Zweck der Eignungsfeststellung hinausgehen. Vor allem dürfen gesundheitliche Anlagen, die (noch) keine Auswirkungen auf die konkret angestrebte Tätigkeit haben, nicht nachteilig gewertet werden.

Eignungsuntersuchungen können auch während eines laufenden Beschäftigungsverhältnisses erforderlich werden. Denkbar ist dies beispielsweise bei Bewerbungen für eine andere Tätigkeit oder bei einer Änderung des Aufgabenspektrums mit besonderen Gefährdungssituationen, die eine neue Beurteilung erfordern. Darüber hinaus kann die fortlaufende, regelmäßige Überprüfung der Eignung auch zur Voraussetzung für die Ausübung einer Tätigkeit oder einer bestimmten Verwendung gemacht werden. Ebenso sind Untersuchungen bei Anhaltspunkten für Eignungsmängel denkbar. Dies ergibt sich in aller Regel ebenfalls aus gesetzlichen Regelungen, dem Arbeitsvertrag, Tarifverträgen oder auch Dienstvereinbarungen. Die Teilnahme an einer Untersuchung kann so auch aus einer arbeitsvertraglichen Nebenpflicht folgen.

Eine Aufforderung zu einer ärztlichen Untersuchung muss aber immer kritisch darauf überprüft werden, ob sie überhaupt berechtigt ist. Ohne konkreten Anlass und ohne berechtigtes Interesse sind Aufforderungen zur Teilnahme unzulässig. Jede ärztliche Untersuchung einer Person ist mit einem Eingriff in Grundrechtspositionen verbunden, wie etwa in das Grundrecht auf körperliche Unversehrtheit aus Art. 2 Abs. 2 GG. Dieses

Grundrecht schützt die physische Integrität des Menschen. Eine ärztliche Untersuchung, insbesondere wenn sie invasive Elemente enthält, stellt einen Eingriff in die körperliche Unversehrtheit dar. Betroffen ist regelmäßig auch das allgemeine Persönlichkeitsrecht aus Art. 2 Abs. 1 in Verbindung mit Art. 1 Abs. 1 GG. Dies betrifft insbesondere den Schutz der Privat- und Intimsphäre sowie das Recht auf informationelle Selbstbestimmung hinsichtlich der persönlichen Gesundheitsdaten. Soweit eine Untersuchungspflicht besteht, muss diese dem Grundsatz der Verhältnismäßigkeit entsprechen, also geeignet, erforderlich und angemessen sein. Jede Untersuchung steht zudem unter dem Vorbehalt der Freiwilligkeit. Aus einer unzulässigen Weigerung können jedoch nachteilige Schlüsse gezogen werden, wie die Ablehnung einer Einstellung, die Verweigerung bestimmter Tätigkeiten, es können Änderungen in der Beschreibung der Aufgaben eines Arbeitsplatzes erfolgen, aber auch weitergehende arbeitsvertragliche Konsequenzen sind möglich.

Das Vorgehen bei Eignungs- und Tauglichkeitsuntersuchungen weist insoweit keine Besonderheiten im Hinblick auf den Bereich Transidentität und geschlechtliche Varianz auf. Die Frage einer körperlichen oder psychischen Eignung für eine bestimmte Tätigkeit sollte sich streng objektiv, jenseits des Geschlechts, beantworten lassen.

Von einer Untersuchung auf Eignung und Tauglichkeit sind arbeitsmedizinischen Untersuchungen auf Grundlage der Verordnung zur arbeitsmedizinischen Vorsorge (ArbMedVV) zu unterscheiden. Deren Ziel ist es, arbeitsbedingte Erkrankungen frühzeitig zu erkennen und zu verhüten sowie die Gesundheit und die Beschäftigungsfähigkeit der Beschäftigten langfristig zu erhalten und zu fördern. Sie schafft einen einheitlichen Rechtsrahmen für die arbeitsmedizinische Vorsorge als Teil des betrieblichen Gesundheitsschutzes und definiert die Pflichten von Arbeitgebern sowie die Rechte von Beschäftigten in diesem Bereich.

5.7 Änderung von Urkunden und Personalakten

In einem Beamtenverhältnis fallen viele Dokumente und Unterlagen an, die verpflichtend in einer Personalakte zu führen sind. Dazu gehören alle Unterlagen, die Beamt*innen betreffen, soweit sie mit dem Dienstverhältnis in einem unmittelbaren inneren Zusammenhang stehen. Diese vertraulich zu behandelnden Personalaktendaten dürfen ohne Einwilligung nur für Zwecke der Personalverwaltung oder Personalwirtschaft verarbeitet werden. Dennoch besteht für viele Stellen die Möglichkeit einer Einsichtnahme und damit eine Kenntnisnahme sehr persönlicher Informationen. Das Personalaktenrecht findet seine Grundlage in § 50 BeamtStG und wird durch Bundes- und Landesrecht näher ausgeführt. Das Grundrecht auf informationelle Selbstbestimmung als Ausdruck des allgemeinen Persönlichkeitsrechts aus Art. 2 Abs. 1 in Verbindung mit Art. 1 Abs. 1 GG wird durch die Regelungen des Personalaktenrechts für beamtenrechtliche Dienstverhältnisse eingeschränkt.

§ 50 Beamtenstatusgesetz – Personalakte (Auszug)
- Für jede Beamtin und jeden Beamten ist eine Personalakte zu führen.
- Zur Personalakte gehören alle Unterlagen, die die Beamtin oder den Beamten betreffen, soweit sie mit dem Dienstverhältnis in einem unmittelbaren inneren Zusammenhang stehen (Personalaktendaten).
- Die Personalakte ist vertraulich zu behandeln.
- Personalaktendaten dürfen ohne Einwilligung der Beamtin oder des Beamten nur für Zwecke der Personalverwaltung oder Personalwirtschaft verarbeitet werden.

Für Personalakten gilt das Prinzip der Vollständigkeit, das sogar noch Vorrang vor dem Prinzip der Richtigkeit des Inhalts genießt. Insofern sind Berichtigungen von Inhalten und die Entfernung von Unterlagen nur in wenigen Fällen vorgesehen und gesetzlich geregelt. Ein Berichtigungsanspruch besteht beispielsweise, wenn unrichtige Tatsachenbehauptungen aufgenommen wurden. Der Anspruch kann aber auch nur in Form eines Berichtigungsvermerks bestehen. Die Entfernung von Inhalten aus Personalakten ist vor allem dann vorgesehen, wenn es sich um Beschwerden, Behauptungen oder Bewertungen handelt, die sich als unbegründet oder unrichtig erwiesen haben oder sich als nachteilig erweisen oder erweisen können (zum Verfahren der Entfernung von Unterlagen, siehe etwa § 112 BBG). Weitere Regelungen gelten für die Entfernung von Disziplinarvorgängen.

Das Offenbarungsverbot des SBGG richtet sich auch an staatliche Stellen, also auch an den Dienstherrn und seine personalverwaltenden Stellen. Nach § 13 Abs. 1 SBGG dürfen vormals geführte Vornamen (und damit die frühere Geschlechtszugehörigkeit) ohne Zustimmung der antragstellenden Person nicht offenbart oder ausgeforscht werden, es sei denn, dass besondere Gründe des öffentlichen Interesses dies erfordern oder ein rechtliches Interesse glaubhaft gemacht wird. Das Prinzip der Vollständigkeit der Personalakte und die wenigen Möglichkeiten einer Berichtigung kollidieren erkennbar mit dem Offenbarungsverbot des SBGG, da die teilweise direkt aus dem Grundgesetz abgeleiteten beamtenrechtliche Vorschriften ein öffentliches Interesse darstellen könnten. Hierdurch wird die Reichweite des SBGG schon nach dem Wortlaut eingeschränkt. Hinzu kommt, dass personenstandsrechtliche Änderungen wie die des Namens und der Geschlechtszugehörigkeit keine Rückwirkung entfalten, sondern nach § 6 Abs. 1 SBGG der aktuelle Geschlechtseintrag maßgeblich ist. Eine rückwirkende Änderung von Urkunden würde zur Unrichtigkeit früherer Feststellungen bzw. Beurkundungen führen (BGH, 05.05.2021, Az. XII ZB 189/20 [21]). Bezogen auf die damalige Rechtswirklichkeit bleiben die Angaben alter Namen oder der alten Geschlechtszugehörigkeit weiterhin richtig (Hamburgisches OVG, 27.05.2019, Az. 5 Bf 225/18.Z [22]), sodass eine Berichtigung schon aus diesem Grund ausscheidet. Danach unterliegt jeder Anspruch auf Berichtigung, Änderung oder Entfernung im Verfahren nach § 10 SBGG einer Prüfung im Einzelfall, nachdem der Geschlechtseintrag und die Vornamen einer Person im Personenstandsregister geändert worden sind.

5.7.1 Personalakte

Die Personalakte ist nicht nur das Spiegelbild des dienstlichen Werdegangs, sie gibt auch Aufschluss über grundlegende Informationen des privaten Lebenswegs, weil sie beispielsweise auch Unterlagen der Beihilfe zur Gewährung von Leistungen bei Erkrankungen oder Behandlungen in klinischen Einrichtungen enthält. Es gibt unzählige Stellen, an denen die Geschlechtszugehörigkeit und der Vorname direkt entnehmbar sind, aber auch über (angenommene) Kinder, den Familienstand und sogar die Person des Ehe- oder Lebenspartners.

Personalakteninhalte können etwa sein:
- Einstellungsvorgänge mit Bewerbung, Lebenslauf, Führungszeugnis, Gesundheitszeugnis, Lichtbild, Personenstandsurkunden, Staatsangehörigkeitsnachweis, Schul- und Prüfungszeugnisse;
- Nachweise zur Laufbahnbefähigung und andere Qualifikationen, Nachweise über einen Wehr- und Ersatzdienst;
- Ernennungen, Versetzungs-, Abordnungs- oder Umsetzungsverfügungen;
- Entscheidungen zur Teilzeit, Urlaub aus familienbezogenen Gründen, Erziehungsurlaub, Elternteilzeit, Erholungs- oder Sonderurlaub;
- (amts-)ärztliche Unterlagen wie Gesundheitszeugnisse und medizinische Gutachten, mitunter auch Auszüge aus der Anamnese oder Krankheitsgeschichte, sowie Untersuchungsaufträge
- Informationen über eine Schwerbehinderung, bzw. Gleichstellung

Um das Offenbarungsverbot konsequent auch rückwirkend umzusetzen, müssten eine Vielzahl von Dokumenten und Urkunden geändert werden, die zum Teil auch von anderen Stellen stammen – also erst dort geändert werden müssten, um dann auch in den Personalakten berücksichtigt werden zu können. Unabhängig von der Frage, ob eine lückenlose Änderung ohne Hinweis auf eine spätere Änderung der Geschlechtszugehörigkeit überhaupt realistisch ist, haben sich bereits mehrere Gerichte mit einem möglichen Anspruch von Beamt*innen auf Berichtigung der Personalakten befasst.

Aus der Praxis:

Das Hamburgische Oberverwaltungsgericht hat im Verfahren (Hamburgisches OVG, 27.05.2019, Az. 5 Bf 225/18.Z [22]) über einen Fall entschieden, in dem eine Bundespolizistin die vollständige Anpassung ihrer Personalakte an das weibliche Geschlecht beantragte. Die Klägerin wollte damit eine Berichtigung der Personalakte wegen Änderung des Vornamens durchsetzen. Das Gericht entschied, dass § 5 Abs. 1 TSG keinen Anspruch für Beamtinnen und Beamte begründe, nach Änderung des Vornamens den Inhalt der Personalakte rückwirkend (auch für die Zeit vor der Namensänderung) an die neue Namensführung anzupassen. Ein solcher Anspruch ergebe sich auch nicht aus dem datenschutzrechtlichen Berichtigungsanspruch (Art. 16 Datenschutz-Grundverordnung, DSGVO), der beamtenrechtlichen Fürsorgepflicht (§ 78 BBG) oder dem Grundrecht auf informationelle Selbstbestimmung (Art. 2 Abs. 1 in Verbindung mit Art. 1 Abs. 1 GG).

In seiner Begründung führt das Gericht unter anderem aus, dass der beklagte Dienstherr die Personalakten bewusst auf dem jeweils richtigen Stand halte, um ein möglichst lückenloses Bild von der Entstehung und Entwicklung des Dienstverhältnisses als historischem Geschehensablauf dokumentieren zu können, sodass er auch nicht verpflichtet sei, die Daten an den jeweils aktuellen Stand anzupassen; eine solche Anpassung, die aus den Akten nicht erkennbar wäre, könnte vielmehr umgekehrt gegen den Grundsatz der Datenrichtigkeit verstoßen. Der Dienstherr habe darüber hinaus in jedem Einzelfall zu prüfen, ob bei einer Einsichtnahme in die Personalakte das Offenbarungsverbot (im konkreten Fall noch das Offenbarungsverbot aus § 5 TSG) gewahrt bleibe, also der alte Vorname oder das alte Geschlecht nur unter den Voraussetzungen von § 5 Abs. 1 TSG offenbart werde. Liegen die Voraussetzungen nicht vor, sind entweder entsprechende Schwärzungen vorzunehmen oder die betreffenden Aktenteile sind insgesamt von der Akteneinsicht auszunehmen. Der Akteninhalt ist auch nicht vor der Kenntnisnahme durch Personalsachbearbeiter*innen zu schützen, da § 5 Abs. 1 TSG gerade diese Beschäftigten zur Umsetzung des Offenbarungs- und Ausforschungsverbots verpflichtet. Allerdings könne sich aus der Fürsorgepflicht des Dienstherrn ergeben, den Kreis der Personen, die Zugang zur Personalakte haben, so klein wie möglich zu halten. Dies sollte auch nach Inkrafttreten des SBGG als Grundsatz gelten. ◄

In einem anderen Verfahren forderte ein Beamter von seinem Dienstherrn die Neuausstellung von Urkunden mit geändertem Namen, darunter die Ernennungsurkunde zum Beamten auf Lebenszeit, die Urkunde über die bestandene Lehramtsprüfung und eine Jubiläumsurkunde. Das Verwaltungsgericht Hannover lehnte diesen Antrag auf Änderung der Personalakte ab (siehe VG Hannover, 12.02.2010, Az. 2 A 5587/08 [23]). Es entschied, dass ein Beamter, der seinen Vornamen auf der Grundlage des Transsexuellengesetzes geändert hat, keinen Anspruch darauf hat, dass seine Personalakte umgeschrieben und die in der Personalakte befindlichen Urkunden an die Namensänderung angepasst werden.

Das Gericht war der Auffassung, dass § 5 Abs. 1 TSG keinen Anspruch auf Änderung von Urkunden gewährt. Dies gelte auch dann, wenn die Personalakte nach ihrem bisherigen Inhalt die Geschlechtsangleichung des Beamten und die damit verbundene Namensänderung offenbare. Die Offenbarung sei ausnahmsweise zulässig, wenn der beklagte Dienstherr ein überwiegendes rechtliches Interesse an der weiteren Führung der Personalakte mit dem bisherigen Inhalt geltend machen könne.

In der Begründung führt das Verwaltungsgericht Hannover weiter aus [23]:

„Die Personalakte ist Grundlage und Voraussetzung für den Schutz des Persönlichkeitsrechts des Beamten und die Gewährleistung der Funktionsfähigkeit einer effizienten Personalverwaltung und -Wirtschaft. Beide Zwecke erfordern, dass die Personalakte vollständig und richtig ist (vgl. BVerwG, Urteil 8. 4. 1976 – II C 15/74). Der Grundsatz der Vollständigkeit besagt, dass die Personalakte ein möglichst vollständiges Bild von der Persönlichkeit des Beamten geben und ein zutreffendes Bild der Entstehung und Entwicklung des Dienstverhältnisses als historischem Geschehensablauf vermitteln soll. Personalakten sind deshalb nach dem Grundsatz der Offenheit und Richtigkeit (Wahrheit) zu führen. Dem Zweck der Personalakte, ein zutreffendes und objektives Bild über die Persönlichkeit des Beamten und seine dienstliche Laufbahn zu liefern, würde es zuwiderlaufen, wenn die von der Klägerin genannten Urkunden mit Originaldatum aus der Akte entfernt und mit dem ursprünglichen Datum der Akte wieder hinzugefügt würden. Die Personalakte wäre dann nicht mehr vollständig und richtig, weil am (…) nicht die Lehrerin L. (…), sondern der Lehrer L. (…) im Beamtenstatus auf Lebenszeit ernannt worden ist, weil (…) Herr L. zum Realschullehrer ernannt worden ist, Herr L. auch das 2. Staatsexamen (…) bestanden hat und weil auch ihm eine Urkunde über 25-jährige gewissenhafte Pflichterfüllung im öffentlichen Dienst ausgestellt worden ist, nicht aber einer Person weiblichen Geschlechts (…)." ◄

Im Übrigen sei der Dienstherr auch nicht in der Lage, sämtliche Spuren des alten Vornamens und der früheren Geschlechtszugehörigkeit aus der Personalakte zu entfernen – und dazu auch nicht befugt: Dokumente wie ärztliche Atteste, Gerichtsentscheidungen aber auch anwaltliche Schriftsätze, entziehen sich einer Änderung durch den Dienstherrn, da er nicht Urheber der Dokumente ist. Für eine Änderung ist zwingend die ausstellende Stelle zuständig, geänderte Dokumente könnten dann unter Umständen gegen die bisherigen Unterlagen in der Personalakte ausgetauscht werden.

Sofern sich der Dienstherr eine Änderung von Inhalten der Personalakte aufgeschlossen zeigt, besteht mit § 10 Abs. 2 SBGG zumindest eine Rechtsgrundlage zur Änderung bestimmter Urkunden aus dem eigenen Verantwortungsbereich, die als Verwaltungsakt ergangen sind (etwa Zeugnisse oder Nachweise bestimmter Qualifikationen). Analog wird man dies auch für dienstliche Beurteilungen anwenden können, auch wenn diese keine Verwaltungsakte sind.

Aus der Begründung zum Gesetzentwurf des SBGG, BT-Drucks. 20/9049 [24]

„Die Norm stellt eine Anspruchsgrundlage dar, nach welcher die jeweils ausstellende Stelle der Person, die den Geschlechtseintrag und die Vornamen geändert hat, die Dokumente neu ausstellen muss. Damit dient Absatz 2 genauso wie Absatz 1 der Durchsetzung des in § 13 Absatz 1 Satz 1 SBGG normierten Offenbarungsverbots. § 10 Absatz 2 SBGG findet als Spezialnorm auch Anwendung auf Dokumente, die als Verwaltungsakte erlassen wurden (zum Beispiel Schulabschlusszeugnisse). Die Vorschriften über den Widerruf und die Rücknahme von Verwaltungsakten (§§ 48, 49 VwVfG) finden keine Anwendung, da diese allgemeinen Vorschriften gegenüber den verfahrensrechtlichen Spezialregelungen im SBGG nur subsidiär gelten. Zweck des § 10 Absatz 2 SBGG ist es gerade, derlei Verfahren zu erleichtern. Die Verwaltungsakte können nicht über eine Berichtigung nach § 42 VwVfG geändert werden. Denn es liegt keine offensichtliche Unrichtigkeit im Sinne der Norm vor. Eine solche Unrichtigkeit erfordert, dass die Behörde in der Formulierung des Verwaltungsakts (also zum Beispiel in der verwendeten Personenbezeichnung) etwas anderes ausgesagt hat, als sie gewollt hat. Dies ist jedoch bei einer zeitlich nachfolgenden Änderung des Geschlechtseintrags und der Vornamen nicht der Fall, da die Behörde die im Zeitpunkt der Ausstellung personenstandsrechtlich eingetragenen Daten aufnehmen wollte und aufgenommen hat.

Es soll zum Beispiel kein Anspruch des Betroffenen bestehen, vom Arbeitgeber rechtmäßig in die Personalakte aufgenommene Dokumente (Dritter) zu ändern. Vielmehr obliegt es dem Betroffenen, seinen Anspruch auf Neu-ausstellung der Dokumente gegenüber dem in Absatz 3 aufgezählten Personenkreis durchzusetzen." ◄

5.7.2 Ernennungsurkunde

Mit einer Ernennung wird ein Beamt*innenverhältnis begründet oder geändert. Der Ernennung kommt aufgrund der damit verbundenen Verleihung eines besonders rechtsbeständigen Status eine hohe Bedeutung zu und ist an strenge formelle Anforderungen gebunden. Es gilt das Urkundsprinzip. Ernennungen sind Verwaltungsakte, die die Rechtsstellung von Beamt*innen zum Gegenstand haben. Darunter versteht man die Art des Beamtenverhältnisses (z. B. auf Probe, auf Lebenszeit) oder die Verleihung eines beamtenrechtlichen Statusamtes einer bestimmten Laufbahn und Amtsbezeichnung. Ein einmal verliehener Status kann nur unter engen Voraussetzungen wieder entzogen werden, beispielsweise durch Zurückstufung oder Entfernung aus dem Dienst als Disziplinarmaßnahme.

Für Ernennungsurkunden gilt wie für alle anderen Urkunden, Dokumente und Unterlagen in der Personalakte das oben unter Abschn. 5.7.1 Gesagte: Ein Anspruch auf rückwirkende Änderung ist gesetzlich nicht vorgesehen. Eine nachträgliche Änderung von Name und Geschlecht würde vielmehr einen Rechtszustand dokumentieren, der zum ursprünglichen Zeitpunkt nicht bestand. Dies würde die damalige Rechtswirklichkeit verändern und die mit den Urkunden verbundenen Erklärungen unrichtig machen [25]. Erst mit der rechtskräftigen Feststellung der geänderten Geschlechtszugehörigkeit ändern sich Rechte und Pflichten nach dem neuen Geschlechtseintrag. Dies hat zur Folge, dass erst ab Rechtskraft alle weiteren Urkunden im Dienstverhältnis auf den neuen Namen und die neue Geschlechtszugehörigkeit auszustellen sind. Ebenso ist ab diesem Zeitpunkt eine neue Amtsbezeichnung in der dem jeweiligen Geschlecht zugehörigen Form zu verleihen, etwa von Amtmann zu Amtfrau oder von Regierungsrat zu Regierungsrätin.

▶ Die Amtsbezeichnungen ergeben sich aus den Besoldungsgesetzen, die aber nur die weibliche und männliche Form, nicht aber eine neutrale Bezeichnung kennen. Nicht-binäre Personen haben derzeit noch das Nachsehen, da andere als die bisherigen (binären) Amtsbezeichnungen nicht vorgesehen sind. Andererseits ist die Amtsbezeichnung im dienstlichen Alltag nicht immer von Bedeutung.

Rein formell ist es nicht immer erforderlich, die Amtsbezeichnung im Geschäftsverkehr zu verwenden, wenn sie nicht zugleich die Tätigkeit und Funktion beschreibt oder dienstliche Regelungen dies vorgeben. Rein praktisch würde es sich in diesen Fällen anbieten, auf die konkrete Funktion abzustellen. Denkbar wäre beispielsweise, eine Funktion als „Verwaltungsamtmann" (statusrechtliches Amt der Besoldungsgruppe A 11) mit „Fachbereichsleitung Personal" zu bezeichnen. Hier sind der Wille und die Kreativität der Dienststelle und der Personalvertretung gefragt, die eine solche Handhabung initiieren können.

Dieses Ergebnis ist im Hinblick auf den Zweck des Offenbarungsverbots des SBGG wenig zufriedenstellend. Sofern sich Beamt*innen in Transition im gleichen Dienstverhältnis beim gleichen Dienstherrn befinden, mag die Situation noch hinnehmbar sein. Der Wunsch nach beruflicher Veränderung besteht allerdings bei Beamt*innen gleichermaßen wie bei Arbeitnehmer*innen in der Privatwirtschaft. Auch sind Dienstverhältnisse durchlässig, sie können bei anderen Dienstherren im Wege der Versetzung fortgesetzt oder neu begonnen werden. Selbst die Kündigung und der Wechsel in die Privatwirtschaft sind heute keine Seltenheit mehr. In diesen Fällen wäre es wünschenswert, den Betroffenen einen Anspruch auf Neuausstellung der Urkunden einzuräumen. Anderenfalls geraten die Betroffenen in die Situation, sich mit ihren Bewerbungsunterlagen notgedrungen selbst offenbaren zu müssen. Hier ist der Gesetzgeber aufgerufen, Änderungen zu veranlassen.

5.8 Personalvertretungen

In der Wirtschaft schafft das Betriebsverfassungsgesetz die Grundlagen für die Bildung von Betriebsräten. So wird die Mitbestimmung der Arbeitnehmer*innen bei der Gestaltung der Arbeitsabläufe, vor allem aber den Schutz der Einzelnen, die Einhaltung der gesetzlichen Regelungen zum Arbeitsschutz und der ausgehandelten Betriebsvereinbarungen gewährleistet.

Dieses System ist auch dem öffentlichen Dienst nicht fremd. Über das Personalvertretungsrecht haben die Beschäftigten die Möglichkeit, sich über die gewählten Personalvertretungen an der Gestaltung der Arbeitsabläufe zu beteiligen, die Einhaltung von Rechten aktiv zu überwachen und Dienstvereinbarungen mitzugestalten.

5.8.1 Geltungsbereich des Personalvertretungsrechts

Bundes- und landesrechtliche Vorschriften regeln die Wahl, die Zuständigkeit, die Pflichten und Rechte der Personalvertretungen sowie die Verfahren der Einigung und die personalvertretungsrechtlichen Gerichtsverfahren. Das Personalvertretungsrecht gilt für alle öffentlichen Verwaltungen im weitesten Sinne, also alle Körperschaften, Anstalten und Stiftungen des öffentlichen Rechts. Dazu gehören die öffentlichen Einrichtungen des

Bundes, der Länder, der Gemeinden, der Gemeindeverbände sowie der sonstigen bundesunmittelbaren oder landesunmittelbaren Körperschaften, Anstalten und Stiftungen des öffentlichen Rechts (also auch Unfallkassen, Deutsche Rentenversicherung, Sparkassen, Handwerkskammern u. a.).

Bundespersonalvertretungsgesetz (BPersVG)
§ 1 Anwendungsbereich

> (1) Dieser Teil gilt für die Verwaltungen des Bundes und die bundesunmittelbaren Körperschaften, Anstalten und Stiftungen des öffentlichen Rechts sowie die Gerichte des Bundes. Zu den Verwaltungen im Sinne dieses Gesetzes gehören auch die Betriebsverwaltungen (…)

Die Begriffe Personalvertretung und Personalrat sind gleichbedeutend, wobei mit „Personalrat" auch ein (männliches) Mitglied einer Personalvertretung als Gremium gemeint sein kann. In der Praxis wird man am häufigsten auf die Abkürzung „ÖPR" stoßen, die sich wiederum auf den „Öffentlichen Personalrat" als Gremium bezieht. Eine gängige geschlechtsneutrale Sprachregelung hat sich in der öffentlichen Verwaltung noch nicht durchgesetzt. Dies liegt auch daran, dass in den Gesetzen mehr oder weniger durchgängig die traditionelle Bezeichnung „Rat" bzw. „Räte" verwendet wird. Es bietet sich an, das Gremium neutral als „Personalvertretung" zu bezeichnen und seine Mitglieder als „Personalvertretungsmitglied" (Mitglied der Personalvertretung) oder als „Personalvertreter*in". Eine für den Gesetzgeber recht leicht umsetzbare Maßnahme in geschlechtsneutrale Sprache will man meinen, dennoch wurde dies auch in der größten Novelle des Bundespersonalvertretungsgesetzes seit über 50 Jahren im Jahr 2020 nicht berücksichtigt.

Historisch gesehen ist das Personalvertretungsrecht Bundesrecht. Auch wenn die Gesetzgebungskompetenz heute überwiegend bei den Ländern liegt, gibt das Bundespersonalvertretungsgesetz in Teilbereichen noch heute den Rahmen vor. Aufgrund dieser gemeinsamen Geschichte sind die Personalvertretungsgesetze (PersVG) der Länder sehr ähnlich und unterscheiden sich nur in Details. Dennoch: Allein für Bund und Länder sind 17 verschiedene Personalvertretungsgesetze zu beachten – Sonderregelungen für besondere Beschäftigtengruppen, wie Angehörige der Kirchen oder der Bundeswehr (hier: Soldatinnen- und Soldatenbeteiligungsgesetz, SBG), noch nicht eingerechnet.

Die *eine* Personalvertretung gibt es also nicht. Sie richtet sich ausgehend von einer Dienststelle nach dem behördlichen Aufbau, sodass an jeder selbstständigen Dienststelle in der Regel eine Personalvertretung besteht. Mehrere Personalvertretungen werden in Bezirks-, Gesamt- und Hauptpersonalräten (-vertretungen) als hierarchisch aufgebaute Stufenvertretungen gebündelt, wobei die Hauptpersonalräte an höchster Stelle angesiedelt sind, also bei obersten Behörden und Ministerien. Daneben sind Jugend- und Auszubildendenvertretungen im öffentlichen Dienst gebildet.

5.8.2 Zusammenarbeit zwischen Personalvertretung und Dienststelle

Der Grundsatz der vertrauensvollen Zusammenarbeit zwischen Dienststelle und Personalvertretung durchzieht das Personalvertretungsrecht als Leitmotiv und bildet ein von jeder Seite zu beachtendes Grundgebot. Ziel ist eine einvernehmliche und harmonische Arbeitsweise in den Dienststellen, die nach Möglichkeit immer auf einem Konsens beruht.

Bundespersonalvertretungsgesetz (BPersVG)
§ 2 Grundsätze der Zusammenarbeit

(1) Dienststelle und Personalvertretung arbeiten unter Beachtung der Gesetze und Tarifverträge vertrauensvoll zum Wohl der Beschäftigten und zur Erfüllung der der Dienststelle obliegenden Aufgaben zusammen.
(2) Dienststelle und Personalvertretung haben alles zu unterlassen, was geeignet ist, die Arbeit und den Frieden der Dienststelle zu beeinträchtigen. Insbesondere dürfen sie keine Maßnahmen des Arbeitskampfes gegeneinander durchführen. Die Zulässigkeit von Arbeitskämpfen tariffähiger Parteien wird hierdurch nicht berührt (…).

Die Kooperation zwischen Leitung einer Dienststelle und deren Beschäftigten ist durch den Gesetzgeber je nach betroffenem Bereich unterschiedlich stark ausgeprägt oder auch ganz entzogen. Das Personalvertretungsrecht unterscheidet Angelegenheiten der Mitbestimmung und der Mitwirkung als Instrumente der Beteiligung.

Die **Mitbestimmung** ist das stärkste Beteiligungsrecht, bei dem für die wirksame Umsetzung einer Maßnahme eine Zustimmung der Personalvertretung erforderlich ist. Ist diese nicht einverstanden, zielt ein sogenanntes Stufenverfahren über mehrere Ebenen auf eine Konsensbildung. Erst auf letzter Stufe erhält wieder die oder der Letztentscheidende die Möglichkeit eines Überstimmens. Auch eine gerichtliche Überprüfbarkeit ist vorgesehen.

Die **Mitwirkung** ist eine eigenständige Beteiligungsform. Sie steht zwischen der Mitbestimmung als der förmlichen Einflussnahme der Personalvertretung auf Maßnahmen der Dienststelle und ihrer bloßen Unterrichtung. Schwerpunkt ist hier eine Erörterung mit dem Ziel der Verständigung über eine Maßnahme. Führt dies nicht zum Erfolg, kann die übergeordnete Dienststelle eingeschaltet werden. Die Mitwirkung erweist sich damit als ein formalisiertes Instrument, um der Personalvertretung in besonders nachdrücklicher Weise Gehör zu verschaffen, ohne ihr eine Einflussnahme auf die Maßnahmen der Dienststelle zu ermöglichen.

Der Mitbestimmung unterliegen etwa Personal-, soziale und organisatorische Angelegenheiten. Sie ist beispielsweise vorgesehen bei Maßnahmen zu Arbeitsverhältnissen wie Kündigungen (bei Tarifbeschäftigten) und sehr eingeschränkt für Maßnahmen, die das Beschäftigungsverhältnis von Beamt*innen betreffen. Vor allem die Mitbestimmungsmöglichkeiten bieten der Personalvertretung ein weites Beteiligungsfeld zur Berücksichtigung und Umsetzung genderspezifischer Belange der Beschäftigten, aber auch bei der Darstellung und Kommunikation der gesamten Dienststelle mit Bürger*innen.

5.8.3 Relevante Gruppen der Mitbestimmung und Mitwirkung

Die Personalvertretung kann durch verschiedene Mitbestimmungstatbestände auf die tatsächliche Gleichstellung der Geschlechter hin- und drohenden Benachteiligungen entgegenwirken. Dies ist ein Recht der Personalvertretung, jedoch keine Pflicht. Sofern die Personalvertretung kein Verständnis für das Thema hat oder sich – aus welchen Gründen auch immer – nicht für die Rechte transidenter Menschen einsetzen will oder dies vernachlässigt, sind den Betroffenen die Hände gebunden. Andererseits trifft die Personalvertreter*innen als Gremium auch die Verpflichtung, die Einhaltung der einschlägigen (arbeitsrechtlichen) Normen zu überwachen und auf Abhilfe hinzuwirken.

▶ Reine Passivität ist dennoch nicht justiziabel, wenn die Schwelle bewussten Agierens oder der Willkür nicht überschritten ist. Gleiches gilt für die Mitwirkung, die im Grunde eine bloße Beteiligung zur Herstellung eines Einvernehmens oder für eine bloße Anhörung darstellt. Ohne Bewusstsein, ohne Verständnis, werden die Interessen transidenter Beschäftigter kaum in die Verfahren eingebracht werden.

5.8.3.1 Mitbestimmung in Personalangelegenheiten

Beispiel

Aufgrund anhaltend dünner Personaldecke soll der Personaleinsatz optimiert werden. Stefan Schultz, ein fachlich hoch angesehener Mitarbeiter, soll hierzu an einen anderen Dienstort wechseln, um dort die Sachbearbeitung zu unterstützen. Allerdings ist Stefan in der ganzen Behörde für sein abschätziges Verhalten gegenüber homosexuellen Personen und „allem, was anders ist" bekannt und in der Vergangenheit bereits wegen systematischer Schikanierung aufgefallen.

In der Abteilung, in die Stefan versetzt werden soll, arbeitet Emilia, die sich kürzlich als Transfrau geoutet hat und als Frau wahrgenommen werden möchte. Emilia befürchtet aufgrund von Stefans bekanntem Verhalten erhebliche Nachteile. Sie leidet bereits jetzt unter der Situation, hat schlaflose Nächte und hat sich hilfesuchend an die Personalvertretung gewandt.

Welche Möglichkeiten hat die Personalvertretung, um in dieser Situation zu intervenieren und Emilia zu unterstützen? ◀

Ein relevanter Fall der Mitbestimmung zum Schutz vor Benachteiligungen aller Art ist die Mitbestimmung bei Einstellungen. So gibt z. B. § 78 Abs. 1 Nr. 1 BPersVG dem Personalrat ein Mitbestimmungsrecht bei der Einstellung von Beschäftigten. Bei Beförderungen und Höhergruppierungen kommt es nicht selten zu Konkurrenzsituationen, ebenso wie bei sonstigen Bewerbungen um eine Stelle oder bei Versetzungen auf andere Dienstposten. Hier gilt es, gleiche Voraussetzungen und damit gleiche Chancen für alle Beschäftigten zu gewährleisten – unabhängig von ihrer sexuellen Orientierung, geschlechtlichen Identität oder dem individuellen Ausdruck.

Das im Verfahren der Mitbestimmung vorgesehene Einverständnis mit einer Maßnahme – wie hier einer Einstellung – darf nur aus bestimmten Gründen verweigert werden, was sich aus den einschlägigen Vorschriften direkt ergibt.

§ 78 Abs. 5 BPersVG nennt Gründe für die Verweigerung der Zustimmung
(5) Der Personalrat kann in den Fällen des Absatzes 1 seine Zustimmung verweigern, wenn

1. die Maßnahme gegen ein Gesetz, eine Verordnung, eine Bestimmung in einem Tarifvertrag, eine gerichtliche Entscheidung, den Gleichstellungsplan oder eine Verwaltungsanordnung oder gegen eine Richtlinie im Sinne des § 80 Absatz 1 Nummer 12 verstößt,
2. die durch Tatsachen begründete Besorgnis besteht, dass durch die Maßnahme der oder die betroffene Beschäftigte oder andere Beschäftigte benachteiligt werden, ohne dass dies aus dienstlichen oder persönlichen Gründen gerechtfertigt ist, oder
3. die durch Tatsachen begründete Besorgnis besteht, dass die oder der Beschäftigte oder die Bewerberin oder der Bewerber den Frieden in der Dienststelle durch unsoziales oder gesetzwidriges Verhalten stören werde.

Dieser Katalog umreißt zugleich den Umfang der Wächterfunktion der Personalvertretung: Die kollektiven Interessen der Beschäftigten der gesamten Dienststelle vor Belastungen, Belästigungen und Benachteiligungen durch die neu eingestellte Person zu schützen, insbesondere vor Kündigungen und Versetzungen aufgrund der Einstellung, und vor der Störung des Betriebsfriedens durch unsoziales oder gesetzwidriges Verhalten.

Eine Zustimmungsverweigerung ist möglich bei einem Verstoß gegen ein Gesetz. Zu den Gesetzen zählen neben den Verfassungsnormen auch das Satzungsrecht von Körperschaften, Anstalten und Stiftungen des öffentlichen Rechts sowie Unfallverhütungsvorschriften der Träger der gesetzlichen Unfallversicherung. Den Charakter von Rechtsnormen haben ferner Rechtsakte der Europäischen Union, wie deren Richtlinien und Verordnungen. Relevant sind insbesondere Gesetze mit arbeitsschutzrechtlichem Charakter (Ilbertz, Widmaier, Sommer, BPersVG, § 77 Rn. 20 [26]; Ricken/Else, BeckOK BPersVG, § 78 Rn. 134 [27]). Es genügt die Geltendmachung eines Verstoßes gegen eine vom Gesetzgeber gewünschte Verhaltensweise. Die Regelung muss lediglich zum Ausdruck bringen, dass ihr Zweck darin besteht, die entsprechende personelle Maßnahme selbst zu verhindern, und zwar zum entsprechenden Zeitpunkt (VG Frankfurt am Main, 03.06.2013, Az. 23 K 1165/13.F.PV [28]). Ein Verstoß gegen ein Gesetz (oder eine Verordnung) ist insbesondere gegeben, wenn bei einer Einstellung, vor allem von Frauen und Jugendlichen, oder, bezüglich schwerbehinderter Menschen für diese geltende Sondervorschriften nicht beachtet werden.

Auch die Nichtbeachtung der Gleichstellungsgesetze kann ein Verstoß in diesem Sinne sein. Nach § 1 BGleiG (Bundesgleichstellungsgesetz) ist es Ziel, die Gleichstellung von Frauen und Männern zu verwirklichen, bestehende Benachteiligungen auf Grund des Geschlechts, *insbesondere* Benachteiligungen von Frauen, zu beseitigen, künftige Benachteiligungen zu verhindern sowie die Familienfreundlichkeit und die Vereinbarkeit von Familie, Pflege und Berufstätigkeit für Frauen und Männer zu verbessern. Nach Maßgabe des BGleiG wird die tatsächliche Durchsetzung der Gleichberechtigung von Frauen und Männern gefördert. Strukturelle Benachteiligungen von Frauen sind durch deren gezielte Förderung zu beheben. Beim Erreichen der Ziele sind die besonderen Belange behinderter und von Behinderung bedrohter Frauen (im Sinne von § 2 Abs. 1 Neuntes Sozialgesetzbuches, SGB IX) zu berücksichtigen. Im Übrigen gilt § 1 Abs. 3 BGleiG zur Gleichstellung behinderter Menschen (Ricken/Else, BeckOK BPersVG, § 78 Rn. 140.1 [27]). Wesentliches Instrument zum Erreichen und Durchsetzen der angestrebten Gleichstellung sind Gleichstellungspläne, die alle vier Jahre neu aufgestellt werden. Die rechtliche Zuordnung zu einer Gruppe ist mit dem jeweils aktuellen Geschlechtseintrag verbunden, wie er sich aus dem Personenstandsregister ergibt (siehe § 6 SBGG). Eine Quote jenseits von Mann und Frau ist bisher nicht vorgesehen. Hierzu auch Abschn. 5.3.1, Bewerbung und Auswahl.

Das Verhindern von Benachteiligung ist das Leitmotiv des Personalvertretungsrechts (Abschn. 5.8). Die Dienststelle und die Personalvertretung haben darüber zu wachen, dass alle ihr Angehörenden nach Recht und Billigkeit behandelt werden, insbesondere, dass jede Benachteiligung aus Gründen der Rasse oder ethnischen Herkunft, der Abstammung oder sonstigen Herkunft, der Nationalität, Religion oder Weltanschauung, einer Behinderung des Alters, der politischen oder gewerkschaftlichen Betätigung oder Einstellung oder wegen des Geschlechts oder der sexuellen Identität unterbleibt. Die Personalvertretung kann damit eine Vielzahl an Benachteiligungen einwenden, solange keine Rechtfertigung aus dienstlichen oder persönlichen Gründen ersichtlich ist. (Ricken/Else, BeckOK BPersVG, § 78 Rn. 145 [27]) Eine Rechtfertigung von Ungleichbehandlungen kann beispielsweise in nachvollziehbaren, besonderen Anforderungen an eine bestimmte dienstliche Tätigkeit liegen.

Die Personalvertretung kann zudem ihre Zustimmung verweigern, wenn die durch Tatsachen begründete Besorgnis besteht, dass die beschäftigte oder sich bewerbende Person den Frieden in der Dienststelle durch **unsoziales oder gesetzwidriges Verhalten** stören werde. Eine „Störung dieses Friedens" im Sinne einer gefühlten Einigkeit ist dann anzunehmen, wenn eine beschäftigte Person vor Eintritt in die Dienststelle Meinungen geäußert hat, die die Personalvertretung nicht teilt, weil sie diese für unsozial hält und durch die zuzugestehende Meinungsfreiheit nicht gedeckt ist (vgl. Ricken/Else, BeckOK BPersVG, § 78 Rn. 152 [27]) Ein unsoziales Verhalten kann angenommen werden, wenn sich die Person nicht in die Belegschaft einfügt und sich nicht an die Spielregeln hält, die in der Dienststelle für eine gute und störungsfreie Zusammenarbeit aller gelten (vgl. Kaiser, § 77 Rn. 79 [29] mit Beispielen: grob unkollegiales Verhalten, grundlose Weigerung einer Zusammenarbeit mit bestimmten Kollegen, „Mobbing").

Im **Beispielsfall** könnte die Personalvertretung die Zustimmung zu Stefans Versetzung in die Abteilung von Emilia verweigern, da eine Fortsetzung des unsozialen Verhaltens gegenüber Emilia und damit die Störung des Friedens in der Dienststelle zu befürchten ist.

5.8.4 Mitbestimmung in organisatorischen Angelegenheiten

Die Mitbestimmung in organisatorischen Angelegenheiten ist ein Sammelbegriff für eine größere Zahl von Fallgruppen, die ein uneingeschränktes Mitbestimmungsrecht der Personalvertretung vorsehen. Es handelt sich im Wesentlichen um allgemeine Angelegenheiten mit einem kollektiven Bezug zur Dienststelle, die für angestellte und verbeamtete Beschäftigte gelten. Eine generelle Regelung und damit ein kollektiver Bezug liegt dann vor, wenn durch die Regelung die Interessen der Beschäftigten insgesamt, unabhängig von den individuellen Wünschen einzelner Personen, betroffen werden (Ricken/Ollmann, BeckOK BPersVG, § 80 Rn. 1 [30]).

Die Mitbestimmung erfolgt beim Erlass von Richtlinien über die personelle Auswahl bei Einstellungen, Versetzungen, Umgruppierungen und Kündigungen (zusammenfassend auch Auswahlrichtlinien genannt), so etwa § 80 Abs. 1 Nr. 12 BPersVG. Es geht um Grundsätze, die für eine Mehrzahl von oben genannten Entscheidungen positiv oder negativ festlegen, welche Kriterien bei den fachlichen und persönlichen Voraussetzungen und sozialen Gesichtspunkten in welcher Weise zu berücksichtigen sind (BVerwG, 21.03.2005, Az. 6 PB 8/04 [31]). Dazu zählen auch Verfahren zur Feststellung der persönlichen Eignung, wie beispielsweise ärztliche Untersuchungen und Belastungstests (Ricken/Else, BeckOK BPersVG, § 80 Rn. 81 [27]).

Einen Fall von besonderem Interesse beinhaltet § 80 Abs. 1 Nr. 13 BPersVG, der unter anderem Maßnahmen nennt, die „der Durchsetzung der tatsächlichen Gleichstellung von Frauen und Männern, der Vermeidung von **Benachteiligungen von Menschen, die sich keinem dieser Geschlechter zuordnen** (…) dienen, insbesondere bei der Einstellung, Beschäftigung, Aus-, Fort- und Weiterbildung und dem beruflichen Aufstieg" (*Hervorhebung durch den Autor*).

Diese Formulierung wurde mit der Novelle des BPersVG im Jahr 2021 eingeführt und stellt damit eine der ersten ausdrücklichen Berücksichtigungen von Menschen außerhalb der binären Geschlechterordnung dar.

▶ **Aus der amtlichen Begründung des BPersVG (Bundestags-Drucksache 19/26820, Seite 124 [24])** „Neben der Gleichstellung von Frauen und Männern sollen auch Maßnahmen, die der Vermeidung von Benachteiligungen von Menschen, die sich keinem dieser Geschlechter zuordnen, der Mitbestimmung des Personalrats unterliegen. Das aus Artikel 3 Absatz 2 GG folgende Gleichberechtigungsgebot zur Beseitigung bestehender gesellschaftlicher Nachteile zwischen Frauen und Männern wird daher um Mitbestimmungsaspekte zum Schutz gegen Benachteiligungen wegen der geschlechtlichen Identität (Diskriminierungsverbot aus Artikel 3 Absatz 3 Satz 1 GG) ergänzt."

Mitbestimmungspflichtig sind alle Maßnahmen, welche die Dienststelle zur Durchsetzung von rechtlich vorgesehenen Zielen der Gleichstellung unternimmt. Neben allgemeinen Regelungen gilt die Mitbestimmung auch für Einzelmaßnahmen, die von der Dienststelle getroffen werden, die nicht schon von einem anderen Mitbestimmungstatbestand erfasst werden und die der Förderung des beruflichen Aufstiegs bzw. der Gleichberechtigung dienen (VG Münster, 14.08.2008, Az. 22 K 620/08 [32]; VG Arnsberg, 22.12.2009, Az. 20 K 1205/09 [33]; Ricken/Else, BeckOK BPersVG, § 80 Rn. 85 [27]).

Eine weitere Mitbestimmungsmöglichkeit betrifft den Inhalt von Personalfragebögen. Sie enthalten Fragen zur Person, den persönlichen Verhältnissen, dem beruflichen Werdegang, den fachlichen Kenntnissen und sonstigen Fähigkeiten einer sich bewerbenden oder beschäftigten Person. Zweck der Mitbestimmung ist die Wahrung der Persönlichkeitsrechte der Beschäftigten. Eine Erhebung von persönlichen Daten ist immer vor dem Hintergrund des Grundrechts auf informationelle Selbstbestimmung als Teil des allgemeinen Persönlichkeitsrechts gemäß Art. 2 Abs. 1 in Verbindung mit Art. 1 Abs. 1 GG zu sehen (siehe BVerfG, 20.03.1990, Az. 1 BvR 209/83 [34]). Dem Personalrat kommt so auch ein Grundrechtsschutz zu, wenn er prüft, ob die Erhebung und Verwendung personenbezogener Daten erforderlich ist (Ricken/Else, BeckOK BPersVG, § 80 Rn. 99 [27]).

Auch Regelungen der Ordnung in der Dienststelle und des Verhaltens der Beschäftigten unterliegen der Mitbestimmung der Personalvertretung (§ 80 Abs. 1 Nr. 19 BPersVG). Hier geht es um die Gesamtheit der Regelungen, die einen störungsfreien, reibungslosen Ablauf des Lebens in der Dienststelle gewährleisten sollen (BVerwG, 05.10.1989, Az. 6 P 7/88 [35]). Die Vorschrift bezieht sich insbesondere auf solche Maßnahmen, die das Verhalten der Beschäftigten bei ihrer Tätigkeit oder ihr allgemeines Verhalten innerhalb der Dienststelle betreffen (BVerwG, 30.12.1987, Az. 6 P 20.82 [36]), insbesondere in Bezug auf den Gleichbehandlungsgrundsatz, die Benachteiligungsverbote und deren Persönlichkeitsrechte.

Eine Mitbestimmungspflicht besteht unter anderem bei einer Regelung über die Vorschriften von Bekleidung (BAG, 13.02.2007, Az. 1 ABR 18/06 [37]). Die Wahl der Kleidung ist auch Ausdruck des allgemeinen Persönlichkeitsrechts der Beschäftigten. Jede Vorgabe über die Wahl der Kleidung ist ein Eingriff in Freiheitsrechte, u. a. in das Recht, sich nach persönlichen Wünschen und Bedürfnissen zu kleiden und so seine Persönlichkeit zum Ausdruck zu bringen. Auf der anderen Seite ist das Interesse der Arbeitsstelle an einer Einheitlichkeit und Erkennbarkeit seiner Beschäftigten zu berücksichtigen. Daher sind Vorgaben zu Kleidungsstücken (auch z. B. zu Art und Farbe), Accessoires usw. nicht ohne Weiteres unzulässig (siehe auch Abschn. 5.2.3.3 zum Erscheinungsbild im Dienst). Die Personalvertretung kann bei der Auswahl der Kleidungsstücke auf eine geschlechterneutrale Ausgestaltung hinwirken, indem etwa neutrale Bekleidung bevorzugt und von klassisch geschlechtsbezogenen Kleidungsstilen und Kleidungsteilen wie Kostümen, Röcken, Halstüchern oder Krawatten Abstand genommen wird.

5.8.5 Anhörung bei Baumaßnahmen von Diensträumen

Die Personalvertretungsgesetze sehen durchgehend auch eine Anhörung (als Form der Mitwirkung) bei Baumaßnahmen an Diensträumen vor. Dabei ist allerdings nur die Personalvertretung der Dienststelle zu beteiligen, die über die Maßnahme zu entscheiden hat. Unterbleibt die Anhörung vor Durchführung der Maßnahme, ist dies als Verstoß gegen das Gebot der vertrauensvollen Zusammenarbeit zu werten. Die ohne Anhörung der Personalvertretung durchgeführte Maßnahme ist fehlerhaft, bleibt aber rechtswirksam (vgl. Ricken/Else, BeckOK BPersVG, § 80 Rn. 1f. [27]).

Diensträume bezeichnet nicht nur jegliche Art von Räumen, in denen eine Verwaltungstätigkeit geleistet wird, erfasst sind auch alle anderen Räume, die für die Gestaltung des Arbeitsplatzes, des Arbeitsablaufs oder der Arbeitsumgebung von Bedeutung sind, beispielsweise Sozialräume, Kantinen und Toiletten (Ricken/Else, BeckOK BPersVG, § 80 Rn. 6 [27]). Erfasste Baumaßnahmen sind sämtliche bauliche Veränderungen, wie Neu-, Um- und Erweiterungsbauten, die in die bauliche Substanz von Gebäuden oder auch nur von Räumen eingreifen, bzw. diese verändern. Auf den Umfang der Veränderung der baulichen Substanz kommt es nicht an (BVerwG, 17.07.1987, Az. 6 P 6/85 [38]). Je nach Art und Umfang der baulichen Änderungen ist es denkbar, dass der Personalvertretung statt eines bloßen Anhörungsrechts das stärker ausgestaltete Mitbestimmungsrecht wie etwa aus § 80 Abs. 1 Nr. 13 BPersVG zur Seite steht. Die Einrichtung geschlechtergerechter Sozialräume wie Umkleiden und Duschen und vor allem von Toiletten haben unmittelbare Auswirkungen auf die Durchsetzung der tatsächlichen Gleichstellung von Frauen und Männern sowie der Vermeidung von Benachteiligungen von Menschen, die sich keinem dieser Geschlechter zuordnen. Die Mitbestimmung soll der effizienten Durchsetzung aus Art. 3 Abs. 2 GG folgenden Gleichberechtigungsgebots dienen.

Literatur

1. Statistisches Bundesamt, Personalstandstatistik des öffentlichen Dienstes, https://www.destatis.de/DE/Themen/Staat/Oeffentlicher-Dienst/Tabellen/beschaeftigungsbereiche.html, abgerufen am 31.10.2024.
2. weitergehend: statistischer Überblick zu den Beschäftigten im öffentlichen Dienst in der Bundesrepublik Deutschland, Bundesministerium des Inneren, BMI, https://www.bmi.bund.de/DE/themen/oeffentlicher-dienst/zahlen-daten-fakten/zahlen-daten-fakten-node.html, abgerufen am 31.10.2024.
3. Werres, Bettina und Werres, Stefan, *Die Dienstherrnfähigkeit – Bedeutungsgehalt, Anforderungen und Ausprägungen*, in: Zeitschrift für Beamtenrecht ZBR 4/2023, Seite 109; http://www.zbr-online.de/click_buy/2023/werres.pdf
4. BVerfG, 22.05.1975, Az. 2 BvL 13/73, „Radikale im öffentlichen Dienst", https://openjur.de/u/174502.html, abgerufen am 14.07.2024.
5. Lang, Heinrich, zu Artikel 2, Rn 86, in: Beck´scher Online-Kommentar zum Grundgesetz
6. BVerfG, 11.01.2011, Az. 1 BvR 3295/07 https://www.bundesverfassungsgericht.de/SharedDocs/Entscheidungen/DE/2011/01/rs20110111_1bvr329507.html, abgerufen am 14.07.2024.

7. BVerwG, 19.06.1997, Az. 2 C 28/96, https://www.schweizer.eu/aktuelles/urteile/7873-bverwg-revisionsurteil-vom-19-juni-1997-2-c-28-96; bestätigt BVerfG, 1.4.1998, Az. 2 BvR 1478/97, https://www.bverfg.de/e/rk19980401_2bvr147897.html, Links abgerufen am 31.10.2024
8. BVerwG, 25.01.1990, Az. 2 C 45/87; https://research.wolterskluwer-online.de/document/c952e001-a75d-4d53-91de-22234ce8d2b9, abgerufen am 31.10.2024.
9. Kenntner, Markus, *Die Reglementierung des Erscheinungsbilds von Beamten*, in: NVwZ 2023, 1468
10. BVerwG, 02.03.2006, Az. 2 C 3/05, https://www.bverwg.de/de/020306U2C3.05.0, abgerufen am 31.10.2024.
11. Aus der Begründung der Bundesregierung zum Entwurf eines Gesetzes zur Regelung des Erscheinungsbilds von Beamtinnen und Beamten sowie zur Änderung weiterer dienstrechtlicher Vorschriften in BT-Drucks.19/26839, 30 ff., https://dserver.bundestag.de/btd/19/268/1926839.pdf, abgerufen am 31.10.2024.
12. BVerwG, 25.05.2022, Az. 2 WRB 2/21, „Zurückhaltung bei privatem Internetauftritt auf einer Datingplattform", https://www.bverwg.de/250522B2WRB2.21.0 Gegen diese Entscheidung wurde Verfassungsbeschwerde zum Bundesverfassungsgericht erhoben, das Verfahren wird dort unter dem Aktenzeichen 2 BvR 110/23 geführt. Zum 31.10.2024 war über das Verfahren noch nicht entschieden. Weitere Informationen: https://freiheitsrechte.org/themen/gleiche-rechte-und-soziale-teilhabe/biefang , Links abgerufen am 31.10.2024.
13. BVerfG, 10.10.2017, Az. 1 BvR 2019/16, „Personenstandsrecht muss weiteren positiven Geschlechtseintrag zulassen", https://www.bundesverfassungsgericht.de/SharedDocs/Entscheidungen/DE/2017/10/rs20171010_1bvr201916.html, abgerufen am 01.08.2024.
14. BAG, 16.05.2007, Az. 8 AZR 709/06, https://lexetius.com/2007,2677, abgerufen am 31.10.2024.
15. BVerwG, 28.03.2023, Az. 2 C 6.21, „Schmerzensgeld wegen Mobbings", https://www.bverwg.de/de/280323U2C6.21.0, abgerufen am 31.10.2024.
16. VG Düsseldorf, 26.07.2022, Az. 2 K 8499/21, „Transfeindliche Äußerungen", https://openjur.de/u/2448177.html, abgerufen am 31.10.2024.
17. BVerwG, 28.03.2023, Az. 2 A 12.21, https://openjur.de/u/2470661.html, abgerufen am 31.10.2024.
18. BVerwG, 25.07.2013, Az. 2 C 12/11, „Gesundheitliche Eignung", https://openjur.de/u/652830.html, abgerufen am 31.10.2024.
19. Okulicz-Kozaryn, Malgorzata, und Thuir, Joschua, *Wer zur Polizei will, muss Eier haben – Spielen Geschlechtsorgane und die sexuelle Identität beim Auswahlverfahren eine Rolle?*, in: Polizei Aktuell vom 21.04.2022, https://ksv-polizeipraxis.de/wer-zur-polizei-will-muss-eier-haben, abgerufen am 31.10.2024.
20. VG Berlin, 30.04.2014, Az. 36 K 394.12, „Gesundheitliche Eignung", https://gesetze.berlin.de/bsbe/document/NJRE001184244, abgerufen am 31.10.2024.
21. BGH, 05.05.2021, Az. XII ZB 189/20, „Kein Anspruch auf Erteilung einer Eheurkunde nach Änderung des Vornamens", https://openjur.de/u/2364913.html, abgerufen am 31.10.2024.
22. Hamburgisches OVG, 27.05.2019, Az. 5 Bf 225/18.Z, „Kein Anspruch auf rückwirkende Änderung des Vornamens in der Personalakte", https://openjur.de/u/2195332.html, abgerufen am 31.10.2024.
23. VG Hannover, 12.02.2010, Az. 2 A 5587/08, „Änderung der Personalakte nach Geschlechtsumwandlung", https://openjur.de/u/325177.html , abgerufen am 31.10.2024.
24. Entwurf eines Gesetzes zur Novellierung des Bundespersonalvertretungsgesetzes, Bundestags-Drucksache 19/26820, https://dserver.bundestag.de/btd/19/268/1926820.pdf, abgerufen am 31.10.2024.

25. BGH, 05.05.2021, Az. XII ZB 189/20, https://juris.bundesgerichtshof.de/cgi-bin/rechtsprechung/document.py?Gericht=bgh&Art=en&sid=953e92e7600781869916352f04da6ae2&nr=119146&anz=1&pos=0, abgerufen am 31.10.2024.
26. Ilbertz, Wilhelm, Widmaier, Ulrich, Sommer, Stefan, Bundespersonalvertretungsgesetz, 14. Aufl. 2018, § 77 Rn. 20
27. Ricken, Oliver (Hrsg.) und Else, Michael A. in: Beck'scher Online-Kommentar, Bundespersonalvertretungsgesetz, 17. Ed.
28. VG Frankfurt am Main, 03.06.2013, Az. 23 K 1165/13.F.PV, https://openjur.de/u/645708.html, abgerufen am 31.10.2024.
29. Kaiser, Dagmar, in: Richardi, Reinhard, Dörner, Hans-Jürgen, Weber, Christoph, Bundespersonalvertretungsgesetz, § 77 Rn. 79
30. Ricken, Oliver (Hrsg.) und Ollmann, Sven in: Beck'scher Online-Kommentar, Bundespersonalvertretungsgesetz, Ricken/Ollmann, 17. Ed.
31. BVerwG, 21.03.2005, Az. 6 PB 8/04, https://www.bverwg.de/de/210305B6PB8.04.0, abgerufen am 31.10.2024.
32. VG Münster, 14.08.2008, Az. 22 K 620/08, https://openjur.de/u/130792.html, abgerufen am 31.10.2024.
33. VG Arnsberg, 22.12.2009, Az. 20 K 1205/09, https://openjur.de/u/140508.html, abgerufen am 31.10.2024.
34. BVerfG, 20.03.1990, Az. 1 BvR 209/83, https://www.bundesverfassungsgericht.de/SharedDocs/Entscheidungen/DE/1983/12/rs19831215_1bvr020983.html, abgerufen am 31.10.2024.
35. BVerwG, 05.10.1989, Az. 6 P 7/88, https://research.wolterskluwer-online.de/document/77333539-16a8-4132-9a8a-c3a6800b2772 (teilweise einsehbar), abgerufen am 31.10.2024.
36. BVerwG, 30.12.1987, Az. 6 P 20.82, https://research.wolterskluwer-online.de/document/58f0926d-90d8-42e1-9f5b-1f6f3f42b74b (teilweise einsehbar), abgerufen am 31.10.2024.
37. BAG, 13.02.2007, Az. 1 ABR 18/06, „Kosten für einheitliche Personalkleidung", https://lexetius.com/2007,800, abgerufen am 31.10.2024.
38. BVerwG, 17.07.1987, 6 P 6/85, „Beteiligung bei Planung und Durchführung von Neu-, Um- oder Erweiterungsbauten", https://research.wolterskluwer-online.de/document/d090968d-59b6-4e86-9954-8959ce48b91d (teilweise einsehbar), abgerufen am 31.10.2024.

Persönliche Erfahrungen im Arbeitsumfeld

6

David Scholz

Inhaltsverzeichnis

6.1	Vom Rechtsanwalt zur Rechtsanwältin	162
6.2	Nicht-binär in der Verlagsbranche	164
6.3	Als Transmann im Sicherheitsdienst	166
6.4	Rolle vorwärts, rückwärts und wieder vorwärts	168
6.5	Wenn der Chef in die Pubertät kommt	172
6.6	Transition mit dem Segen der evangelischen Kirche	174
6.7	Die Schule ist (k)ein Haifischbecken	176
6.8	Unsichtbar oder sichtbar als nicht-binäre Interperson?	179
6.9	„Eine Störung", Erfahrung einer Interperson im Lehramt	182
6.10	Zusammenfassung der persönlichen Erfahrungen	185

Zusammenfassung

Im Folgenden kommen Menschen persönlich zu Wort, die ein transidentes Comingout und ihre Transition im Berufsleben vollzogen haben. Diese Menschen stehen in verschiedenen Lebensabschnitten, sind in unterschiedlichen Branchen tätig und waren auf dem Weg ihrer geschlechtlichen Transition mit individuellen Herausforderungen konfrontiert. Einige von ihnen melden sich hier mit ihrem vollen Namen zu Wort (dies sind die Personen, die hier mit Realnamen auftreten), andere mit ihrem Vornamen (kann redaktionell geändert sein) und mit einer Umschreibung ihres Unternehmens, in dem die geschlechtliche Transition angetreten oder vollzogen wurde. Dies ist dem Umstand geschuldet, dass es nicht alle Beitragenden gleichermaßen einfach hatten auf dem Angleichungsweg. Manche der hier schildernden Personen sind mittlerweile als trans oder geschlechtsvariant geoutet im Berufsleben, andere sind es bis heute nicht.

D. Scholz (✉)
Scheyern, Deutschland
e-mail: david@scholz-bdd.com

6.1 Vom Rechtsanwalt zur Rechtsanwältin

Svenja Loderer

Ich heiße Svenja Loderer und bin angestellte Rechtsanwältin sowie Fachanwältin für Bau- und Architektenrecht. Ich bin seit dem Jahr 2002 bei einer mittelständischen bayerischen Kanzlei aus Rechtsanwälten, Steuerberatern und Wirtschaftsprüfern mit insgesamt etwa 350 Mitarbeitenden, davon etwa 65 anwaltlich qualifiziert, tätig. Meine berufliche Transition von Rechtsanwalt zu Rechtsanwältin habe ich zwischen Ende 2019 und Anfang 2020 vollzogen. Mein Rollenwechsel im privaten Bereich hatte schon Monate zuvor stattgefunden.

Die Ausgangssituation stellte sich für mich nicht ganz einfach dar. Da war zunächst die persönliche Ebene. Ich war erst seit kurzer Zeit in Hormonersatztherapie mit Östrogen sowie Testosteron-Blockern und konnte nicht vorhersehen, wie mich diese verändern würde, insbesondere ob meine Belastbarkeit und Stabilität erhalten bleiben würde. Ich war mir auch nicht ganz sicher, ob ich Kunden, Gerichten und Gegnern gegenüber „als Frau" noch genauso selbstbewusst und gelassen gegenübertreten können würde wie ich es früher „als Mann" konnte. Eine weitere Ebene stellte das Arbeitsumfeld dar: Die Kanzlei sowie deren Kunden sind zwar nicht in „provinziellen", aber auch nicht in „metropolartigen" Gegenden beheimatet. Die Branche, vor allem den Anwaltsbereich, darf man wohl insgesamt als konservativ geprägt bezeichnen. Ich konnte nicht einschätzen, wie Kollegen reagieren würden und ob meine Kunden die Vertretung durch eine Rechtsanwältin mit transsexuellem Hintergrund akzeptieren würden. Ich konnte daher vor der Transition nicht absehen, welche Folgen diese für mich haben würde. Auch massive Karriereeinschnitte hielt ich für nicht gänzlich ausschließbar. In der Kanzlei gab und gibt es zudem keine(n) Diversity-Beauftragte(n) oder eine ähnliche Anlaufstelle. Ich glaube allerdings nicht, dass ich persönlich mir von so einer Institution überhaupt Hilfe geholt hätte. Als berufliche Vertreterin der Interessen anderer hätte ich unter keinen Umständen den Eindruck erwecken wollen, dass ich meine eigenen Interessen nicht wahren kann.

Eine Besonderheit im Anwaltsberuf ist zudem, dass eine Transition an außergewöhnliche formale Notwendigkeiten geknüpft ist, die es in dieser Form sonst nicht gibt. Wer als *Rechtsanwalt [männlicher Vorname] Loderer* zugelassen ist, darf – zumal vor Gericht und in der anwaltlichen Korrespondenz – nicht als *Rechtsanwältin Svenja Loderer* auftreten. Und ab dem Moment, in dem die Vornamens- und Personenstandsänderung erfolgt ist, darf eine Rechtsanwältin Svenja Loderer nicht mehr unter dem alten Namen auftreten. Für mich ausgeschlossen war es dabei, schon vor der Vornamens- und Personenstandsänderung im Beruf in weiblicher Erscheinung aufzutreten. Ich legte besonderen Wert darauf, insbesondere für die Kunden ein stimmiges Gesamtbild abzugeben, bei dem Auftreten, Optik, Name und Personenstand zusammenpassen. Der berufliche Wechsel von Rechtsanwalt auf Rechtsanwältin einschließlich des entsprechenden Auftretens sollte daher mit der Vornamens- und Personenstandsänderung von einem Tag auf den anderen erfolgen. Die Tatsache, dass der Termin der Vornamens- und Personenstandsänderung nach dem alten Transsexuellengesetz (TSG) seitens des Gerichts festgesetzt wurde, nur bedingt beeinflussbar war und zudem erst wenige Wochen zuvor bekannt gegeben wurde, erleichterte all dies nicht. Die berufliche Transition musste daher äußerst gut vorbereitet und mit der Kanzlei, Mitarbeitenden und Kunden rechtzeitig vorabgestimmt sein.

Mein Transitionsplan sah grob folgende Schritte vor, die ich schließlich so umgesetzt habe:

1. Outings zunächst bei wenigen Vertrauenspersonen, anschließend bei den relevanten Vorgesetzten, dann bei den übrigen Mitarbeitenden;
2. Engste Abstimmung mit den Verantwortlichen der Kanzlei, wie der Wechsel im Außenauftritt bei Kunden, Gerichten und Gegnern kommuniziert wird;
3. Outings bei den Kunden mit einigen Wochen Vorlauf;
4. Vornamens- und Personenstandswechsel, gleichzeitiger Wechsel von Rechtsanwalt auf Rechtsanwältin;
5. Mitteilung an relevante Gerichte sowie nach und auch an gegnerische Parteien.

Bei allen Outings legte ich großen Wert darauf, diese so persönlich wie möglich zu gestalten, am besten im kurzen persönlichen Gespräch. Das war allerdings unter den Corona-Bedingungen ab 2020 nur bedingt zu bewerkstelligen. Dennoch habe ich etwa 40 Einzelgespräche mit den relevanten Vorgesetzten und Mitarbeitenden geführt. Dabei hat sich schnell ein „Standardtext" herausgebildet, den ich dann mit verschiedenen Abwandlungen immer wieder verwendet habe; mit der Zeit wurde es schwer, nicht wie eine Tonbandansage zu klingen. Ich habe kurz erklärt, dass die Mann-Frau-Frage mich schon Jahrzehnte begleitet und ich nun zu einer (auch für mich selbst etwas überraschenden) Einsicht gelangt bin; eine Einsicht, die es für mich notwendig macht, künftig keine männliche Rolle mehr zu spielen, sondern meine eigentliche weibliche Persönlichkeit zu leben. Ich habe dann kurz den weiteren Ablauf erklärt. Schließlich habe ich immer auch betont, dass ich für Fragen offen bin und bitte niemand Angst vor anfänglichen Versprechern oder ungeschickten Formulierungen haben soll. „Ich bin nicht aus Glas", sagte ich dazu. Anschließend habe ich in Abstimmung mit den Kanzleiverantwortlichen eine Rundmail an alle Kollegen mit gleichem beziehungsweise etwas ausführlicherem Inhalt versendet. Die Outings bei Kunden kamen einige Wochen später (auch Corona-bedingt) telefonisch und liefen ähnlich ab.

Als Rechtsanwalt oder Rechtsanwältin ist es aus meiner Sicht elementar, bei Kollegen und Kunden einen souveränen, unerschrockenen Eindruck zu machen. Der Wechsel von Rechtsanwalt auf Rechtsanwältin scheint dabei auf den ersten Blick zumindest nicht hilfreich zu sein. Dabei bieten aber gerade die Outing-Gespräche die Chance, sich als souverän, gelassen und trotzdem freundlich-offen zu präsentieren. Ich denke rückblickend, ich habe diese Chance ganz gut genutzt. Ich habe von Vertrauten erfahren, dass meine Outing-Gespräche gerade bei einigen Vorgesetzten einen gewissen Eindruck hinterlassen haben.

Ich habe durch die Transition bislang keine spürbaren beruflichen Nachteile erlitten. Im Gegenteil: Eine Beförderung in die kanzleiinterne Position „Senior Manager", die früher oder später zu erwarten war, erfolgte ausgerechnet im Jahr 2020, wenige Monate nach der Transition – ein sehr schönes Signal seitens der Kanzlei, wie ich fand. Ich habe nicht das Gefühl, von den Kollegen nun in irgendeiner Weise geschnitten oder gemieden zu werden. Die anfängliche Unsicherheit mancher Mitarbeiter hat sich schnell in Luft aufgelöst. Ich habe auch keine Mandanten verloren. Der Umgang ist grundsätzlich der alte geblieben und anfängliche Unsicherheiten verflogen mit der Zeit. Seitens der Gerichte und Gegner kamen bislang keinerlei negative Kommentare.

Schwierigkeiten ergaben sich unerwartet in anderen Bereichen. So bedurfte es einer gewissen Überzeugungsarbeit, die für mich zuständige Rechtsanwaltskammer dazu zu bewegen, mir neue, berichtigte Urkunden über die Zulassung zur Anwaltschaft und als Fachanwältin auszustellen; offensichtlich war ich für diese Rechtsanwaltskammer der erste derartige „Fall". Auch die korrekte Umstellung des offiziellen elektronischen Anwaltspostfachs erwies sich als schwierig und zog sich über Monate hin. Diese Software scheint mit Transsexualität ihre Probleme zu haben.

Wenn ich darauf zurückblicke, welche – auch nicht ganz unbegründeten – Ängste und Befürchtungen auf mir lagen, als ich gegen Ende des Jahres 2019 meine berufliche Transition anging, kann ich nun, einige Jahre später, wirklich sehr zufrieden sein. Es war mit einigem Aufwand und auch nicht zu unterschätzenden psychischen Belastungen verbunden, aber es lief im Ergebnis alles gut und weitaus besser, als ich erwartet hatte. Ab einem gewissen Punkt gilt es dann sowieso, die Transition hinter sich zu lassen und einfach man selbst zu sein.

6.2   Nicht-binär in der Verlagsbranche

Alex

Ich bin Alex und arbeite in einem großen deutschen Verlag in der Vertriebsabteilung. Insgesamt bin ich seit ca. 17 Jahren im Unternehmen, davon die meiste Zeit unter weiblichem Namen. Seit einigen Jahren identifiziere ich mich als nicht-binär transmännlich, mit deutlich männlichem Transitionswunsch, aber über lange Zeit ohne geplante hormonelle Veränderungen. Das machte vieles schwieriger, weil ich mir gerade im beruflichen Umfeld lange nicht vorstellen konnte, wie eine Transition laufen kann, wenn man nicht den klassisch-binären Weg geht und damit viele der üblichen Transitionsschritte nicht oder in einer anderen Reihenfolge absolviert.

Ich wusste, wer ich bin und wie ich gerne genannt werden möchte, aber zu diesem Zeitpunkt hatte ich nichts vorzuweisen, außer einer Diagnose durch meinen Psychotherapeuten. Keine offizielle Namens- und Personenstandsänderung, keine körperlichen Veränderungen, damals ursprünglich noch nicht einmal eine offizielle psychiatrische Diagnose. Als mir bewusstwurde, dass ich auch im beruflichen Umfeld Tatsachen schaffen möchte, die im

Privaten längst bekannt waren, habe ich daher erst einmal nach Informationen gesucht. Die offizielle Anerkennung eines positiven dritten Geschlechtseintrages und bei uns im Haus überall die Anzeigen mit „m/w/d" zu lesen, hat mich darin bestärkt, die Sache voranzutreiben.

Mein berufliches Comingout lief dementsprechend über einen langen Zeitraum mit vielen persönlichen Gesprächen und Sondierungsterminen, um herauszufinden, was in meinem Arbeitsumfeld überhaupt möglich ist und wie man das am besten angeht. In vielen Einzelgesprächen („Kaffeedates") habe ich mich den Mitgliedern meines direkten Teams über ein Jahr lang langsam geöffnet und sie über meine Entwicklung informiert, immer unter der Vorgabe, diese Information streng vertraulich zu behandeln, bis ich „offiziell" nach außen treten würde.

Irgendwann in diesem Zeitraum gab es ein unfreiwilliges „Herausplatzen" bei einer meiner Vorgesetzten, das so nicht geplant war. Ich wollte mich eigentlich nur abmelden, da ich mich psychisch an diesem Tag nicht mehr arbeitsfähig fühlte. Ihr besorgtes „Geht es Ihnen gut? Sie sehen so bleich aus, können Sie überhaupt Auto fahren?" ließ alle Dämme brechen und sie erfuhr in den nächsten zehn Minuten mehr über mich als all die Jahre davor. Sie reagierte unglaublich souverän und sicherte mir jedwede Unterstützung zu.

Parallel habe ich unser im Entstehen begriffenes LGBTIQ-Netzwerk kontaktiert und beim Betriebsrat angefragt. Auch hier gab es nur positives Feedback, auch wenn ich so etwas wie ein Präzedenzfall werden würde. Nach einigem Überlegen habe ich mich entschlossen, im beruflichen Umfeld klassisch binär zu transitionieren. Zum einen, weil es schlicht einfacher ist und zum anderen, weil mir die männliche Anrede und Pronomen sehr wichtig sind und ich vermutlich mit einem Statement in Richtung „Ich bin aber eher nicht-binär" nur Tür und Tor für Unsicherheiten und Ausreden geöffnet hätte. Dieser Ansatz ist für mich richtig so, und tiefer gehende Erörterungen zu meiner Geschlechtsidentität bleiben meinem Privatleben vorbehalten.

Meine direkte Vorgesetzte hat nach einem Gesprächstermin mit mir und auf meinen Wunsch hin die Koordination der Namensumstellung übernommen, Einzelheiten mit der IT- und Personalabteilung geklärt und die betriebsinterne Namens- und Geschlechtsänderung angestoßen. Es ist erstaunlich, was alles geht, auch ohne offizielle Schreiben und Beschlüsse – ich war begeistert und sehr dankbar. Es lief alles besser und leichter, als ich mir das ausgemalt hatte. Es wurde nie irgendetwas infrage gestellt, es ging immer nur um die technischen und rechtlichen Details und wie alles möglichst einfach umgesetzt werden kann.

An Tag X stellte die IT meine E-Mailadresse und den Eintrag im Mitarbeitertelefonbuch um und ich habe meine Abteilung bei einem kurzen Zusammentreffen informiert. Viele wussten ja schon Bescheid, die anderen haben es (vermutlich recht überrascht) zur Kenntnis genommen. Ich habe kurz von mir erzählt, meinen neuen Namen verkündet und das war es auch schon. Das Gesprächsangebot für Fragen oder Unklarheiten hat in den kommenden Wochen kaum jemand genutzt. Eine große Info-Mail an das komplette Haus wollte ich nicht verfassen, das war mir dann doch zu viel. Ein kurzer erklärender Satz am Anfang meiner neuen Signatur reichte mir völlig. Ein paar nette Telefongespräche und ein paar Kaffeedates später, ging die Neuigkeit wohl „herum" und langsam gewöhnten sich alle an den neuen Namen und die neue Anrede. Ein paar hartnäckige Misgenderer (*Misgendern* = Anrede mit dem falschen Namen, Geschlecht oder Pronomen) gab es allerdings und in einem Fall habe ich die entsprechende Kollegin eines Tages um ein Gespräch gebeten und ihr freundlich, aber bestimmt klargemacht, dass ich ein wenig mehr Kooperation von ihr erwarte. Das Misgendern hat sich zum Glück nach ein paar Monaten gegeben und kommt mittlerweile nicht mehr vor.

Was sich konkret geändert hat sind mein Name und meine Anrede in allen firmenrelevanten Zusammenhängen. Was sich nicht ändern ließ sind Gehaltsabrechnungen und alles, was mit dem Finanzamt oder der offiziellen Personalakte zu tun hat. Angesprochen werde ich aber auch von der Personalabteilung richtig. Das ist für mich in Ordnung und war so geplant.

Das ist mittlerweile zwei Jahre her. Meine Stimme ist immer noch die Gleiche, daher werde ich am Telefon grundsätzlich als weiblich eingeordnet. Es nützt auch nichts, sich mit ganzem Namen zu melden, da mein Vorname bewusst geschlechtsneutral gewählt ist. Scheinbar wird immer eher wahrgenommen „wie" man etwas sagt und irgendwann später dann, „was" man sagt. Ich korrigiere das nicht, der Aufwand steht für mich in keinem lohnenden Verhältnis, auch wenn es mich gelegentlich sehr nervt. Kommunikation per Mail, die dann auch mal in ein Telefonat mündet, ist grundsätzlich sehr spannend, in Frage gestellt hat mein Geschlecht nach einem kurzen „Ja, ich bin's" aber nie jemand.

Neue Mitarbeiterinnen (ja, in meinem direkten Umfeld arbeiten weiterhin viele Frauen und ich) akzeptieren mich wie ich bin, nach einer humorvollen Erklärung bei der Vorstellung ist die Sache geklärt. Bei älteren Kolleginnen, die mich schon sehr lange kennen, merke ich manchmal noch, dass sie sich bewusst bemühen müssen, aber das wird immer besser. Je entspannter ich damit umgehe, um so entspannter ist auch meine Umgebung und das wirkt sich dann sowohl auf mich als auch auf das Arbeitsumfeld aus. Ich persönlich hatte es relativ leicht, mit unserem Netzwerk hatte ich die nötige Rückendeckung und das Unternehmen hat sich wunderbar kooperativ gezeigt. Und um ehrlich zu sein, habe ich das von meiner Branche auch nicht anders erwartet.

6.3 Als Transmann im Sicherheitsdienst

Valentin

Ich bin Valentin und arbeitete zum Zeitpunkt meines Trans-Comingouts im Alter von 39 Jahren als Luftsicherheitsassistent an einem mittelgroßen Flughafen in Süddeutschland. Ich kontrollierte Fluggäste und deren Gepäck sowie Flughafenangestellte beim Eintritt in die Sicherheitszone. Mein Outing im Kollegenkreis verlief unspektakulär, wohingegen das Outing bei der Einsatzleitung alles andere als motivierend war. Man hatte zwar persönlich nichts gegen mich und meine Entscheidung, zukünftig als Mann aufzutreten, aber meine Weiterbeschäftigung wurde umgehend in Frage gestellt: „Was sollen wir denn mit dir machen? Wir können dich doch nicht mehr einsetzen."

Natürlich war die Situation nicht einfach. Ich sah noch wie eine Frau aus, hatte Brüste, trat aber ab dem Outing unter männlichem Namen auf und das Verfahren zur Vornamens- und Personenstandsänderung lief bereits, ich würde also in absehbarer Zeit auch rechtlich als Mann gelten. In der Luftsicherheit gibt es aber eine klare Geschlechtertrennung: Frauen kontrollieren Frauen, Männer kontrollieren Männer. Als rechtlicher Mann hätte ich also Männer kontrollieren müssen. Die Hormonbehandlung mit Testosteron lief aber noch nicht lange und ich wurde noch längst nicht immer eindeutig als Mann „gelesen". Verwirrung bei Fluggästen wäre vorprogrammiert gewesen. Lösungen wurden mir seitens der Sicherheitsfirma keine angeboten. Es wurde lediglich beschlossen, dass ich nach erfolgter Personenstandsänderung nicht mehr am Gate eingesetzt würde, sondern nur noch Flughafenpersonal kontrollieren sollte. Da ich ohnehin nicht mehr zufrieden mit der Arbeit war, beschloss ich an diesem Punkt, den Flughafenjob zu verlassen.

Mein zweites Trans-Outing erfolgte ein knappes Jahr später, in einer vom Arbeitsamt finanzierten Umschulungsmaßnahme bei einem privaten Bildungsunternehmen. Dort musste ich mich zwangsläufig beim stellvertretenden Schulleiter outen, da zu diesem Zeitpunkt die Vornamens- und Personenstandsänderung zwar schon vollzogen, jedoch meine Zeugnisse noch nicht umgeschrieben waren. Das Outing wurde kommentiert mit den Worten: „Das ist uns total egal". Natürlich war das kein Egal im Sinne von „Kein Problem, wir verurteilen niemanden. Du bist herzlich willkommen". Das war ein knallhartes Egal, das für pure Gleichgültigkeit stand.

Der tägliche Unterricht entpuppte sich als unerträgliche Tortur. Die Klasse bestand zu 90 % aus Männern, die grundsätzlich schon ein für mich unerträgliches Sozialverhalten an den Tag legten und zudem mit aggressionsgeladenen, transphoben Äußerungen nicht geizten. Sätze wie „Schwuchteln und Transen sind kranke Schweine", „Die sollte man kastrieren" und „Denen würde ich die Gurgel durchschneiden" waren an der Tagesordnung. Bei meinen Mitschülern war ich ungeoutet und in Anbetracht deren Verhaltens sollte das auch so bleiben.

Der Gang zur Herrentoilette war jedes Mal mit Adrenalin verbunden. Auf dem Stockwerk gab es drei Klassen mit jeweils etwa 25 Schülern. Für die Männer gab es einen winzigen Toilettenraum mit zwei Urinalen und einer Kabine. Nun konnte ich das Urinal nicht benutzen und ich musste oft während des Unterrichts die Toilette aufsuchen, um die Kabine unbesetzt zu ergattern. Da saß ich also im Klassenzimmer, die Brüste mit zwei Bindern abgebunden, hatte Angst mit geradem Rücken zu laufen, damit niemand meine Brüste entdeckte, und musste immer wieder zur Toilette marschieren. Mein vorherrschendes Gefühl dieser Tage war Angst. Von 8 bis 16 Uhr pure Angst vor Entdeckung und den möglichen Folgen.

In Erinnerung ist mir auch eine Unterrichtsstunde, in welcher ein Lehrer, den Blick auf mich gerichtet, erzählte, dass er eine transidente Frau kenne und sich nicht sicher sei welches Pronomen er benutzen solle. Aus der Klasse kamen Antworten wie „Igitt, das ist ein Es!", „Na klar, ein Kerl in Frauenkleidern. Das ist ein gottverdammtes Es!". Widerspruch seitens der Lehrkraft erfolgte nicht. Der Sinn dieser für mich bedrohlichen Aktion hat sich mir bis heute nicht erschlossen. Allerdings bat ich nach dieser Stunde um ein Gespräch beim Schulleiter. Nachdem ich den Vorfall geschildert hatte, bekam ich nicht etwa irgendeine Form von Zuspruch zu hören. Was ich zu hören bekam war ein schallendes Lachen. Die Art von Lachen, wenn schlüpfrige Altherrenwitze erzählt werden. Im Anschluss wurde mir geraten, „alles nicht so eng" zu sehen. Das war für mich zum zweiten Mal der Moment, an dem ich beschloss zu gehen.

Nun folgt ein Bewerbungsmarathon. Da ich nie wieder einen Arbeitsplatz haben wollte, in dem Transidentität zum Problem werden könnte, hatte ich beschlossen, mich bereits im Bewerbungsschreiben zu outen. Dies führte dazu, dass ich nach 300 Bewerbungsschreiben noch immer keinen Ausbildungsplatz hatte. Mir war klar, dass es für über Vierzigjährige nicht einfach ist, einen Ausbildungsplatz zu finden. Aber alt und noch dazu trans? Ein hoffnungsloses Unterfangen. Also strich ich das Transthema aus dem Anschreiben und wurde prompt zu einem Bewerbungsgespräch eingeladen. Ich überlegte dann lange, ob ich mich im Gespräch outen soll und entschied mich letzten Endes dafür. Ich konnte nicht anders. Ehrlichkeit und Authentizität möchte ich auch am Arbeitsplatz nicht missen. Die Reaktion beim ersten Gespräch mit der Fachgeschäftsleitung war äußerst erfreulich. Ein warmes Lächeln und die schöne Aussage: „Das ist bei uns überhaupt kein Problem. Wir sind so ein bunter Haufen. Gibt es denn überhaupt noch Menschen, die damit ein Problem haben?". Auch das zweite Gespräch mit dem Bezirksleiter enttäuschte mich nicht. Die Fragen, die zu dem Thema gestellt wurden, waren diskret, aber ernsthaft interessiert und ausgesprochen höflich. Nie wurde eine Grenze überschritten und der Fokus wurde bald verlegt auf das eigentlich wichtige Thema, die Arbeit und den Beruf. Das Transthema wurde also nicht mit Gewalt ins Rampenlicht gezerrt, sondern ganz normal als ein Punkt von vielen besprochen. Mittlerweile weiß ich, dass ich bei diesem Unternehmen auch eingeladen worden wäre, wenn meine Transidentität im Lebenslauf gestanden hätte. Es war purer Zufall, dass sich das Unternehmen gemeldet hatte, nachdem jegliche Hinweise auf Transidentität aus meinen Unterlagen gestrichen waren. Für die anderen 300 Unternehmen, die sich nie bei mir gemeldet haben, kann ich nicht sprechen, aber auffällig war es schon.

So bin ich als Auszubildender bei einem großen deutschen Hörakustiker untergekommen und kann endlich problemlos geoutet arbeiten. Meine Meisterin hat diesbezüglich immer ein offenes Ohr für mich, aber es ist nicht tagtäglich Thema. Das ist auch nicht nötig. Ich kann angstfrei arbeiten, muss mir keine Sorgen machen, mich unbedacht zu verplappern und weiß, dass meine Transidentität hier niemals zu einer Angriffsfläche gemacht werden wird. Und das ist alles, was ich immer wollte.

6.4 Rolle vorwärts, rückwärts und wieder vorwärts

Deana Evers

Ich bin Deana. Ich habe im beruflichen Umfeld zwei trans-relevante Comingouts mit ihren Folgen durchlebt. Diese umspannen sechs Jahre meines Lebens, die geprägt waren durch viele Tränen und Ängste, große Wut und Traurigkeit, Kampf und Durchhaltevermögen. Das Verhalten meiner Arbeitgeber war gegensätzlich, einmal unterstützend, einmal destruktiv. Meine Branche ist die Finanzbranche. Geprägt von grauen Anzügen ist ihr Image eher konservativ. Meine Erfahrungen mögen durch dieses Image beeinflusst sein, welches einige Beteiligte der Branche unbedingt aufrechterhalten zu wollen scheinen.

Rolle vorwärts
Vor meinem ersten Comingout war ich neu in einer der damals größten deutschen Immobilieninvestmentfirmen für das gesamte internationale Versicherungswesen verantwortlich. Ich hatte weltweit Kontakt zu den unterschiedlichsten Playern der Branche, vom Facility-Dienstleister bis zum Fondsmanagement und Gutachtern. Ich meisterte die Probezeit, sodass ich danach allen Mut für mein Comingout zusammennahm. Es gab damals in dem Unternehmen keine LGBT-Community und keine D&I-Beauftragten. Niemand, von dem ich professionelle Unterstützung erwarten, niemand, den ich vorab ins Vertrauen ziehen konnte. Ich bin davon überzeugt, dass ich mit deutlich weniger Zweifeln und Angst den Weg in das Büro meines Chefs angetreten hätte, wenn ich jemanden an meiner Seite gehabt hätte, der fachlich informiert hätte vermitteln können. So blieben mir Broschüren, die ich aus verschiedenen Quellen zusammengetragen hatte, um sie meinem Chef zu überlassen.

Den Moment des Erstaunens überwand mein Vorgesetzter damals schnell. „Wow", war sein erstes Wort und dann kam sofort die Frage, was ich brauche und wie ich mir das weitere Vorgehen vorstelle. Nun war *mein* Gedanke „Wow", denn ich hatte von dem Juristen, der stets auf professionelle Distanz und Etikette achtete, diese Offenheit nicht erwartet. Er hatte nichts in Frage gestellt was meine Arbeit oder Kompetenzen anging, hatte keinerlei Argumente bemüht, um gegebenenfalls eigene Vorbehalte zu überblenden. Diese Haltung hatte mir sehr gutgetan und am Ende des Gesprächs hatte ich einen Unterstützer. Gemeinsam brachten wir eine Struktur in den Comingout-Prozess, die meinen Bedürfnissen so weit wie möglich gerecht wurde und stellten einen Zeitplan auf. Von der Information an die Personalabteilung über die Änderung der Visitenkarten und der E-Mailadresse bis hin zur offiziellen Verlautbarung an alle Geschäftspartner und alle Kollegen mit jeweils einer gemeinsamen E-Mail. Die E-Mails wurden von mir, meinem Chef und dem Vorstand des Unternehmens unterzeichnet. Es wurde kein Zweifel daran gelassen, dass von einer Fortsetzung der guten Zusammenarbeit mit mir ausgegangen wird, die nach ihrem nächsten Urlaub als Frau Evers ins Unternehmen zurückkehren sollte. Darauf erreichten mich sehr viele Sympathiebekundungen und Glückwünsche. Ich suchte nach meiner Rückkehr ins Büro alle Kollegen denen ich im Alltag regelmäßig begegnete persönlich auf und bot ihnen an, Fragen zu beantworten. Dabei betonte ich, dass grundsätzlich alle Fragen für mich in Ordnung seien, ich aber bei zu intimen Themen einen entsprechenden Hinweis gebe, ohne eine solche Frage übel zu nehmen. Das kam sehr gut an. So wurde auch das „berühmte" Toilettenthema kein Thema.

Rolle rückwärts
Ausgerechnet die Personalleiterin beklagte sich später bei mir, dass ich so wenig Vertrauen in das Unternehmen gehabt und erst nach meiner Probezeit die Karten auf den Tisch gelegt habe. Von einer Person in dieser Position hätte ich erwartet, dass sie über die

Diskriminierungserfahrungen und die hohe Quote von Arbeitslosigkeit von geschlechtsvarianten Menschen informiert ist und entsprechend emphatisch mit der Situation umgeht. Intuitiv hatte man in meinem damaligen Unternehmen vieles richtig gemacht, vor allem die gemeinsame Gestaltung des Prozesses rund um die Kommunikation meines Rollenwechsels und die Frage nach meinen Bedürfnissen hatten mir signalisiert, dass ich als Mitarbeiterin ernst genommen werde. Leider geriet das Unternehmen in die Insolvenz und ich musste mich beruflich umorientieren. Trotz der guten Erfahrungen hatte ich nicht den Mut, offen als geschlechtsvariante Frau in den Arbeitsmarkt zu gehen. Also vollzog ich eine Rolle rückwärts und präsentierte mich wieder als Mann.

Ich begann den nächsten Job in der männlichen Rolle bei einem großen Versicherungsmakler als Kundenbetreuer im Außendienst. Bald rief mich die Niederlassungsleiterin in ihr Büro, um mir zu eröffnen, dass sie von meiner Vergangenheit gehört habe und ich solle „bloß nicht auf die Idee kommen, so etwas hier abzuziehen". Es dauerte ein gutes Jahr bis ich, nicht zuletzt aufgrund des Drucks, der durch diese Aussage entstanden war, in tiefe Depressionen fiel. Ich spürte, meine männliche Rolle nicht weiter aufrecht erhalten zu können, war häufig krank und wurde zum *Underperformer*. Es gab im Unternehmen keine strukturelle Unterstützung für LGBT und die Grundhaltung war streng konservativ. Anders als bei meinem vorherigen Arbeitgeber konnte ich nicht mit Unterstützung rechnen. Die Situation brachte mich bis an meine letzte persönliche Grenze und ich sah mich gezwungen, mich erneut zu outen. Ich war wegen meiner Fehlzeiten zu einem Eingliederungsgespräch eingeladen. Die Hilflosigkeit der Personalerin mir gegenüber war offensichtlich, obwohl es bereits einen weiteren Fall einer geschlechtsvarianten Frau im Unternehmen gegeben hatte. Diese Frau hatte das Unternehmen bald verlassen. Gelernt hatte die Organisation augenscheinlich nichts aus dem Fall. Schnell war mir klar, dass für mich unter diesen Umständen ein Weiterarbeiten nicht möglich war. Hier wurde seitens des Unternehmens die „konservative Kundschaft" als Argument gegen meine Transition ins Feld geführt, der meine Veränderung angeblich nicht vermittelbar sei. Man machte mir ein, in Anbetracht meiner kurzen Zugehörigkeit zum Unternehmen, „anständiges" Angebot für einen Aufhebungsvertrag. Ich nahm das Angebot an, um nicht den letzten Rest meiner Kraft in einem arbeitsgerichtlichen Verfahren aufzuzehren. Teil der Vereinbarung war, dass ich noch über einen bestimmten Zeitraum meine Kunden an Kollegen übergebe und ich musste die männliche Rolle in dieser Zeit aufrechterhalten. Das war in jeder Hinsicht eine große Belastung.

Rolle vorwärts
Ein weiteres Mal gab ich nicht dem Druck des Arbeitsmarktes nach, sondern bewarb mich fortan als Frau. Meine Zeugnisse lauteten aber noch auf meinen männlichen Namen und so kam es stets zu einem Zwangsouting und meine Bewerbung wurde zumeist aussortiert. Es dauerte über zwei Jahre und eine deutlich dreistellige Anzahl von Bewerbungen in der Finanzbranche und bei Zeitarbeitsfirmen bis zu einer neuen Anstellung. In dieser Zeit hatte ich ganze zwei Anrufe von Headhuntern – in der männlichen Rolle hatte ich oft mehrere im Monat. Dies sind für mich klare Indizien, dass in meiner Branche große Unsicherheit im Umgang mit geschlechtsvarianten Menschen herrscht.

Erfahrungen bei meinem aktuellen Arbeitgeber
Ich arbeite derzeit in einem internationalen Verlagshaus, das sich durch seine Offenheit und Diversitätsbestrebungen auszeichnet. Obwohl es keine spezifische Policy für trans Personen gibt, habe ich bereits im Bewerbungsverfahren einen sehr selbstverständlichen Umgang mit meiner Transgeschlechtlichkeit erlebt. Es wurde keinerlei Frage nach meiner Transgeschlechtlichkeit gestellt, was mir ein Gefühl von Akzeptanz und Wertschätzung vermittelt hat.

Seit meinem Arbeitsbeginn wurde ich mit einem offenen Mindset empfangen. Ich habe Neugier seitens meiner Kolleg*innen erlebt, jedoch immer in einer respektvollen und keineswegs aufdringlichen Weise. Wenn ich diese Neugier wahrnehme, lade ich bewusst zum Dialog ein und versuche, die Angst vor vermeintlich „falschen" Fragen zu nehmen, indem ich offen und geduldig auf Unsicherheiten eingehe. Das Verhalten meiner Vorgesetzten ist in dieser Hinsicht vorbildlich – sie leben den Respekt und die Wertschätzung vor, die es für ein inklusives Arbeitsumfeld braucht.

Besonders hervorzuheben ist meine positive Erfahrung mit Sichtbarkeit und dem offenen Dialog. Ich werde aktiv zu Gesprächen eingeladen und erhalte immer wieder die Möglichkeit, mich einzubringen. So wurde ich beispielsweise dazu eingeladen, an den Diversity Days des Unternehmens teilzunehmen und über das Thema Transgeschlechtlichkeit zu referieren.

Ein weiteres Highlight in diesem Unternehmen ist das bestehende queere Netzwerk, das ich so zum ersten Mal in meiner beruflichen Laufbahn erlebe. Über dieses Netzwerk wird viel für die LGBTQ+ Community im Unternehmen getan. Ich hatte auch die Gelegenheit, den ersten Podcast zum Thema Transgeschlechtlichkeit mitzugestalten, in dem ich meine Erfahrungen teilen konnte. Zusätzlich werden Podcasts veröffentlicht, in denen weitere queere Kolleg*innen ihre Geschichten und Erlebnisse teilen.

Fazit
Es muss nicht zwangsläufig alles in schriftlichen Policies festgehalten sein. Entscheidend ist, dass Respekt und Wertschätzung von den Führungskräften aktiv vorgelebt werden. Nur so kann ein wirklich inklusives Arbeitsumfeld geschaffen werden.

Ich wünsche mir, auch wenn in meinem direkten Umfeld vieles richtig gemacht wird, noch mehr Mut von Personalverantwortlichen, nicht nur in der Finanzbranche, sich Menschen wie mir zu öffnen. Ich wünsche mir, dass Menschen, die mit dem Thema Transgeschlechtlichkeit oder Geschlechtsvarianz bisher keine Berührungspunkte hatten, den persönlichen Kontakt zu Menschen wie mir suchen, um Berührungsängste und Unwissenheit abzubauen. Ich wünsche mir auch, dass Interessierte sich direkt bei gut qualifizierten Betroffenen über das Thema informieren, und sich beraten lassen, wie für Unternehmen und Mitarbeitende ein offenes Klima geschaffen werden kann, um Comingout-Prozesse zu einem Erfolg für alle zu machen. Mein Name ist Deana Evers und Sie finden mich in beruflichen Netzwerken im Internet.

6.5 Wenn der Chef in die Pubertät kommt

Martin

Ich bin Martin und Selbstständiger in der Medizin- und Medienbranche. Zum Zeitpunkt meiner Transition hatte ich zwei erfolgreiche Firmen aufgebaut und über 1500 berufliche Kontakte in meiner Datenbank. Ich war Mitte Dreißig, umfangreich vernetzt und hatte mir einen Namen gemacht. Diesen Namen, zumindest den Vornamen und die Anrede, wollte und musste ich ändern und alle beruflichen Kontakte darüber informieren. Über viele Dinge muss man im Berufsleben nicht sprechen: über die Familie, die politische Gesinnung, die sexuelle Orientierung. Eine Geschlechtsangleichung ist aber so offensichtlich, dass man zwangsläufig auch nonverbal etwas sehr Privates öffentlich mitteilt. Mir war es wichtig, hierfür die richtigen eigenen Worte zu finden.

Ich hatte mich mein Leben lang nie als Frau gefühlt und die Transition zum Mann war für mich die absolut richtige, logische Konsequenz. Meine Familie, meine Partnerin und meine Freundinnen und Freunde standen zu diesem Zeitpunkt geschlossen hinter mir und meiner Entscheidung. Es gab also keinen Grund, dem beruflichen Outing mit Sorge entgegenzusehen. Und dennoch hatte ich existenzielle Ängste. Unzählige Male hatte ich mir ausgemalt, wie wohl die breite Masse auf meine Transition reagieren würde. Schließlich sind die Themen Transidentität und Geschlechtsangleichung mit vielen Vorurteilen behaftet. Ich arbeite in einer Branche, die ich grundsätzlich als weltoffen und tolerant einschätze. Das verschaffte mir sicherlich einen Vorteil, die Ängste nahm es mir trotzdem nicht.

Mein berufliches Outing begann ich mit meinen Mitarbeitenden. Es war mir sehr wichtig, dass ich sie persönlich informiere und dass sie nicht von Dritten erfuhren, dass „ihre Chefin gerade zum Chef mutiert". Vor dem Gespräch hatte ich gehörigen Respekt, wenngleich ich mir der Toleranz eigentlich sicher war. Meine zentrale Frage war: Wie teilt man Menschen, mit denen man sonst fast nur Berufliches bespricht, eine solch private Veränderung mit? Eine Geschlechtsangleichung ist schließlich eine extrem intime Angelegenheit – und zwar eine einseitige. Man muss, im übertragenen Sinne, vor anderen Leuten die Hosen runterlassen. Zunächst sprach ich mit meinen beiden Redaktionsleitern. Meine Hände schwitzten, als ich sie am Besprechungstisch mit erwartungsvollen Augen vor mir sitzen sah. „Ihr braucht nicht mitzuschreiben", hörte ich mich als Erstes sagen. Mit leicht zitternder Stimme kam ich rasch zum Punkt. Spürbare Erleichterung machte sich bei allen bemerkbar. Bei mir, weil es raus war, und bei den beiden, die – vermutlich aufgrund meiner Nervosität – mit einer Hiobsbotschaft rechneten, zum Beispiel ihrer Kündigung oder der Insolvenz der Firma. Nein, es war „nur" die Geschlechtsangleichung des Chefs. Der Rest des Teams nahm die Information ähnlich gelassen auf.

Einige meiner Geschäftspartner informierte ich persönlich über meine Veränderung, einen traf ich zum Mittagessen. Ich schätzte ihn als einen toleranten Menschen ein, aber kurz vor solchen Gesprächen kamen mir immer wieder Bedenken: Was wäre, wenn jemand ein echtes Problem mit meiner Transition hätte? Mein Geschäftspartner schien vielmehr erleichtert, dass es sich nur um mein Geschlecht und nicht um ein Problem handelte, das unsere berufliche Zusammenarbeit gefährdete. Wir unterhielten uns angeregt und ich erwähnte, dass ich durch die Hormonbehandlung quasi noch einmal in die Pubertät käme. Einige Tage später bekam ich ein *Bravo*-Heft von ihm.

Nun wussten die wichtigsten Menschen in meinem beruflichen Umfeld Bescheid, und es fehlten noch ein paar Hundert Geschäftskontakte. Ich beschloss, sie mit einer Rundmail zu informieren. Ich ging meine Kundenliste Name für Name durch. Bei einigen musste ich schlucken beim Gedanken daran, dass dieser Mensch, dem ich bislang als unnahbare Geschäftsperson gegenübergetreten war, sich in Kürze womöglich ein Bild meines Genitaltrakts (vorher/nachher) ausmalen würde. Aber ich versuchte, solche Gedanken zu verdrängen, denn früher oder später würden sie es ohnehin erfahren, dann doch am besten von mir selbst. Und je mehr Menschen ich im Vorfeld informierte, umso weniger würde ich mich später erklären müssen.

Eines mutigen und lange vorbereiteten Tages versendete ich eine Rundmail mit dem Betreff „Persönliche Veränderung". Ich schrieb, dass ich mich nach reiflicher Überlegung entschlossen habe, eine Geschlechtsangleichung vornehmen zu lassen, um künftig auch äußerlich so zu leben, wie ich mich im Inneren mein Leben lang gefühlt habe: als Mann. Ich habe zwar nie sonderlich Wert auf eine „feminine Ader" gelegt, aber ich könne verstehen, wenn diese Veränderung dennoch überraschend käme. Obwohl ich das etwas devot fand, versicherte ich, dass sich diese äußerliche Veränderung nicht auf die Qualität meiner Arbeit auswirken werde. Ich bat, mich künftig mit meinem neuen männlichen Namen anzusprechen, auch wenn es für den einen oder anderen vielleicht etwas ungewohnt sei. Und schloss mit dem ehrlich gemeinten Angebot, sich bei Fragen bitte nicht zu scheuen, mir mit der gleichen Offenheit gegenüberzutreten, wie ich es tat.

Nach dem Versenden der E-Mail änderte ich meinen Vornamen auf unserer Firmenwebsite. Auf der einen Seite war ich erleichtert, dass meine Transition nun öffentlich war und dass das Doppelleben ein Ende hatte. Auf der anderen Seite war ich nervös: Wie würden die Reaktionen sein? Nur wenige Minuten nach dem Versenden der Rundmail liefen die ersten Antworten in meinem Postfach ein.

Die existenziellen Sorgen, die ich mir im Vorfeld gemacht hatte, existierten nur in meinem Kopf. Der Großteil meines geschäftlichen Umfelds reagierte von gelassen bis überschwänglich positiv und zollte mir Respekt für die Art und Weise, wie ich mit dem Thema umging. Meine Offenheit schien sich auszuzahlen. In den folgenden Wochen erreichten mich Hunderte empathische E-Mails und Anrufe, ausnahmslos in männlicher Anrede. Einige nahmen mein Angebot, ohne Hemmungen Fragen zu meiner Veränderung zu stellen, gerne an und brachten mir Interesse und positive Neugierde entgegen.

Meine Offenheit schien aber auch eine Tür für andere zu öffnen, denn ich erhielt viele sehr persönliche E-Mails, in denen mir Geschäftskolleginnen und -kollegen von ihren Lebensveränderungen erzählten, die sie im beruflichen Umfeld sonst nicht ohne Weiteres preisgeben würden. Mir wurde klar: Jeder trägt sein mehr oder weniger schweres Päckchen mit sich, und meistens erfährt man nie etwas davon. Nach außen geben sich alle stark und erfolgreich. Doch wenn man sich selbst mit seinem Innersten öffnet, offenbaren sich auch andere. Natürlich hatten ein paar Menschen gar nicht reagiert und ich weiß nicht, ob und wie sie meine E-Mail aufgenommen haben. Einigen war es wahrscheinlich vollkommen egal, ob ich mein Geschlecht oder was auch immer anglich. Andere mögen das Ganze durchaus okay gefunden haben, aber sie wussten vielleicht nicht, wie sie darauf reagieren sollen oder trauten sich nicht.

Ein guter Weg, den einige gewählt haben und den ich als ebenso respektvolle Reaktion einstufe, war, mich fortan in der männlichen Anrede anzusprechen und kommentarlos zur Tagesordnung überzugehen, nach dem Motto „Es geht ums Geschäft, nicht ums Geschlecht". Die wenigen Menschen, die ich möglicherweise verschreckt hatte, die mit dem Thema nicht adäquat umgehen können, hat es wohl gegeben, aber ich habe bislang keinen Einzigen ernsthaft vermisst. Ihr Verlust stand in keinem Verhältnis zu dem Auftrieb, den mir der Rückhalt der vielen anderen gegeben hat. Als Nebeneffekt ist eine Transition eine wunderbare Gelegenheit, die Spreu vom Weizen zu trennen und sein Umfeld neu zu sortieren, beruflich und privat.

6.6 Transition mit dem Segen der evangelischen Kirche

Sebastian Klee

Ich bin Sebastian Klee. Zum Zeitpunkt meines transidenten Comingout war ich Pfarrer der evangelisch-lutherischen Landeskirche in Bayern. Ich hatte seit acht Jahren eine Pfarrstelle in der Nähe von Würzburg. Die Gemeinde hat ca. 2800 Mitglieder und befindet sich im katholischen Kerngebiet. Ich habe von Anfang an sehr viel Unterstützung meiner Arbeitgeberin erfahren.

Die bayerische Landeskirche hat vier Hierarchieebenen. Für mein erstes vorsichtiges Zeigen wählte ich zwei Wege. Einerseits kannte ich einen Kollegen im Landeskirchenamt, der in der Personalabteilung gut vernetzt war, ohne darin Verantwortung zu haben. Über ihn sondierte ich im Vorfeld meine Schritte. Gleichzeitig hatte ich mich an die Regionalbischöfin gewandt, die mich aus vielen anderen Gesprächen kannte. Ihr hatte ich mich anvertraut und sofort Unterstützung zugesagt bekommen. Hilfreich war hier sicher, dass wir uns persönlich kannten und ein gemeinsames Projekt durchgeführt hatten. Mit ihr plante ich die weiteren Schritte. Sie klärte meinen geplanten Weg mit der Personalabteilung und dem Landeskirchenrat, ich informierte die unmittelbare Vorgesetzte. Für sie war wichtig, dass der Landeskirchenrat mein Outing unterstütze.

Es war sicher von Vorteil, dass ich nicht die erste transidente Person der Landeskirche war, dennoch herrschte im Personalreferat Unsicherheit. Diese bestand vor allem im Hinblick auf meine Namensführung vor der amtlichen Namensänderung. Als Kirchengemeinde sind wir siegelführende Behörde, gehen Arbeitsverhältnisse ein und stellen Urkunden aus. Nachdem ich das Personalreferat über das Dilemma der rechtlichen Vorgaben der Transition informiert hatte und ein Schreiben meiner Psychiaterin vorlag, gab es die

Bereitschaft, meinen E-Mail-Account zu ändern und mich in den Akten mit neuem Namen zu führen. Die Landeskirche hätte am liebsten komplette Rechtssicherheit gehabt, also erst die amtliche Namensänderung, dann Änderung meiner Akte. Für die Personenstandsänderung nach dem TSG ist aber die weitgehende Akzeptanz der antragstellenden Person wichtig, das geht nur mit geändertem Namen. Schließlich überwog das Vertrauen der Personalabteilung unterstützt von der Regionalbischöfin, dass ich mir meines Weges sicher bin. Denn es war weniger die Frage, ob die Landeskirche meinen Weg akzeptieren und begleiten würde, sondern vielmehr die Sorge, was passieren würde, wenn ich mich doch getäuscht haben sollte. Es gab in der Personalabteilung wenig Erfahrungen mit geschlechtlichen Transitionen, entsprechend groß waren die Unsicherheiten.

Neben der Einbeziehung der Kirchenleitung war die Information der Kirchengemeinde genauso wichtig, wollte ich Gemeindepfarrer vor Ort bleiben. Die evangelische Kirche ist analog zu den weltlichen Gremien basisdemokratisch aufgebaut. Der Kirchenvorstand hat analoge Rechte zu einem Gemeinde-, beziehungsweise Stadtrat, zudem wählt er die Pfarrperson. Ich war also auf Kooperation angewiesen. Zwei Mitglieder des Vorstandes hatte ich vorab aus unterschiedlichen Gründen informiert, insofern war es keine ganz unvorbereitete Situation. Trotzdem rang das Gremium. Es war nicht fehlende Loyalität zu meiner Person, die stand außer Frage. Sie brauchten aber einige Zeit, um für sich sicher zu sein, dass wir das gemeinsam durchstehen, wissend, dass Fragen an sie kommen werden. Sie versammelten sich an dem entscheidenden Abend relativ schnell hinter mir und wir entwickelten eine gemeinsame Strategie, wie eine gute und gleichzeitige Information der Gemeinde und der Öffentlichkeit zu gewährleisten sei. Hier bewährte es sich, dass eine der beiden im Vorfeld informieren Personen aus ihrem beruflichen Kontext, unter anderem als Presseoffizier der Bundeswehr, mit der Dynamik von Medien vertraut war. Das gab dem Kirchenvorstand Sicherheit. Zusammen mit dem Vertrauen der Kirchenleitung war dies die Basis, mit der ich in der Kirchengemeinde in die Öffentlichkeit gehen konnte. Mit dem Pressereferat der Landeskirche besprachen wir im Anschluss den Weg in die Medien. Uns war wichtig, hier proaktiv zu sein. Das bundesweite Medienecho nach meinem öffentlichen Comingout Ende Oktober 2017 bestätigte uns in dieser Einschätzung.

Aus der Erfahrung mit Konfliktberatungen in anderen Kirchengemeinden weiß ich, dass für die Menschen vor Ort nichts schlimmer ist, als das Gefühl sich entscheiden zu müssen, wem ihre Loyalität gilt, dem Kirchenvorstand oder der Pfarrperson. In der Regel verlieren die Hauptamtlichen in diesem Spiel. Im Rückblick bin ich der Überzeugung, dass die Einigkeit, die Landeskirche, Dienstvorgesetzte und Leitungsgremium vor Ort zeigten, den Menschen in meiner Gemeinde geholfen haben, mich bei meiner Transition auf offener Bühne zu unterstützen. Es gab in der Folge wenig Brüche, gerade mal zwei Ehrenamtliche, die ihre Arbeit einstellten, und auch bei Anfragen für Taufen, Trauungen und Beerdigungen erlebten wir keinen Einbruch, ebenso nicht bei Gottesdienstbesuch, Spendenaufkommen oder Austritten. Einerseits ist das für mich bemerkenswert, andererseits zeigt es mir, was Geschlossenheit und Solidarität der Leitungsebene bewirken können.

Parallel zu diesem Prozess innerhalb der kirchlichen Gremien suchte ich die Unterstützung der Bürgermeister meiner Gemeinden, der katholischen Kollegen und meines Sportvereines. Mir war klar, dass auch sie nach meinem Comingout viele Fragen würden beantworten müssen. In den ersten Wochen danach zeigte sich, dass ihre unaufgeregte Solidarität sehr dazu beigetragen hatte, Unsicherheiten aufzufangen.

Im Rückblick waren für mich als öffentliche Person mehrere Faktoren wichtig: Ich konnte innerhalb der Organisation auf eine solide Unterstützung bis hin zur Medienarbeit bauen. Der Beamtenstatus eines Pfarrers hilft hier sicherlich. Die beteiligten Akteur:innen kannten mich schon mehrere Jahre. Sie erlebten meine Höhen und Tiefen und konnten am Ende sehen, wie sich vieles fügte. Ich war offen, innerhalb der Organisation die Stelle zu wechseln, um einen Hintergrunddienst anzunehmen, dies gab dem Arbeitgeber Sicherheit. Ein erstes kurzes Attest meiner Psychiaterin gab Sicherheit, um mich schon vor der amtlichen Personenstandsänderung mit meinem neuen Namen in allen Akten zu führen. Neben dem beruflichen Umfeld war das persönliche Netzwerk ein guter Rückhalt.

6.7 Die Schule ist (k)ein Haifischbecken

Johanna Amelie Knödler

Ich bin Johanna und ich bin Lehrerin. „Die Schule gleicht einem Haifischbecken!" – das hatte einmal eine transidente Frau in Bezug zu meiner Transition und meinem Arbeitsumfeld gesagt. Ein Stück weit hatte sie damit sicherlich Recht. Eine Lehrperson steht vor der Klasse, alle Augen sind auf diese gerichtet und es wird selbstverständlich eine enge Beziehung zu Schüler*innen aufgebaut. Die Eltern vertrauen mir ihre Kinder an, damit ich sie auf ihrem Lern- und Lebensweg begleite und ihnen auch Vorbild und Identitätsfigur bin. Das sind hohe Hürden für einen Geschlechtsrollenwechsel. Als ich mich im Frühjahr 2020 dazu entschied, meinen weiteren Lebensweg als Frau zu gehen, war mir schnell klar, dass die berufliche Transition schwierig werden würde. Da man als Lehrkraft einer quasi-Öffentlichkeit ausgesetzt ist, gibt es viele unkalkulierbare Parameter, die nur bedingt lenkbar sind.

Ich arbeite nun seit knapp über 20 Jahren an einem sonderpädagogischen Bildungs- und Beratungszentrum mit dem Förderschwerpunkt Sprache in Baden-Württemberg. Die Gegend ist ländlich geprägt. Zu uns kommen Kinder von der ersten bis zur vierten Klassenstufe. Neben „besonderen" Schüler*innen haben wir es oft auch mit einer „besonderen" Elternschaft zu tun. Mein erster Plan war es, für meine Transition ein Sabbatjahr einzulegen. Nur hätte dies in meinem Fall vermutlich keinen Erfolg gehabt, da solche Sabbatjahre normalerweise länger im Voraus geplant werden und ich wollte meine Schulleitung in Anbetracht bestehenden Lehrkräftemangels nicht in Bedrängnis bringen.

So beschloss ich, meine Transition Schritt für Schritt im Beruf zu vollziehen. Die Schule befand sich seit März 2020 aufgrund der Corona-Pandemie im Krisenmodus. Zu Beginn der Sommerferien, nach meinem Comingout im persönlichen Umfeld, wandte ich mich mit einem Brief an meine Rektorin. Sie bedankte sich für meine Offenheit und versprach mir Unterstützung. Es folgte ein Gespräch mit ihr und dem Konrektor. Dieses war sehr offen und verständnisvoll, aber ich spürte auch Unsicherheit. Einerseits brach zu diesem Zeitpunkt ein gutes Drittel der Lehrversorgung weg, zugleich gab es Angst um den Ruf der Schule, wenn meinetwegen falsche Gerüchte in die Welt gesetzt würden oder Eltern sich weigerten, ihre Kinder von mir unterrichten zu lassen. Die damals größte Sorge der Schulleitung war, ob ich aufgrund meiner Transition im folgenden Schuljahr ausfallen werde. Ich legte also meine grobe Planung dar. Allerdings war zunächst nicht absehbar, wann ich die Hormontherapie beginnen könnte. Wir vereinbarten, dass ich meine Planung und Schritte transparent mache und sie über die einzelnen Schritte auf dem Laufenden halte. Die Schulleitung informierte sich beim Schulamt nach Erfahrungswerten.

Der nächste Schritt war das Comingout vor dem Kollegium. Einer Kollegin vertraute ich mich schon zu einem früheren Zeitpunkt an, anderen wollte ich es im Rahmen einer Konferenz mitteilen, was organisatorisch nicht funktionierte. Also schrieb ich an alle eine persönliche E-Mail, in welcher ich meine Situation und mein weiteres Vorhaben schilderte. Der E-Mail war ein Bild von mir in weiblicher Erscheinung beigefügt. Ich erwartete keine Ablehnung, schließlich hatte ich zu allen ein sehr gutes Verhältnis. Aber die Reaktionen überwältigen mich. So viel Verständnis, Wärme und Unterstützung hätte ich nie erwartet. Ich führte danach viele intensive und positive Gespräche. In E-Mails oder Nachrichten von Kolleg*innen wurde ich nun mit Johanna angesprochen, auch wenn wir unter uns waren.

Ende November konnte ich mit der Hormontherapie beginnen. Deshalb war mein Plan, nach Weihnachten 2020 in weiblicher Erscheinung vor die Klasse zu treten. Direkt vor den Ferien wollte ich es den Schüler*innen sagen und den Eltern in einem Brief mitteilen. Nach den Ferien schließen sich Elterngespräche an, eine gute Gelegenheit für die Eltern, mich als Frau näher kennen zu lernen, offene Fragen zu klären und mögliche Missverständnisse aus dem Weg zu räumen. Doch dieses Vorhaben zerschlug sich wieder, da mir einige Wochen vor Weihnachten von der Rechtsabteilung des Regierungspräsidiums untersagt wurde, im schulischen Umfeld als Frau aufzutreten, solange meine Vornamens- und Personenstandsänderung nach dem Transsexuellengesetz nicht vollzogen ist. Schließlich nehme ich als Lehrperson auch staatlich-hoheitliche Aufgaben wahr und könne zum Beispiel kein Zeugnis unter „falscher Identität" unterschreiben. Natürlich ist jedem klar, dass niemand juristisch gesehen die neue Person ist, solange kein gerichtlicher Beschluss über Vornamens- und Personenstandsänderung vorliegt. Ich hätte sicher kein Zeugnis unterschrieben mit einem Namen, der offiziell nicht existiert. Aber zwischen meinem Auftritt vor einer Klasse und meiner Unterschrift auf Zeugnissen, Berichten oder Gutachten besteht meines Erachtens ein gewisser Unterschied.

Dies war damals eine Hiobsbotschaft für mich und ich befand mich ein gutes halbes Jahr in einem für mich zunächst unerträglichen Schwebezustand. Vor Schüler*innen und Eltern war ich in altbewährter Weise „Herr" und nicht „Frau", auch wenn meine Hormontherapie bereits erste Veränderungen zeigte. So trug ich in der Schule dezentes Makeup, neutrale, aber dennoch weibliche „Casual"-Kleidung und versuchte, mein einsetzendes Brustwachstum zu kaschieren. Im Nachhinein erwies sich dieses halbe Jahr als Glücksfall. Ich trainierte meine Stimme, ließ mir die Haare wachsen und wuchs langsam in die weibliche Rolle hinein. Nach dem ursprünglichen Plan hätte ich quasi von heute auf morgen eine „perfekte" Frau abgeben müssen, also mit Perücke, dickem Makeup, um den Bartschatten zu kaschieren, und einer noch viel zu tiefen und männlich gelesenen Stimme. Ein Übergang mitten im Schuljahr ist daher überhaupt nicht ratsam.

Die Vornamens- und Personenstandsänderung zog sich bis zum Jahresende hin, allerdings wurde mir dann doch erlaubt, nach den Sommerferien offiziell als Frau aufzutreten. So informierte ich eine Woche vor Schulbeginn die Elternschaft mit einer Rundmail. Ich erwartete alle möglichen Reaktionen, aber es passierte nichts. Am ersten Schultag trat ich als Frau vor die Klasse und erklärte kurz und kindgerecht, warum ich jetzt als Frau lebe. Es folgten keine irritierte Reaktionen oder Kichern, Tuscheln oder sonst irgendetwas, das man vielleicht von Viertklässlern erwarten würde. Eine Schülerin meinte schließlich, dass sie es gut findet, wenn man seine Träume leben kann. Mit so verständnisvollen und warmherzigen Reaktionen hätte ich nie gerechnet. Am Nachmittag erreichten mich zwei lieb gemeinte und positive Rückmeldungen von der Elternseite – es änderte sich schließlich nichts an meiner beruflichen Qualifikation, so die Rückmeldung einer Mutter. Somit entpuppte sich das Haifischbecken Schule bei mir zunächst als harmlos.

Erst im kommenden Schuljahr spürte ich, dass das Thema Transition doch noch nicht ganz durch ist. Ich übernahm einen neuen Jahrgang – Drittklässler. Eine Mutter nahm ihren Sohn von der Schule, als sie erfuhr, dass ich die Klasse übernehme, andere wollten es ihr gleichtun. Im Nachhinein erfuhr ich, dass in der Eltern-Chatgruppe gegen mich „gehetzt" wurde. Erst die Kinder „überzeugten" ihre Eltern, nachdem sie mich kennengelernt hatten. Ausgerechnet mit der Mutter, die die größten Vorbehalte gegen mich hatte, habe ich jetzt fast schon ein freundschaftliches Verhältnis. Von alledem bekam ich erst im Nachhinein etwas mit. Im ersten Elternabend vier Wochen nach Schulbeginn bekam ich am Ende zum allerersten Mal überhaupt einen Applaus. Danach war meine Transition nie wieder ein Thema in der Schule.

Schlussendlich kann ich im Nachhinein sagen, dass ich im Verlauf meiner Transition vieles über mich und meine Mitmenschen gelernt habe. Vor allem aber Geduld musste ich lernen. Alles hat seine Zeit. Man muss sich selbst und seiner Umwelt mit Geduld begegnen und man muss den anderen Beteiligten Zeit geben, sich an sein sich änderndes Ich zu gewöhnen. Auf Gegenwind bin ich zwar nach wie vor vorbereitet, aber ich darf meine Mitmenschen auch nicht unterschätzen, das habe ich in vielfältiger Weise erfahren. Solange ich ihnen offen, sympathisch, herzlich und authentisch begegne, bekomme ich viel Positives zurück.

Für eine Transition in der Schulumgebung möchte ich ein paar Tipps aus meiner bisherigen Erfahrung geben:

- Offenheit und die nötige Transparenz sind wichtig: Offen die eigene Lage und Situation darzustellen, ohne dass es in einen „Seelenstrip" ausartet, schafft Vertrauen und Selbstbewusstsein. Das Gegenüber versteht meine Situation viel besser und kann sich leichter hineinfühlen.

- Geduld: Es geht im Schulalltag doch nicht so schnell voran. Dazu gibt es einfach viel zu viele Faktoren, die es zu berücksichtigen gilt.
- Ein Patentrezept für transidente Lehrpersonen gibt es nicht. Das Schulleben ist sehr vielfältig. Es spielt eine große Rolle, in welchem schulischen Kontext ich mich befinde. Ganz entscheidend für ein Gelingen ist neben einem offenen und sympathischen Auftreten auch das Passing – also wie authentisch ich als weiblich gelesene Lehrerin bin. Dabei ist nicht nur das Aussehen und eine passende Kleidung wichtig. Auch sekundäre Faktoren, wie Stimme, Sprache, Mimik oder Körperhaltung sind entscheidend, damit mich die Schüler*innen als Frau wahrnehmen (und als nichts anderes).
- Daher ist es wichtig, alle Beteiligten ins Boot zu holen, sich Verbündete zu schaffen und sich Hilfe zu sichern, zum Beispiel von der zuständigen Person für Chancengleichheit, dem Personalrat bis hin zum Beistand durch Lehrergewerkschaften. Lehrkräfte sind meist im Beamtenverhältnis, was Sicherheit gibt, dennoch müssen Dienstwege eigehalten werden.
- Gegenseitiges Vertrauen: Für die Schüler*innen ist man zentrale Bezugsperson im Klassenzimmer, die Eltern vertrauen mir ihre Kinder an. Somit ist eine von Vertrauen geprägte Beziehung zu den Kindern und deren Eltern von größter Wichtigkeit. Gegenseitiges Vertrauen spielt auch unter Mitarbeitenden eine Rolle, zum Kollegium, zur Schulsozialarbeit, zu Jugendbegleitern und allen weiteren an der Schule arbeitenden Personen. Alle diese Personen brauchen das Vertrauen, dass ich in der neuen Rolle verlässlich bin. Ich brauche vor allem auch ihre Verlässlichkeit, ihren Rückhalt sowie ihre Akzeptanz.

6.8 Unsichtbar oder sichtbar als nicht-binäre Interperson?

Doro Giesche von Rüden

Unsichtbar
Über viele Jahre war ich mir nicht bewusst, dass ich intergeschlechtlich sein könnte. In meiner Zeit als Studierende in Hamburg erlebte ich maximal starken Kopfhaarausfall und fragte um Rat. Ich habe dann eine Antibabypille mit einem hohen Antiandrogenanteil genommen, die ich nach rund drei Jahren wegen erheblichen Nebenwirkungen absetzte. Über Intergeschlechtlichkeit hat damals niemand geredet und extrem wenig gewusst. Damit, dass ich nichts von meiner Intergeschlechtlichkeit wusste, bin ich kein Einzelfall. Es gibt eine extreme gesellschaftliche Tabuisierung und lange war es Lehrmeinung in der Medizin, das Thema auch bewusst gegenüber Patient_innen zu verschweigen.

Ab Mitte der 1960er-Jahre wurden, den Theorien von John Money (USA) folgend, Babys und Kinder bei sichtbaren körperlichen Variationen geschlechtsverändernd operiert, denn zum Beispiel Mädchen würden „nicht geboren, sondern gemacht". Diese Theorie war eine fatale Fehlentwicklung der Medizin. An den Experimenten von Money hängen Selbstmorde von Personen, die er operiert hat. Menschenrechtsverletzungen an Inter*Menschen sind allerorten vorhanden. Die ersten Menschen, die dann operiert wurden, sind heute im Rentenalter und haben oft nicht einmal einen Grad der Behinderung zugesprochen bekommen aufgrund der systematischen Veränderungsoperationen und der folgenden Medikamentengaben. Auch wenn ich persönlich von diesen extremen Menschenrechtsverletzungen nicht betroffen war, wurde ich bis 2015 nicht über meine *Inter*Diagnose* aufgeklärt.

Ich habe früh begonnen, mich mit politischen Themen zu beschäftigen und mich für Menschenrechte einzusetzen, zum Beispiel zu Themen des Friedens und der Konfliktbearbeitung, Gerechtigkeit, der Armut, der Exklusion und der Flucht. Ich habe Politikwissenschaften und evangelische Theologie an der Universität Hamburg 1988 mit Staatsexamen abgeschlossen. Darauf habe ich auch meine professionelle Karriere aufgebaut. Ich habe viele Erfahrungen in der politischen Menschenrechtsarbeit gesammelt, die ich immer persönlichen Bedürfnissen vorangestellt habe. Rückblickend würde ich sagen, dass ich mich aufgrund meines Körpers mit Hormonschwankungen und Haarausfall – ohne es klar benennen zu können – oft minderwertig und nicht in Normen „passend" empfunden habe, und mein gesellschaftliches Engagement auch ein gutes Stück Kompensation war. Hier konnte ich zumindest in dem, was ich tue, „richtig" sein und fand gesellschaftliche Anerkennung, konnte trotz meiner selbst wahrgenommenen Mängel mit wichtigen Aktivitäten punkten.

Ich arbeitete nach dem Examen für einen Oppositionsführer in Südafrika, berichtete in Kirchengremien in Hannover etc. Ich hatte Honorarjobs als professionelle Übersetzer*in bei Stiftungstagungen oder bei Gewerkschaften und an Hochschulen. Das stärkte mein Selbstbewusstsein mit dem Gefühl, dass ich trotz der Mängel Respekt bekomme und gebraucht werde.

Meine Berufserfahrungen sind vielfältig. Sie bewegen sich in den Bereichen der Entwicklungspolitik, der Projekt- und Bildungsarbeit zu Themen des Süd-Nord-Konfliktes im Rahmen der Globalisierung, im Bereich der interkulturellen Sensibilisierung, der konstruktiven Konfliktbearbeitung, der Anti-Bias- und Antirassismus-Arbeit. Vor diesem Erfahrungshintergrund gehe ich heute mit einem diskriminierungskritischen Herangehen als Trainer*in, Coach und Therapeut*in vor.

Ich war als Menschenrechts- und Wahlbeobachter*in zum Beispiel in Sri Lanka unterwegs. Ich musste mich dort mit permanenter Diskriminierung als weiblich gelesene Person mit ungewöhnlicher Haartracht, (als Folge meines männlich gelesenen Haarausfalls, welcher durch einen hohen Dihydrotestosteron-Spiegel verursacht war) auseinandersetzen. Diskriminierung ist mir eine vertraute Begleiterin, seit ich als Studierende in Hamburg in den 1980er-Jahren aus den binären Schemata von männlich und weiblich gefallen bin und oft von Menschen nicht in eine Schublade eingeordnet werden konnte. Das war auch der Fall bei meinen internationalen Beobachter*innen-Tätigkeiten zum Beispiel in Sierra Leone, Sri Lanka oder Mosambik.

Ich erlebe als inter* Person seit mehr als 40 Jahren viele Mikrodiskriminierungen. Beispielsweise wurde ich früher oft in aggressiver Weise gefragt: „Bist Du eine Frau oder ein Mann?" Ich bin mit Beleidigungen etc. konfrontiert gewesen. Heute, mit 64 Jahren, werde ich in der Regel als „alte Frau" gelesen, also eingeordnet, und muss korrigieren, denn ich bin keine Frau. Das ist meine Erkenntnis als intergeschlechtliche Menschenrechtsaktivist*in, Trainer*in und Therapeut*in.

2015 habe ich erst erfahren, dass ich eine Diagnose geschlechtlicher Körperlichkeit habe, die unter das Label der Intergeschlechtlichkeit fällt. Der diagnostizierende Arzt hatte kein Bild davon, was meine Körperlichkeit als pathologisierte Diagnose für mich als Menschenrechtsthema bedeutet und hat mir – ganz in der Tradition des medizinischen Umgangs mit Intergeschlechtlichkeit – erzählt, dass ich ja mit niemandem darüber reden müsse.

Die Pathologisierung hat mich auch zum Objekt des institutionalisierten westlichen Medizinapparates gemacht. Forscher*innen suchen nach Versuchskaninchen wie mir. Ich bin keines. Darauf, mich als Proband*in für Forschungsprojekte zur Verfügung zu stellen, habe ich mich nie eingelassen.

Meine Auslandstätigkeiten für Menschenrechtsorganisationen musste ich aus gesundheitlichen Gründen aufgeben, nachdem ich nach einem Arbeitsaufenthalt in Ostafrika im Winter 2007 schwer erkrankt war, wahrscheinlich aufgrund einer Virusinfektion. Es gab damals eine Reihe unklarer Diagnosen. Einige körperliche Erkrankungen und Ausfälle konnten nie endgültig diagnostiziert werden. Eine Unklarheit, inwieweit meine Intergeschlechtlichkeit bei den Symptomen eine Rolle gespielt hat, bleibt. Niemand weiß, welche Auswirkungen mein schwankender Hormonspiegel als inter* Person auf meine gesamte körperliche Verfassung hat. Ich habe gelernt, dass mein Körper anders ist und ich psychisch mit einer grundsätzlichen Resilienz durch das Leben gehe. Das ist ein Schutzmantel, der manchmal mehr hilft als neue Antibiotika etc. Vielleicht schützt mich auch meine Intergeschlechtlichkeit, meine Variation geschlechtlicher Körperlichkeit? Niemand weiß es.

Ich arbeite bereits sehr lange als freiberufliche Trainer*in und Berater*in. Mein Herangehen an Intergeschlechtlichkeit ist menschenrechtsbasiert. Inter* ist keine Krankheit, sondern wird als Variation geschlechtlicher Körperlichkeit systematisch mit vielen Diagnosen pathologisiert. Das ICD-11 der WHO oder das DSM der USA fassen diese Diagnosen immer noch als *Differences* (oder sogar „Disorders") *of Sex Development* zusammen. Es bleibt weiterhin ein Krankheitswert, während trans* seit 2021 nicht mehr als Diagnose pathologisiert wird.

Sichtbar
2020 habe ich im Rahmen des Vereins Trans*Recht in Bremen die Interberatung mit einer Kollegin gegründet und bin seither dort angestellt in der Beratung, Begleitung, Aufklärung und Fortbildung zum Themenkomplex „Inter*".

Diskriminierung ist allerorten. Mein jetziger Arbeitgeber ist ein Trans*Verein. Die Buchhaltung macht ein externes Steuerberatungsbüro, das es trotz Aufklärungshinweisen seit vier Jahren nicht geschafft hat, das Misgendering meiner Person zu beenden und mich in ihren Gehaltsabrechnungen nicht mehr als „Frau" anzusprechen.

Misgendering gilt ebenso in vielen Situationen und bei vielen Anlässen, besonders in der Begegnung mit neuen Klient*innen, Teilnehmenden von Workshops und Coachings etc. Ich muss ständig erklären, dass ich geschlechtlich-körperlich keine Frau bin, denn diese geschlechtliche Körperlichkeit ist eine Inter*-Variation und meine Identität ist nicht-binär.

In meiner freiberuflichen Tätigkeit als Coach und Trainer*in stelle ich mich meistens nicht mit Angaben zu meiner Person vor. Ich arbeite an den Themen der Klient*innen und als Trainer*in an den Themen der Workshops wie zum Beispiel Empowerment, Konfliktbearbeitung, gewaltfreie Kommunikation, Konfliktanalyse und Mediation. Ich oute mich, wo immer es angebracht ist, im Arbeitskontext. Meine Arbeitgeber*innen sind informiert über meine Intergeschlechtlichkeit. Ich sensibilisiere Teilnehmende in Trainings über geschlechtliche und sexuelle Vielfalt, Rassismus und andere -Ismen.

Ich gehöre zu der Handvoll Menschen, die ich kenne, die sich öffentlich als inter* Personen zu erkennen geben. 99 % der inter* Personen, die mir bekannt sind – und ich kenne nur wenige in meiner unmittelbaren Umgebung – würden sich nicht outen, wenn es nicht sein muss. Es gibt keinen Vorteil, keine positive Veränderung im jetzigen gesellschaftlichen Kontext, wenn Menschen sagen, dass sie inter* sind. Im Gegenteil: Diskriminierung und Ausgrenzung sind fast unvermeidbar.

Verinnerlichte Unterdrückung hört nicht auf, wie es in der Aufklärungs- und Sensibilisierungsarbeit heißt und wie ich es in Anti-Bias-Trainings oder der Therapie erkläre. Vielmehr systematisiert sich die Ausgrenzung. Ich habe vor einigen Wochen inter* bei einem Fachtag von Kindertagesstätten in Bremen als Referent*in vorgestellt. Die Verunsicherung, die ich bei Teilnehmenden auslöste, die Neugierde, sind mir Motivation, weiterhin Menschen zu sensibilisieren und ihnen Materialien an die Hand zu geben – wohlwissend, dass der Weg zur Normalisierung von Geschlechtervielfalt in der Arbeitswelt ein ganz langer ist.

Mit dem medizinischen Fortschritt seit Beginn des 20. Jahrhunderts sind intergeschlechtliche Menschen zunehmend pathologisiert worden. Durch die Fremdbestimmung mit der systematischen Erfassung der Neugeborenen im Standesamt kann niemand mehr selbst über den eigenen Eintrag im Geburtsregister entscheiden. Das lässt sich nur zum Teil durch das Selbstbestimmungsgesetz, das zum 1.11.24 in Kraft tritt, aufheben. Es gibt damit die Definitionshoheit der eigenen Geschlechtlichkeit zurück an erwachsene Menschen. *Aber* das Gesetz diskriminiert weiter zum Beispiel inter* Personen sowie alle, die nach der Antragsstellung drei Monate warten müssen, wenn sie ihren Geburtsregistereintrag im Standesamt ändern wollen. Und das ist nur eine Baustelle in diesem Gesetz.

6.9 „Eine Störung", Erfahrung einer Interperson im Lehramt

Kim Semenya

Mein Name ist nicht Kim. Dies ist ein persönlicher Bericht über die Alltagserfahrung eines intergeschlechtlichen Menschen in der Arbeitswelt an allgemeinbildenden Schulen in Deutschland. Die Anekdoten, die in diesem Bericht vorkommen werden, dienen dazu, meine persönlichen Erfahrungen hervorzuheben, sie zu unterstreichen und dadurch sichtbarer zu machen. Sie stellen keine Ausnahmen dar, sondern sich wiederholende Vorgänge die in unterschiedlichen Schulformen stattgefunden haben und immer noch stattfinden.

Intergeschlechtlichkeit drückt sich in vielen verschiedenen Formen aus. Mir wurde nach der Geburt das Geschlecht männlich zugewiesen. Wahrscheinlich war das in den 1960er-Jahren nicht anders möglich. Der Bruch in meiner Biografie fand mit dem Eintritt in die Pubertät statt. Mein bis dahin als männlich gelesener Körper brachte weibliche Sekundärgeschlechtsmerkmale hervor – oder in einfachen Worten gesagt: mir wuchsen Brüste, Oberweitengröße C. Dies führte in der Schule zu Mobbing und Ausgrenzung, was insbesondere im Sportunterricht und den Umkleidekabinen der Jungen unerträglich wurde. Darauf folgte eine monatelange Schulverweigerung meinerseits und der verordnete Gang zum Arzt im Beisein der Eltern. Dieser Arzt verlangte eine komplette Entblößung meines Körpers, er berührte alle Genitalbereiche und stellte die Diagnose mit den Worten: „Du bist eine Störung." Darauf folgte die Verordnung einer Hormonkur mit Testosteron, eine Aufklärung über die Nebenwirkungen fand nicht statt und auch die einfache Möglichkeit, mit meinem Körper unbehandelt weiterzuleben, wurde nicht in Betracht gezogen.

Aufgrund dieser Erfahrungen vermied ich es in den darauffolgenden Jahren, meine Intergeschlechtlichkeit zu thematisieren. Meine Mitwelt interpretierte mich als Mann und somit führte ich ein Leben als Chamäleon. Ich vermeide bis zum heutigen Tage den Eintrag D für Divers in meinen Personenstandsurkunden, weil sich dadurch die Möglichkeiten, eine Anstellung im Berufsleben zu erhalten, minimieren. Auch wird dadurch die Reisefreiheit erheblich eingeschränkt, es gibt zurzeit weltweit nur 17 Länder, die Menschen mit einem D im Reisepass einreisen lassen.

Somit bin ich an den Schulen eine männlich interpretierte Person. Einige wenige Kolleg*innen wissen von meiner tatsächlichen Identität als intergeschlechtlicher Mensch.

Die fast schon als Nötigung zu beschreibende Verordnung an den Schulen während der Coronazeit, alle Lehrkräfte mögen sich impfen lassen, führte zu einem Konflikt mit meiner Intergeschlechtlichkeit. Weil das Testosteron während der Behandlung in meiner Pubertät injiziert worden ist, bestand danach meinerseits eine komplette Ablehnung aller ärztlichen Behandlungen. Die Testosteronbehandlungen mittels einer Spritze, verbunden mit den zusammenhängenden unerfreulichen Nebenwirkungen, waren traumatisierend und jede Androhung einer Impfung rief Panikattacken hervor. Dadurch wurde ich seitens der Schulleitung und fast aller Kolleg*innen als Impfgegner, Verschwörungstheoretiker, Schwurbler und Rechter diffamiert.

Meine Erfahrungen in den Lerngruppen beziehen sich hauptsächlich auf den „Werte und Normen"- und den Biologieunterricht. Die Themen Demokratie, Menschenrechte und das Recht auf individuelle Entfaltung der Persönlichkeit enden meistens dann in einem Tumult unter den Lernenden, wenn die Fragestellung dahingehend konkretisiert wird, wer denn alles zu den Menschen gehört, denen diese Rechte zugesprochen werden. An den Hauptschulen, Realschulen, Oberschulen und Berufsschulen ist es schon schwierig, die Gleichberechtigung von Männern und Frauen einzufordern. Das Erwähnen einer dritten Identität, eines dritten Geschlechts, ist für einen großen Teil der Lernenden undenkbar und tatsächlich auch unverhandelbar. Selbst wissenschaftliche biologische Erklärungen werden kategorisch abgelehnt. Das trifft insbesondere auf Menschen mit strenggläubigem Hintergrund zu, egal ob christlich, christlich orthodox, muslimisch oder jüdisch.

Ein junger Mensch, der sich in seiner Klasse an einer Oberschule zu seiner Intergeschlechtlichkeit bekannte, wurde danach ausgegrenzt, gemieden, in den sozialen Netzwerken diffamiert und erhielt von seinen Mitschüler*innen den Spitznamen „Missgeburt".

Eine Kollegin, die auch das Fach Biologie unterrichtet, erwähnte in einer Pause belustigt eine Schülerin des zehnten Jahrganges, die in der Klassenarbeit geschrieben hat, dass auch Frauen XY-Chromosomen haben können. In einem Gespräch erklärte ich dieser Kollegin, dass diese Schülerin durchaus Recht habe, dass dies eine Variante von intergeschlechtlichen Menschen darstelle. Etwas irritiert erhielt ich dann die Antwort, dass das in den Schulbüchern aber eindeutig anders stehe und dass sie dieses als Fehler werten werde. An einer weiteren Auseinandersetzung mit dieser Thematik hatte diese Kollegin keinerlei Interesse.

Während der Pausen findet auch im Lehrerzimmer das Zeigen von Videoclips über WhatsApp und TikTok statt. Dabei tragen zur allgemeinen Belustigung auch diffamierende Videoclips über queere Menschen, Trans*- und Inter*menschen bei. Ab und zu wird diese allgemeine Belustigung mit homophoben und queerfeindlichen Sprüchen begleitet. In meiner gesamten Laufbahn als Lehrkraft habe ich, abgesehen von meiner Person, bisher nur eine einzige Kollegin erlebt, die in solchen Momenten einen Widerspruch formulierte. In den seltensten Fällen werden Widersprüche als Anlass zum Innehalten und Umdenken genommen.

Viele Sportlehrkräfte beschränken diese Thematik auf die Bereitstellung einer dritten Toilette, einer dritten Umkleidekabine und halten diese Forderung für überzogen. Mir hätte eine dritte Umkleidekabine zumindest die Übergriffigkeiten in der Jungenumkleidekabine erspart. In Gesprächen mit vielen Sportlehrkräften erlebe ich immer wieder ein Verständnis dafür, dass intergeschlechtliche Menschen beim Leistungssport und Wettkämpfen nicht zugelassen werden. Ihrer Meinung nach müssten sich intergeschlechtliche Menschen einer Hormontherapie unterziehen um eine faire Bewertung ihrer sportlichen Leistung zu gewährleisten. Um an dieser Stelle zu intervenieren, einen Einspruch zu wagen, mich als intergeschlechtlicher Mensch angreifbar zu machen und zu erwähnen, dass ich bereits diese Hormontherapie durchlitten habe, erfordert in den meisten Fällen zu viel Kraft. Rassismus ist, wenn Menschen aufgrund ihrer Hautfarbe diskriminiert werden. Intergeschlechtliche Menschen werden aufgrund ihrer Geschlechtsorgane diskriminiert. Der Vorgang, in einem Kollegium meine Geschlechtsteile zur Debatte zu stellen, ist eine Diskriminierung. Zugleich bedeutet dies für mich aufgrund meiner Geschichte erneute Verletzung und Retraumatisierung. Menschen, die sexuellen Missbrauch erlitten haben, wird ein Trauma zugestanden. Uns nicht. Deshalb wäre es mir ohne die Unterstützung der intergeschlechtlichen Selbsthilfe e.V. oft nicht möglich, den oben genannten, sogenannten Schulalltag zu bewältigen.

Von der Gleichberechtigung der drei Identitäten, Mann, Frau, Divers, sind wir im Jahre 2024 genauso weit entfernt wie zu der Zeit, als ich selbst noch Schüler*in war. Es gibt einige „Bubbles", kleine Freiräume im Privaten. Aber in der Gesellschaft und ihren Arbeitsräumen ist Homophobie der Alltag. Es ist notwendig und wünschenswert, dass Bücher wie dieses etwas daran ändern.

6.10 Zusammenfassung der persönlichen Erfahrungen

David Scholz

Diese Auswahl persönlicher Transitionserfahrungen von transidenten und geschlechtsvarianten Personen in unterschiedlichen Arbeitsumfeldern zeigt, dass sich die grundlegenden Herausforderungen trotz der Charakteristika verschiedener Berufe und Branchen in vielen Fällen gleichen – und dennoch ist jede einzelne Transition (oder Nicht-Transition) ein individueller Weg. Ob angestellt, selbstständig oder verbeamtet: jede transidente oder geschlechtsvariante Person muss ihren persönlichen Weg finden, um einerseits die Sicherheit und Unversehrtheit der eigenen Person und den beruflichen Status abzusichern und zugleich die Interessen der Arbeits- oder Dienstgebenden beziehungsweise der Kund*innen, Kolleg*innen und anderen Stakeholder in die Gestaltung des eigenen Transitions- beziehungsweise Lebensweges einbeziehen. Das situationsübergreifende Merkmal für „erfolgreiche" Transitionen und Lebenswege ist hier ganz offensichtlich die Unterstützung des gesamten beruflichen und privaten Umfelds, aber auch die Informiertheit und Unvoreingenommenheit von Führungsgremien und anderen Verantwortlichen aus dem Umfeld der betroffenen Person.

▶ **Wichtige Ansätze für die Unterstützung transidenter und geschlechtsvarianter Menschen im Arbeitsumfeld**
- Allein ist ein erfolgreicher Wechsel der im Berufsalltag gelebten Geschlechtsrolle kaum zu schaffen. Transidente und geschlechtsvariante Personen brauchen für diesen Schritt, der nicht von heute auf morgen erledigt ist, die Unterstützung von Vorgesetzten, Unternehmensleitung und dem gesamten (arbeits-) sozialen Umfeld.
- Bei außenstehenden Beteiligten entscheidet zwar nicht allein ein Vorwissen um Transidentität, Intergeschlechtlichkeit, Nichtbinarität und diesbezügliche rechtliche Rahmenbedingungen über den Erfolg eines Geschlechtsrollenwechsels oder das Leben in Geschlechtsvarianz in der Arbeitswelt. Aber Vorwissen hilft, Unsicherheiten abzubauen und geschlechtsvarianten Personen ein sicheres Umfeld zu gewährleisten.
- Sehr viele Menschen haben Ängste vor einem beruflichen Comingout als trans, intergeschlechtlich oder nicht-binär. Je weniger sichtbare Vorerfahrungen im konkreten Arbeitsumfeld vorhanden sind, umso größer sind meistens die eigene Unsicherheit und Angst. Dies kann aufgefangen werden, indem sich Führungspersonen mit der Thematik vertraut machen und niederschwellig Anlaufstellen im Unternehmen angeboten werden, zum Beispiel in Form von LSBTI-Netzwerken, Gleichstellungsbeauftragten, Ansprechstellen in Betriebsräten oder anderen Beschäftigtengremien etc.

Fallbeispiele und gute Praxis in Unternehmen und Behörden

7

David Scholz

Inhaltsverzeichnis

7.1	OTTO macht mehr: wie ein Transitionsguide entstand	188
7.2	Trainings und Chatbot: Wie SAP transidente Personen unterstützt	191
7.3	Das T in Coca-Cola	193
7.4	Im Handstreich: Transitionsbegleitung bei thyssenkrupp	196
7.5	Praxis ohne Leitfaden: Gehaltsabrechnung im Konzern	198
7.6	„Bloß nichts falsch machen", Erfahrung einer Personalerin	199
7.7	Öffentlicher Dienst? Fast!	201
7.8	Langer Atem in Niedersachsen	203
7.9	Die Polizei, Dein Freund und Helfer	205
7.10	Wie gute Praxis in Unternehmen und Behörden aussehen kann	207
Literatur		213

Zusammenfassung

Nachdem im vorherigen Kapitel transitionierte oder transitionierende Menschen ihre persönlichen Erfahrungen geschildert haben, kommen hier nun Menschen „von der anderen Seite des Tisches" aus Unternehmen und Behörden zu Wort. Aus den persönlichen Perspektiven und den Erfahrungen aus der „Nichtbetroffenenperspektive" werden anschließend Quintessenzen herausgearbeitet und Vorschläge für eine gute Praxis im Arbeitsumfeld formuliert. Bei der Akquise der Beiträge aus Unternehmens- und Behördenperspektive ist sehr deutlich geworden, wie wenig Erfahrung mit Transidentität, Intergeschlechtlichkeit und nicht-binären Identitäten noch oft auf der Managementseite besteht – was eine Zurückhaltung hinsichtlich eines hier öffentlichen Erfahrungsbeitrags zur Folge hatte. Diese Reaktionen waren gewiss nicht böse gemeint, zeigen je-

---

D. Scholz (✉)
Scheyern, Deutschland
e-mail: david@scholz-bdd.com

doch eindrücklich, wie groß die Unsicherheit im Umgang mit Geschlechterdiversität und Geschlechtervarianz im Arbeitskontext und wie notwendig daher dieses Buch augenscheinlich ist.

7.1 OTTO macht mehr: wie ein Transitionsguide entstand

Ingo Bertram

Bei OTTO, dem größten deutschen Onlineshop, setzen wir uns seit langem für ein Arbeitsumfeld ein, in dem sich Mitarbeitende wohlfühlen und sie selbst sein können. Vielfalt ist nicht nur ein Schlagwort, sondern tief in der Unternehmenskultur und dem ethischen Wertekodex des Unternehmens verankert. Mit dem „Transidentity Guide" haben wir im Frühjahr 2022 einen wichtigen Schritt gemacht, um trans und nicht-binäre Mitarbeitende bestmöglich zu unterstützen, Personalprozesse zu verschlanken und Führungskräfte zu sensibilisieren.

Die Entstehung des Transidentity Guide Unser Transidentity Guide entstand nicht über Nacht. Es war ein langer Prozess, der mit vielen Gesprächen, Workshops und der Zusammenarbeit mit Expertinnen aus der queeren Community begann. MORE*, das queere Mitarbeitenden-Netzwerk bei OTTO, war die treibende Kraft hinter diesem Projekt. Gemeinsam mit dem Diversity & Inclusion-Team wurde in mehrmonatiger Arbeit ein Leitfaden entwickelt, der nicht nur rechtliche und organisatorische Aspekte abdeckt, sondern auch praktische Tipps für den Alltag gibt.

Dieser Prozess begann mit einer umfassenden Bedarfsanalyse. Wir führten Interviews und Umfragen mit trans* und nicht-binären Mitarbeitenden durch, um ihre individuellen Bedürfnisse und Herausforderungen zu verstehen. Dabei wurde deutlich, dass es nicht nur um rechtliche und administrative Fragen geht, sondern auch um alltägliche Aspekte wie die Nutzung von Toiletten, die Ansprache durch Kolleg*innen und die diskriminierungsfreie, sichere Teilnahme an Meetings und Veranstaltungen. Demgemäß wurde der Transidentity Guide in mehrere Kapitel unterteilt, die sich jeweils einem spezifischen Thema widmen: angefangen bei der Sensibilisierung und Aufklärung der Belegschaft, über konkrete Handlungsempfehlungen für Führungskräfte, bis hin zu rechtlichen Rahmenbedingungen und Unterstützungsangeboten. Wichtig war es, den Guide praxisnah und leicht verständlich zu gestalten, um die Akzeptanz und somit die Wirksamkeit des Guides zu erhöhen.

Sensibilisierung und Aufklärung Ein zentrales Element unseres Guides ist die Sensibilisierung der gesamten Belegschaft. Denn nur wenn alle Mitarbeitenden ein grundlegendes Verständnis für die Herausforderungen von trans und non-binären Menschen haben, kann ein inklusives Arbeitsumfeld entstehen und gelebt werden. Bei OTTO haben wir Schulungs- und interaktive Workshopkonzepte entwickelt, die helfen sollen, Vorurteile abzubauen und Verständnis zu fördern. Erklärt und besprochen werden etwa grundlegende Begriffe und Konzepte der Geschlechtsidentität, die Geschichte und aktuellen Herausforderungen der trans* Community sowie praktische Tipps für den respektvollen Umgang im Arbeitsalltag.

Die interaktiven Elemente, wie Rollenspiele und Diskussionsrunden, sollen den Teilnehmenden helfen, sich in die Perspektive von trans* und nicht-binären Personen hineinzuversetzen und ein tieferes Verständnis für ihre Erfahrungen zu entwickeln. Auch Erfahrungsberichte von trans* und nicht-binären Kolleg*innen haben wir hier konzeptionell mitgedacht. Diese persönlichen Geschichten bieten wertvolle Einblicke und tragen dazu bei, abstrakte Konzepte greifbar zu machen. Sie zeigen, dass hinter jedem Begriff und jeder Regelung ein Mensch mit individuellen Erfahrungen und Gefühlen steht. Das machen wir im Transidentity Guide regelmäßig deutlich.

Handlungsempfehlungen für Führungskräfte Führungskräfte spielen eine entscheidende Rolle bei der Umsetzung unserer Diversity-Strategie. Deshalb enthält unser Transidentity Guide spezielle Handlungsempfehlungen für diese Zielgruppe. Sie reichen von der richtigen Ansprache und Kommunikation, über die Anpassung von Arbeitsprozessen, bis hin zur Unterstützung bei der Änderung von Personalunterlagen. Wir möchten, dass unsere Führungskräfte als Vorbilder agieren und aktiv zur Schaffung eines inklusiven Arbeitsumfelds beitragen.

Ein wichtiger Aspekt ist dabei die Schaffung einer offenen und unterstützenden Atmosphäre. Führungskräfte werden ermutigt, proaktiv auf ihre Mitarbeitenden zuzugehen und ihnen das Gefühl zu geben, dass sie sich mit ihren Anliegen jederzeit an sie wenden können. Zudem bieten wir spezielle Trainings für Führungskräfte an, in denen sie lernen, wie sie ihre Teams im Umgang mit trans* und nicht-binären Kolleg*innen unterstützen können.

Ein weiteres zentrales Element ist die Anpassung der Arbeitsprozesse. Dazu gehört beispielsweise die Möglichkeit, den Namen und das Geschlechtseintrag in internen Systemen unkompliziert zu ändern. Auch die Gestaltung von geschlechtsneutralen Toiletten und Umkleideräumen ist ein wichtiger Schritt, um ein inklusives Arbeitsumfeld zu schaffen.

Rechtliche Rahmenbedingungen und Unterstützungsangebote Auch die rechtlichen Rahmenbedingungen beleuchten wir. Mit dem Selbstbestimmungsgesetz haben sich einige rechtliche Vorgaben geändert, die wir im Guide ausführlich erläutern, etwa die Änderungen im Personenstandsrecht und die damit verbundenen administrativen Prozesse. Wir erklären, wie trans* und nicht-binäre Mitarbeitende ihren Namen und Geschlechtseintrag ändern können und welche Unterstützung sie dabei von uns erhalten.

Darüber hinaus bietet der Guide Kontakt zu verschiedenen Unterstützungsangeboten an, etwa zur hauseigenen psychosozialen Beratung, zu Peer-Support-Gruppen und externen Anlaufstellen. Unser Ziel ist es, trans* und nicht-binären Mitarbeitenden ihre Transition so einfach wie möglich zu gestalten und ihnen die nötige Unterstützung zu bieten. Wir haben dafür ein Netzwerk von internen und externen Ansprechpersonen aufgebaut, die bei Fragen und Problemen zur Verfügung stehen und individuelle Unterstützung bieten können.

Ein besonderes Augenmerk liegt auf der psychologischen Unterstützung. Trans* und nicht-binäre Personen stehen oft vor großen emotionalen Herausforderungen, sei es aufgrund von Diskriminierungserfahrungen oder dem inneren Coming-out-Prozess. Unsere psychologischen Beratungsangebote, die im Transidentity Guide referenziert werden, sind darauf ausgelegt, diese Herausforderungen zu bewältigen und den Betroffenen den Rücken zu stärken.

Erfahrungen und Feedback Seit der Einführung des Transidentity Guide haben wir viel positives Feedback erhalten. trans* und nicht-binäre Kolleg*innen haben uns zurückgemeldet, dass sie sich besser unterstützt und wertgeschätzt fühlen. Aber auch von cis-Mitarbeitenden und Führungskräften kamen zahlreiche Rückmeldungen, die den Guide als hilfreiches Werkzeug in ihrem Arbeitsalltag beschreiben.

Ein Beispiel für das positive Feedback ist die Erfahrung von Alex, einer unserer trans* Mitarbeitenden. Alex berichtet, dass der Transidentity Guide ihm geholfen hat, sich im Arbeitsumfeld sicherer und akzeptierter zu fühlen. Die klaren Richtlinien und die Unterstützung durch das Unternehmen haben ihm den Übergang erleichtert und ihm das Gefühl gegeben, dass seine Identität respektiert und anerkannt wird. Lisa wiederum, eine cis-Mitarbeiterin, die in einer Führungsposition tätig ist, berichtete uns, dass der Guide ihr geholfen hat, besser zu verstehen, wie sie ihre trans* und nicht-binären Teammitglieder unterstützen kann. Sie schätzt besonders die konkreten Handlungsempfehlungen und die praxisnahen Tipps, die ihr im Arbeitsalltag eine wertvolle Orientierung bieten.

Ausblick: Was kommt als Nächstes? Die Einführung unseres Transidentity Guide war für uns aus heutiger Sicht, gut zwei Jahre nach der Erstveröffentlichung, ein wichtiger Schritt, auf den das gesamte MORE*-Netzwerk bei OTTO und das Diversity & Inclusion-Team sehr stolz sind. Der Guide, der öffentlich einseh- und downloadbar ist, ist für mich aber auch ein weiterhin sichtbares Zeichen dafür, dass wir Vielfalt nicht nur akzeptieren, sondern aktiv fördern. Und darauf kommt es an, heute mehr denn je.

Sind wir damit jetzt perfekt oder gar am Ende der Reise? Mitnichten. Es gibt immer Raum für Verbesserungen und neue Initiativen. Aber ich bin zuversichtlich, dass wir auf dem richtigen Weg sind. Mit dem Transidentity Guide haben wir eine solide Grundlage geschaffen, auf der wir weiter aufbauen können und werden. Und ich bin gespannt, welche weiteren Schritte wir in der Zukunft gehen werden, um OTTO zu einem noch besseren Arbeitsplatz für alle zu machen.

Ein großes Dankeschön geht an alle, die diesen Weg mit uns gegangen sind und weiterhin gehen. Eure Unterstützung, euer Feedback und euer Engagement sind der Schlüssel zu unserem Erfolg. Gemeinsam können wir die Arbeitswelt ein Stück besser und inklusiver machen – für jeden Einzelnen von uns.

7.2 Trainings und Chatbot: Wie SAP transidente Personen unterstützt

Dominic Haeusler

Aus dem Alltag der LGBT+-Community bei SAP Als internationales Unternehmen haben wir bei SAP bereits früh vielfältige Erfahrungen mit dem Themenkomplex Diversity-Management gemacht und uns über die Zeit zu einem „Thought Leader" für diese Bereiche mausern können. Die Rückmeldungen hierzu sind sehr positiv, der offene und transparente Austausch wird geschätzt, ohne eine klare Linie im Hinblick auf Diskriminierungen vermissen zu lassen.

Schon früh war es uns wichtig, dass wir das Thema LGBTIQ+-Inklusion zielgerichtet und ohne großen bürokratischen Aufwand angehen. Dazu haben wir in den vergangenen zwei Jahrzehnten sowohl verschiedene Anlaufstellen als auch Prozesse etabliert, bei denen sich auch und gerade Trans*-Kolleg:innen rund um das Thema informieren können, in ihrem Transitionsprozess unterstützt werden und auch die Teams und Führungskräfte an den richtigen Stellen sensibilisiert und mobilisiert werden können.

Einen stark lösungsorientierten Ansatz versuche ich selbst in der täglichen Arbeit mit den Kolleg:innen umzusetzen. Als einer der beiden Vorstehenden des deutschen Chapters unseres internen LGBT+-Mitarbeitendennetzwerks *Pride@SAP* und als Sprecher der Chapter für Middle East Europe (MEE), werde ich beim Thema Transition öfter um Rat gefragt. Tatsächlich häufiger von Kolleg:innen, die mehr über das Thema wissen möchten, weil sie etwa in ihrem persönlichen Umfeld eine Trans*-Person kennen oder durch unsere Chapter-Aktivitäten auf das Thema aufmerksam und auch neugierig geworden sind.

Seit der Gründung von *Pride@SAP* im Jahr 2001 haben wir neben dem ständigen Ausbau unseres Netzwerks auf globaler, regionaler und lokaler Ebene auch die Anlaufstellen im Bereich Diversity-Management immer weiter ausgebaut. So können wir mittlerweile sicherstellen, dass niemand lange oder aufwändig nach einer Kontaktperson suchen muss. Dieses Element ist aus unserer Sicht der wesentliche Meilenstein.

Im Folgenden gebe ich eine kurze Übersicht inwieweit wir unsere Kolleg:innen und auch die Netzwerke in anderen Unternehmen zum Thema Transition unterstützen.

> **Pride@SAP Veranstaltungen und Initiativen**
> 2001 haben sich motivierte Kolleg:innen am Hauptsitz der SAP in Walldorf zusammengetan, um eine Plattform zum Austausch rund um LGBTIQ+-Themen zu gründen. Was als sog. *Grassroot Initiative* begann, ist heute eines der größten freiwilligen Mitarbeitenden-Netzwerke mit weltweit 8000 Mitgliedern aus der LGBTIQ+-Community und Verbündeten, den sogenannten Allies, die sich über nahezu alle Geschäftsstellen der SAP verteilen. Kolleg:innen können sich zudem anonym zum Thema Trans* informieren. Das Netzwerk beinhaltet auch eine dedizierte Gruppe zum Thema Trans*, in der sich Kolleg:innen zu ihren Erfahrungen austauschen können.

- **Focus on Insight Training**: Das Training ist in verschiedene Kapitel aufgeteilt. Die unterschiedlichen Bereiche des Diversity-Managements sind darin abgedeckt und LGBTIQ+ bildet ein eigenständiges Modul. Ziel dieses Moduls ist es, den Themenkomplex für Mitarbeitende aufzuschlüsseln und sie in unkomplizierter und nicht belehrender Weise an das Thema heranzuführen.
- **Inclusive Leadership Trainings**: Dieses Angebot steht allen Führungskräften zur Verfügung und beleuchtet die unterschiedlichen Aspekte, Vorteile und Herausforderungen des Diversity-Managements. Die Trainings unterstützen die Lösungsfindung und führen die Personalverantwortlichen spielerisch und interaktiv an die Themenvielfalt und deren Intersektionalität heran.
- **SAP Gender Transition Guidelines**: Die Guidelines vermitteln verschiedenen Zielgruppen sowohl einen guten Einstieg zum schnellen Nachschlagen als auch eine solide Grundlage, um sich mit dem Thema auseinanderzusetzen. Die Guidelines sind für alle Kolleg:innen im Intranet verfügbar und werden bei Bedarf angepasst. Im Folgenden ein Auszug der SAP Gender Transition Guidelines. Darin wird erläutert, über welche Kanäle Kolleg:innen ihre Transition am Arbeitsplatz vorbereiten können. Ein offener Austausch ist integraler Teil unserer Firmenkultur und daher ist es uns sehr wichtig, unsere Kolleg:innen im Rahmen ihrer Transition bestmöglich und frühzeitig zu unterstützen.

Hier ein Ausschnitt aus unserem Transitionsleitfaden:

Notification of Gender Transition *An employee may first wish to contact the confidential personal counseling service available from SAP Health & Well-Being (EAP; Employee Assistance Program); the SAP Global Diversity & Inclusion Office; or a member of the employee network Pride@SAP, which focuses on issues facing lesbian, gay, bisexual, and transgender (LGBT+) colleagues. Contact can be made by telephone or e-mail, as well as in person. It is important that an SAP employee notify the company of their plan to transition; such notification should be made well in advance of their planned transition date. The following are suggested touchpoints:*

- *While the regular channel to communicate with the HR organization is through HRdirect tickets, it is also possible that employees contact their Human Resources Business Partner (HRBP) or their local Diversity & Inclusion counterpart when beginning the transition process and be prepared to speak about their specific plans and any concerns.*
- *At some point, it is important that the employee's manager not only be informed, but also become part of the employee's support team.*
- *Internal and external resources to assist transitioning employees in this educational effort are listed at the end of this document.*

Rolle von Mitarbeitenden-Netzwerken bei der Transition Welche Rolle spielen denn eigentlich Mitarbeitenden-Netzwerke beim Thema Transition am Arbeitsplatz? Eine einfache Antwort auf diese Frage wird man, wie so häufig, vergeblich suchen. Die wesentlichen Fragen ranken sich in der täglichen Netzwerkarbeit stets um: Wen möchte man mit welchen Themen auf welche Weise adressieren? Wen und was braucht es zur erfolgreichen Umsetzung der Themen und wie verknüpft man diese beiden Komplexe möglichst nachhaltig und wirkungsvoll?

Die Antworten darauf sind vielfältig und reichen von einer lockeren Plattform zum gelegentlichen Austausch bis hin zum definierten Business Case, um aktiv an der Gestaltung von Inhalten zu Diversity & Inclusion beteiligt zu sein. Ich selbst habe eine sehr aktive Rolle übernommen, bin eingebunden in HR-Prozesse und sorge für eine Implementierung der gegenseitigen Impulse in den Businessbereichen. Dazu bin ich von vielen engagierten Kolleg:innen umgeben, die den Austausch fördern, Sprechende einladen, Veranstaltungen planen und umsetzen, Artikel für Mitarbeitendenmagazine schreiben und als Ansprechpersonen in den jeweiligen Businessbereichen zur Verfügung stehen. Erreichbarkeit und Sichtbarkeit sind nicht nur für den Erfolg eines Netzwerks entscheidend, sondern vor allem für die Mitarbeitenden selbst.

Zentral wichtig für Trans*-Kolleg:innen ist die leichte Kontaktaufnahme mit den Personen im Netzwerk und das grundsätzliche Bewusstsein, dass die Netzwerke hier überhaupt unterstützen können.

Um mehr Sichtbarkeit zu bekommen, versenden wir unsere Einladung zu verschiedenen Veranstaltungen, daher regelmäßig an alle Mitarbeitenden in Deutschland und die Sprechenden der Chapters für Pride@SAP. Auf der Intranet-Seite sind dann Informationen zu Kontaktpersonen, vergangene sowie geplante Events und weitere Themen rund um LGBTIQ+ verfügbar. Wir haben sogar einen D&I Chatbot installiert, der Antworten zu häufigen Fragen rund um das Thema LGBTIQ+ liefert. Für die nächsten Überarbeitungen sollen die Inhalte für Trans*-Kolleg:innen noch ausgebaut werden. Das Feedback zur Website ist überaus positiv und eine Bestätigung, dass die Inhalte auch wahrgenommen werden.

Neben meinen internen Aufgaben zur LGBTIQ+-Inklusion stehe ich auch im regelmäßigen Austausch mit Netzwerken anderer Unternehmen und teile meine Erfahrungen. Diese Gespräche finde ich überaus bereichernd und bin stolz einen positiven Beitrag zu einer inklusiveren Gesellschaft beitragen zu können. Für diese Möglichkeit möchte ich mich noch einmal ausdrücklich bei allen Beteiligten bedanken.

7.3 Das T in Coca-Cola

Annette Pampel

Als wir im Jahre 2014 das Rainbow Network gründeten, war es das erste und einzige LGBTIQ-Netzwerk innerhalb der heutigen CCEP DE (Coca-Cola Europacific Partners) und der Coca-Cola Organisation in Europa und blieb es auch für mehrere Jahre. Von Beginn an hatten wir uns bewusst für die Inklusion von Trans*Personen entschieden aber auch Allies (Verbündete) angesprochen und zur Mitarbeit ermutigt. Uns ging es zunächst und in erster Linie um Sichtbarkeit von LGBTIQ im Unternehmen und die Möglichkeit, sich auszutauschen und zu vernetzen. Heute agiert das Netzwerk länderübergreifend, kooperiert mit anderen LGBTIQ Firmennetzwerken und pflegt Kooperationen mit verschiedenen Organisationen der Community.

Wer auch immer sich für das Netzwerk interessiert oder sich engagieren möchte, muss sich weder outen noch zwingend zur „Community" dazugehörig fühlen. Uns war und ist es wichtig, all diejenigen unter dem Dach des Netzwerkes zu vereinen, die LGBTIQ-Lebensweisen unterstützen und sich Diskriminierung entgegenstellen möchten.

Natürlich waren nicht von Anfang alle durch das Akronym „LGBTIQ" vertretenen Personengruppen sichtbarer Bestandteil des Netzwerkes. Zunächst waren es hauptsächlich Lesben, Schwule und Allies, die sich dem Netzwerk anschlossen. Mit unserer ersten offiziellen Regenbogen-Beflaggung unserer Zentrale in Berlin im Jahre 2016, die intern medial begleitet und über unser Intranet in ganz Deutschland verbreitet wurde, stieg jedoch nicht nur die Zahl der Netzwerker_innen sprunghaft an. Es stießen zunehmend auch Menschen dazu, die sich als bisexuell outeten und schließlich erstmalig auch eine Person, die erklärte, sie stünde für das „T" in unserem Netzwerk. Die Person sagte uns damals, sie wolle sich demnächst einer geschlechtsangleichenden Operation unterziehen und sich anschließend als trans* outen.

Diese Person hatte ursprünglich geplant, das Unternehmen vor dem Comingout zu verlassen. Das ist glücklicherweise nicht geschehen. Als Leiterin des Rainbow Networks und in meiner Rolle als Diversity Consultant beriet ich die Kollegin und gemeinsam mit Führungskräften, Netzwerker_innen und den Kollegen_innen am Standort haben wir die Person bei ihrer Transition begleitet. Unter anderem führten wir drei Workshops zum Thema „geschlechtliche Identität und sexuelle Orientierung" gemeinsam mit SCHLAU Lüneburg e.V. und mit Unterstützung der lokalen Führungskräfte vor Ort durch, was einerseits zu einer stärkeren Sensibilisierung des Arbeitsumfeldes führte und den Mitarbeitenden andererseits Themen vermittelte, zu denen sie vorher entweder keinen oder nur geringen Zugang hatten. Die Kollegin erklärte sich zudem bereit, ihre persönliche Geschichte im Intranet zu teilen und an einem der Workshops teilzunehmen. Dies war auch ein emanzipatorischer Schritt der transidenten Person selbst, da sie sich bis dahin verständlicherweise auf ihre individuelle Situation konzentriert hatte. Im Laufe der Zeit hatte die Kollegin jedoch wahrgenommen, welche Vorbildrolle sie selbst einnahm und engagierte sich fortan ebenfalls im Netzwerk. Sie steht nun auch anderen Trans*Personen im Unternehmen unterstützend zur Seite. Über eine von ihr initiierte firmeninterne WhatsApp-Gruppe stehen so einige der Trans*Kollegen_innen in engem Kontakt und Austausch.

Erfreulicherweise outeten sich fortan vermehrt Trans*Personen in unserem Unternehmen und uns wurde bewusst, dass es notwendig ist, einen Leitfaden oder eine Empfehlung zu erstellen und diese insbesondere den HR Business Partner_innen zur Verfügung zu stellen, um eine, insbesondere für die Trans*Person so reibungslos wie möglich verlaufende Transition im Unternehmen zu ermöglichen. Von Vorteil war dabei, dass zu dieser Zeit ein in der LGBTIQ-Community aktiver Trans*Mann in unserem Recruitingteam als Werkstudent tätig und mit seiner Erfahrung an der Erstellung des Leitfadens maßgeblich beteiligt war.

Hauptziel unserer Aktivitäten war und ist es immer, unseren Trans*Mitarbeiter_innnen, die Transition innerhalb des Arbeitsumfeldes so leicht wie möglich zu machen. Dazu gehören persönliche Gespräche, bei denen die Trans*Person den Rahmen und ihre Zeitplanung vorgibt und wir gemeinsam besprechen, wer, wie und wann informiert werden soll und welche systemtechnischen Änderungen (zum Beispiel Vornamensänderung, Änderung der E-Mailadresse) veranlasst und umgesetzt werden müssen. Wir empfehlen, den sogenannten dgti-Ausweis zu beantragen, der inzwischen von vielen Stellen als „Hilfsdokument" anerkannt wird und auf den unsere Personaladministration dann Bezug nimmt, da die offizielle Personenstandsänderung mit teilweise erheblichen Kosten und mit zwei verpflichtenden Begutachtungen verbunden ist und einige Trans*Personen diese zunächst für sich nicht priorisieren.

Am Anfang steht also immer das Gespräch mit der betroffenen Person und die Abstimmung mit dem unmittelbaren Umfeld. Eine mögliche Begleitung durch die oben genannten, unterstützenden Workshops wird dabei stets ebenfalls angeboten.

Der Umgang, die Kommunikation und Vorgehensweise sind dabei sehr individuell und wir begleiteten bereits ganz unterschiedliche Wege. So gab es eine Trans*Person, die sich bei der Einstellung inmitten des (formalen) Transitionsprozesses befand und nach Vertragsunterschrift und noch vor Eintritt ins Unternehmen um eine schnelle Änderung der Dokumente bat, um sich gar nicht erst outen zu müssen und im gewünschten Geschlecht im Unternehmen geführt zu werden. Andere haben sich nach längerer Betriebszugehörigkeit im Arbeitsumfeld geoutet und die Transition erfolgreich vollendet, ohne Schwierigkeiten mit Kollegen_innen oder durch das Arbeitsumfeld erfahren zu haben.

Dazu hat sicherlich die inzwischen über mehrere Jahre gewachsene Sichtbarkeit von LGBTIQ-Mitarbeiter_innen, die kontinuierliche interne Berichterstattung über LGBTIQ-Aktivitäten, Events, die alljährlichen Hissungen von Regenbogenflaggen an unseren Gebäuden und Pride-Aktivitäten in unseren firmeninternen Medien beigetragen, aber auch die zunehmend auf Diversity und Inclusion ausgerichtete Strategie unseres Unternehmens, die eine inklusive Kultur fördert und Menschen dazu ermuntert, sie selbst zu sein und sich am Arbeitsplatz mit ihrer gesamten Persönlichkeit einzubringen.

Inzwischen haben wir auf europäischer Ebene einen Leitfaden für den Umgang mit Trans*Personen in unserer Organisation erarbeitet und für die einzelnen Länder entsprechend der lokalen Gegebenheiten angepasst und der Unterstützung von Trans*Personen am Arbeitsplatz auch einen für alle gültigen verbindlichen Rahmen zu geben.

7.4 Im Handstreich: Transitionsbegleitung bei thyssenkrupp

Sibylle May

Der Konzern, von dem ich berichte, wird oftmals als ein „sehr traditionelles" Unternehmen wahrgenommen. Als wir mit unserem LGBTI-Netzwerk zum ersten Mal für einen großen CSD an der Vergabe der Wagennummern teilnahmen und aufgerufen wurden, sagte der Verlosende nach der Nennung des Namens: „Ich kann es ja immer noch nicht glauben" (bezogen darauf, dass *wir* teilnahmen). Von daher ist es nicht verwunderlich, dass die ersten Erfahrungen von transidenten Personen mit ihrer jeweiligen Transition, gerade, wenn sie während der Beschäftigung bei unserem Konzern erfolgte, nicht unbedingt immer von Reibungslosigkeit gekennzeichnet waren. Es gab Menschen, die besser oder nicht ganz optimal durch diese Phase kamen. Eine Kollegin benötigte sogar die Unterstützung unseres CHRO (Chief HR Officer = Personalvorstand), um ihre neue Geschlechterrolle am Arbeitsplatz leben zu können.

Unser CHRO schaffte es damals auch, in einem Handstreich unser LGBTI-Netzwerk für gegründet zu erklären und damit dem Thema einen großen und sichtbaren Anschub zu liefern. Er hatte einfach die kleine Gruppe an Menschen, die sich aus der unternehmensinternen LGBTI-Gemeinschaft regelmäßig formlos trafen, einmal zu einem Mittagessen mit ihm eingeladen. So „einfach" ging das. Ich sollte allerdings dazu sagen, dass sich das LGBTI-Mittagessen vorher schon etabliert hatte. Der Personalvorstand hatte davon erfahren und wollte Aktivitäten zu einer weiteren Diversity-Dimension etablieren. So lud er unsere „Lunchrunde" dann eben zum Essen ein und twitterte danach, sinngemäß: „Wir haben jetzt ein LGBTI-Netzwerk".

Ich hatte Jahre vorher versucht, zusammen mit einigen wenigen Mitstreiterinnen ein LGBTI-Netzwerk in unserem Konzern aus der Wiege zu heben. Leider fanden sich lange nicht genügend (insbesondere männliche) Personen, die bereit waren, sich dafür sichtbar zu engagieren. Nach dem fulminanten Startschuss, durch die Twitter-Meldung unseres CHRO unterstützt, begannen wir mit sichtbaren Aktivitäten, zum Beispiel zum IDAHOT, Coming Out Day, Teilnahme an CSDs im Rheinland. Intern begannen wir zu planen und Dinge zu organisieren. Wir erhielten Medienaufmerksamkeit. Leider wurde das aktive Netzwerk im Unternehmen auch wieder kleiner, da sich Strukturen im Umbruch befanden und Netzwerkmitwirkende ausschieden. Dadurch wurde unser Aktionsradius eingeschränkt. Auch die Transperson, die sich im Kernteam engagiert hatte, fand eine Aufgabe in einem anderen Unternehmen und das Vorhaben, einen „Transformationsguide" für den Konzern zu erstellen, lag zunächst brach. Das Netzwerk bemühte sich aber weiter um kleinere Aktionen zu den wichtigen Tagen, veröffentlichte die Ergebnisse und blieb dadurch weiter präsent.

Eine unserer öffentlichen Nachrichten zu einem der LGBTI-Gedenktage erreichte auch eine transidente Person in unserem Unternehmen, die sich daraufhin bei uns, dem Netzwerk meldete. Sie war noch in der Vorphase der sichtbaren Transition und suchte Unterstützung sowie einen Raum, um sich mitzuteilen und ohne Vorverurteilung angenommen werden zu können. Sie hatte sich für ihre Transition aufwendig in die Thematik eingelesen und so entwickelten wir gemeinsam die Idee, den Transitionsguide entlang ihres konkreten Bedarfes gemeinsam zu erarbeiten. Zunächst erstellten wir einen kurzen Informationsflyer für Vorgesetzte und HR-Mitarbeitende, der grundsätzlich über das Thema informieren sollte und erste Verhaltenstipps enthielt, sowie eine unterstützende Aussage des CHRO.

> **Ein Auszug aus dem Guide, den wir damals entwarfen:**
> Wenn man mit einer Transperson in Kontakt ist, ist es besonders wichtig folgende Punkte zu respektieren:
>
> - Hat die Transperson einen neuen Namen für sich gewählt, sollte dieser Name jederzeit verwendet und respektiert werden, auch wenn die betroffene Person nicht anwesend ist.
> - Das gleiche gilt für Personalpronomen und andere Formen der Anrede, die ein Geschlecht zuordnen, wie „Herr" oder „Frau" (häufig wählen Transpersonen ein neues Personalpronomen, das ihre Identität besser reflektiert, ebenso eine neue Anrede).
> - Die Verwendung des neuen Namens und Pronomens vor amtlicher Namensänderung stellt rechtlich kein Problem dar.

Anschließend entwickelten wir auf dem konkret von der transidenten Person für sie selbst identifizierten Bedarf an vorzunehmenden Umstellungen im Unternehmenskontext (Systemeinträge, Adressbuch, Namensschilder etc.) und zu informierenden „Stakeholder-Gruppen" (Kolleg:innen, Vorgesetzte, Kund:innen etc.) eine abstrakte Version. Diese kann fortan in unserem Konzern für andere Transitionen als Leitfaden herangezogen werden. Das Dokument wurde auf Englisch und Deutsch erstellt und im Intranet veröffentlicht. Es enthält Ideen und Formulierungsvorschläge für Kommunikationsmaßnahmen, Checklistenvorlagen für technische Umstellungen und gewünschte Gespräche, sowie Ideen für deren Inhalte.

Ich muss zugeben, dass ich bei der Erarbeitung des Guides noch sehr viel dazugelernt habe, obwohl ich seit langem als Lesbe out bin und auch bereits transitionierende Bekannte hatte. Leider bin ich zwischenzeitlich in einem nicht mehr dem Konzern zugehörigen Unternehmen tätig und kann daher nicht aus erster Hand berichten, ob der von uns erstellte Guide einer weiteren transidenten Person in meinem ehemaligen Wirkungskreis den Weg erleichtert hat. Es würde mich sehr freuen, wenn dies der Fall wäre.

7.5 Praxis ohne Leitfaden: Gehaltsabrechnung im Konzern

Therese

Ich bin Therese und arbeite als Sachbearbeiterin im zentralen Personalservicecenter eines bundesweit tätigen Konzerns. In unserem Team rechnen wir die ca. 30.000 Mitarbeitenden der Niederlassungen in Deutschland ab und sind verantwortlich für alles, was im Zusammenhang mit der Personaldatenpflege und der Gehaltsabrechnung steht.

Die Niederlassungen erstellen die Verträge mit den Mitarbeitenden selbst. Hierfür können sich die Niederlassungsleitungen vom zentralen Personalmanagement und der arbeitsrechtlichen Abteilung beraten lassen. Die Verträge werden über ein Tool, das von den Geschäftsführungen der Niederlassungen genutzt wird, erstellt. Möchte eine Niederlassung nach dem Bewerbungsvorgang neue Mitarbeiter*innen einstellen, werden die Stammdaten der neuen Person ins System eingegeben. Der neue Mitarbeiter oder die neue Mitarbeiterin füllt einen Personalbogen aus, auf dem alle abrechnungsrelevanten Daten zur Person angeben werden müssen (Name, Geburtsdatum, Steuer-ID, Sozialversicherungsnummer, Krankenkasse, Kontoverbindung für die Lohn- beziehungsweise Gehaltsüberweisung etc.).

In einem Unternehmen unserer Größe kommt es immer wieder vor, dass eine neu angestellte Person angibt, transsexuell zu sein und unter dem neuen Namen angesprochen und im System angelegt werden möchte. Wenn der rechtliche Personenstandswechsel und die Namensänderung bereits vollzogen sind, dann bekommen wir das gar nicht mit und eine bereits rechtskräftige Änderung ist für die Gehaltsabrechnung auch überhaupt nicht relevant. Ist es aber so, dass die Personenstands- und Namensänderung der neuen angestellten Person noch nicht rechtskräftig vollzogen ist, die Person aber bereits auf dem Personalbogen den neuen Namen in Verbindung mit der alten Sozialversicherungsnummer angibt, dann stellt sich möglicherweise systemseitig ein Problem, den neuen Namen zu erfassen. Für die die ELStAM (Elektronische Lohnsteuer-Anmeldung) sollte es eigentlich möglich sein, den neuen Namen im System zu erfassen, da zur ELStAM unter anderem nur die Steuer-ID und das Geburtsdatum und nicht der Name benötigt werden.

Die Anmeldung der Mitarbeitenden bei der Krankenkasse ist schon eher ein Problem. Der Arbeitgeber meldet die Angestellten mithilfe der Sozialversicherungsnummer bei deren Krankenkasse an. Bei dieser Krankenkasse läuft die Person aber ja ohne amtliche Änderung noch unter dem alten Namen, die Sozialversicherungsnummer ist noch nicht geändert und von daher kann die Meldung zur Sozialversicherung nicht unter dem noch nicht rechtskräftig geänderten Namen erfolgen. Eine Fehlermeldung wäre die Folge, da die unter neuem, nichtamtlichem Namen angestellte Person für die Krankenkasse nicht zuordenbar ist.

Wir nutzen SAP HR. In unserer Version gibt es keine Möglichkeit, zwei verschiedene Namen zu erfassen. Wir müssen also daher regelmäßig noch mit dem alten Namen arbeiten. Leider gibt es derzeit noch kein internes Regelwerk, wie wir in einem solchen Fall standardmäßig vorgehen. Bisher haben wir es so gehandhabt, dass wir der Niederlassungsleitung mitteilen, dass wir leider den neuen Namen der eingestellten Person noch nicht erfassen können und somit die Gehaltsabrechnung vorerst mit dem alten Namen adressiert wird. Wir bitten in einem solchen Fall die Niederlassungsleitungen, dem neuen Mitarbeiter oder der neuen Mitarbeiterin zu erklären, dass dieses Vorgehen nichts mit Missachtung der gelebten Identität oder Respektlosigkeit zu tun hat, sondern hauptsächlich rechtliche und technische Gründe hat. Wir weisen aber zugleich darauf hin, dass nichts dagegenspricht, die transidente Person intern mit dem gewünschten Namen anzusprechen und Namensschilder oder ähnliches bereits auf den neuen Namen auszustellen.

Ist die neue Person einmal im System angelegt und im Laufe der Zeit erreicht uns schließlich die Mitteilung, dass die Vornamens- und Personenstandsänderung jetzt rechtskräftig ist, dann benötigen wir von der Person die neue Sozialversicherungsnummer und evtl. den Gerichtsbeschluss. Von da ab sind alle Änderungen nur noch ein kleiner Schritt. Im SAP kann der neue Vorname und die neue Sozialversicherungsnummer ab dem Datum der Änderung erfasst werden.

7.6 „Bloß nichts falsch machen", Erfahrung einer Personalerin

Ursula

Mein Name ist Ursula und mit meiner Berufs- und Lebenserfahrung würden mich wohl viele als „gestandene Personalerin" bezeichnen. Ich habe in über 25 Jahren in verschiedenen Unternehmen einen großen Erfahrungsschatz mit sehr vielen Situationen gesammelt und behaupte von mir, dass ich nicht mehr so schnell zu überraschen bin. Irgendwann hat man den Eindruck, alles schon einmal „gesehen" und für jedes Thema, für jede Situation einen bereits erprobten Lösungsansatz zu haben. Das darf natürlich niemals bedeuten, dass man die Fragen oder Probleme der einzelnen Mitarbeiter über einen Kamm schert („alles schon dagewesen"), aber meine Erfahrung hat mir bisher immer Sicherheit gegeben, den Menschen, die auf mich als Personalerin zukommen, souverän vermitteln zu können, was ich für sie tun kann oder was einfach nicht geht oder was hilfreich ist.

Und dann lernte ich Katharina kennen. Eine sehr erfahrene und kompetente Frau, der wir nach einem für beide Seiten sehr zufriedenstellenden Bewerbungsverfahren zügig ein Angebot gemacht hatten, welches sie auch annahm. Katharina hatte eine kommunikative und fröhliche Art und nachdem sie sich eingearbeitet hatte, hielten wir beide gerne bei Gelegenheit ein Schwätzchen. Mir war vor Katharinas Trans-Comingout aufgefallen, dass sie einen maskulinen Kleidungsstil bevorzugte und ich nahm damals an, dass sie lesbisch sei. Gefragt hatte ich selbstverständlich nie, da es für den Job nicht relevant war und mich weder als Personalleiterin noch als Person etwas anging. Während sich das Arbeitsverhältnis zwischen Katharina und unserer Firma und auch mein persönliches Verhältnis zu ihr entwickelte, sprach Katharina dann irgendwann mir gegenüber von ihrer Frau und gab sich damit als lesbisch zu erkennen. Wir arbeiteten eine gute Weile nebeneinander her und bisweilen, zum Beispiel in Rekrutierungsprozessen für Katharinas Abteilung auch zusammen.

Ich kann nicht mehr sagen, ob Katharina nach einem Termin fragte oder einfach den Kopf zu meiner Tür hineinsteckte und fragte, ob ich Zeit habe. Sie teilte mir dann mit, dass sie sich einer Geschlechtsumwandlung unterziehen werde und in absehbarer Zeit in dieser Firma in männlicher Rolle und mit männlichem Namen auftreten möchte. Das Gespräch ist schon etwas länger her und den genauen Wortlaut kann ich nicht wiedergeben. Sehr präsent sind mir jedoch die Gedanken und Überlegungen, die mir in diesem Moment durch den Kopf gingen. Müsste ich meiner damaligen Gedankenflut eine Überschrift geben, würde diese lauten „Jetzt bloß nichts falsch machen".

Die Gedankenflut bezog sich nicht auf die Umsetzung innerhalb der Firma, sondern betraf mich ganz persönlich. Ich hatte so viele Fragen und das klare Gefühl, dass ich nicht alle meiner Fragen stellen dürfe. Ich hatte Angst, zu neugierig zu sein und Katharina mit meinem Interesse, meiner Neugier zu verletzen, denn die geplante Veränderung betraf sie ganz persönlich. Katharina sprach darüber, dass sie sich mit dem Gedanken schon lange trage und ohne, dass ich fragen musste, erfuhr ich etwas darüber, welcher Prozess der körperlichen Umwandlung vorausgeht und was sie nun weiter erwarte. Katharina hatte es mir leicht gemacht und ich bin bis heute sehr dankbar für ihre Offenheit. Sie hat mir dadurch geholfen, den Moment des Gedankens „Bloß nichts falsch machen" zu überwinden. Ich konnte ihr sagen, dass ich unsicher, aber auch neugierig war. Wir einigten uns darauf, dass ich Fragen stellen darf und sollte ich jemals mit einer Frage Sensibilität vermissen lassen oder eine Grenze überschreiten, würde Katharina diese Grenze setzen.

Ich fragte in der Folge viel, sobald mich eine Frage bewegte, und ich bin sehr froh für Katharina und mich, dass sie nie mir eine Grenze für meine Fragen setzen musste. Ich war aber auch sehr froh, dass ich die „Erlaubnis" hatte, zu fragen, was immer mich im Zusammenhang mit Katharinas Veränderung beschäftigte, sei es fachlich, sei es persönlich. Es war wichtig, diese sehr emotionale Situation für uns beide zu klären, bevor wir uns den Fragen der Umsetzung innerhalb der Firma zuwandten, um gemeinsam zu überlegen, was zu tun sei.

Wir legten dann gemeinsam eine Checkliste an und erfassten, an welchen Stellen wir aktiv werden mussten und wo die Änderung des Vornamens von Katharina zu Daniel hinterlegt werden muss. Wir waren damals in einer internationalen Firma mit vielen verschiedenen, auch über Länder- und Verwaltungsgrenzen unterschiedlichen Softwaretools tätig. Da musste an viel gedacht werden und es bestand die Möglichkeit, dass wir ein Tool vergessen und Daniel auch nach dem Namenswechsel noch irgendwo in den Systemen als Katharina auftauchte. An diesem organisatorischen Punkt hat Daniel es mir einmal mehr leicht gemacht. Er versicherte mir, sollte in einem Tool oder an anderer Stelle, zum Beispiel im Intranet, doch noch der Vorname Katharina auftauchen, würde er es mir kurz mitteilen und ich würde mich um die Änderung kümmern. Lösungsorientiert und pragmatisch – so kannte ich Katharina, so verhielt sich Daniel.

Ich kann von mir nicht behaupten, dass ich es von Anfang an stringent geschafft habe, Daniel *nicht* mit Katharina anzusprechen. Es hatte ein Weilchen gebraucht und wenn ich mich einmal vertan hatte, empfand ich selbst Unbehagen über meinen Fehler. Daniel hatte es mit Sicherheit wahrgenommen, es mich jedoch niemals mit einem Vorwurf spüren lassen und niemals zu einer unangenehmen Situation für uns beide gemacht.

Mit einer E-Mail hatte Daniel schließlich nach einer Vorbereitungszeit von einigen Wochen seine Transition beziehungsweise seinen Namenswechsel und den Wechsel von „Frau" zu „Herrn" innerhalb der Firma bekanntgegeben. Diese E-Mail war mit der Geschäftsleitung abgestimmt und wurde vom Top-Management ausdrücklich unterstützt. Der damalige Geschäftsführer für Deutschland hatte sogar neben Daniels eigener E-Mail in einer separaten E-Mail an die Führungskräfte des Unternehmens klar dazu aufgerufen, ihn (den Geschäftsführer) einzubinden, sollte es unangemessene Kommentare zu Daniels Transition geben. Mir persönlich ist nie bekannt geworden, weder über Daniel noch über Dritte, dass es irgendeine negative Reaktion auf Daniels Veränderung gegeben hat.

Ich konnte Daniel in dieser schwierigen Phase in seinem Leben ein wenig auf seinem Weg begleiten und er hat ganz sicher viel getan, um mir dabei zu helfen. Über beides bin ich sehr froh.

7.7 Öffentlicher Dienst? Fast!

Sabine

Wir sind weit gekommen, können stolz auf unsere Unternehmenswelt sein, in der alle Menschen willkommen sind – wir wissen aber auch, dass der Weg noch weit ist. Diversity wird in den nächsten Jahren und Jahrzehnten immer wichtiger werden. Eine inklusive Willkommenskultur, der Abbau administrativer Hürden, aber auch ein offener Dialog können Beiträge dazu leisten, dass Diversity nicht nur gewünscht, sondern auch gelebt wird. Zukünftige Generationen, die jetzt gerade auf den Arbeitsmarkt drängen, sind in dem Bewusstsein aufgewachsen, dass ihre Fähigkeiten und Kompetenzen ein rares Gut sind. Für Arbeitgeber bedeutet das, dass wir diese Menschen dann für uns begeistern, wenn wir mehr bieten, als spannende Tätigkeiten und faire Bezahlung – wir müssen und wollen den Menschen als Ganzes in unseren Teams begrüßen. Das fordern die jungen Generationen von uns und haben recht damit.

Nehmen marginalisierte Gruppen innerhalb der Belegschaft, die in der Vergangenheit zurückhaltender mit der Geltendmachung ihrer Interessen und ihrer Identität waren, diese Interessen selbstbewusster wahr, ist das zunächst ein gutes Zeichen, denn es deutet auf ein positives, die Personen annehmendes Betriebsklima hin. Gleichzeitig geht das Sichtbarwerden der einen Gruppe manchmal auch mit Ängsten anderer Gruppen einher, eigene Sichtbarkeit einzubüßen, Privilegien zu verlieren oder althergebrachte Positionen oder Statii zu verlieren. Solche Ängste werden dann oft in absurden Debatten im Abstrakten oder zu Detailfragen katalysiert. Die politische Debatte der letzten Jahre über trans* Identitäten und Selbstbestimmung hat diese Abwehrreaktionen auch LGBTQIA* Menschen gegenüber deutlich gemacht. Ein starkes Bekenntnis für Pluralität in jeder Dimension ist ein erster Schritt, der mit Leben gefüllt werden will.

Aufgabe der betrieblichen Organisation und insbesondere des Personalwesens ist es, alle für ein reibungsfreies Zusammenarbeiten zur Verfügung zu stellen. Das mag bei der Anschaffung von Personalwirtschaftssystemen beginnen, die nicht nur die Änderung des

Vor- und Familiennamens ermöglichen, sondern auch die Änderung von Anreden oder gar ihr Weglassen ermöglichen. Es geht weiter damit, dass Mitarbeitende ermutigt werden, freiwillig in Emailsignaturen ihre bevorzugten Pronomen anzugeben. Schließt sich eine Mehrzahl der Beschäftigten einem solchen Aufruf an, wird aus einem sichtbaren Zeichen für „Andersartigkeit" eine Normalität, die dann auch dazu führen kann, dass Outings einfacher oder schlichtweg seltener notwendig werden. Im Übrigen erleichtert das auch die Integration von Menschen, deren Namen aus anderen Kulturkreisen stammen und häufig nicht intuitiv der passenden Geschlechtsidentität zugeordnet werden.

Auch der ehrliche Umgang damit, dass wir als Organisation nicht alle Antworten auf alle denkbaren Fragen parat haben, kann hilfreich sein. Viele Fragen können mit dem Blick in Gesetze beantwortet werden. Die Antwort auf offene Fragen zu finden, die nicht bereits kodifiziert oder auf andere Art erprobt sind, erfordert etwas Mut und die immer wiederkehrende Zentrierung auf die Kernwerte unseres Unternehmens – Offenheit, Toleranz, Wertschätzung und Diskursfähigkeit.

Komplexe Fragen bedürfen Lösungen, die möglichst viele, relevante Perspektiven einbeziehen und trans* und queere Identitäten mitdenken. Ob das nun über die – auch überobligatorische – Einbeziehung der Betriebsräte und Schwerbehindertenvertretung geschieht oder über andere Methoden der Mitarbeiterpartizipation, die Einrichtung und Förderung von queeren Netzwerken, wichtig ist es, den Blick darauf nicht zu verlieren, dass insbesondere die Stimme derjenigen gehört wird, die es angeht – die Mitglieder der Community. Gleichzeitig will nicht jedes Mitglied einer Community auch für diese sprechen, sei es aus dem Wunsch heraus, diese Facette ihres Seins nicht zu sehr in den Vordergrund zu stellen, sei es, um die eigene individuelle Erfahrung nicht über die Erfahrung von anderen Mitgliedern der trans* und queeren Community zu stellen. Bei der Vermittlung dieser jeweils berechtigten, aber widerstreitenden Interessen ist aus unserer Sicht die Förderung von starken Netzwerken. Sie sind eine wirkmächtige Stimme im innerbetrieblichen Diskurs und entlasten gleichzeitig die Individuen und schützen vor „tokenism", da nicht eine Person für die Community spricht, sondern die Community besser in ihrer Pluralität wahrgenommen werden kann.

Bezogen auf unsere Organisation ist vieles auf einem sehr guten Weg. Starke interne Netzwerke sorgen für Sichtbarkeit, auch in der Außendarstellung sind Menschen aller Identitäten präsent. Publikationen werden gegendert, es ist in weiten Teilen der Belegschaft Gang und Gäbe, die eigenen bevorzugten Pronomen proaktiv zu kommunizieren. Gleichzeitig wird dieser Weg noch nicht konsequent genug gegangen. Nur ein Beispiel unter vielen sind Softwares, die noch immer keine geschlechtsneutralen Anreden kennen, Personalverwaltungssoftware, bei denen der Geschlechtseintrag nicht geändert werden kann und Infrastruktur, die die Bedürfnisse von trans* Personen zulässt. Eingesetzte Softwares lassen sich noch immer nicht oder nur mit hohem Aufwand und Workarounds für nicht-cis Identitäten nutzen.

Als Unternehmen, das zwischen der „freien Wirtschaft" und dem öffentlichen Dienst steht, stehen wir einzigartigen Herausforderungen gegenüber. Selbst wenn wir beispielsweise die Notwendigkeit erkennen, neue Personalmanagementsoftware anzuschaffen, sind wir sicherlich im gleichen Maße wie die freie Wirtschaft in der Lage, Probleme zu erkennen und Lösungen zu finden – aber diese dann auch umzusetzen, erfordert mehr Beharrungsvermögen, denn so wie der öffentliche Dienst sind wir an komplexe Prozesse in der Beschaffung von Waren gebunden, was sicherlich aus vielerlei Perspektive sinnvoll ist, aber in den seltensten Fällen für schnelle Ergebnisse sorgt.

So schwer erträglich es manchmal ist, langwierige Entscheidungsprozesse erleben zu müssen, wenn die Lösungen so klar auf der Hand lägen und dringend benötigt werden, so schön ist es, in einem Umfeld arbeiten zu dürfen, dass sich die Zeit nehmen kann, Veränderungsprozesse mit intensiver Introspektive zu begleiten. Eben weil wir nicht im gleichen Maße durch Wirtschaftlichkeitszwänge getrieben sind, können wir Ressourcen für Veränderungen verwenden, die nicht unmittelbare Auswirkungen auf die Geschäftszahlen haben.

Dieser Text wurde geschrieben von zwei Personen aus einem wissenschaftlich geprägten Unternehmen, beide identifizieren sich als Mitglieder der LGBTQIA Community.

7.8 Langer Atem in Niedersachsen

Ricarda

Als Gleichstellungsbeauftragte (GB) in Niedersachsen ist die Grundlage unserer Funktion das Niedersächsische Gleichberechtigungsgesetz (NGG), das am 01. Januar 2011 in Kraft getreten ist. Das Ziel dabei ist

- für *Frauen* und *Männer* in der öffentlichen Verwaltung die Vereinbarkeit von Erwerbs- und Familienarbeit zu fördern und zu erleichtern sowie
- *Frauen* und *Männer* eine gleiche Stellung in der öffentlichen Verwaltung zu verschaffen (§ 1 Abs. 1 NGG).

Daneben legt das Allgemeine Gleichbehandlungsgesetz (AGG) des Bundes unsere Zuständigkeit als GB bei der Diskriminierung aufgrund des Geschlechtes fest.

Mit dem Personenstandsgesetz (PStG) wurde 2018 die Entscheidung des Bundesverfassungsgerichts (BVerfG) umgesetzt: Menschen, die wegen einer Variante ihrer Geschlechtsentwicklung weder dem weiblichen noch dem männlichen Geschlecht eindeutig zugeordnet werden können, haben seitdem die Möglichkeit, im Geburtenregister neben den Angaben „männlich", „weiblich" sowie dem Offenlassen des Geschlechtseintrages die Bezeichnung „divers" zu wählen (§ 22 Abs. 3 PStG).

Der momentane rechtliche Rahmen legt damit die Existenz von drei Geschlechtseinträgen (weiblich, männlich, divers) nach wie vor maßgeblich nur an körperlichen Ausprägungen fest und ermöglicht in bestimmten Ausnahmen die Freilassung des Geschlechtseintrages.

Sichtbare Auswirkung zeigt dies bei der Formulierung von Stellenanzeigen, in denen nach der binären Bezeichnung „Bearbeiterin/Bearbeiter" In Klammern „(m/w/d)" angefügt wird. Es gibt aber auch hier praktisch keine belastbaren Zahlen oder Fakten, die belegen, inwieweit Personen mit Transidentität oder dem dritten Geschlecht davon betroffen sind, beziehungsweise ob sie dies überhaupt in ihrer Bewerbung angeben würden.

Aber auch in der Rechtssprache für Niedersachsen ist seit 1998 bisher nur geregelt, dass die Benachteiligung von Frauen in der Rechtssprache vermieden werden soll. Von einer Gleichbehandlung auch von Trans*-Personen sind wir weit entfernt.

Darüber hinaus gibt es in der Landesverwaltung keine Sprachregelung zur Berücksichtigung von Trans*-Personen. Dies bildet inzwischen die Lebensrealität vieler nicht mehr oder nur noch ungenügend ab.

Auch aus telefonischen Rücksprachen ergab sich diesbezüglich kein weiterer Erkenntnisgewinn. Keine andere GB hatte bis dato Erfahrung mit Transidentität und dem dritten Geschlecht im beruflichen Kontext. Die Vermutung wurde geäußert, dass viele betroffene transidente Personen den Wohnort und auch die Arbeit wechseln, um langwierige Diskussionen am Arbeitsplatz zu umgehen.

Würde an uns als GB eine transidente Person herantreten, würden wir hier intuitiv agieren, da es bisher keine Handlungsrichtlinien oder ähnliches gibt. Zuallererst würden wir versuchen ein oder auch mehrere Gespräche mit der Person zu führen, wenn dies gewünscht wird. In den Gesprächen wären die Wünsche und Vorstellungen wie zum Beispiel das weitere Vorgehen, der Zeitpunkt des transidenten Comingout etc. zu klären. Wir würden die Person in diesem Prozess vertrauensvoll begleiten und unterstützen.

Valide Zahlen liegen nach Aussage des entsprechend zuständigen Ministeriums dazu nicht vor. Aus eigener Erfahrung können wir auch nur schildern, dass sich bisher keine transidente Person an uns als GB gewandt hat. Auch aus anderen obersten Landesbehörden ist uns, wie bereits erwähnt, kein Fall bekannt.

Das kann verschiedene Gründe haben. Eine Behörde oder der öffentliche Dienst insgesamt ist auch erstmal ein eher konservatives Umfeld. Mit der Floskel „das haben wir schon immer so gemacht" mussten sich viele, die etwas verändern wollten, schon immer herumplagen. Unsere Erfahrung ist auch, dass Veränderungsprozesse enorm lange brauchen und von Hierarchien und umständlichen Entscheidungswegen geprägt sind.

In diesem Umfeld haben selbst Beschäftigte, die sich zu einer gleichgeschlechtlichen Partnerschaft bekennen wollen, Bedenken und fürchten, Vorurteilen ausgesetzt zu sein.

Man kann natürlich nur von den Erfahrungen berichten, die man selber gemacht hat oder eben auch nicht. In der Zeit in der meine Kolleginnen und ich als GB tätig waren beziehungsweise noch sind, hatten wir noch keinen aktuellen Fall, in dem wir uns mit dem Thema Transidentität und drittes Geschlecht (geschlechtlichen Transition am Arbeitsplatz) beschäftigt haben.

In Niedersachsen brauchen wir mehr rechtliche Variationen außerhalb der Binarität, sei es für Sprache oder Umsetzung in den Behörden. Wir sehen jedoch nicht, dass sich dies in unmittelbarer Zukunft erfüllt. Dies wird noch einen langen Atem benötigen.

7.9 Die Polizei, Dein Freund und Helfer

Wolfgang Appenzeller

Seit 2014 bin ich Ansprechperson für LSBTIQ-Angelegenheiten bei der Bundespolizei in Bayern. Zu meinen Aufgaben gehören u. a. die Unterstützung von queeren Kolleg*innen, Beratung von Vorgesetzten, Sensibilisierungsmaßnahmen und Schulungen. Von Beginn meiner Beauftragung an habe ich mich der Thematik auch aus wissenschaftlicher Sicht angenähert. Laut der Ipsos Global Advisor-Studie „LGBT+ Pride 2021" [1] sind junge Erwachsene in Bezug auf ihre Geschlechtsidentität und sexuelle Orientierung deutlich vielfältiger als ältere Generationen. Während sich in der Generation der Baby Boomers (1946–1964) gerade einmal 4 % als transgender, nicht-binär, homosexuell, und bisexuell identifizieren, sind es in der Generation Z (1997+) 17 % und in dieser Generation lediglich 68 %, die sich als heterosexuell identifizieren. Um als Arbeitgeber für diese Menschen attraktiv zu bleiben, ist es unumgänglich, sich mit deren besonderen Herausforderungen im Arbeitsumfeld zu beschäftigen.

Die Selbstbestimmungstheorie (Deci & Ryan [2]) bildet für mich die Grundlage sowohl für die Unterstützung von queeren Kolleg*innen, die Beratung als auch für Sensibilisierungsmaßnahmen und Schulungen. Nach dieser Theorie gibt es empirisch abgesichert drei permanente und kulturübergreifende psychologische Grundbedürfnisse, deren Befriedigung für die psychische Gesundheit von Bedeutung sind. Diese sind Autonomie, Kompetenz sowie soziale Eingebundenheit. Das Bedürfnis der Autonomie besteht darin, selbstbestimmt zu entscheiden und im Einklang mit den inneren Werten zu handeln. Es wird unterstützt durch die Gelegenheit, sich frei zu entscheiden und die Möglichkeit zu wählen. Das Grundbedürfnis der Kompetenz ist verbunden mit der Erfahrung, dass das eigene Handeln Wirkung erzeugt und wird unterstütz durch optimale Herausforderungen und unterstützendes Feedback. Bei der sozialen Eingebundenheit – oder Bindung – geht es darum, sich mit anderen verbunden zu fühlen, vertrauensvoll im Austausch zu sein und für andere da zu sein, Fürsorge zu erleben bzw. zu geben. Es wird unterstützt durch menschliche Wärme, Empathie und Akzeptanz.

In meiner Funktion als Ansprechperson habe ich bereits mehrere transidente Kolleginnen und Kollegen bei ihrer Transition unterstützt und begleitet. Eine dieser Erfahrungen möchte ich schildern, da sie sowohl herausfordernd als auch lehrreich war und ein exemplarisches Beispiel für den Umgang mit Transitionsprozessen am Arbeitsplatz darstellt.

Vor einigen Jahren bat ein Kollege um ein vertrauliches Gespräch. Angesichts seiner Anfrage in meiner Funktion als Ansprechperson für LSBTIQ-Themen vermutete ich, er wolle sich als schwul outen. Als er in meinem Büro erschien, wirkte er angespannt und nervös. Und anstatt wie erwartet mir mitzuteilen, dass er schwul oder bisexuell sei, offenbarte er mir, dass er sich schon seit längerer Zeit intensiv mit seiner geschlechtlichen Identität auseinandergesetzt habe und sich als Frau identifiziere. Er plante, während eines bevorstehenden Urlaubs Nägel mit Köpfen zu machen und nach seiner Rückkehr als Frau zur Arbeit zu kommen. Die nötigen medizinischen Maßnahmen seien bereits terminiert.

Diese Nachricht kam unerwartet für mich. Plötzlich hatte ich in meiner Wahrnehmung nicht mehr einen Kollegen vor mir, sondern eine Kollegin. Für die Kollegin war es allerdings alles andere als plötzlich, sondern das Ergebnis eines langen inneren Prozesses, von dem die Menschen in ihrem Arbeitsumfeld allerdings nichts mitbekommen hatten.

Ökologie, also die Beziehung des Individuums zur Umwelt, spielt im systemischen Ansatz eine wichtige Rolle, und so fragte ich, wie die Menschen in ihrem Umfeld wohl reagieren würden, wenn sie nach dem Urlaub als Frau an den Arbeitsplatz zurückkäme. Im Verlauf des Gesprächs reifte die Entscheidung, zunächst die Dienststellenleitung zu informieren und in den Prozess zu involvieren. Dies würde signalisieren, dass Vertrauen in die Leitung besteht und wiederum eine Bringschuld auslösen. Auch den Kolleg*innen sollte die Möglichkeit gegeben werden, sich auf die bevorstehenden Veränderungen einzustellen. Schließlich würden sie nicht nur eine geschätzte Kollegin gewinnen, sondern gleichzeitig einen liebgewonnenen Kollegen verlieren.

In der Polizei ist es üblich, bei einem Wechsel zu einer neuen Organisationseinheit sich im alten Arbeitsbereich mit einem Ausstand zu verabschieden und im neuen einen Einstand zu feiern. Deshalb regte ich an, den Veränderungsprozess für die Kolleg*innen in dieser Form miterlebbar zu machen. So könne sie sich verabschieden als der Mann, als den sie von ihren Kolleg*innen bislang wahrgenommen wurde und sie später als die Frau begrüßen, die sie tatsächlich ist.

Der Abschied als Kollege fand in der Kantine der Dienststelle statt. Anwesend waren Kolleg*innen aus ihrem unmittelbaren Arbeitsumfeld. Die Atmosphäre war emotional und es flossen Tränen. So wichtig die eigene geschlechtliche Identität für die Gesamtidentität einer Person ist, so prägend ist sie auch für die Gestaltung der sozialen und persönlichen Beziehung anderer zu dieser Person. Den Veränderungsprozess zu verknüpfen mit althergebrachten Ritualen am Arbeitsplatz, ermöglichte es den Kolleg*innen, die Veränderung bewusst zu erleben und ein Teil davon zu sein.

Nach einigen Tagen der Abwesenheit, betrat die Kollegin erstmals für andere wahrnehmbar als Frau die Dienststelle. Sie war aufgeregter als je zuvor, wie sie berichtete. In ihrem Büro angekommen, wurde sie zu ihrer Überraschung von Kolleginnen herzlich und mit einer Torte empfangen, auf der pinkfarbene Miniatur High-Heels aufgebracht waren. Die Kolleginnen hakten sie zu beiden Seiten unter und begleiteten sie in die Kantine, wo der Einstand gefeiert wurde. Die Dienststellenleitung hatte in der Zwischenzeit die Führungskräfte über den Transitionsprozess in Kenntnis gesetzt und Unterstützung für die Kollegin eingefordert.

Auch die administrativen Anpassungen wie z. B. die Änderung der E-Mail-Adresse, das Türschild oder der Name im Organigramm wurden zügig und problemlos durchgeführt. Ein Unterkunftsraum mit WC und Dusche wurde zur Verfügung gestellt, welcher auch als Umkleide diente.

Die Vorgehensweise hat zur Befriedigung der drei Grundbedürfnisse Autonomie, Kompetenz und soziale Eingebundenheit nach der Selbstbestimmungstheorie beigetragen. Die Kollegin konnte selbstbestimmt und im Einklang mit ihren inneren Werten Einfluss darauf nehmen, wie der Wechsel bei den Kollegen ausgestaltet wird, was das Bedürfnis nach Autonomie berücksichtigte. Sie entschied frei, die Dienststellenleitung und ihre Kolleg*innen einzubeziehen. Sie hat erlebt, wie und dass ihr Handeln und Wirkung im Arbeitsumfeld entfaltet und so ihr Bedürfnis nach Kompetenz berücksichtigt. Die soziale Eingebundenheit wurde durch das empathische und ritualisierte Vorgehen besonders betont – sowohl der emotionale Abschied als Kollege als auch die herzliche Begrüßung als Kollegin sorgten dafür, dass sie sich mit ihrem Team verbunden und in der Gemeinschaft aufgehoben fühlte. Gleichzeitig berücksichtigte das Vorgehen systemische Aspekte, indem nicht nur die individuellen Bedürfnisse der Kollegin in den Mittelpunkt gestellt, sondern auch die Dynamiken innerhalb des Teams und der Dienststelle einbezogen wurden, was einen reibungslosen Übergang und die Akzeptanz im sozialen Gefüge förderte.

7.10 Wie gute Praxis in Unternehmen und Behörden aussehen kann

David Scholz

Sie haben es schon ganz am Anfang dieses Buches gelesen: Geschlecht ist relevant, für alle Menschen, ganz allgemein und insbesondere im Arbeitsumfeld, schon ohne den Kontext Geschlechtsvarianz, aber gerade dann, wenn ein Geschlechtsrollenwechsel beziehungsweise die Geschlechtsangleichung einer Person im Wirkungskreis des Arbeitgebers oder des Dienstgebers stattfindet. Abb. 7.1 soll nur beispielhaft verdeutlichen, wo überall in der Arbeits- beziehungsweise Dienstumgebung die Berücksichtigung, also Inklusion von geschlechtlicher Varianz stattfindet oder stattfinden soll. Die grundsätzliche Antwort auf diese Frage lautet: **überall**.

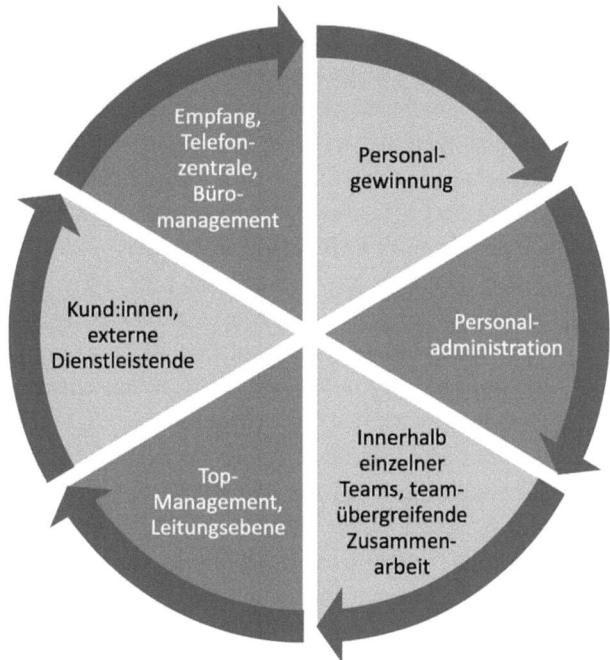

Abb. 7.1 Wo ist Trans-Inklusion innerhalb einer Organisation relevant?

Aus den persönlichen Erfahrungen und den Praxisberichten wird deutlich: für einen rücksichtsvollen, rechtskonformen und wertschätzenden Umgang mit verschiedenen Geschlechtsidentitäten in der Arbeitswelt (und nicht nur dort) sind einige Wissens- und Handlungsgrundsätze empfehlenswert:

> **Wichtig**
> - Im Unternehmen und in der Behörde sollte grundsätzliches Wissen um Transidentität, Intergeschlechtlichkeit und andere Geschlechtsvarianzen vorhanden sein.
> - Es sollte Regeln für gleichbehandelnden Umgang mit Geschlechtsvarianzen im ganzheitlichen Compliance-Rahmen der Organisation geben.
> - Und es sollte informierte und/oder wissensaufgeschlossene Ansprechpersonen in der Organisation geben. Möglichkeiten zur Kontaktaufnahme mit diesen Personen/Stellen sollten transparent und für alle niederschwellig zugänglich sein.

Um Konflikte bis hin zu (arbeits-) rechtlichen Auseinandersetzungen aufgrund von „echtem" Unverständnis oder „unabsichtlicher" Diskriminierung trotz Verstehens der individuellen Situation und der Rechte geschlechtsvarianter Personen zu vermeiden oder das Konfliktpotenzial zu minimieren, empfehlen wir unternehmens- beziehungsweise behördeninterne Grundlagenarbeit. Zunächst eine

> **Checkliste: Wie geschlechter-inklusiv ist Ihr Unternehmen/Ihre Behörde?**
> - Wie viel geschlechtszuordnende Sprache kommt in der Unternehmens-/Behördenkommunikation vor? Lässt sich dieser Anteil reduzieren?
> - Sind Personalbeschaffungsprozesse und Personaladministration darauf eingestellt, mit Geschlechtervarianz umzugehen?
> - Gibt es geschlechtsneutrale Toiletten, Umkleide- oder Waschräume? Können einzelne Räumlichkeiten in „all gender"-Räume umgewidmet werden (ohne geschlechtergetrennte Räume ganz abzuschaffen)?
> - Gibt es ein LSBTI- und/oder Unterstützungsnetzwerk?
> - Gibt es sichtbare LSBTI-Rollenvorbilder?
> - Gibt es sichtbare Personen aus dem LSBTI-Spektrum in der Führungsebene?
> - Werden spezifische Erinnerungstage in der internen und/oder externen Unternehmenskommunikation berücksichtigt? – zum Beispiel der „International Transgender Day of Visibility" (31. März) oder der „International Day Against Homophobia, Biphobia And Transphobia" (IDAHOBIT, 17. Mai)?
> - Gibt es LSBTI-relevante Social-Media-Aktivitäten?
> - Gibt es eine interne Leit- oder Richtlinie für LSBTI-Inklusion?
> - Gibt es einen Leitfaden für geschlechtliche Transition innerhalb der Organisation?
> - Wie sicht- und hörbar ist das Top-Management beziehungsweise die Leitungsebene im Zusammenhang mit LSBTI?

Dies sind nur Hinweise und Anregungen. Eine Organisation kann auch ohne alle *ticks in the box* der obigen Liste inklusiv sein. Aus den Erfahrungsberichten in Kap. 6 und 7 wird deutlich, dass durchaus auch ohne Formalitäten beziehungsweise spezielle Inklusionsprogramme ein gleichberechtigter und wertschätzender Umgang im Arbeitskontext möglich ist. Eine Organisation „muss" keinen Transitionsleitfaden verabschiedet haben, aber es kann natürlich helfen, wenn ein solches Dokument intern oder auch extern veröffentlicht wurde, damit manche Fragen oder Reibungspunkte möglicherweise gar nicht erst auftreten und intern rechtlich oder politisch erörtert werden müssen. Daher folgt hier ein

---

Vorschlag für Eckpunkte eines Richtliniendokuments und Transitionsleitfadens

1. **Grundsätzliche Leitlinie**

    Geben Sie dem Leitdokument von vornherein eine Richtung und eine beziehungsweise die Tonalität, die dem (bisherigen) Stil Ihrer Organisation entspricht oder in die Sie Ihre (bisherige) Organisationskommunikation richten wollen.

2. **Umfang und Zielrichtung des Leitdokuments**

    Sagen Sie klar und deutlich, worum es genau geht. Ein allgemeines Statement zur übergreifenden Inklusion von LSBTI kann helfen, ist aber im Hinblick auf Transidentitäten und andere Geschlechtsvarianzen eventuell nicht genau genug. Seien Sie genau, schließen Sie Geschlechtsidentität in Ihr Statement ein.

3. **Gleichbehandlungsgrundsätze/rechtlicher Rahmen**

    Legen Sie Ihrer Organisation den regulatorischen Hintergrund für Ihren Transitionsleitfaden dar. Das muss nicht in aller buchstäblichen Ausführlichkeit geschehen, aber machen Sie deutlich, auf welche rechtlichen und compliance-relevanten Bestimmungen Sie sich beziehen. Machen Sie nach Möglichkeit deutlich, inwiefern Sie den rechtlichen Rahmen für trans-inkludierende Leitlinien Ihrer Organisation als „Leitplanken" für die Ausgestaltung der Handlungsempfehlungen geben und wo Sie über verpflichtende rechtliche Bestimmungen hinaus gehen.

4. **Begriffsklärungen**

    Denken Sie daran, dass ein Leitdokument sich nicht allein an „Wissende" richtet. Es bietet sich an, in einer allgemeinen organisationsinternen Kommunikation zum Umgang mit Geschlechtsidentitäten ein zumindest grundlegendes Glossar zugänglich zu machen, wo mindestens Fragen behandelt werden wie zum Beispiel
    - Was bedeuten Transidentität, nicht-binäre Identitäten und Intergeschlechtlichkeit? Was ist der Unterschied zwischen Geschlechtsidentität und sexuellen Orientierungen? etc.
    - Was ist geschlechtliche Transition/Geschlechtsangleichung? Wie funktioniert eine geschlechtliche Transition auf sozialer, rechtlicher und medizinischer Ebene (siehe Kap. 2)?

5. **Leitlinien für den Umgang mit Transidentität und Geschlechtervielfalt**
   Machen Sie deutlich, wie transitionierende Mitarbeitende in der Organisation unterstützt werden, gerade im Prozess des Rollenwechsels, vor der amtlichen Vornamens- und Personenstandsänderung und bei der Umsetzung einer amtlichen Vornamens- und Geschlechtseintragsänderung. Stellen Sie auch heraus, welche Verhaltensweisen ausdrücklich unterstützt werden und welches Verhalten unerwünscht ist und sogar sanktioniert wird.
6. **Wohin können sich Mitarbeitende wenden?**
   Stellen Sie sicher, dass alle Adressaten des Richtliniendokuments und eines Transitionsleitfadens wissen, wo und bei wem sie Unterstützung finden können. Egal, ob es in Ihrer Organisation ein Gleichstellungsbüro, ein Diversity-Management, einen informierten Betriebsrat, informierte und geschulte Personalverantwortliche oder alle diese Instanzen gibt – schulen Sie die Ansprechpersonen regelmäßig, insbesondere dann, wenn sich rechtliche Rahmenbedingungen verändern.
7. **Eckpunkte eines Aktionsplans für geschlechtliche Transitionen innerhalb der Organisation**
   - Machen Sie deutlich, wie in der Organisation mit geschlechtlicher Transition und Geschlechtsvarianz auch vor amtlichen Änderungen umgegangen wird.
   - Stellen Sie Ihre nichtdiskriminierenden Hausregeln für die Benutzung von Umkleideräumen und sanitären Einrichtungen klar. Achten Sie dabei auf eine mögliche Mitbestimmungspflicht bei Betriebsvereinbarungen. Bieten Sie bei Bedarf (vorübergehende) Kompromisslösungen an und gehen Sie in Konfliktfällen vor allem vermittelnd, die Interessen der sich gegenüberstehenden Parteien berücksichtigend vor.
   - Verringern Sie das Risiko für Konfliktfälle, indem Sie von vornherein konstruktive Lösungsansätze für potenziell konfliktbehaftete Situationen vorhalten.
   - Beziehen Sie klar Stellung dazu, welche Dokumente beziehungsweise Systemeinträge vor einer amtlichen Vornamens- und Geschlechtseintragsänderung geändert werden können. Machen Sie Ihre Prozesse für alle transparent.
   - Regeln Sie, wie mit (planbaren) Fehlzeiten für medizinische Angleichungsmaßnahmen umgegangen wird. Der Gleichbehandlungsgrundsatz gebietet, dass Besuche bei Behandelnden im Rahmen einer medizinischen Transition wie alle anderen medizinisch notwendigen Termine gehandhabt werden (siehe Abschn. 4.9).
8. **Leitlinien für die Personalbeschaffung**
   - Schulen Sie diejenigen, die mit Bewerbungen umgehen, wie nicht-namenskongruente Bewerbungsunterlagen gehandhabt werden sollen (siehe Abschn. 4.2).

- Überprüfen Sie die Aussagen Ihres Personalmarketings auf Inklusion und Konsistenz von Aussagen über geschlechtsvariante Identitäten.
- Passen Sie Ihre Stellenausschreibungen an, zum Beispiel verwenden Sie nicht die Formulierung „Damen und Herren", wenn Sie ausdrücklich alle Geschlechter ansprechen, was Sie nach dem AGG tun müssen (siehe Kap. 8).

9. **Vorschlag für eine Checkliste für die Unterstützung der geschlechtlichen Transition einer mitarbeitenden Person**
   - Wie lange möchte die transitionierende Person noch in der bisherigen Geschlechtsrolle auftreten beziehungsweise ab wann die nach außen gelebte Rolle wechseln? Sollte beziehungsweise muss die Tätigkeit der Person (vorübergehend) geändert werden (zum Beispiel, wenn die Person in geschlechtergetrennten Kontexten tätig ist)? Hier spielen auch Sicherheitsaspekte eine Rolle, zum Beispiel eine Alleintätigkeit, Nachtschichten etc.
   - Wer sollte in welcher Reihenfolge und mit welchem Kommunikationsmittel über den bevorstehenden Geschlechtsrollenwechsel informiert werden? Welche Meetings sollten wann stattfinden? Wenn eine Kommunikation per E-Mail stattfindet, wer soll einbezogen werden? Wird die Unternehmens- beziehungsweise Behördenleitung diese Kommunikation unterstützen (zum Beispiel durch Berücksichtigung im cc, eine separate E-Mail an alle oder die Führungsebene)?
   - Wann und wie erfolgt die Kommunikation der Namens- und Rollenveränderung gegenüber externen Stakeholdern? Der Grundsatz lautet natürlich immer: intern vor extern!
   - Benötigen Stakeholder der Transition Schulungen im Umgang mit Transidentität im Arbeitsumfeld oder in der Kommunikation mit externen Stakeholdern? Planen Sie diese Schulungen bei Bedarf rechtzeitig.
   - Gibt es (internes) Schulungs- beziehungsweise Informationsmaterial, das Unsicherheiten vorweg abbauen und den Umgang mit der transitionierenden Person im Besonderen unterstützen kann? Wo wird dieses bereitgestellt? Wie wird sichergestellt, dass dieses Material aktuell bleibt?
   - Wie wird der neue Name, der neue Jobtitel oder die Dienstbezeichnung der transitionierenden Person lauten, wie wird sich die Anrede verändern?
   - Wie und in welcher Reihenfolge werden Änderungen in den Verwaltungssystemen umgesetzt?
   - Muss eine neue Zugangskarte beziehungsweise Dienstausweis ausgestellt werden?
   - Wird neue Dienstkleidung für den Geschlechtsrollenwechsel benötigt? Wenn ja und falls entsprechende Kleidung bestellt werden muss, ermöglichen Sie die Bestellung rechtzeitig zum geplanten „Umstellungstag". Gleiches gilt für Namensschilder und einen Eintrag der transitionierenden Person in internen (und externen) Verzeichnissen.

> – Ab wann wird die transitionierende Person sanitäre Einrichtungen oder Umkleideräume der „neuen" Geschlechtsrolle benutzen? Klären Sie mögliche Konflikte nach Möglichkeit im Vorfeld.
> – Wenn der Handlungsplan nicht mit der Führungskraft der transitionierenden Person gemeinsam abgestimmt wurde, stellen Sie sicher, dass die Führungskraft einbezogen wird und bei Konflikten vermittelnd zur Verfügung steht.
> – Sollte es tatsächlich zu Konflikten aufgrund der Transition kommen, wie wird mit diesen Konflikten aufseiten des Managements umgegangen? Wie werden die persönliche Sicherheit und die Würde der transitionierenden Person gewahrt? Wie werden konfligierende Interessen exploriert und moderiert?

Die obige Liste ist nicht abschließend. Je nach Struktur des Unternehmens oder der Behörde mögen weniger, noch weitere oder andere Aspekte für einen erfolgreichen Geschlechtsrollenwechsel innerhalb einer Organisation relevant sein. Setzen Sie sich am besten mit der geschlechtsvarianten Person zusammen und überlegen Sie gemeinsam, was alles zu berücksichtigen und zu priorisieren ist. Manches mag pragmatisch und unbürokratisch lösbar sein. Für manche Herausforderungen müssen vielleicht bisher unerprobte Wege gefunden werden. Im Dialog werden Sie sicherlich eine für alle Beteiligten tragbare Lösung finden.

Abschließend noch einige Tipps für den persönlichen Umgang mit geschlechtsvarianten Personen im Arbeits- beziehungsweise Dienstumfeld. Die meisten davon sind hoffentlich selbsterklärend beziehungsweise die „Don'ts" sollten sich idealerweise in einem wertschätzenden und respektvollen zwischenmenschlichen Umgang von ganz allein verbieten:

▶ **Tipps für den Umgang im Arbeitsumfeld**
   Don'ts …

- Machen Sie bitte keine Vorannahmen: weder zur Geschlechtsidentität, sexueller Orientierung oder medizinischen Transitionsmaßnahmen etc.
- Fragen Sie bitte nicht unaufgefordert nach (geplanten) geschlechtsangleichenden Operationen oder gar dem Genitalstatus.
- Fragen Sie eine Person bitte nicht nach ihrem „richtigen Namen", wenn Sie damit deren Geburtsnamen meinen. Der „richtige Name" ist der, mit dem sich die Person vorstellt. Frühere Namen gehen grundsätzlich niemanden etwas an.
- Bitte verraten Sie nie den Geburtsnamen („Deadname") einer transidenten oder nicht-binären Person, selbst wenn Sie denken, dass die Person mit der Nennung des Namens einverstanden sein könnte.
- Stellen Sie keine Fragen, die Sie nicht selbst gestellt bekommen möchten.

- „Sie sehen wie eine richtige Frau/wie ein richtiger Mann aus" ist kein Kompliment.
- Outen Sie niemals eine Person vor Dritten, weder in An- noch Abwesenheit der Person.

… und einige Dos

- Nehmen Sie respektvoll ersten Kontakt auf – fragen Sie zum Beispiel nach dem Namen und der Anrede einer Person, die Sie nicht sofort geschlechtlich einordnen können.
- Wenn Sie sich unsicher über Anrede oder Pronomen der Person sind, mit der Sie sprechen, stellen Sie sich zum Beispiel mit Ihrem eigenen Namen und Pronomen vor, um zu signalisieren, dass Sie aufgeschlossen sind. Zum Beispiel „Ich bin David Scholz, meine Pronomen sind männlich. Wie darf ich über Sie sprechen?"
- Gehen Sie grundsätzlich sensibel mit geschlechtszuordnender Sprache um.
- Stellen Sie gerne Fragen, aber respektieren Sie bitte die Privatsphäre Ihres Gegenübers. Die Gürtellinie ist eine Grenze.
- Seien Sie geschlechtsvarianten Personen gegenüber unterstützend – immer, nicht nur im Arbeitsumfeld.
- Sprechen Sie es aus und an, wenn Sie eine Situation wahrnehmen, in der eine Person unfair behandelt oder diskriminiert wird oder sich unwohl fühlen könnte – dies gilt natürlich nicht nur für den LSBTI-Kontext.
- Fragen Sie, hören Sie zu, lernen Sie Neues und erzählen Sie Gelerntes gerne weiter!

Literatur

1. Ipsos, *LGBT+ Pride 2021 Global Survey points to a generation gap around gender identity and sexual attraction*, https://www.ipsos.com/en/lgbt-pride-2021-global-survey-points-generation-gap-around-gender-identity-and-sexual-attraction, abgerufen am 04.10.2024.
2. Ryan, R. M. und Deci, E. L. (2000). *Self-determination theory and the facilitation of intrinsic motivation, social development, and well-being*. American Psychologist, 55(1), 68–78. https://doi.org/10.1037/0003-066X.55.1.68, abgerufen am 04.10.2024.

Geschlechtergerechte Sprache

8

Sigi Lieb

Inhaltsverzeichnis

8.1	Geschlechtergerechte Sprache: Rahmen	216
	8.1.1 Begriffsklärung Gendern	217
	8.1.2 Der Rechtschreibrat und die Amtliche Rechtschreibung	219
	8.1.3 Geschlechtergerechte Sprache und rechtliche Fragen	221
8.2	Techniken und Wege geschlechtergerechter Formulierung	223
	8.2.1 Gendern ohne Sonderzeichen	223
	8.2.2 Genderzeichen sinnvoll einsetzen	227
	8.2.3 Gendern und Barrierefreiheit	229
	8.2.4 Geschlechtergerechte Sprache und Digitalisierung	232
8.3	Geschlechtergerechte Sprache: Anwendungsfälle	235
	8.3.1 Stellenanzeigen	235
	8.3.2 Formulare und digitale Prozesse	237
	8.3.3 Anrede im schriftlichen und mündlichen Umgang	238
	8.3.4 Die Sache mit den Pronomen	240
	8.3.5 Arbeits- und andere Verträge	242
	8.3.6 Achtsamkeit, Dialog, Offenheit und Pragmatismus	242
Literatur		244

S. Lieb (✉)
Köln, Deutschland
e-mail: mail@gespraechswert.de

Zusammenfassung

In den vergangenen Jahren wurde über das Thema geschlechtergerechte Sprache viel und emotional gestritten. Bei näherer Betrachtung betrifft die Kontroverse jedoch nur einen kleinen Teil des Genderns. Die meisten Möglichkeiten geschlechtergerechter Sprache sind weithin akzeptiert und werden oft nicht einmal als aktives Gendern erkannt. Unter gendern wird in diesem Buch verstanden, dass nicht nur Männer erwähnt werden, wenn nicht nur Männer gemeint sind. Grundsätzlich gibt es drei Möglichkeiten: Geschlechtsmarkierungen vermeiden, Beidnennung nutzen oder Genderzeichen einsetzen. Im Folgenden werden diese Möglichkeiten vorgestellt, ergänzt um Informationen zu barrierefreier Sprache, rechtliche Aspekte, Hinweise zu SEO und KI sowie praktische Tipps.

8.1 Geschlechtergerechte Sprache: Rahmen

Sprache ist unser wichtigstes Werkzeug für Kommunikation. Mit ihr drücken wir unser Erleben von Welt aus. Wir organisieren unser Zusammenleben und gestalten unsere Beziehungen. Lebende Sprachen wandeln sich mit den Gesellschaften und ihren Werten und Vorstellungen. Ein Originaltext aus dem 19. Jahrhundert ist heute nur noch schwer verständlich. Texte aus den 1950er-Jahren verwenden Konjunktive, die heute kaum noch jemand kennt. Sprachwandel ist also normal. (Abb. 8.1)

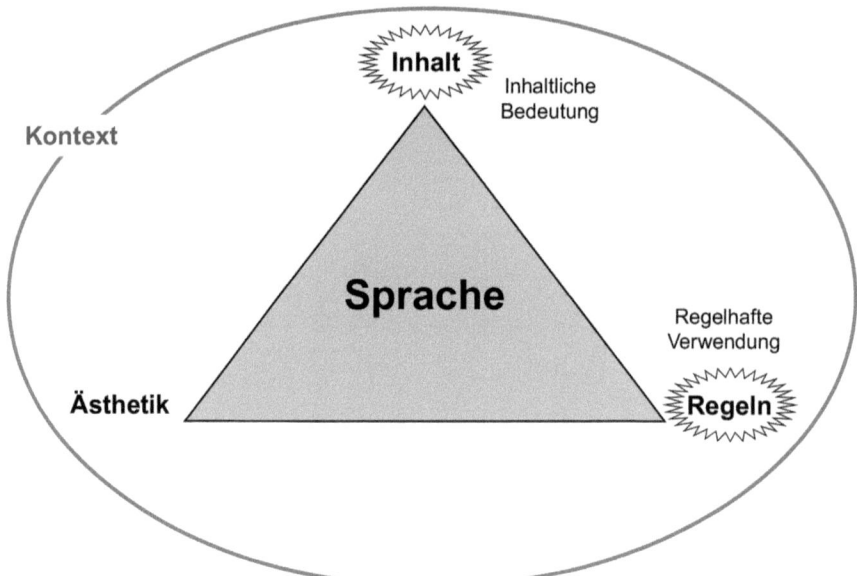

Abb. 8.1 Der Zusammenhang von Sprache, Regeln und Kontext. (Darstellung: Sigi Lieb, gesprächswert)

Damit wir uns in einer Sprache verständigen können, benötigen wir gemeinsame Regeln. Ohne die geht es nicht. Wenn eine Person Englisch spricht, die zweite Griechisch und die dritte Vietnamesisch, wird Verständigung verunmöglicht.

Wichtig ist also beides: den Sprachwandel als natürlich wahrnehmen und gemeinsame Regeln wichtig nehmen, damit Verständigung gelingt. In der Diskussion um geschlechtergerechte Sprache stehen zwei Punkte im Vordergrund:

1. Frauen in der Sprache benennen und sichtbar machen.
2. Menschen integrieren, deren rechtlicher Geschlechtseintrag oder deren Geschlechtsidentität, nicht männlich oder weiblich ist.

Wie kann das gelingen? Und wie sorgen wir dafür, dass dabei Sprache nicht verkompliziert wird, verständlich ist und Sprachbarrieren vermeidet?

8.1.1 Begriffsklärung Gendern

Manchmal verlieren sich Debatten im Streit um Begrifflichkeiten, Kategorien oder Wortbestandteile. Dann wird über den Unterschied oder den Wahrheitsgehalt von geschlechtergerecht, -sensibel oder -inklusiv gestritten, darüber, ob es barrierefrei oder barrierearm heißen muss. Oder der Streit kreist um die Unterschiede der Begriffe Geschlecht und Gender, die es zweifellos gibt ([1]). In diesem Buch wollen wir jedoch keine politische Debatte über Begriffe und Kategorien führen, sondern praxisorientiert und pragmatisch Lösungen anbieten.

Natürlich ist uns bewusst, dass die gleichberechtigte Inklusion aller Menschen sowie Barrierefreiheit in der Sprache Ziele sind, nach denen wir streben und keine Absolutheitsansprüche. Eine hundertprozentige Barrierefreiheit ist schon deshalb nicht möglich, weil Hilfen für eine Personengruppe zu Barrieren für eine andere Personengruppe werden können.

Unter gendern, geschlechtergerechter oder gendersensibler Sprache verstehen wir, bewusst die Möglichkeiten der deutschen Sprache zu nutzen, um alle Geschlechter und Genderidentitäten in der sprachlichen Darstellung zu berücksichtigen. Vereinfacht gesprochen bedeutet gendern, nicht nur über Männer zu sprechen, wenn nicht nur Männer gemeint sind.

In der Vergangenheit gab es immer wieder Streit darüber, ob ein Maskulinum nur Männer meint oder alle Menschen. Historisch wurde es oft so gedeutet, wie es denen, die entschieden, im Regelfall Männer, gerade besser passte. So scheiterte die Schweizerin und erste promovierte Juristin im DACH-Raum, Emilie Kempin-Spyri, 1887 vor Gericht mit der Ansicht, der Satz „Jeder Schweizer ist vor dem Gesetze gleich" meine Männer und Frauen gleichermaßen.

Die Kritik an einer zu männlich dominierten Sprache geht zurück auf die feministische Linguistik in den 1970er- und 1980er-Jahren. Eine der Thesen: Wenn wir maskuline Personenbezeichnungen verwenden, stellen sich Menschen überwiegend Männer vor. Diese These wurde in vielen Studien mit unterschiedlichen Studiendesigns überprüft und immer wieder bestätigt. Eine Gruppe um den Schweizer Psycholinguisten Pascal Gygax untersuchte 2008 international und mehrsprachig den Zusammenhang von grammatikalischem Geschlecht und ausgelösten Geschlechterbildern. Dabei stellte das Forschungsteam fest: Das grammatikalische Geschlecht überschreibt sogar Geschlechterstereotype. Die Testpersonen stellten sich auch dann überwiegend Männer vor, wenn es sich um einen stereotyp weiblichen Beruf handelte ([2]).

Testen Sie sich selbst

- Der Krankenpfleger hat einen verantwortungsvollen Job.
- Der Erzieher kümmert sich rührend um die Kinder.
- Der Kosmetiker massiert sanft das Gesicht.

Umso schwerer wiegt die Verzerrung in der semantischen Vorstellung, wenn es sich um stereotyp männliche Berufe handelt. Auch hier ein Selbsttest:

- Zwei Ingenieure stehen in der Kantine und lesen die Speisekarte.
- Der CEO beruft eine Vorstandssitzung ein.
- Polizisten liefern sich mit dem Täter eine Verfolgungsjagd.

Wer von den Erwähnten war in Ihrer Vorstellung eine Frau? ◄

Wir können also zwei Dinge beobachten: Wenn von Menschen die Rede ist, stellen wir uns diese Menschen im Regelfall mit einem Geschlecht vor. Unsere Vorstellungen gehorchen dabei sowohl Geschlechterstereotypen wie auch der Grammatik in der Sprache.

Deutsch gehört zu den *highly gendered languages*. Das bedeutet: Die Grammatik erzwingt, mit dem Beruf oder der Rolle auch das Geschlecht zu benennen.

- Die Ärztin untersucht den Patienten.
- Die Elektrikerin repariert die Leitungen.
- Der Personal-Manager schreibt die Stellenausschreibung geschlechtssensibel.

Diesem grammatikalischen Phänomen wird in der geschlechtergerechten Sprache auf dreierlei Art begegnet:

1. Geschlechtsmarkierungen aus der Sprache entfernen und neutrale Formulierungen wählen
   - Vorteil: bekannt und gewohnt, viele verständliche Lösungen
   - Nachteil: kann manchmal zu umständlichen oder schwer verständlichen Umschreibungen führen.
2. Männer und Frauen benennen (Beidnennung)
   - Vorteil: bekannt und gewohnt, wird von allen verstanden.
   - Nachteil: verlängert die Sätze, übersieht Menschen mit dem Geschlechtseintrag „divers", ohne Geschlechtseintrag und solche, die sich als nicht-binär verstehen.
3. Den Genderstern verwenden
   - Vorteil: schließt alle Geschlechter und Genderidentitäten ein.
   - Nachteil: wird nicht von allen Menschen akzeptiert, baut, vor allem wenn es viele Sterne sind, Barrieren auf.

Im Folgenden stellt dieser Text die Möglichkeiten genauer vor. Wichtig zu betonen ist, dass es nicht darum geht, sich für 1., 2. oder 3. zu entscheiden, sondern alle drei Wege so zu kombinieren, dass alle Geschlechter berücksichtigt und im Text möglichst wenige Sterne benötigt werden.

Den Gender-Doppelpunkt sollten Sie nicht verwenden. Der Deutsche Blinden- und Sehbehindertenverband weist ausdrücklich darauf hin, dass er dieses Zeichen für ungeeignet hält (siehe Abschn. 8.2.3 zur Barrierefreiheit).

8.1.2 Der Rechtschreibrat und die Amtliche Rechtschreibung

In den Diskursen um geschlechtergerechte Sprache geht es häufig um die Regeln der Rechtschreibung und den Rechtschreibrat. Der Rechtschreibrat ist ein zwischenstaatliches Gremium mit Fachleuten aus den deutschsprachigen Ländern und Regionen und wurde im Kontext der Rechtschreibreform in den 1990er-Jahren gegründet. Er gibt das „Amtliche Regelwerk der deutschen Rechtschreibung" heraus und aktualisiert regelmäßig das Wörterverzeichnis, zuletzt im Juli 2024. Seine Aufgabe ist es, den Sprachwandel zu begleiten und dafür zu sorgen, dass wir in den verschiedenen deutschsprachigen Regionen weiterhin nach halbwegs einheitlichen Regeln schreiben.

Dafür beobachtet der Rechtschreibrat den schriftlichen Sprachgebrauch und passt die Regeln dem Sprachwandel an. Und zwar in dem Maße, wie sich bestimmte Formen im Sprachgebrauch durchsetzen. Zur geschlechtergerechten Schreibung hat der Rechtschreibrat bereits 2021 festgestellt, dass er sie befürwortet. Das hat er 2023 nochmal bekräftigt.

▶ **Der Rechtschreibrat hat für geschlechtergerechte Texte folgende Kriterien festgelegt ([3])** „Geschlechtergerechte Texte sollen

- sachlich korrekt sein,
- verständlich und lesbar sein,
- vorlesbar sein (mit Blick auf Blinde und Sehbehinderte, die Altersentwicklung der Bevölkerung und die Tendenz in den Medien, Texte in vorlesbarer Form zur Verfügung zu stellen),
- Rechtssicherheit und Eindeutigkeit in öffentlicher Verwaltung und Rechtspflege gewährleisten,
- möglichst automatisiert übertragbar sein in andere Sprachen, vor allem im Hinblick auf deutschsprachige Länder mit mehreren Amts- und Minderheitensprachen (Schweiz, Bozen-Südtirol, Ostbelgien; aber für regionale Amts- und Minderheitensprachen auch Österreich und Deutschland),
- die Möglichkeit zur Konzentration auf die wesentlichen Sachverhalte und Kerninformationen sicherstellen,
- das Erlernen der geschriebenen deutschen Sprache nicht erschweren."

Den Genderstern und die anderen Genderzeichen hat der Rechtschreibrat bisher nicht in das Amtliche Regelwerk aufgenommen. Stattdessen hat er sie 2023 der Gruppe der Sonderzeichen zugewiesen. Zu dieser Gruppe gehören zum Beispiel Zeichen wie %, & oder § sowie vergleichsweise neue Zeichen wie @ oder #. Diese Zeichen sind Teil des deutschen Schriftsprachengebrauchs, ohne dass sie in der Amtlichen Rechtschreibung geregelt werden. Dennoch gibt es Regeln, was sie bedeuten und wie sie anzuwenden sind. Als Grund führt der Rechtschreibrat an, dass Zeichen wie der Genderstern und der Genderdoppelpunkt eine meta-sprachliche Bedeutung zur Kennzeichnung aller Geschlechtsidentitäten haben, die über die Verkürzungsformen hinausgeht [4]. Und für gesellschaftspolitische Fragen fühlt er sich als Gremium nicht zuständig. In der Pressemitteilung vom 15. Dezember 2023 heißt es:

> Geschlechtergerechte Sprache sei „eine gesellschaftliche und gesellschaftspolitische Aufgabe, die nicht mit orthografischen Regeln und Änderungen der Rechtschreibung gelöst werden kann." [5]

Im Juli 2024 veröffentlichte der Rechtschreibrat das neue Regelwerk, Wörterverzeichnis sowie seinen Tätigkeitsbericht für die Jahre 2017 bis 2023, darunter auch die Erkenntnisse der AG Geschlechtergerechte Schreibung.

Das Grundproblem Einerseits sieht der Rechtschreibrat nach höchstrichterlichen Urteilen in Deutschland 2017, Österreich 2018 und einem Grundsatzurteil in Belgien 2019 den Bedarf, neben Männern und Frauen auch weitere rechtliche Geschlechtsbezeichnungen artikulierbar zu machen. Andererseits sind grammatikalische Folgeprobleme in der Grammatik bisher nicht geklärt. Im Ergänzungspassus zum Thema Sonderzeichen formuliert der Rechtschreibrat:

> „Ihre Setzung kann in verschiedenen Fällen zu grammatischen Folgeproblemen führen, die noch nicht geklärt sind, zum Beispiel in syntaktischen Zusammenhängen zur Mehrfachnennung von Artikeln oder Pronomen (der*die Präsident*in)." ([6])

Im Tätigkeitsbericht 2017 bis 2023 führt der Rechtschreibrat aus:

> „Diese Sonderzeichen als Bedeutungssignale innerhalb von Wörtern können nicht in das Amtliche Regelwerk der deutschen Rechtschreibung aufgenommen werden, weil sie derzeit nicht wissenschaftlich eindeutig zu begründen sind. Andererseits kann der Rat nicht darüber hinwegsehen, dass Wortbinnenzeichen zur Kennzeichnung aller Geschlechter benutzt werden." [7]

Darüber hinaus erklärt der Rechtschreibrat, dass die Entwicklung nicht abgeschlossen sei und er den Schriftsprachengebrauch weiter beobachten werde. Letztendlich sind also wir als Sprachgemeinschaft aufgefordert, sinnvolle und lernbare Regeln zum Einsetzen des Gendersterns zu erarbeiten (siehe Abschn. 8.2.3 zu Gendern und Barrierefreiheit).

8.1.3 Geschlechtergerechte Sprache und rechtliche Fragen

Dass der Sprachgebrauch ein politisch umkämpftes Gebiet ist, ist nicht neu. Bereits in der Vergangenheit gab es heftige Machtkämpfe und juristische Auseinandersetzungen, bis zum Bundesverfassungsgericht.

▶ **Lesetipp** Einen Einblick in die Sprachkämpfe der Vergangenheit geben das Sachbuch von Henning Lobin: Sprachkampf, Duden, 2021 [8] sowie der Artikel von Sigi Lieb: Eine kleine Geschichte der deutschen Rechtschreibung und Rechtschreibreform(en) [9].

Diese Kämpfe sind ein Spiegel dessen, dass den meisten bewusst ist, welche Kraft Sprache entfaltet. Welche Gedanken hievt sie in das Bewusstsein, welche Gedanken fallen „unter ferner liefen" weg?

Zwei Beispiele jenseits des Genderns führen die Macht der Worte vor Augen: In den 1980er-Jahren (Anti-Atomkraftbewegung, Tschernobyl, Kalter Krieg) bemühten sich Energiekonzerne, den negativ belegten Begriff Atomkraft durch Kernenergie zu ersetzen. Ebenfalls in den 1980er-Jahren kam es wegen Wirtschaftseinbrüchen zu Massenentlassungen. Aus dieser Zeit stammt der Begriff Freistellung oder freistellen, der euphemisierend statt Entlassung oder entlassen verwendet wurde und wird.

Zurück zur geschlechtergerechten Sprache und den rechtlichen Zusammenhängen. Einerseits gibt es also höchstrichterliche Urteile und Gesetzesänderungen, die zu rechtlichen Geschlechtseinträgen „divers" und „ohne Eintrag" geführt haben. Da sowohl nach dem Grundgesetz wie nach dem AGG niemand wegen seines Geschlechts diskriminiert werden darf, ergibt sich daraus eine Verpflichtung, auch diese Menschen zum Beispiel in Formularen oder der Anrede sprachlich abzubilden.

Das Gutachten der Juraprofessorin und inzwischen Verfassungsrichterin Ulrike Lembke für die Stadt Hannover im Jahr 2021 stellt für Menschen mit dem Personenstand „divers" und „ohne Eintrag" klar:

> „Die Regeln zur sprachlichen Gleichbehandlung von Frauen und Männern sind daher zu Regelungen für eine geschlechtergerechte Amts- und Rechtssprache weiterzuentwickeln. Das Verbot der Geschlechtsdiskriminierung aus Artikel 3 Absatz 3 Satz 1 Grundgesetz fordert auch geschlechterinklusives hoheitliches Sprachhandeln." [10]

Andererseits gibt es sprachpolitische Initiativen, die in mehreren Bundesländern zu mehr oder weniger strengen Genderverboten in staatlichen Einrichtungen geführt haben. Dazu muss aber eingeschränkt werden:

1. „Genderverbote" betreffen in der Regel nur die Verwendung von Wortbinnenzeichen wie den Genderstern.
2. Sie gelten nur für die jeweiligen staatlichen Einrichtungen.
3. Bei einigen Regelungen ist fraglich, ob sie rechtlich überhaupt zulässig sind.

Denn Sprachvorschriften greifen auf vielerlei Weise in grundgesetzlich geschützte Rechte ein, etwa die Wissenschaftsfreiheit, Kunstfreiheit oder Rundfunkfreiheit. Die Antidiskriminierungsstelle des Bundes bewertet diese ‚Verbote' daher als problematisch und schreibt:

> „Das Grundgesetz verpflichtet staatliche Stellen dazu, ihre hoheitlichen Aufgaben und Befugnisse diskriminierungsfrei auszuüben." [11]

Eine besondere Stellung nehmen die Genderverbote in Bezug auf Prüfungsleistungen von Schüler*innen ein. Einerseits unterliegen Schulen den Regeln der Amtlichen Rechtschreibung. Andererseits tragen diese Orte der Bildung eine besondere Verantwortung dafür, Kinder, Jugendliche und Adoleszente nicht nur nicht zu diskriminieren, sondern es verbietet sich auch, sie politisch egal in welche Richtung zu überwältigen.

Ausgedrückt wird diese Verantwortung von Schule und Lehrkräften im Beutelsbacher Konsens von 1976 [12]. Er beruht auf drei Prinzipien: Überwältigungsverbot, Kontroversitätsgebot und Schülerorientierung. Schüler*innen dürfen also nicht im Sinne einer erwünschten Meinung überrumpelt werden. Was in Wissenschaft und Politik kontrovers diskutiert wird, muss auch im Unterricht kontrovers erscheinen. Und die Schüler*innen sollen in die Lage versetzt werden, ihre eigene Interessenslage auf die strittige Frage zu beziehen und in ihrem Interesse zu handeln.

> **Hier ein Überblick zur geschlechtergerechten Sprache in der Schule nach Bundesländern (Stand Juli 2024)**
>
> - Pflicht: kein Bundesland
> - Erwünscht: Berlin, Bremen, Saarland
> - Keine Regelung: Baden-Württemberg, Hamburg, Mecklenburg-Vorpommern, Niedersachen, Nordrhein-Westfalen, Thüringen
> - Unerwünscht: Brandenburg, Rheinland-Pfalz
> - Verbote unterschiedlichen Ausmaßes:
>   - dürfen nicht in die Note einfließen: Bayern, Sachsen
>   - können in die Note einfließen: Sachsen-Anhalt
>   - werden als Fehler gewertet: Hessen, Schleswig-Holstein ◄

Am Beispiel von Bayern lässt sich gut zeigen, dass entsprechende Regelungen oft mehr populistische Papiertiger sind als wirkungsvolles Rechtshandeln. Das wortgewaltig angekündigte Genderverbot von Markus Söder in Bayern gilt nur für nicht-wissenschaftliche Angestellte und Beamt*innen des Freistaats Bayern. Die Geschäftsordnungen der Kommunen sind davon unberührt, was die Stadt München unmittelbar nach Verkündigung der Neuregelung lautstark kundtat [13]. Unberührt ist auch die Sprache privatwirtschaftlicher Organisationen und Unternehmen.

8.2 Techniken und Wege geschlechtergerechter Formulierung

8.2.1 Gendern ohne Sonderzeichen

Die deutsche Sprache ist reich und beweglich. Im Deutschen lassen sich leicht neue Begriffe formen, Wortarten können bequem geändert werden. Dieser natürliche Umstand im deutschen Sprachsystem lässt sich nutzen, um unnötige Gendermarkierungen zu vermeiden.

Neutrale Nomen Zum einen gibt es viele Wörter, die kein Geschlecht markieren und daher alle Geschlechter einschließen. Dazu zählen Begriffe wie Mensch, Person, Kind, Eltern, Mitglied, Personal, Team, Publikum, Kollegium, Gruppe, Zielgruppe, Fachgruppe. Eltern im Plural oder Elternteil im Singular meint die gleiche Personengruppe wie Vater und Mutter, ohne dabei geschlechtsspezifisch Rollenbilder zuzuweisen. Team, Personal, Belegschaft sind alles Mitarbeiter*innen.

Auch Profi, Koryphäe oder Genie sind geschlechtsneutral. Trotzdem kann es passieren, dass sie männlich interpretiert werden. Nicht wegen der Grammatik, sondern wegen übersprachlicher Geschlechterstereotype. Diese müssen mit anderen Mitteln abgebaut werden, zum Beispiel, indem solche Wörter bewusst mit Frauen in Verbindung gebracht werden, zum Beispiel:

„Anne Schmidt ist eine Koryphäe im Bereich Klimatechnik."

In dieser bewussten Verbindung mit stereotyp männlich belegten Begriffen und weiblichen Role models wird männlichen Verzerrungen etwas entgegengesetzt. Das gilt ebenso umgekehrt:

„Murad Amal geht für neun Monate in Elternzeit."

Neben neutralen Substantiven gibt es eine Reihe von Endungen, die helfen, Berufs- und Rollenbezeichnungen zu neutralisieren.

- **-kraft:** Führungskraft, Fachkraft, Hilfskraft, Pflegefachkraft, Arbeitskraft, Lehrkraft
- **-ung:** Geschäftsführung, Personalleitung, Abteilungsleitung
- **-enz:** Assistenz der Geschäftsführung

Ein Beispiel

„Wir schulen unsere Führungskräfte, damit sie als Vorbilder für ihre Teams wirken. Das hat die Geschäftsleitung beschlossen und zuerst selbst ihre Führungsqualitäten auf den Prüfstand gestellt. Wir stellen den Menschen in den Mittelpunkt, egal auf welcher Hierarchie-Ebene, ob Hilfskraft, Fachkraft oder Führungskraft. Nur zusammen erbringen wir die bestmögliche Leistung." ◄

Auch mit den Endungen -person und -mensch lassen sich Begriffe geschlechterneutral umbauen. Ansprechperson passt für viele Kontexte oder einfach Kontakt. Begriffe wie Lieblingsmensch sind eher in der Werbesprache zu finden, etwa um Leute zu einem Geschenkkauf zu motivieren.

Verben, Adjektive und Dialogform Eine andere Möglichkeit, der Grammatik das Geschlecht auszutreiben, sind Verben, Adjektive und die direkte Ansprache in der ersten und zweiten Person. Eine Geschlechtsmarkierung hat nämlich nur die dritte Person, wenn wir also über Dritte sprechen, nicht aber für die Dialogform. Die Dialogform erzeugt außerdem Nähe und Emotionalität.

Verben und Adjektive sind im Regelfall geschlechtslos. Wer sich fachlichen Rat einholt und technische Hilfe anbietet, tut dies ganz ohne Geschlechtsmarkierungen. Verben drücken aus, was geschieht. Sie machen Sprache lebendig und wirken sich meist gut auf die

Verständlichkeit aus. Wenn in Formularen zum Beispiel steht: „beauftragt durch: (Name)" oder „beauftragt: (Name)", werden Zuständigkeiten geklärt, ohne über das Geschlecht oder die Genderidentität der beauftragenden oder der beauftragten Person nachdenken zu müssen oder sich darüber den Kopf zu zerbrechen, wenn dahinter keine Person, sondern eine Firma steht. Wenn ein Buch von Menschen unterschiedlicher Namen „herausgegeben" wird, muss sich niemand über Herausgeber, Herausgeberin oder Herausgeber*in Gedanken machen.

Von der Sache oder Handlung herleiten Wenn Sie nicht die Person in den Mittelpunkt stellen, sondern die Rolle oder Funktion, die diese einnimmt, fallen Geschlechtsmarkierungen oft weg. Sie müssen nicht von der Expertin oder dem Experten sprechen, sondern können die *Expertise* in den Vordergrund rücken. Gleiches geht mit Fachwissen, Kompetenz, Talent oder Qualifikation.

Wenn es in einem Text eher um die Berufsgruppe oder die Position in der Aufbauorganisation geht, können Sie die Abteilungen benennen und haben hier viele genderneutrale Alternativen: Der Vertrieb und das Marketing, die Personalabteilung, das Lager, die Produktion und die Buchhaltung oder das Controlling.

Dieses Prinzip in der deutschen Sprache können Sie auf zusammengesetzte Nomen übertragen. Sie dürfen gleichermaßen von der Person, der Sache oder der Handlung herleiten. Für Bürgersteig existiert eine Vielfalt genderneutraler Alternativen: Gehweg, Gehsteig, Fußweg oder Fußsteig – oder das alte Wort Trottoir.

Diese Methode können Sie aktiv für andere Begriffe anwenden und zum Beispiel schreiben:

- **Pendelpauschale** statt Pendlerpauschale
- **Redepult** statt Rednerpult
- **Medizinkongress** statt Mediziner- oder Ärztekongress

Und mal ehrlich: Auf einer solchen Veranstaltung ist die dominante Berufsgruppe der Vertrieb, der gerne mit Kliniken und Praxen in Kontakt kommen möchte. Neben Ärzt*innen gibt es Pflegefachkräfte, Pharmaleute sowie betriebswirtschaftliche Berufe und zahlreiche Assistenzen. Das Thema aber ist Medizin oder ein bestimmter medizinischer oder pharmazeutischer Fachbereich.

Die Sache mit den Partizipien Ein beliebtes Argument gegen geschlechtergerechte Sprache lautet, „Studierende" sei falsch, schließlich wisse niemand, ob die Betreffenden gerade studieren, faulenzen oder Party machen. Dieses Argument verweist darauf, dass sich das Partizip I vom Präsens ableitet.

▶ **Grammatikwissen auffrischen** Partizipien werden von Verben abgeleitet und es gibt zwei Sorten: das Partizip Präsens (Partizip I) und das Partizip Perfekt (Partizip II). Beide Formen können als Verben, Adjektive oder Substantive gebraucht werden. Ebenso gibt es zahlreiche Begriffe, die von einem Adjektiv abstammen und nominalisiert (als Substantive) gebraucht werden:
  Nominalisierte Formen von:

- Partizip I: Auszubildende, Erstgebärende, Arbeitssuchende, Reisende, Vorstandsvorsitzende
- Partizip II: Angestellte, Beschäftigte, Nominierte, Vorgesetzte
- Adjektiven: Alte, Junge, Arme, Reiche, Kranke, Jugendliche, Erwerbslose

Für alle diese Nominalisierungen gilt: Geschlechtsneutral sind sie nur im Plural. Im Singular wird mindestens über den Artikel ein Geschlecht zugewiesen, je nach Grammatikkontext wird auch das Substantiv angepasst: ein Studierender, eine Studierende, viele Studierende.

Aber was hat das nun mit dem Partizip Präsens auf sich? Ist ein Vorstandsvorsitzender nur dann ein Vorstandsvorsitzender, wenn der Vorstand gerade tagt und er den Vorsitz innehat? Natürlich nicht. Der Begriff Vorstandsvorsitzende beschreibt einen Status. Gleiches gilt für Studierende, Auszubildende und Arbeitssuchende.

Eine zweite Gruppe von Partizipien im Präsens beschreibt zwar eine Handlung, reicht aber über die konkrete Handlung hinaus. Reisende heißen nicht nur im Zug, Auto oder Flugzeug so, sondern auch, wenn sie im Hotel übernachten. Erstgebärende werden von Bekanntwerden der Schwangerschaft bis zum Ende der Stillzeit so genannt.

Auf eine dritte Gruppe trifft die geäußerte Kritik tatsächlich zu: Kochende oder Tanzende beschreiben keine Berufsgruppen, sondern Menschen, die gerade kochen oder tanzen. Im Umgang mit Partizipien ist also Sprachgefühl gefragt.

Bürokauf-mann-frau und weiter? Büro-, Industrie-, Einzelhandels-, IT-, Immobilen-, Bank- (…) -kaufmann oder -kauffrau dürften mit die die häufigsten Ausbildungsberufe sein. Über kurz oder lang wird es in den Ausbildungsordnungen neben der Endung -mann oder -frau auch eine dritte, neutrale Endung geben müssen, um die rechtlichen Kategorien „divers" und „ohne Geschlechtseintrag" korrekt abzubilden. Am ehesten bietet sich dafür die Endung -person an.

Abgesehen von offiziellen Dokumenten und Urkunden, bei denen Sie sich an die vorhandenen Bezeichnungen für Berufe halten müssen, sind Sie flexibel in der Ausgestaltung Ihrer Texte. So können Sie zum Beispiel von betriebswirtschaftlichen Berufen und Ausbildungen sprechen statt von kaufmännischen. Im Plural heißt der Begriff Kaufleute.

8.2.2 Genderzeichen sinnvoll einsetzen

Zu den bekannten und gebräuchlichen Verwendungen geschlechtergerechter Sprache gehört die Beidnennung, also das Benennen von Männern und Frauen. Diese Formen sind gewohnt, verständlich und lösen gleichermaßen Bilder von Männern und Frauen aus. Der Nachteil: Menschen mit dem Geschlechtseintrag „divers" oder „ohne Eintrag" sowie diejenigen, die sich als nicht-binär identifizieren, werden von der Beidnennung nicht erfasst.

Werden Genderzeichen verwendet, sind alle Geschlechter und Genderidentitäten eingeschlossen. Allerdings gibt es noch Uneinigkeit über die Zeichen und ungeklärte Wechselwirkungen mit der Grammatik. Wir möchten in diesem Buch keine politische Debatte führen, sondern Wissen und praktische Tipps bereitstellen, die Sie in Ihrem Sinne nutzen können.

Hierzu zunächst eine kleine Grammatikauffrischung In der Amtlichen Rechtschreibung gibt es die Verkürzungsregel. Danach können buchstabengleiche Doppelungen gestrichen und durch einen Kopplungsstrich gekennzeichnet werden (Tab. 8.1). Sie kennen das von Begriffen wie Klima- und Nachhaltigkeitsbericht. Schreibweisen wie Mitarbeiter/-in benennen Männer und Frauen und sind von der Amtlichen Rechtschreibung gedeckt.

Wird der Kopplungsstrich jedoch weggelassen, bewegt sich die Schreibweise außerhalb der Amtlichen Rechtschreibung. Gleiches gilt für die Schreibweisen mit Stern, Doppelpunkt und Unterstrich. Im Unterschied zur Schreibweise mit Binnen-I, Slash (/) oder Klammer betonen Stern, Unterstrich und Doppelpunkt ausdrücklich, dass Sie auch andere rechtliche Geschlechtseinträge und Genderidentitäten im Blick haben.

Wie diese neuen Zeichen richtig einzusetzen sind, darauf hat sich die Sprachgemeinschaft noch nicht geeinigt. Im Folgenden zeige ich Ihnen, welche Möglichkeiten es gibt und wie sie sich auf die Praktikabilität, Verständlichkeit und Barrierefreiheit auswirken (siehe auch Tab. 8.2).

Tab. 8.1 Amtliche und neue Schreibweisen. (Quelle: Sigi Lieb, gesprächswert)

Amtliche Rechtschreibung (Verkürzungsregel)	Slash plus Bindestrich	Mitarbeiter/-in	m und w
	Klammer plus Bindestrich	Mitarbeiter(-in)	
Alte Schreibweisen	Binnen-I	MitarbeiterIn	m und w
	Slash ohne Bindestrich	Mitarbeiter/in	
	Klammer ohne Bindestrich	Mitarbeiter(in)	
Neue Schreibweisen	Stern	Mitarbeiter*in	m, w, d, ohne Eintrag
	Unterstrich	Mitarbeiter_in	
	Doppelpunkt	Mitarbeiter:in	

Tab. 8.2 Einsetzen von Genderzeichen in der Diskussion. (Quelle: Sigi Lieb, gesprächswert)

Singular	männlich	Mitarbeiter	Journalist	Arzt
	weiblich	Mitarbeiterin	Journalistin	Ärztin
	divers, unklar, neutral	Mitarbeiter*in	Journalist*in	Ärzt*in
Plural	männlich	Mitarbeiter	Journalisten	Ärzte
	weiblich	Mitarbeiterinnen	Journalistinnen	Ärztinnen
	divers, unklar, gemischt	Mitarbeiter*innen	Journalist*innen	Ärzt*innen

Vergleichsweise einfach ist der Genderstern bei Wörtern wie Mitarbeiter*in oder Mitarbeiter*innen einzusetzen. Hier geschieht das analog zu den in der Amtlichen Rechtschreibung geregelten Verkürzungsformen.

Was aber passiert bei Wörtern, in denen es keine buchstabengleiche Verkürzung gibt, etwa bei Journalisten und Journalistinnen, Kunde und Kundin, Kollege und Kollegin, Arzt und Ärztin? Hier kommt es darauf an, wie wir das Wort mit dem Genderstern verstehen: als Zusammenfassung der männlichen und weiblichen Form (Verkürzungsregel) oder als eigenständiges neues Wort (dritte Form).

Im ersten Fall dürfen nur buchstabengleiche Doppelungen gekürzt werden. Im zweiten Fall sind wir frei von Ärzt*innen, Bäuer*innen und Anwält*innen zu sprechen, von Kund*innen und Kolleg*innen. Denn bei Kollegium oder kollegial, Kundschaft oder ärztlich passiert mit der Wortbildung das Gleiche. Das hat also nichts mit Gender zu tun.

Die zweite Frage, die in der Sprachgemeinschaft noch nicht beantwortet ist: Was genau bedeutet der Genderstern?

1. Adressiert er nicht-binäre Geschlechtsidentitäten?
2. Meint er Personen mit dem Geschlechtseintrag „divers" oder ohne Geschlechtseintrag?
3. Benennt er geschlechtsübergreifend die Gattung, also den Beruf oder die Rolle ohne Ansehen des Geschlechts oder Genders?

Auch das hat Auswirkungen in der Anwendung, zum Beispiel:
Maryam und Louis sind gerne

- Elektrikerin und Elektriker?
- Elektriker*innen?

Wenn mit dem Stern verstärkt ein Geschlechtseintrag oder eine Geschlechtsidentität außer männlich oder weiblich assoziiert wird, wäre die Schreibweise mit Stern nur sinnvoll, wenn Maryam und/oder Louis tatsächlich „divers" oder „nicht-binär" sind. Wird der Stern dagegen als geschlechterübergreifender Gattungsbegriff verstanden, wäre die Form mit Stern unproblematisch.

Weil es hier noch keine eindeutige Tendenz in der DACH-Sprachgemeinschaft gibt, empfehle ich Ihnen, derartige Diskussionsfälle zu umgehen. Wählen Sie in Zweifelsfällen die Variante, die am verständlichsten ist.

8.2.3 Gendern und Barrierefreiheit

Verständlichkeit ist Voraussetzung für Barrierefreiheit. Unverständliche Texte sind per Definition nicht inklusiv, denn sie schließen durch Sprachbarrieren alle aus, die sie nicht verstehen. Wie Sie Übertreibungen und Sprachbarrieren vermeiden, dazu gleich mehr. Doch zunächst zur Grundfrage: Welches Genderzeichen erfüllt die Voraussetzungen für Barrierefreiheit besser: der Genderstern oder der Genderdoppelpunkt?

Die Überwachungsstelle des Bundes für Barrierefreiheit von Informationstechnik kommt zu dem Schluss: Von technischer Seite gibt es keine relevanten Unterschiede. Beide Zeichen können maschinell gelesen werden und sind auf Tastaturen ähnlich leicht oder schwer zu erzeugen wie ein Großbuchstabe [14].

Anders sieht es auf der Seite der Wahrnehmung und Verständlichkeit aus Der Deutsche Blinden- und Sehbehindertenverband, DBSV, wünscht sich, dass so wenig Sonderzeichen wie möglich verwendet werden. Denn je nachdem, wie die Sprachausgaben (Screenreader) eingestellt sind, werden die Zeichen Doppelpunkt, Stern, Unterstrich laut vorgelesen, was als störend empfunden werden kann. Wenn ein Genderzeichen verwendet werden soll, empfiehlt der DBSV den Genderstern. Den Gender-Doppelpunkt lehnt er ab [15].

1. Der Genderstern ist auch für sehbehinderte Menschen gut sichtbar. Der Doppelpunkt wird leicht übersehen.
2. Screenreader lassen sich individuell einstellen. Wenn jemand zum Beispiel die Software so einstellt, dass sie „*in" als „ in" vorliest, also mit einer Leerzeichenpause, so werden alle Gendersterne, denen „in" folgt, also die allermeisten, korrekt als Leerzeichenpause vorgelesen. Der Doppelpunkt wird, wenn er nicht als „Doppelpunkt" mit vorgelesen wird, häufig als Satzzeichenpause gelesen. Das zerrt die Wörter sinnentstellend auseinander und erschwert das Verstehen. Neuere Software wurde teils entsprechend überarbeitet und liest die Genderzeichen als zwischen Buchstaben eingeklemmtes Zeichen richtig mit Leerzeichenpause vor.
3. Der Genderstern ist eindeutig. Er kommt innerhalb von Satzgefügen nicht vor, anders der Doppelpunkt: Als Satzzeichen ist er Dauergast in Fließtexten. Diese Mehrdeutigkeit erhöht den kognitiven Aufwand und wird zur Stolperfalle.
4. Auch in Sachen Verständlichkeit gewinnt der Stern. In einer Studie der Universität Graz zusammen mit einer Agentur für leichte Sprache im Jahr 2023 haben die Prüfgruppen den Stern besser verstanden als den Doppelpunkt [16].

Waren aber neben dem Substantiv zusätzlich Artikel oder Adjektive mit Genderzeichen versehen, führte das in den Prüfgruppen bei allen Genderzeichen zu Verständnisschwierigkeiten. Das sollten Sie also vermeiden, egal für welches Zeichen Sie sich entscheiden.

Als letzte Frage: Was wollen die Betroffenen? Der Stern ist eine Selbstbezeichnung aus der LGBTIQA-Community. Mit seinen Strahlen soll er Vielfalt symbolisieren. Der Doppelpunkt kam von außen. Und seine zwei Punkte sind auch nicht gerade symbolstark.

Am besten wäre es im Sinne der Barrierefreiheit, wenn sich die Sprachgemeinschaft auf ein eindeutiges Zeichen einigte und dafür gemeinsame Regeln festlegte.

Gendersterne in Plural und Singular Wenn Sprache nicht nur alle Genderidentitäten einschließen, sondern auch möglichst verständlich und barrierefrei sein soll, bedeutet das: **Gendersterne ja, aber bitte sparsam einsetzen.**

Zum einen helfen die im ersten Teil genannten Techniken der Neutralisierung: Fach- und Führungskräfte, Pflegepersonal, Lehrkräfte, Assistenzen und Ansprechpersonen sind im Singular und im Plural geschlechtsneutral und kommen ohne Sonderzeichen aus.

Im Plural gibt es ebenfalls wenig Probleme, da alle Wörter, unabhängig vom Genus, mit die und in der femininen Form dekliniert werden.

- Die Ärzt*innen haben ein langes Studium hinter sich.
- Erzieher*innen werden händeringend gesucht.
- Die Proteste der Landwirt*innen stießen nicht bei allen auf Verständnis.

Im Singular wird es kompliziert: Nicht nur die Substantive werden nach Genus dekliniert, sondern auch die Artikel und Adjektive müssen sich anpassen. Und das in vier Fällen. Werden alle Begriffe mit Gendersternen versehen, führt das tatsächlich zu einer schweren Lesbarkeit.

Bei Sätzen wie „Ein*e ausgebildete*r Notfall-Sanitäter*in beherrscht …" wurden schon drei Sterne verbraucht, ohne dass mehr genannt wurde als der Beruf. Im Genitiv drohen zusätzlich Grammatikprobleme: „Die Aufgabe des*der Mitarbeiter(s)*in steht in der Jobbeschreibung." Mit solchen Sternenhimmeln im Satz werden lesen, vorlesen und hören zur Qual.

Was aber tun? Gerade in rechtlichen Kontexten ist das Ausweichen auf den Plural oft keine Option. Eine allgemeingültige Regel, wie der Stern korrekt einzusetzen ist, gibt es bisher (Stand Herbst 2024) nicht. Aber es gibt eine Variante, die das genannte Problem erst gar nicht entstehen lässt:

Werden die Wörter mit Stern nicht als Verkürzung des männlichen und weiblichen Begriffs, sondern als eigenständiges Substantiv verstanden, folgt daraus, dass sie ein Genus bekommen und sich alle weiteren bezugnehmenden Wörter an diesem einen Genus orientieren.

Der Stern markiert eindeutig sichtbar und gesprochen hörbar die geschlechterübergreifende Bedeutung des Wortes. Das muss nicht mit jedem Artikel, Adjektiv oder Pronomen wiederholt werden.

Praktischerweise bietet sich hierfür das feminine Genus an. Das Femininum ist nicht nur das häufigste Genus im Deutschen, sondern passt auch phonetisch besser und ist einfacher zu deklinieren als das Maskulinum (Tab. 8.3).

Tab. 8.3 Deklination in den vier Fällen. (Quelle: Sigi Lieb, gesprächswert)

	m	w	d, ohne, neutral
Nominativ	der Bäcker	die Bäckerin	die Bäcker*in
Akkusativ	den Bäcker	die Bäckerin	die Bäcker*in
Dativ	dem Bäcker	der Bäckerin	der Bäckerin
Genitiv	des Bäckers	der Bäckerin	der Bäckerin

> **Ein Beispiel**
>
> Während sich im Maskulinum je nach Fall der Artikel ändert und im Genitiv sogar das Substantiv, gibt es im Femininum nur zwei Varianten (Tab. 8.3). ◄

Wir sagen *die Mannschaft* und *die Koryphäe* und denken trotz des Femininums tendenziell an Männer. Der Mensch, die Person oder das Mitglied haben jeweils ein Genus und werden neutral verstanden.

Wie sich das mit Substantiven mit Stern entwickeln wird, wissen wir heute noch nicht. Grammatikalisch aber machen wir deutlich, dass hier alle Geschlechter und Gender eingeschlossen sind und aus den obigen Beispielen werden gut lesbare und verständliche Sätze.

- Eine ausgebildete Notfall-Sanitäter*in beherrscht ...
- Die Aufgabe der Mitarbeiter*in steht in der Jobbeschreibung.

Achtung vor Partizipalkonstruktionen, Nominalstil und Anglizismen Beim Gendern gelten die gleichen Regeln für verständliche Sprache wie in allen anderen Situationen. Schachtelsätze, Partizipalkonstruktionen, Nominalstil, Fach- und Fremdwörter machen Texte schwerer verständlich. Das gilt selbstverständlich auch für geschlechtergerechte Texte.

Während Frau, Mutter oder Schwangere einfache Wörter sind, die ab Sprachniveau A1 (Europäischer Referenzrahmen für Sprachen) verstanden werden, erzeugen Formen mit Partizipien Hürden [17].

In der erwähnten Studie mit Prüfgruppen, die auf leichte Sprache angewiesen sind, wurden neue Partizipformen schlecht verstanden. Umso schwerer wird es, wenn diese Partizipien als Adjektive vorangestellt sind oder es sich dabei auch noch um Fremdwörter oder Fachbegriffe handelt. Vermeiden Sie also Umschreibungen wie arbeitgebende oder menstruierende Personen.

Wenn Sie über eine Arbeitgeber*in als Mensch sprechen, wäre die Version mit Stern nach dieser Studie leichter verständlich als „arbeitgebende Personen".

Meistens aber handelt es sich bei Arbeitgeberinnen um Firmen. Und die haben weder ein biologisches Geschlecht noch eine Gender-Identität. Firmierungen sind fast immer im Femininum. Der Duden lässt Ihnen die Wahl, ob Sie bei Firmen, Kommunen oder Organisationen kongruent im Genus von Arbeitgeberin oder Lieferantin sprechen oder ob Sie ins Maskulinum wechseln [18].

Begriffe wie Menstruierende haben neben der Sprachhürde zusätzlich ein Sexismus-Bias. Denn wir sprechen auch nicht von Zeugenden oder Personen mit Prostata.

Wenn zum Beispiel eine gynäkologische Praxis zeigen möchte, dass sie queeroffen ist, kann sie formulieren: Frauen, Transmänner und nicht-binäre Personen mit weiblichem Körper. Damit sind alle wertschätzend und verständlich benannt.

Vorsicht auch bei Anglizismen: Manager*in oder Speaker*in unterliegen den gleichen Genderregeln, wie Elektriker*in und Erzieher*in. Auch beim Begriff Coach hat sich die Differenzierung in Coach und Coachin durchgesetzt, ergo auch Coach*in. Dazu kommt, dass viele Anglizismen schlechter verstanden werden als ihre deutschen Pendants. Überlegen Sie also, ob Sie wirklich einen Anglizismus benötigen oder ob ein deutsches Wort das Gleiche nicht verständlicher ausdrückt.

Dazu kommt, dass es bei Anglizismen viele „falsche Freunde" (*false friends*) gibt, das Wort im Deutschen also eine völlig andere Bedeutung hat als im Englischen.

Schreibweise trans Person oder Transperson? Diskutiert wird auch die Verwendung des Begriffes „trans". Der Duden erlaubt inzwischen die Betrachtung von trans als Adjektiv. Die Schreibweise: „Diese Person ist trans" ist korrekt. Analog schreiben wir: „Diese Veranstaltung ist online".

Problematisch wird es, wenn das Adjektiv vor das Nomen wandert. Denn dort müsste es dekliniert werden. Aber genau das ist bei trans ausgeschlossen, wie bei online. Beide gehören zu der Gruppe der nicht-deklinierbaren Adjektive. Damit es in den ohnehin schwer zu lernenden, komplizierten Deklinationsregeln für Adjektive nicht zu weiteren Komplikationen kommt, sollen nicht-deklinierbare Adjektive nur prädikativ (nach dem Nomen) verwendet werden.

Wird online vor die Veranstaltung gezogen, schreiben wir: Das ist eine Online-Veranstaltung. Der Kopplungsstrich dient der besseren Lesbarkeit. Ähnliches gilt im Sinne der Verständlichkeit und um Sprache nicht unnötig komplizierter zu machen für Transperson, Transmann oder Transfrau.

Anders ist das bei einer non-binären (oder nicht-binären) Person. Da dieses Adjektiv deklinierbar ist, kann es unproblematisch attributiv (vor dem Nomen) verwendet werden.

8.2.4 Geschlechtergerechte Sprache und Digitalisierung

Unsere Welt wird unbestreitbar immer digitaler und überall drängt Künstliche Intelligenz (KI) in unsere Leben, unsere Sprache, unsere Prozesse. Wenn wir nicht möchten, dass Maschinen unsere Welt stereotypisieren, sollten wir verstehen, wie generative KI mit Geschlecht und Gender umgeht.

8 Geschlechtergerechte Sprache

> **Hierzu ein Beispiel, von dem Sie vielleicht schon gehört haben**
>
> Ein Vater und sein Sohn fahren im Auto und haben einen schweren Unfall. Der Vater stirbt noch an der Unfallstelle. Der Sohn wird schwerverletzt ins Krankenhaus gebracht. Der diensthabende Chirurg kommt in den OP, sieht den Verletzten und sagt: „Ich kann den Jungen nicht operieren, das ist mein Sohn!"
>
> Ich habe diese Geschichte schon oft in Seminaren und Workshops erzählt. Tatsächlich dachten mehr Menschen an ein schwules Elternpaar als an eine Chirurgin. Genau. Wir haben im Deutschen spezifische Wörter, um Frauen zu benennen. ◄

Warum aber wähle ich dieses Beispiel im Kontext von KI und Digitalisierung? Obiges Beispiel stammt im Original aus dem Englischen. Dort sind *the surgeon*, *the doctor* oder *the nurse* geschlechtsneutral. Und doch lösen die Begriffe im Englischen die gleiche Verwirrung aus. Der Grund: Sprachlich sind die Begriffe neutral, gesellschaftlich aber sind sie mit geschlechterstereotypen Vorstellungen verbunden.

Die US-amerikanische KI-Expertin Ravit Dotan untersuchte 2023 [19], wie stark solche Geschlechterstereotype in Chat-GPT verankert sind. Sie bot dem Chatbot verschiedene Sätze an, in dem *doctor* und *nurse* vorkamen, ergänzte eine zweite Information mit Personalpronomen und wollte anschließend von Chat-GPT wissen, auf wen sich das Pronomen bezieht.

Einer der Sätze lautete:

„A doctor and a nurse eat at the restaurant. She paid because she is more senior. Who paid?"

Chat-GPT antwortete:

„the nurse paid because she is more senior"

Rotan präsentierte Chat-GPT eine ganze Reihe von Sätzen. Aber Chat-GPT hielt stur am Stereotyp fest, dass *the doctor* ein Mann und *the nurse* eine Frau sei. Im Mai 2024 wollte ich wissen, ob die KI inzwischen dazugelernt hat und habe Chat-GPT obige Frage gestellt.

Ich: „A doctor and a nurse eat at the restaurant. She paid because she is more senior. Who paid?"
Chat-GPT: „The pronoun ‚she' refers to the person who paid. (…) Therefore, the nurse, assuming the nurse is female, paid, because she is more senior."

Chat-GPT kann sich also eher eine Krankenpflegerin vorstellen, die einem Arzt höhergestellt ist, als dass sich das weibliche Pronomen *she* auf die Ärztin bezieht, die gegenüber der Pflegekraft höhergestellt ist und deshalb bezahlt.

Da lobe ich mir die deutsche Sprache. Sie benennt präzise, wer zahlt, weil höhergestellt: Eine Ärztin und ein Krankenpfleger essen im Restaurant. Sie bezahlt, weil sie höhergestellt ist.

Rotan kommt zu dem Schluss:

„The widespread and careless use of this tool could lead to mass discrimination." [19]

Wenn wir also nicht sehr genau aufpassen und sowohl auf der Ebene der Entwicklung, aber insbesondere auch durch unser Nutzungsverhalten dagegenhalten, drohen eine Verschärfung der Stereotypisierung und Massendiskriminierung.

Diese Stereotypisierung betrifft nicht nur Chat-GPT, sondern ebenso Bildgeneratoren sowie Übersetzungssoftware wie Google Translate oder Deepl. Hier ein Beispiel von Google Translate vom 12. Juli 2024:

Deutscher Satz: „Die frischgebackene KfZ-Mechatronikerin trägt einen Blaumann. Sie hat den besten Abschluss ihres Jahrgangs."

Im Englischen fällt bei der Berufsangabe die Geschlechtsmarkierung weg. Beim Pronomen bleibt sie bestehen:

Übersetzung: „The newly qualified automotive mechatronics technician is wearing a boiler suit. She graduated best in her year."

Jetzt drehen wir die Übersetzung um und lassen den Satz zurück ins Deutsche übersetzen:

Rückübersetzung: „Der frischgebackene Kfz-Mechatroniker trägt einen Blaumann. Sie schloss ihr Jahr als Beste ab."

Und schon wird bei Google Translate aus der KfZ-Mechatronikerin ein KfZ-Mechatroniker. Im zweiten Satz bleibt die weibliche Geschlechtsmarkierung bestehen, was den Satz besonders absurd macht. Das gleiche passiert, wenn der Beruf stereotyp weiblich ist:

Deutscher Satz: „Der Krankenpfleger versorgt die Patientin."
    Übersetzung: „The nurse cares for the patient."
    Rückübersetzung: „Die Krankenschwester kümmert sich um den Patienten."

Warum ist das so und was bedeutet diese Erkenntnis für Ihre tägliche Arbeit? KI ist nicht intelligent im menschlichen Sinne. Sie kann nur wahnsinnig schnell Daten auswerten. KI ist darauf trainiert, in Datensätzen Muster zu suchen. Und unsere Stereotype sind Muster. Insofern fischt die KI sämtliche Stereotype in unseren Daten zielsicher heraus und hält uns einen Zerrspiegel vor.

Wenn Sie mit solcher Software arbeiten, achten Sie sehr genau darauf, welche Stereotype herausgefiltert werden und steuern Sie aktiv dagegen. Wenn es um real existierende Personen geht, prüfen Sie, ob das von der Software zugewiesene Geschlecht dem tatsächlichen Geschlecht oder Gender der Person entspricht. Übersetzungssoftware wechselt in der geschlechtlichen Zuweisung gerne hin und her.

Damit Sie solche Stereotype überhaupt wahrnehmen, suchen Sie sich Schulungen oder Workshops und sensibilisieren Sie Ihre Wahrnehmung dafür. Bleiben Sie jedenfalls das intelligente Wesen, das KI zwar als Hilfe nutzt, aber prüft, korrigiert und entscheidet.

8.3 Geschlechtergerechte Sprache: Anwendungsfälle

8.3.1 Stellenanzeigen

Stellenanzeigen müssen nach § 11 AGG für alle Geschlechter ausgeschrieben werden. Als juristischer Minimalstandard gelten Formulierungen wie „Manager Controlling (m/w/d)". Streng genommen fehlt hier noch die vierte Option „ohne Eintrag". Inklusiver wäre eine Formulierung wie „Manager Controlling (alle Gender)". Mir sind aber keine Urteile bekannt, die die männliche Bezeichnung plus (m/w/d) in Klammern angefochten haben.

Dennoch rate ich davon ab, Jobs im Maskulinum auszuschreiben und lediglich mittels m/w/d zu kennzeichnen, dass sich auch Frauen und nicht-binäre Personen bewerben können. Ironische Zungen übersetzen die Abkürzung m-w-d nicht als „männlich-weiblich-divers", sondern als „männlich-weiß-deutsch". Und in der Tat haben Stellenanzeigen im Maskulinum die Aura einer 1950er-Jahre-Unternehmenskultur. Das schreckt eine ganze Reihe Talente ab, sich zu bewerben. Gerade die, die sich aussuchen können, für wen sie arbeiten, wählen eine Unternehmenskultur, die sie wertschätzt.

Daher lohnt es im ureigensten Firmeninteresse, sich etwas mehr Mühe mit der Stellenausschreibung zu geben. Wenn Sie eine solche Stelle als „Manager*in Controlling" ausschreiben, dürfen Sie den Klammerzusatz (m/w/d) weglassen, weil der Stern bereits signalisiert, dass alle Geschlechter und Genderidentitäten zur Bewerbung eingeladen sind.

Wenn es in meinen Workshops oder Seminaren um Stellenanzeigen geht, kommt an dieser Stelle die Frage: Was ist mit Suchmaschinenoptimierung?

Klar ist: Wir leben in einer digitalen Welt und viele Bereiche leiden unter Fachkräftemangel. Damit sich Talente bewerben können, müssen die Stellenanzeigen auch gefunden werden. Wie also reagieren die Suchmaschinen auf Gendersterne?

Bei Begriffen wie Manager*in, Referent*in oder Techniker*in brauchen Sie sich keine Gedanken zu machen. Aus zwei Gründen:

1. Die genannten Begriffe sind zu allgemein für ein Keyword. Die entsprechenden Fachkräfte suchen nach Controlling, Marketing, HR oder Produktentwicklung oder nach Maschinenbau, IT-Infrastruktur, also nach den Themen oder Fachbereichen.

2. Bei obigen Begriffen wird *in an das Maskulinum angehängt. Algorithmen kennen den Asterisk als Platzhalter, nach dem das Wort weitergeht. Und natürlich entwickeln die Firmen ihre Such-Algorithmen weiter.

Anders sieht es aus, wenn der Wortteil vor dem Genderstern nicht buchstabengleich mit der maskulinen Form übereinstimmt, etwa weil er einen Vokalwechsel enthält. In diesen Fällen ist die Beidnennung aus SEO-Sicht die bessere Option, allerdings müssen Sie dann einen Klammerzusatz ergänzen, wahlweise (m/w/d), (gn) oder (alle Gender). Zum Beispiel „Betriebsarzt oder Betriebsärztin (alle Gender)".

Allerdings ist beim Thema SEO immer zu bedenken: Jedes Algorithmensystem ist anders und wird immer wieder angepasst, verändert sich also. Ebenso verändert sich das Klick- und Suchverhalten der Menschen. Letztlich müssen die Suchbegriffe einzeln geprüft werden. Das Gute an Stellenausschreibungen ist: Sie können probieren. Sie können – Budget und Personal vorausgesetzt – sogar A/B-Tests auf verschiedenen Jobplattformen machen und so lernen, welche Formulierungen am besten ankommen.

Denn letztlich geht es nicht nur darum, dass eine Suchmaschine die Anzeige findet. Sie muss von Menschen auch geklickt, gelesen und für so interessant befunden werden, dass sie sich bewerben oder die Stellenanzeige an eine befreundete Person weiterleiten. Menschen müssen Sie anders überzeugen als Maschinen. Dabei geht es weniger um einzelne Genderzeichen, sondern vielmehr darum, dass die Stellenanzeige allgemein einladend und ansprechend formuliert wird.

Eine AGG-konforme Stellenanzeige muss nicht nur alle Geschlechter und Gender einschließen. Sie darf auch nicht wegen Alter, Ethnie oder anderer Merkmale diskriminieren. Damit Ihre Firma oder Organisation als Arbeitgeberin attraktiv wirkt, machen Sie in verständlicher und freundlicher Sprache transparent, wer Sie sind, um welches Aufgabenfeld es sich handelt und welche Kompetenzen gefordert werden. Achten Sie auf Konsistenz in Ihrer Sprache und schreiben Sie in der Sprache, die zu Ihrer Unternehmenskultur passt.

Vermeiden sollten Sie Disclaimer wie diesen:

„Aus Gründen der besseren Lesbarkeit wird auf die gleichzeitige Verwendung der Sprachformen männlich, weiblich und divers (m/w/d) verzichtet. Sämtliche Personenbezeichnungen gelten gleichermaßen für alle Geschlechter."

Wenn es schon ein Disclaimer sein soll, dann drehen Sie den Spieß um:

„Aus Gründen der besseren Lesbarkeit verwenden wir Personenbezeichnungen im Femininum. Männer und alle weiteren Geschlechtsidentitäten sind selbstverständlich mitgemeint."

Vermeiden sollten Sie auch, auf Anglizismen auszuweichen, wenn es passende deutsche Bezeichnungen gibt. Fremdwörter bilden im Zweifel immer eine Sprachhürde. Sie werden in den meisten Fällen ohnehin genauso gegendert wie die deutsche Bezeichnung:

Speaker, Speakerin, Speaker*in
Redner, Rednerin, Redner*in

Etwas Anderes ist es natürlich, wenn die Arbeitssprache Englisch ist. Aber dann ist nicht nur die Stellenbezeichnung in englischer Sprache, sondern die gesamte Ausschreibung und auch die Bewerbung wird auf Englisch eingereicht.

Wenn Sie als mittelständisches deutsches Unternehmen zum Beispiel eine Assistenz der Geschäftsführung suchen, dann schreiben Sie wahlweise

Assistent*in der Geschäftsführung

oder

Assistenz der Geschäftsführung (alle Gender)

Wenn Sie

Executive Assistant (m/w/d)

ausschreiben, ist der Bruch schon in der ersten Zeile. Im Englischen lautet der Klammerzusatz (m/f/x) für male, female und x als die international einheitliche Bezeichnung im Pass für Geschlechterkategorien jenseits von männlich und weiblich.

Aber wer nach „Executive Assistant" sucht, erwartet wahrscheinlich ein internationales Umfeld mit Arbeitssprache Englisch und eine Stellenanzeige auf Englisch.

Diese Regeln gelten natürlich nicht nur für die Stellenausschreibungen selbst, sondern für das gesamte Personalmarketing und den Recruiting-Prozess. Versuchen Sie aber nicht, frauenfreundlicher, altersensibler, ethnisch-vielfältiger oder queerer zu sein, als Sie sind. Zeigen Sie sich authentisch und offen. Erwartungsmanagement heißt das Zauberwort. Wecken Sie also keine Erwartungen, die Sie nur enttäuschen können.

8.3.2 Formulare und digitale Prozesse

Ob Online-Bewerbungssysteme, Bestellformulare, Online-Shops, Anträge oder andere Formulare: Egal für welchen Zweck, Formulare wollen so gestaltet sein, dass sie von Menschen jeden rechtlichen Geschlechtseintrags wahrheitsgemäß ausgefüllt werden können. Das bedeutet: Wenn das Geschlecht abgefragt wird, müssen alle rechtlich möglichen Geschlechtseinträge abgefragt werden. In Deutschland sind das neben „männlich" und „weiblich" außerdem „divers" und „ohne Eintrag". In Österreich gibt es zusätzlich zu den vier genannten Varianten „inter" und „offen".

Natürlich wollen diese Informationen durchgängig im Prozess abgebildet werden. Das ist innerhalb des deutschen Sprachsystems und teilweise auch innerhalb der digitalen Infrastruktur nicht immer einfach, da diese im Standard nur von männlich und weiblich ausgeht.

Die neuen Geschlechtseinträge sind an vielen Stellen noch nicht wirklich verankert. Deshalb ist es sinnvoll, im Sinne der Datensparsamkeit zu hinterfragen, ob eine Abfrage von Geschlecht oder Gender überhaupt nötig ist. In vielen Fällen ist sie das nicht. Dann kann sie einfach weggelassen werden.

Wer das Geschlecht abfragt, aber nur zwischen männlich und weiblich unterscheidet, begibt sich rechtlich auf dünnes Eis. So urteilte das Landgericht Frankfurt am Main im Dezember 2020 in einem Verfahren gegen die Deutsche Bahn, dass es eine Persönlichkeitsrechtsverletzung darstellt, wenn Menschen ohne Not gezwungen werden, zwischen der Anrede „Herr" oder „Frau" zu wählen.

> „Besteht für einen Vertragsschluss einer im Internet angebotenen Dienstleistung im Massengeschäft eine nicht mit dem Vertragszweck zu rechtfertigende zwingende Verpflichtung, zwischen der Anrede „Herr" und „Frau" zu wählen, liegt hierin eine Beeinträchtigung des Allgemeinen Persönlichkeitsrechts von Personen mit nicht-binärer Geschlechtsidentität." [20]

Diese Sichtweise wurde 2022 vom Oberlandesgericht Frankfurt bestätigt. Eine Revision wurde nicht zugelassen. Dagegen hat die Deutsche Bahn 2023 Beschwerde beim Bundesgerichtshof eingelegt [21]. Wann darüber entschieden wird, ist zum Zeitpunkt des Verfassens dieses Textes nicht bekannt.

Unabhängig vom Ausgang des juristischen Streits bietet die Deutsche Bahn seit Ende 2023 beim Ticketkauf auch eine geschlechtsneutrale Anrede an [22]. Neben „Herr" und „Frau" können Bahn-Kund*innen „Neutrale Anrede" ankreuzen.

Eine Information abzufragen oder es nicht zu tun, ist zunächst eine Entscheidung, die technisch und grafisch in Formularen umgesetzt werden muss.

Im nächsten Schritt müssen die Folgeprozesse angepasst werden. Fehleranfällig ist dabei die Anrede, die wahlweise nach einer solchen Abfrage automatisiert erfolgt oder durch Menschen formuliert wird.

8.3.3 Anrede im schriftlichen und mündlichen Umgang

Ob in E-Mails, Briefen, im Editorial oder auf Podien, wir brauchen Formulierungen, um Menschen anzusprechen, die Anrede. Geschieht die Geschlechtszuweisung aus dem Bauch heraus, ist sie oft falsch, nicht weil eine Person den Geschlechtseintrag „divers" hat, sondern weil in unserem Bauchgefühl falsch zugewiesen wird.

Alex, Chris, Dominique, Kai, Luca, Micha, Pasquale, Robin, Sigi sind Namen, die von Männern und Frauen getragen werden. Andrea, Gabriele oder Simone sind im deutschen Kontext Frauennamen, im italienischen Kontext Männernamen. Dazu kommen viele Namen aus anderen Kulturkreisen, von deren Geschlechtsbedeutung wir keine Ahnung haben. Es lohnt sich also in jedem Fall, sich nicht auf das Bauchgefühl zu verlassen. Denn eine falsche Geschlechtsanrede wirkt schnell respektlos.

In vielen Unternehmen hat sich die neutrale Anrede „Guten Tag, Vorname Nachname" etabliert. In einer Du-Kultur ist auch „Hallo Vorname" üblich.

Wenn es die formelle Höflichkeitsanrede mit „sehr geehrte" oder „sehr geehrter" sein soll, das Geschlecht der anzuredenden Person aber nicht bekannt ist, gibt es folgende Abstufungen:

Sehr geehrte/-r Vorname Nachname oder
    Sehr geehrte*r Vorname Nachname oder
    Sehr geehrt*er Vorname Nachname

Auch bei der Anrede gilt: Wenn Sie den Bindestrich weglassen, bewegen Sie sich außerhalb der Amtlichen Rechtschreibung. Das dürfen Sie. Aber dann können Sie genauso den Stern nutzen. So ergibt die Abweichung wenigstens einen Mehrwert, denn mit dem Stern schließen Sie Menschen mit anderen Geschlechtseinträgen als männlich oder weiblich ein.

▶ **Achtung!** Wenn Sie in Formularen die Geschlechtsangabe mit
- männlich
- weiblich
- divers
- keine Angabe

oder die Anrede mit

- Herr
- Frau
- neutrale Anrede

abfragen, müssen Sie den Anredetext entsprechend anpassen!
    Keine geeignete Anrede wäre:

- Hallo Divers Vorname Nachname oder
- Hallo Divers Nachname

Schließlich sprechen wir niemanden mit „Hallo Männlich Stefan Peters" oder „Hallo Weiblich Angelini" an.

Diese Beispiele mit „Hallo Divers" sind echt, gesendet von einer Freundin, einmal infolge einer Hotelbuchung, einmal bei einem Online-Shop.

Es genügt nicht, wenn Sie Ihren automatisierten E-Mail-Prozess geschlechtsneutral gestalten. Auch die Mitarbeiter*innen müssen geschult werden. Sonst passiert das, wie ich es nach einer Hotelbuchung erlebte.

Das automatisierte E-Mail-Tool fragte mich Guten Tag, Vorname Nachname, geschlechtsneutral nach einer Bewertung. Ich antworte und bekomme als Frau eine E-Mail von einer Mitarbeiterin an „Sehr geehrter Herr Lieb".

„Liebe Reisende, unser Zug startet pünktlich. Das Reiseziel ist Amsterdam. Nächster Halt ist Köln." Wenn Sie Ihre Anrede an liebe oder sehr geehrte Studierende, Mitarbeitende oder Teilnehmende richten, sind alle eingeschlossen. Begrüßen Sie das sehr geehrte Publikum oder das hochverehrte Auditorium, wird kein Geschlecht genannt, also sind alle eingeschlossen. Gleiches gilt im informellen Umgang mit Liebes Team oder Hallo Leute.

Schwieriger ist es bei der Briefanrede im geschäftlichen Briefverkehr, wenn Sie nicht wissen, an wen Sie schreiben. „Sehr geehrte Damen und Herren" schließt zwar Männer und Frauen ein, lässt aber Menschen mit anderen Geschlechtseinträgen außen vor. Die DIN-Norm 5008 für Bürokommunikation macht diesen Vorschlag: „Sehr geehrte Persönlichkeiten" [23].

Im ersten Moment klingt „Sehr geehrte Persönlichkeiten" komisch und ungewohnt. Jedenfalls ging es mir so, als ich diesen Vorschlag zum ersten Mal hörte. Ein halbes Jahr später hatte ich mich daran gewöhnt. Heute finde ich diese Formulierung praktisch, denn sie trifft exakt die gleiche Ebene an Höflichkeit und Ehrerbietung, wie „Sehr geehrte Damen und Herren". Probieren Sie es aus.

Am Telefon ist die Situation nochmal eine andere. Hier orientieren wir uns am Klang der Stimme. Nun passt die Stimme einer Person nicht unbedingt zu ihrer Geschlechtsidentität. Viele Transfrauen behalten ihre tiefe, männlich klingende Stimme. Die Stimme von Transmännern wird erst tiefer, wenn durch Testosteron-Einnahme der Stimmbruch kommt. Und für nicht-binäre Stimmen hat unser Gehirn kein Interpretationsmuster. Hier brauchen wir alle Achtsamkeit und Geduld.

Auch gibt es viele Menschen, deren natürliche Stimme in einem Stimmbereich ist, der sowohl männlich wie auch weiblich gelesen werden kann. Ich selbst habe für eine Frau eine relativ tiefe Stimme und wurde am Telefon schon mehrfach für einen Mann gehalten. Daher habe ich mir im umgekehrten Fall angewöhnt, vorsichtig nachzufragen, wenn ich mir unsicher bin.

Wenn Ihnen ein Fehler unterläuft, entschuldigen Sie sich. Rechtfertigungen dagegen sollten sie vermeiden.

8.3.4 Die Sache mit den Pronomen

Ob in E-Mail-Signaturen oder auf Social-Media-Profilen: Viele Menschen geben hinter ihrem Namen Pronomen an. Ursprünglich sollte diese Information in Klammern dabei helfen, Menschen im richtigen Geschlecht anzusprechen und so einen wertschätzenden Austausch erleichtern (siehe Anrede).

Inzwischen treibt die Pronomenfrage eigenwillige Blüten. Einerseits betrachten manche Personen Pronomen als eine Art zweiter Vorname, ohne dass sie sich dabei Gedanken über die Anwendung im Sprachsystem machen. Andererseits wird das Thema Pronomen politisiert. Beides ist für einen wertschätzenden sprachlichen Umgang nicht gerade hilfreich.

▶ **Wissenswertes über Pronomen** Um das Problem mit den Pronomen zu verstehen, lade ich Sie zunächst zu einem kleinen Grammatikexkurs ein. Was sind Pronomen und welche Funktion haben sie in der Grammatik? Sie heißen Pro-Nomen, weil sie auf ein Nomen verweisen, ohne es zu wiederholen. Es gibt insgesamt sieben Pronomenarten in der deutschen Sprache:

- Personalpronomen
- Possessivpronomen
- Relativpronomen
- Demonstrativpronomen
- Indefinitpronomen
- Interrogativpronomen
- Reflexivpronomen

Diese Pronomen werden in unterschiedlichem Ausmaß nach Geschlecht, Anzahl und Fall dekliniert. Insgesamt also ein komplexes System, das uns hilft, Beziehungen in einem Satz zu klären, ohne die Nomen ständig wiederholen zu müssen.

Am Beispiel der Personalpronomen haben Sie bereits im Abschn. 8.2.1 gesehen, dass nur die dritte Person Singular eine Geschlechtsmarkierung enthält, also wenn wir über eine andere Person reden. Reden wir über einen Mann, benutzen wir er. Reden wir über eine Frau, benutzen wir sie. Reden wir über eine Person mit dem Geschlechtseintrag „divers" oder „ohne Geschlechtseintrag" benutzen wir …? Genau. Hier fehlen sprachliche Lösungen.

Im Englischen ist es einfacher: Zum einen gibt es nur einen Artikel, weniger Fälle, weniger Pronomenarten, die gegendert werden müssen. Zum anderen gab es Englischen bis ins neunzehnte Jahrhundert eine geschlechtsneutrale Verwendung von *they* und seinen Varianten *them* oder *their* auch im Singular für geschlechtsneutrale Bedeutungen. Im Deutschen haben wir mehr Fälle, mehr Pronomen, mehr Gendermarkierungen und keine neutrale Lösung.

Behandeln wir Pronomen wie zweite Vornamen, führt das zu einer verwirrenden Vielfalt an neuen Wortkombinationen mit mehr oder weniger der gleichen Bedeutung und einer unverständlichen Geheimsprache: Wenn xier mit nin bei dey im Büro ist, dann …

Ebenso nicht empfehlenswert ist es, englische Wörter wie *they* in einen deutschen Text zu schreiben. Das irritiert und macht Texte schwerer verständlich (Sprachbarrieren).

Wünschenswert wären einheitliche neutrale Pronomen-Alternativen. Eine Möglichkeit besteht darin, aus den vorhandenen Pronomen neutrale Mischformen zu bilden und diese im System zu deklinieren. Zum Beispiel mit „sier" als neutrales Personalpronomen, das könnte im Akkusativ mit „sier" oder „sien", im Dativ mit „sier", „sien" oder „siem" und im Genitiv mit „sienen" dekliniert werden. Analog wäre das mit „sihr" als Possessivpronomen und „dier" als Relativpronomen machbar (siehe Tab. 8.4) [24].

Tab. 8.4 Möglichkeiten für ein genderneutrales Personalpronomen in vier Fällen. (Quelle: Sigi Lieb, gesprächswert)

	m	w	d
Nominativ	er	sie	sier
Akkusativ	ihn	sie	sier/sien
Dativ	ihm	ihr	sier/sien/siem
Genitiv	seiner	ihrer	siener

Bisher ist ein solcher Sprachwandel jedoch nicht erkennbar. Auch wegen der erwähnten, in manchen Kreisen verbreiteten Vorstellung, jede Person möge sich ihr eigenes Pronomen aussuchen.

Was die Angabe der Pronomen in Klammern angeht, genügt für Männer und Frauen also wahlweise (er) oder (sie), alternativ (m) oder (w) als Geschlechtsangabe. Für nichtbinäre Personen und solche mit Geschlechtseintrag divers oder ohne Eintrag wäre (neutral) oder (d) eine offene Angabe, die etwas die Politik aus der Sprache nimmt und Raum für die Entwicklung neutraler Varianten lässt.

8.3.5 Arbeits- und andere Verträge

Eine besondere sprachliche Herausforderung sind Arbeits- und andere Verträge. Denn Verträge sind im Singular geschrieben und die genannten Personen, Rollen und Bezüge müssen eindeutig erkennbar sein. Viele alte Verträge sind durchgehend im Maskulinum formuliert, was zunehmend als unangemessen, altmodisch bis hin zu persönlichkeitsrechtsverletzend wahrgenommen wird.

Niemand braucht deswegen eine Klage in Kauf zu nehmen. Es gibt eine einfache Lösung: Fertigen Sie drei Musterverträge an, einen für Männer, einen für Frauen, einen geschlechtsneutral mit Genderstern. Damit Sie im Singular keine Sternenflut im Vertragstext bekommen, wenden Sie das Wort mit Stern im Femininum an. Wenn Sie ganz sicher gehen wollen, schreiben Sie einen Disclaimer: Mit dem Genderstern markieren wir die Rolle oder den Beruf einer Person, ohne Ansehen ihres Geschlechts.

8.3.6 Achtsamkeit, Dialog, Offenheit und Pragmatismus

Auch wenn es schon immer inter- und transgeschlechtliche Menschen gab, sind das doch für viele Menschen neue Konzepte, die sie erst lernen und verstehen müssen. Dass die Debatte sowohl zum Gendern wie zu Gender und Geschlecht derart politisch aufgeheizt ist, verunsichert Menschen zusätzlich. Daher halte ich es für umso wichtiger, diesem polarisierten Klima Pragmatismus entgegenzustellen. Mit einer achtsamen und offenen Haltung aller Beteiligten finden sich die besten Lösungen für den beruflichen Alltag.

8 Geschlechtergerechte Sprache

▶ **Hier ein paar abschließende Tipps**
- **Verständlichkeit zuerst.** In diesem Sprachteil haben Sie viele Anregungen bekommen, wie Sie in ganz normaler Standardsprache alle Geschlechter und Geschlechtsidentitäten einbeziehen können.
- **Kein Zwang/Verbot:** Ob im Einzelfall die Beidnennung oder eine Formulierung mit Genderstern die bessere Alternative ist, sollte im Einzelfall entschieden werden. Keinesfalls sollten Sie Beschäftigte zum Genderstern zwingen oder ihnen das Verwenden von Genderzeichen verbieten.
- **Umkehr-Test zeigt sexistische Verzerrungen:** Wenn Sie nicht von Powermännern sprechen oder von ejakulierenden Personen, sprechen sie auch nicht von Powerfrauen oder menstruierenden Personen. Drehen Sie die Geschlechter im Satz um. Wenn es dann komisch wird, ist das ein deutliches Zeichen für eine sexistische Verzerrung.
- Nutzen Sie dieses Nachdenken über Sprache auch allgemein: Wie wird in Ihrem Unternehmen über Männer und Frauen geredet? Wie geschlechterstereotyp ist Ihr Umgangston?
- Dieser Umkehrtest hilft auch im Sprechen mit Trans- und Interpersonen. In meinem Buch „Alle(s) Gender" [25] erzählte mir eine nicht-binäre Person von ihrer ersten Ausbildungsstelle in einer Konditorei. Sie war dort als trans geoutet. Eines Tages fragte sie ein Vorgesetzter, wie sie untenrum ausgestattet sei und stellte Fragen zum Sexualleben. Ein zutiefst übergriffiges Verhalten, zudem von einer hierarchisch höherstehenden Person gegenüber einem jungen Menschen in Ausbildung. Stellen Sie sich die Frage umgekehrt vor: „Sehr geehrter Herr Müller, wie sind Sie untenrum ausgestattet und funktioniert alles noch? Nehmen Sie Pillen?"
- **Die Grundregel ist eigentlich einfach:** Seien Sie höflich, offen und fragen Sie nach, wenn Sie unsicher sind. Wir müssen miteinander reden, um einander begegnen zu können, um Brücken der Verständigung zu bauen und pragmatische Lösungen für Alltagsfragen zu finden.
- **Aber stellen Sie keine Fragen, die Sie nicht selbst auch gestellt bekommen möchten.** Die Gürtellinie ist eine klare Grenze. Wenn Ihnen Ihr Gegenüber nicht aus freien Stücken von diesen Dingen erzählt, fragen Sie auch bitte nicht danach.
- **Und wenn ein Fauxpas passiert**: Bitten Sie um Verzeihung beziehungsweise nehmen Sie die Entschuldigung der Kolleg*in an. Wir sind alle Menschen und machen Fehler. Damit wir aus ihnen lernen können, brauchen wir eine offene Fehlerkultur.

Literatur

1. Lieb, Sigi, *In oder out: Wer ist wir, wer queer und wer gehört nicht dazu? Über das Integrieren, das Abgrenzen und die Veränderung von Begriffen und Kategorien*, Seite 97 bis 110, in: Jahrbuch Sexualitäten 2024, hrsg. im Auftrag der Initiative Queer Nations von Feddersen, Jan, Hulverscheidt; Marion und Nicolaysen, Rainer, Wallstein, Göttingen 2024
2. Gygax et al, *Generically intended, but specifically interpreted: When beauticians, musicians and mechanics are all men*, 2008, https://www.researchgate.net/publication/233795019_Generically_intended_but_specifically_interpreted_When_beauticians_musicians_and_mechanics_are_all_men, zugegriffen am 07.07.2024.
3. Deutscher Rechtschreibrat, *Geschlechtergerechte Schreibung: Erläuterungen, Begründung und Kriterien*, 15. Dezember 2023, https://www.rechtschreibrat.com/geschlechtergerechte-schreibung-erlaeuterungen-begruendung-und-kriterien-vom-15-12-2023/, zugegriffen am 07.07.2024.
4. Deutscher Rechtschreibrat, *Erläuterungen und Begründung zum Ergänzungspassus ‚Sonderzeichen' im Amtlichen Regelwerk für die deutsche Rechtschreibung*, 2023, https://www.rechtschreibrat.com/DOX/rfdr_PM_2023-12-20_Geschlechtergerechte_Schreibung_Erlaeuterungs-Begruendungspapier.pdf, zugegriffen am 07.07.2024.
5. Deutscher Rechtschreibrat, *Geschlechtergerechte Schreibung: Erläuterungen, Begründung und Kriterien*, 15. Dezember 2023, Pressemitteilung
6. Deutscher Rechtschreibrat, *Amtliches Regelwerk der deutschen Rechtschreibung: Ergänzungspassus Sonderzeichen*, 14. Juli 2023, Pressemitteilung
7. Deutscher Rechtschreibrat, *Bericht des Rats für deutsche Rechtschreibung über die Wahrnehmung seiner Aufgaben in der 3. Amtsperiode 2017–2023*, Juli 2024, Seite 48 https://www.rechtschreibrat.com/DOX/RfdR_Bericht_2017-2023.pdf, zugegriffen am 11.07.2024.
8. Lobin, Henning, *Sprachkampf – Wie die Neue Rechte die deutsche Sprache instrumentalisiert*, Duden, Berlin 2021
9. Lieb, Sigi, *Eine kleine Geschichte der deutschen Rechtschreibung und Rechtschreibreform-en*, 2023, https://www.gespraechswert.de/rechtschreibreform/, zugegriffen am 11.07.2024.
10. Lembke, Ulrike, *Geschlechtergerechte Amtssprache*, Rechtsexpertise, 2021, Seite 4
11. Antidiskriminierungsstelle des Bundes, *Rechtliche Einschätzung staatlicher ‚Genderverbote'*, April 2024, https://www.antidiskriminierungsstelle.de/SharedDocs/downloads/DE/publikationen/Standpunkte/05_genderverbot.pdf?__blob=publicationFile&v=3, zugegriffen am 11.07.2024.
12. Landeszentrale für politische Bildung Baden-Württemberg, *Beutelsbacher Konsens*, https://www.lpb-bw.de/beutelsbacher-konsens, zugegriffen am 24.10.2024
13. Landeshauptstadt München, *Genderverbot für München weder relevant noch sinnvoll*, LinkedIn, April 2024, https://www.linkedin.com/feed/update/urn:li:activity:7177990586640044032/, zugegriffen am 16.07.2024.
14. Überwachungsstelle des Bundes für Barrierefreiheit von Informationstechnik, *Die digitale Barrierefreiheit auf der semiotischen Ebene der Genderzeichen*, 21. November 2023, https://www.bfit-bund.de/DE/Publikation/digitale-barrierefreiheit-semiotik-genderzeichen.html, zugegriffen am 05.07.2024.
15. Deutscher Blinden- und Sehbehindertenverband, *Gendern*, Update vom März 2024, https://www.dbsv.org/gendern.html, zugegriffen am 05.07.2024.
16. Ebner, Christopher, *Leicht verständliche Sprache – gender-fair!*, Graz 2023, https://www.capito.eu/app/uploads/genderstudie-2023-vollversion.pdf, zugegriffen am 05.07.2024.
17. Gemeinsamer Europäischer Referenzrahmen für Sprache, https://www.europaeischer-referenzrahmen.de/, zugegriffen am 16.07.2024.

18. Henning, Mathilde, *Duden der sprachlichen Zweifelsfälle*, 9. überarbeitete und erweiterte Auflage, Berlin 2021, Seite 592 f.
19. Dotan, Ravid, *Example of Gender Bias in ChatGPT. The widespread and careless use of this tool could lead to mass discrimination*, 24. April 2023, https://www.techbetter.ai/post/example-of-gender-bias-in-chatgpt, zugegriffen am 12.07.2024.
20. LG Frankfurt am Main, 03. Dez. 2020, Aktenzeichen 2-13 O 131/20, https://openjur.de/u/2309736.html, zugegriffen am 15.07.2024.
21. Hofmann, Inga, *Nach Beschwerde durch die Deutsche Bahn: Prozess um geschlechtsneutrale Anrede geht weiter*, Tagesspiegel, 5. Januar 2023, https://www.tagesspiegel.de/gesellschaft/queerspiegel/nach-beschwerde-durch-die-deutsche-bahn-prozess-um-geschlechtsneutrale-anrede-geht-weiter-9132444.html, zugegriffen am 15.07.2024.
22. Warnecke, Tilmann, *Neutrale Anrede möglich: Bahn macht Formulare beim Ticketkauf diverser*, Tagesspiegel, 13. Dezember 2023, https://www.tagesspiegel.de/gesellschaft/queerspiegel/neutrale-anrede-moglich-bahn-macht-formulare-beim-ticketkauf-diverser-10922536.html, zugegriffen am 15.07.2024.
23. DIN e.V., *Schreib- und Gestaltungsregeln für die Text- und Informationsverarbeitung*, Unkommentierte Ausgabe der DIN 5008:2020 im Sonderdruckformat. Beuth Verlag: Berlin, Wien, Zürich 2020, 20.9.4, Anhang E.8
24. Lieb, Sigi, *Gendern: Wie werden Artikel und Pronomen gegendert?*, 28. Oktober 2022, https://www.gespraechswert.de/pronomen-genderneutral/, zugegriffen am 16.07.2024.
25. Lieb, Sigi, *Alle(s) Gender. Wie kommt das Geschlecht in den Kopf?* Querverlag, Berlin 2023

Glossar

Trans, transgender, transsexuell, transident Transgeschlechtlichkeit, Transidentität oder (medizinisch) Transsexualismus beschreiben eine Konstellation, in der das Wissen um die eigene geschlechtliche Identität mit dem bei der Geburt festgestellten Geschlecht nicht übereinstimmt. Sowohl Erwachsene, Jugendliche als auch Kinder können sich dazu entschließen, entsprechend der empfundenen und vom Geburtsgeschlecht abweichenden Geschlechtsidentität zu leben. Entscheidend ist, wie eine Person bezeichnet und angesprochen werden möchte. Körperliche Merkmale oder der rechtliche Geschlechtseintrag spielen dabei zunächst keine Rolle. Viele transidente Personen wünschen eine medizinische Angleichung an das empfundene Geschlecht. Medizinische oder rechtliche Maßnahmen zur Angleichung sind jedoch nicht verpflichtend.

Mit Transgender wird nach einer verbreiteten Ansicht vorrangig die Veränderung der gelebten sozialen Rolle bezeichnet, als Gegensatz zum Begriff Transsexualität, der auf medizinische Maßnahmen abziele. Viele der genannten Begriffe werden synonym verwendet, zum Teil werden sie aber auch ideologisch aufgeladen diskutiert und es wird versucht, eine Hierarchie der Begrifflichkeiten herzustellen.

Die Begriffe werden bisweilen verallgemeinernd mit dem Adjektiv trans ausgedrückt oder mit dem Genderstern zu trans*, um zu verdeutlichen, dass es sich um einen Auffangbegriff handelt, der verschiedene Dimensionen und Begrifflichkeiten in dem Kontext vereint. Eine Abwägung zwischen richtig oder falsch oder eine Priorisierung der Begriffe soll hier nicht stattfinden.

Transmann, Transfrau Ein Transmann ist eine bei Geburt weiblich eingeordnete Person, die nach außen hin in allen oder manchen Lebensbereichen eine männliche Geschlechtsrolle lebt. Die Ausgestaltung der männlichen Rolle ist dabei sehr individuell und muss nicht von Geschlechterrollenklischees wie zum Beispiel Kleidungsstil, Frisur oder Verhaltensweisen geprägt sein.

Eine Transfrau ist eine bei Geburt männlich eingeordnete Person, die nach außen hin in allen oder manchen Lebensbereichen die weibliche Geschlechtsrolle lebt. Die Ausgestaltung der weiblichen Rolle ist dabei wiederum sehr individuell und muss nicht von Geschlechterrollenklischees geprägt sein oder bestimmten Geschlechterstereotypen entsprechen.

Wenn die Transidentität der betreffenden Person im konkreten Kontext wichtig ist, kann man das Adjektiv oder Präfix trans hinzufügen, wenn die Trans-Eigenschaft keine Rolle spielt, lässt man den Wortbestandteil trans weg.

MzF/MTF Mann-zu-Frau beziehungsweise male-to-female: eine Selbstbezeichnung und oft Abkürzung für Transfrau.

FzM/FTM Frau-zu-Mann beziehungsweise female-to-male: eine Selbstbezeichnung und oft Abkürzung für Transmann.

Inter*, intersex, intersexuell, intergeschlechtlich Menschen, die mit Teilen männlicher und weiblicher Geschlechtsmerkmale geboren werden, gelten als intergeschlechtlich oder intersexuell, oft abgekürzt inter*. Intergeschlechtlichkeit (im medizinischen Sinne) kann sich auf die inneren und äußeren Geschlechtsorgane, die Chromosomen oder die körpereigene Hormonproduktion beziehen. Die Häufigkeit solcher Phänomene wird auf etwa 1:100 bis 1:500 geschätzt. Intergeschlechtliche Menschen können sich selbst männlich, weiblich oder keinem der beiden Geschlechter zuordnen. Manche intergeschlechtlichen Menschen lassen ihre Körpermerkmale medizinisch einem Geschlecht angleichen, ähnlich wie Transidente, andere möchten bewusst keine Angleichung vornehmen. Geschlechtsangleichende Operationen an intergeschlechtlichen Minderjährigen sind erst seit 2021 grundsätzlich verboten.

Cis, cisgender Lateinischer Begriff von „cis" = „diesseits", Gegenwort zu lateinisch „trans" = „jenseits, über ... hinaus". Menschen, die cisgender sind, identifizieren sich vollständig mit dem Geschlecht, das bei Geburt festgestellt wurde.

Gender und Sex, biologisches und soziales Geschlecht Das biologische Geschlecht wird im Englischen mit „sex" bezeichnet und bezieht sich auf innere und äußere primäre und sekundäre Geschlechtsmerkmale sowie Hormonstatus, Genetik, metabolisches Profil, aber auch Körpereigenschaften, die weithin männlich oder weiblich konnotiert sind, wie Muskelmasse, Körperbehaarung, Stimme.

Der englische Begriff „gender" bezieht sich auf das soziale Geschlecht. Der Begriff fasst Verhaltensweisen und Einstellungen zusammen und beschreibt alle sozialen Aspekte von Geschlecht. Der Begriff soziales Geschlecht nimmt Bezug auf eine geschlechterspezifische Rollenverteilung, die meistens vom Grundsatz der Zweigeschlechtlichkeit, also männlich und weiblich geprägt ist, und wird beeinflusst durch soziokulturelle Faktoren wie Gesellschaftssysteme, familiäre Strukturen und (kulturelle) Erziehungswerte. Neben den soziokulturellen können Faktoren wie z. B. sportliche Aktivität, Berufswahl, Ernährungsweise oder persönliche Erfahrungen, die nach außen gelebte Geschlechterrolle beeinflussen.

Binär, nicht-binär Binär ist ein aus dem Lateinischen stammender Begriff und bedeutet „doppelt" oder „paarweise". Im Zusammenhang mit Geschlechtlichkeit steht binär für den Grundsatz, dass es auf biologischer Ebene nur zwei Geschlechter gibt, weiblich und männlich. Nicht-binär bedeutet demzufolge jenseits von männlich und weiblich. Personen, die sich keinem der beiden binären Geschlechter ganz oder teilweise zuordnen, benutzen für sich bisweilen den Dachbegriff nicht-binär, oder englisch „non-binary" (auch abgekürzt "Enby" oder „NB"). Manche nicht-binären Personen streben medizinische Angleichungen an das im binären System andere Geschlecht an, andere nicht. Es gibt nicht-binäre Personen, die geschlechtseindeutige Namen, Anrede und

Pronomen verwenden. Viele verwenden bewusst geschlechtsneutrale Varianten. „Die typische" nicht-binäre Person gibt es nicht.

Genderqueer, genderfluid Genderqueere oder genderfluide Menschen verorten sich außerhalb der männlich und weiblich polarisierten Zweigeschlechterordnung. Dies ist eine Variante der zuvor beschriebenen Nicht-Binarität. Menschen, die sich als genderfluid bezeichnen, ordnen sich zudem keinem festen Platz auf dem Spektrum geschlechtlicher Identitäten zu.

Crossdressing, Transvestit, Travestie, Drag Unter Crossdressing (veraltet: Transvestitismus) wird das gelegentliche Tragen der Kleidung des „anderen Geschlechts" verstanden. Crossdressing wird vorrangig Männern beziehungsweise bei Geburt männlich kategorisierten Menschen zugeschrieben. Crossdressing bedeutet zumeist ein nur zeitlich begrenztes Ausleben einer anderen Geschlechtsrolle, ohne eine dauerhafte Transition in eine andere Geschlechtsidentität. „Fetischistischer Transvestitismus" gilt medizinisch als Ausschlussdiagnose für Transsexualität und ist mit dieser nicht gleichzusetzen.

Die Grenzen zwischen Crossdressing und Travestie beziehungsweise Drag sind bisweilen fließend. Manche Menschen tragen zeitweise die Kleidung eines anderen Geschlechts, um beispielsweise eine Bühnenpersönlichkeit zu präsentieren. Ein wichtiger Unterschied zu Transidentität besteht darin, dass Menschen, die nur zeitweise und zu Entertainmentzwecken im anderen Geschlecht auftreten, sich häufig vollständig mit ihrem bei der Geburt festgestellten Geschlecht identifizieren. Kleidung und Geschlechtsausdruck werden nur zeitweise geändert. Die sexuelle Orientierung spielt beim Crossdressing oder der Travestie keine Rolle, auch wenn Travestie/Drag meistens männlichen Homosexuellen zugeordnet wird.

Dritte Option, drittes Geschlecht, divers Der Gesetzgeber hat mit dem Geschlechtseintrag divers einen positiven Geschlechtseintrag für Personen geschaffen, die sich dauerhaft weder dem männlichen noch dem weiblichen Geschlecht zuordnen wollen oder können. Seit 2013 war es möglich, den Geschlechtseintrag leer zu lassen oder den bei Geburt erfolgten Eintrag zu löschen. Der Eintrag divers wird umgangssprachlich „drittes Geschlecht" genannt. Da es aber neben männlich und weiblich den leeren Geschlechtseintrag gab und nach wie vor gibt, sollte der Eintrag divers als „dritte Option" verstanden werden. Dieser drückt aber kein drittes Geschlecht aus, sondern ist ein Auffangbegriff für Geschlechtsidentitäten jenseits von weiblich und männlich.

Comingout Im Wortsinn zunächst „herauskommen" im Kontext sexueller Orientierung oder Transidentität das Öffentlichmachen der sexuellen Orientierung beziehungsweise der vom Geburtsgeschlecht abweichenden Geschlechtsidentität. Das Comingout findet zunächst innerlich statt, im Sinne eines persönlichen Bewusstwerdens. Dem inneren Comingout folgt meist nach der Auseinandersetzung mit der eigenen Orientierung beziehungsweise Geschlechtsidentität das öffentliche, das äußere Comingout. Der Begriff ist nicht zu verwechseln mit dem „Outing". Ein Outing geschieht durch andere Personen, etwa wenn eine dritte Person eine Eigenschaft eines anderen Menschen offenbart (gewollt oder ungewollt beziehungsweise mit oder ohne Zustimmung der betroffenen Person).

(Geschlechtliche) Transition Der Begriff Transition stammt vom lateinischen „transire" = „hinübergehen". Im Zusammenhang mit Transidentität bedeutet Transition den

Übergang von dem bei Geburt festgestellten Geschlecht in ein anderes (zum Beispiel von männlich zu weiblich). Die Transition kann auf der sozialen Ebene, medizinisch und rechtlich stattfinden – jeweils voneinander losgelöst und ohne, dass eine Ebene eine andere bedingt oder als grundsätzliche Voraussetzung gilt.

Geschlechtsangleichung Der Definition von Geschlechtsangleichung sei vorangeschickt, dass der Ausdruck „Geschlechtsumwandlung" irreführend und ungeeignet ist, um über Schritte medizinischer und rechtlicher Angleichung zu sprechen. Das Geschlecht kann nicht verändert werden. Es existiert auf der Wahrnehmungs-, der physischen und der sozialen Ebene. Umwandeln oder ändern lässt sich Geschlecht nicht, wohl aber an ein anderes als das bei Geburt festgestellte Körpergeschlecht angleichen. Rechtlich gesehen kann der Geschlechtseintrag geändert werden, damit er dem gelebten Geschlecht entspricht. Auch hier findet keine „Umwandlung" statt.

Im medizinischen Sinne sind Angleichungsschritte meist als erstes eine Hormonbehandlung (Hormonersatztherapie mit gegengeschlechtlichen Hormonen) sowie operative Angleichungen, um das Erscheinungsbild des Zielgeschlechtes so weit wie möglich zu erreichen.

Geschlechtsangleichende Operationen Im Zuge der medizinischen Geschlechtsangleichung sind verschiedene Operationen, sowohl in der Angleichung Mann-zu-Frau als auch in der Richtung Frau-zu-Mann möglich. Es gibt in beiden Angleichungsrichtungen verschiedene Operationsmöglichkeiten. Daher ist die verbreitete Vorstellung, es gebe „eine OP" oder „die Operation" nicht zutreffend.

Geschlechtseintrag Der Geschlechtseintrag drückt die rechtliche Geschlechtszugehörigkeit aus und kann in Deutschland derzeit männlich, weiblich, divers oder kein Eintrag (die Stelle des Geschlechtseintrages ist dann leergelassen) lauten. Der Geschlechtseintrag wird bei Geburt eines Kindes bestimmt und im Geburtenregister, das beim Geburtsstandesamt geführt wird, erfasst. Der Geschlechtseintrag wird im Reisepass ausgewiesen, im Personalausweis findet sich hingegen kein Geschlechtsmarker.

Vornamens- und Personenstandsänderung Eine Änderung der bei Geburt eingetragenen Vornamen und der Geschlechtszugehörigkeit ist im Falle von Transidentität, Intergeschlechtlichkeit oder einer nicht-binären Geschlechtsidentifikation seit November 2024 über das Selbstbestimmungsgesetz (SBGG) möglich.

Passing Der Begriff „Passing" stammt aus dem Englischen „to pass for/as = als jemand oder etwas durchgehen, bestehen oder gelten". Übersetzen ließe sich der Begriff mit „Gelesen werden" im Zielgeschlecht, ohne dass individuelle Hinweise auf die bei Geburt zugeteilte Geschlechtszuordnung gegeben werden.

Üblicherweise umfasst Passing eine Kombination aus persönlichem Stil (zum Beispiel Frisur oder Kleidung), physischer Erscheinung (zum Beispiel Körperform, Figur, Stimme, Haarwuchs) und/oder Ausprägungen des individuellen Geschlechtsausdrucks (Mimik, Gestik, Sprechweise etc.). Die Einordnung eines fremden Menschen in eine Geschlechtskategorie (zumeist männlich oder weiblich) geschieht sehr schnell und zumeist unbewusst aufgrund äußerlich wahrnehmbarer Geschlechtsmarker. Stimmen die Geschlechtsmarker mit dem individuell von einer Person ausgedrückten Geschlecht überein, so hat die Person „ein gutes Passing".

Für viele transidente Menschen ist es erstrebenswert, ein „gutes" oder „perfektes" Passing zu erreichen, denn ohne Abweichung von wahrgenommener Geschlechtszugehörigkeit entstehen weniger Irritationen und daraus weniger Diskriminierung. Allerdings ist ein gutes Passing nicht für alle transidenten Personen gleichermaßen erreichbar und nicht für alle gleichermaßen das wichtigste Ziel, sei es aus medizinischen, sei es aus persönlichen Gründen.

Geschlechtsdysphorie Geschlechtsdysphorie ist gemäß des medizinischen Katalogs DSM-V eine neuere Definition des Phänomens, das im Katalog ICD-10 noch als Transsexualismus bezeichnet wird. Geschlechtsdysphorie umschreibt dabei das nachhaltige Unwohlsein, wenn die eigene Geschlechtsidentität von dem bei Geburt festgestellten Geschlecht abweicht. Die Abweichung selbst wird als Geschlechtsinkongruenz bezeichnet.

Hormonersatztherapie Hormonersatztherapie beschreibt medizinisch die Substitution eines körpereigenen Hormons mit einem von außen zugeführten Hormon. Bei Transidentität wird durch eine Hormonersatztherapie mit gegengeschlechtlichen Hormonen (Östrogen bei der Angleichungsrichtung Mann zu Frau, Testosteron in der Richtung Frau zu Mann) eine gegengeschlechtliche zweite Pubertät ausgelöst, in deren Verlauf sich die körperliche Erscheinung dem Zielgeschlecht annähert. Eine Hormonersatztherapie (abgekürzt HET oder englisch HRT für *hormone replacement therapy*) wird meistens lebenslang durchgeführt, insbesondere nach der operativen Entfernung von Eierstöcken und Hoden im Zuge einer medizinischen Angleichung an das Zielgeschlecht.

Geschlechtsidentität Die Geschlechtsidentität beschreibt das Erleben der eigenen Identität im Verhältnis zur körper geschlechtlichen Ausprägung. Wenn körperliche Gegebenheiten und äußere Geschlechtszuweisung nicht mit der empfundenen Geschlechtsidentität übereinstimmen, spricht man von Transidentität (oder medizinisch und veraltet Transsexualismus, oder neuer: Geschlechtsinkongruenz). Die eigene geschlechtliche Identität kann aber auch von manchen Menschen ohne transidenten Zusammenhang in Frage gestellt werden, zum Beispiel bei Unfruchtbarkeit oder Abhandenkommen äußerer Geschlechtsmerkmale, etwa dem Verlust der weiblichen Brust oder der Hoden („Bin ich noch eine richtige Frau/ein richtiger Mann?").

Geschlechtsausdruck Der Geschlechtsausdruck ist die Summe äußerlich wahrnehmbarer Merkmale, mit denen ein Mensch in der Interaktion mit der Umwelt das eigene Geschlecht durch zum Beispiel Kleidung, Frisur, Körpersprache, Gestik, Mimik, Sprechweise. zum Ausdruck bringt. Bei einer Abweichung des von Außenstehenden wahrgenommenen Geschlechtsausdrucks einer Person mit dem Identitätsgeschlecht kommt es bisweilen zu Missverständnissen, falschen Vorannahmen und Vorurteilen und dadurch zu diskriminierenden Erfahrungen. Dabei spielen vor allem tradierte Vorstellungen von Weiblich- und Männlichkeit eine große Rolle. Der Geschlechtsausdruck kann unabhängig von der sexuellen Orientierung oder Geschlechtszugehörigkeit einer Person variieren. Wer nicht dem „Normbild" des männlichen oder weiblichen Geschlechts entspricht, ist nicht zwangsläufig homosexuell oder transident.

Sexuelle Orientierungen: Lesbisch, schwul, bisexuell etc. Sexuelle Orientierung ist definiert als emotionale, romantische oder sexuelle Anziehung. Die Bezeichnungen für sexuelle Orientierungen (zum Beispiel homosexuell, heterosexuell, bisexuell) beziehen sich dabei immer sowohl auf die potenzielle Partnerperson als auch die Anziehung empfindende Person selbst. Ein Mann, der sich zu Frauen hingezogen fühlt, wird als heterosexuell bezeichnet. Eine männliche oder weibliche Person, die sich sowohl von Männern als auch von Frauen gleichermaßen angezogen fühlen kann, wird als bisexuell bezeichnet. Neben den drei bekanntesten Kategorien sexueller Orientierungen gibt es ein breites Spektrum mit einer Vielzahl an Bezeichnungen. Im Zusammenhang mit Transidentität ist festzuhalten, dass diese keine sexuelle Orientierung darstellt. Die Trans-Eigenschaft bezieht sich auf die geschlechtliche Identität. Transidente Menschen können hetero-, homo- oder bisexuell oder etwas anderes auf dem Spektrum sexueller Orientierungen sein.

LGBT, LSBTI, LGBTIQ etc. LGBT ist ein Akronym für die Begriffe Lesbian, Gay, Bisexual, Transgender. Dabei beschreiben die Buchstaben LGB sexuelle Orientierungen (lesbisch, schwul, bisexuell) und das T eine Form der Geschlechtsidentität, nämlich Transidentität. Die Buchstabenkette wird oft synonym für gleichgeschlechtliche Lebensformen verwendet, obgleich der Aspekt Transidentität keine sexuelle Orientierung darstellt. Das Akronym wird bisweilen ergänzt, zum Beispiel mit einem I für Intergeschlechtlichkeit, einem Q für Queer, und anderen Begrifflichkeiten für sexuelle Orientierungen und geschlechtliche Identitäten. Häufig wird mittlerweile das LGBT mit einem Asterisk (LGBT*) oder als LGBT+ dargestellt, um die Inklusion weiterer Orientierungen und Identitäten abzubilden.

Wir haben uns als Autor*innen für die Schreibweise LSBTI (lesbisch, schwul, bisexuell, trans, intergeschlechtlich) entschieden, aber bei Gastbeiträgen oder in Eigenbezeichnungen individuelle Versionen des Akronyms unverändert gelassen.

MIX
Papier aus verantwortungsvollen Quellen
Paper from responsible sources
FSC® C105338

If you have any concerns about our products,
you can contact us on
ProductSafety@springernature.com

In case Publisher is established outside the EU,
the EU authorized representative is:
Springer Nature Customer Service Center GmbH
Europaplatz 3, 69115 Heidelberg, Germany

Printed by Libri Plureos GmbH
in Hamburg, Germany